高等院校经济管理类专业应用型系列教材

统 计 学

Statistics

陈增明　主　编

中国财经出版传媒集团

经济科学出版社
Economic Science Press

图书在版编目（CIP）数据

统计学/陈增明主编. —北京：经济科学出版社，2021.2（2022.8 重印）
高等院校经济管理类专业应用型系列教材
ISBN 978-7-5218-2373-8

Ⅰ. ①统… Ⅱ. ①陈… Ⅲ. ①统计学-高等学校-教材 Ⅳ. ①C8

中国版本图书馆 CIP 数据核字（2021）第 027131 号

责任编辑：杜　鹏　孙倩靖
责任校对：刘　昕
责任印制：邱　天

统计学

陈增明　主　编

经济科学出版社出版、发行　新华书店经销
社址：北京市海淀区阜成路甲 28 号　邮编：100142
编辑部电话：010-88191441　发行部电话：010-88191522
网址：www.esp.com.cn
电子邮箱：esp_bj@163.com
天猫网店：经济科学出版社旗舰店
网址：http://jjkxcbs.tmall.com
固安华明印业有限公司印装
710×1000　16 开　18.75 印张　400000 字
2021 年 3 月第 1 版　2022 年 8 月第 2 次印刷
印数：4001—7000 册
ISBN 978-7-5218-2373-8　定价：49.00 元
（图书出现印装问题，本社负责调换。电话：010-88191510）
（版权所有　侵权必究　打击盗版　举报热线：010-88191661
QQ：2242791300　营销中心电话：010-88191537
电子邮箱：dbts@esp.com.cn）

前　言

统计学是经济类和管理类专业的必修课。开设本课程的目的在于使经济与管理类专业的学生能掌握统计的基本理论与方法，着重培养学生收集数据、处理数据及分析数据的实践能力。

随着我国社会主义市场经济体制的逐步建立与完善，无论是进行宏观的国民经济管理，还是进行微观的企业经营决策，都需要准确把握有关经济运行的各类数据信息。作为数据收集、处理、分析的一种有效工具，统计方法已广泛应用于社会科学和自然科学的各个领域。运用统计的思维去发现数据、分析数据已成为现代社会一种必要的思维方式。随着大数据时代的到来，统计学无疑将扮演更加重要的角色，也将面临新环境和新问题。

本教材共分为九章。第一章主要论述统计学的基本概念、特点和历史发展等。第二章主要介绍统计数据的收集、整理与显示。第三章主要介绍数据的分布趋势及分布形态。第四章主要介绍抽样估计方法和抽样组织形式。第五章主要介绍假设检验的基本理论和方法。第六章主要介绍相关与回归分析的基本问题。第七章主要介绍时间序列的分析方法。第八章主要介绍统计指数理论及评价方法。第九章主要介绍统计综合评价的基本方法。

本教材在编写过程中，按照应用型人才培养的要求，坚持"以能力为本位、以应用为主体"的原则，在体系设计、项目选取、内容组织等方面作了一些探索，力图使本教材具有特色与新意，从而更加适合新时代背景下经济类、管理类专业的统计教学要求。

第一，根据应用型经济类、管理类专业的培养目标设计内容体系。教材内容着重介绍实用的统计方法，突出应用性，加强学生实践能力的培养，每一章后均安排一定的练习题。

第二，将统计方法与现代信息技术相结合。本教材采用最常见的通用软件 Excel 作为实现统计计算和分析的工具。运用具体实例讲述 Excel 在各种统计数据处理、分析中的应用。通过多媒体演示与上机操作，培养学生统计信息现代化处理的能力。

第三，注重发掘课程的思政元素。教材中通过引入经济社会现象的实际数据，帮助学生了解我国相关专业和行业领域的发展趋势，引导学生深入社会实践、关注现实问题，培育学生经世济民、诚信服务的职业素养。

本教材是省级精品课程建设的配套教材，福建省本科高校教学研究重大项目研究成果。本教材在编写过程中参考了大量相关教材和著作，其中，绝大部分列于参考文献中。但由于时间仓促，有些未列于参考文献中，编者深表歉意。本教材第一章、第二章、第四章、第六章由陈增明教授编写，第七章、第九章由陈云晖副教授编写，第三章、第五章、第八章由陈丽烟副教授编写，相关章节中的 Excel 部分均由余香讲师编写。

由于编者水平有限，教材中疏漏不当之处，恳请各位同行和读者批评指正，以便不断改进与完善。

编者

2021 年 1 月

目 录

第一章　总论 …………………………………………………………… 1
　　第一节　统计与统计学 …………………………………………… 1
　　第二节　统计数据与研究方法 …………………………………… 7
　　第三节　统计学的基本概念 ……………………………………… 11
第二章　统计数据的收集与整理 ……………………………………… 19
　　第一节　统计数据的收集 ………………………………………… 20
　　第二节　统计数据的整理 ………………………………………… 29
　　第三节　统计数据的显示 ………………………………………… 38
　　第四节　Excel 在统计数据整理与显示中的应用 ……………… 44
第三章　变量分布特征的描述 ………………………………………… 62
　　第一节　统计数据总体描述 ……………………………………… 63
　　第二节　统计数据集中趋势描述 ………………………………… 72
　　第三节　统计数据离中趋势描述 ………………………………… 81
　　第四节　Excel 在统计数据描述中的应用 ……………………… 88
第四章　抽样推断与设计 ……………………………………………… 100
　　第一节　抽样推断与设计的基本问题 …………………………… 100
　　第二节　参数估计 ………………………………………………… 106
　　第三节　抽样组织方式及其参数估计 …………………………… 116
　　第四节　必要抽样单位数的确定 ………………………………… 121
　　第五节　Excel 在抽样估计中的应用 …………………………… 123
第五章　假设检验 ……………………………………………………… 132
　　第一节　假设检验的一般问题 …………………………………… 133
　　第二节　单个总体参数的假设检验 ……………………………… 136
　　第三节　两个总体参数的假设检验 ……………………………… 140
　　第四节　假设检验的其他问题 …………………………………… 146
　　第五节　Excel 在假设检验中的应用 …………………………… 147

第六章 相关与回归分析 ... 156
- 第一节 相关分析的基本问题 ... 156
- 第二节 相关关系的测定 ... 160
- 第三节 回归分析的基本问题 ... 168
- 第四节 回归分析的模型 ... 170
- 第五节 Excel 在相关分析与回归分析中的应用 ... 182

第七章 时间序列分析 ... 197
- 第一节 时间序列概述 ... 198
- 第二节 时间序列的水平分析 ... 201
- 第三节 时间序列的速度分析 ... 207
- 第四节 长期趋势的测定 ... 211
- 第五节 季节变动测定 ... 217
- 第六节 Excel 在时间序列分析中的应用 ... 221

第八章 统计指数分析 ... 234
- 第一节 统计指数概述 ... 234
- 第二节 统计指数的编制 ... 237
- 第三节 平均指数 ... 241
- 第四节 指数体系与因素分析 ... 243
- 第五节 几种重要指数的编制方法 ... 248
- 第六节 Excel 在指数分析中的应用 ... 252

第九章 统计综合评价 ... 259
- 第一节 综合评价概述 ... 260
- 第二节 评价指标体系 ... 263
- 第三节 常用的综合评价方法 ... 266

附录 常用统计表 ... 272

参考文献 ... 293

第一章 总论

引例

新中国成立 70 年来,我国经济规模不断扩大,综合国力与日俱增,对世界经济增长的贡献大幅提升,国际地位和影响力显著增强。

国民经济持续快速增长,经济总量连上新台阶。新中国诞生时,我国经济基础极为薄弱。1952 年我国国内生产总值仅为 679 亿元,人均国内生产总值为 119 元。经过努力,1978 年我国国内生产总值增加到 3 679 亿元,占世界经济的比重为 1.8%,居全球第 11 位。改革开放以来,我国经济快速发展,1986 年经济总量突破 1 万亿元;2000 年突破 10 万亿元大关,超过意大利成为世界第六大经济体;2010 年达到 412 119 亿元,超过日本并连年稳居世界第二。党的十八大以来,我国综合国力持续提升。近三年,我国经济总量连续跨越 70 万亿元、80 万亿元和 90 万亿元大关,2018 年达到 900 309 亿元,占世界经济的比重接近 16%。按不变价计算,2018 年国内生产总值比 1952 年增长 174 倍,年均增长 8.1%。其中,1979~2018 年年均增长 9.4%,远高于同期世界经济 2.9% 左右的年均增速,对世界经济增长的年均贡献率为 18% 左右,仅次于美国居世界第二。2018 年我国人均国民总收入达到 9 732 美元,高于中等收入国家平均水平。

(资料来源:国家统计局网站)

通过阅读以上内容,我们可以了解到,新中国成立 70 年来我国国民经济保持平稳较快增长,综合国力大幅提升。那么,国家统计局是如何得到这些统计数据的?什么是统计?统计数据的含义又是什么?如何更好地利用这些数据?本章将为你一一解读。

第一节 统计与统计学

一、生活中的统计

谈到"统计"一词,人们并不陌生。从体育到政治再到商业领域,我们每天的生活实际上都在跟统计学打交道。篮球赛教练员要统计各位队员的命中率、犯规次数；超市要统计每月的销售额、利润等各项经济指标完成情况；政府部门要统计本地区的生产总值及工业、农业、文教、人口等各项资料；主持人要统计出席、缺席会议的人数；新闻媒介上总是定期或不定期地公布诸如国内生产总值、居民消费价格指数等统计数据。在这里，人们所认识的"统计"主要是统计资料，而统计的含义远比这要丰富得多。这是我们在学习统计学之前必须要弄清楚的问题。

对于"统计"一词，在不同的场合，人们赋予它不同的含义。一般认为统计的含义有三种：一是统计实践活动；二是统计数据；三是统计学。如前面例子中，统计命中率、人口数、销售额等都是统计实践活动，具体的命中率、人口数、销售额等都是统计数据，而统计学则是统计科学。

二、统计学的定义

统计学已经成为很多学科的通用语言。作为统计方法潜在的使用者，我们既要知晓正确使用统计方法所需的"科学"，又要掌握其中的"艺术"。对统计方法的科学、合理使用，可以让我们获取数据中的真实信息。这些方法包括：正确地界定情境；科学地收集数据；精确地描述数据；有效地统计推断并得出有意义的结论。

按照《不列颠百科全书》的定义："统计学是收集、分析、表述和解释数据的科学。"这一定义揭示了统计学是一门处理数据的方法和技术的学科。统计学的定义告诉我们，统计离不开数据。统计研究的过程首先要有数据，在得到数据后，为满足分析的需要，还要对数据进行一定的整理，而后再对数据进行分析和解释。可以说，统计学是一门研究"数据"的科学，任务是如何有效地收集、整理和分析这些数据，探索数据内在的数量规律性，对所观察的现象作出推断或预测，直到能够为采取决策提供依据。

统计学大体上可细分为两大领域，即描述统计学和推断统计学。描述统计学就是大多数人在听到"统计"这个词时所想到的，包括收集、展示和描述样本数据；推断统计学是指对描述性研究所得结果进行解释、制定决策和得出关于总体结论的方法。

三、统计学的产生与发展

德国的斯勒兹曾说过："统计是动态的历史，历史是静态的统计。"统计学随统计的产生而产生，其发展是与生产的发展、社会的进步紧密相联的。

我国在远古时期就开始重视统计工作。古书上记载的"上古结绳而治"的传说也表明原始社会就产生了最初萌芽的统计活动。夏朝的《禹贡》是反映夏代国势调查的重要文献，全文 1 193 字，把全国分为九州，文中记述了各州的基本情况。夏朝的统计数字是我国最早的统计数字资料。周朝开始设置专门官吏来管理国家统计资料，周朝统计范围主要涉及人口、民族、田亩、粮食、六畜、赋税和征兵等方面。同期，在欧洲的古希腊、古罗马等奴隶制国家，也有相关的人口、财产等统计。后经封建社会和西方资本主义社会，统计的应用范围不断扩大，统计方法也得到完善和发展。正是在这样的背景下，统计学应运而生。20世纪中叶，计算机技术的应用加快了统计活动现代化的进程，极大促进了统计学的发展。

从统计学的发展过程看，它主要分为三个阶段：古典统计学时期、近代统计学时期和现代统计学时期。

（一）古典统计学时期

统计学在17世纪中叶～18世纪中叶产生于欧洲。这一时期，统计学理论初步形成了一定的学术派别，主要有国势学派和政治算术学派。

国势学派产生于德国，又称记述学派。该学派主要以文字记述国家的显著事项而得名。其主要代表人物是海尔曼·康令（H. Coning，1606～1681）和阿亨华尔（G. Achenwall，1719～1772）。康令以"国势学"为题讲授政治活动家应具备的知识。阿亨华尔的主要著作是《近代欧洲各国国势学纲要》，在该书中讲述"一国或多数国家的显著事项"，主要用对比分析的方法研究了解国家组织、领土、人口、资源财富和国情国力，比较了各国实力的强弱，为德国的君主政体服务。因在外文中"国势"与"统计"词义相通，后来正式命名为"统计学"。该学派在进行国势比较分析中，偏重事物性质的解释，而不注重数量对比和数量计算，但却为统计学的发展奠定了经济理论基础。

政治算术学派产生于英国，创始人是威廉·配第（W. Petty，1623～1687），其代表作是《政治算术》（1676年）。这里的"政治"是指政治经济学，"算术"是指统计方法。在这部书中，他利用实际资料，运用数字、重量和尺度等统计方法，对英国、法国和荷兰三国的国情国力作了系统的数量对比分析。《政治算术》的特点是统计方法开始与数学计算和推理方法结合，分析社会经济问题的方式更加注重运用定量分析方法，从而为统计学的形成和发展奠定了方法论基础。用数字、重量和尺度将社会经济现象数量化的方法是近代统计学的重要特征。因此，马克思说："威廉·配第——政治经济学之父，在某种程度上也是统计学的创始人。"

政治算术学派的另一个代表人物是约翰·格朗特（J. Graunt，1620～1674）。他以"死亡公报"为研究资料，发表了《关于死亡公报的自然和政治观察》这一论著，分析了60年来伦敦居民死亡的原因及人口变动的关系，首次提出通过大量观察可以发现新生婴儿性别比例具有稳定性和不同死因的比例等人口规律；并且第一次编制了"生命表"，对死亡率与人口寿命作了分析，从而引起普遍关注。他的研究清楚地表明了统计学作为国家管理工具的重要作用。

(二) 近代统计学时期

18世纪末~19世纪末是统计学的发展时期。这一时期，各种学派的学术观点已经形成，并且形成了两个主要学派，即数理统计学派和社会统计学派。

数理统计学派产生于18世纪。由于概率理论日益成熟，为统计学的发展奠定了基础。其奠基人是比利时的阿道夫·凯特勒（A. Quetelet，1796~1874），他主张用研究自然科学的方法研究社会现象，正式把古典概率论引入统计学，使统计学进入一个新的发展阶段。由于历史的局限性，凯特勒在研究过程中混淆了自然现象和本质区别，对犯罪、道德等社会问题用研究自然现象的观点和方法作出一些机械的、庸俗化的解释。但是，他把概率论引入统计学，使统计学在"政治算术"所建立的"算术"方法基础上和在准确化道路上大大跨进了一步，为数理统计学的形成与发展奠定了基础。

社会统计学派产生于19世纪后半叶，创始人是德国经济学家、统计学家克尼斯（K. G. A. Knies，1821~1898），代表人物主要有恩格尔（C. L. E. Engel，1821~1896）等人。他们融合了国势学派与政治算术学派的观点，沿着凯特勒的"基本统计理论"向前发展，但在学科性质上认为统计学是一门社会科学，是研究社会现象变动原因和规律性的实质性科学，以此同数理统计学派通用方法相对立。社会统计学派在研究对象上认为统计学是研究总体而不是个别现象，而且认为由于社会现象的复杂性和整体性，必须总体地进行大量观察和分析，研究其内在联系，才能揭示现象内在规律。这是社会统计学派"实质性科学"的显著特点。

社会经济的发展要求统计学提供更多的统计方法，社会科学本身也不断地向细分化和定量化发展，也要求统计学能提供更有效的调查整理、分析资料的方法。因此，社会统计学派也日益重视方法论的研究，出现了从实质性科学向方法论科学转化的趋势。但是，社会统计学派仍然强调在统计研究中必须以事物的质为前提和认识事物质的重要性，这同数理统计学派的计量不计质的方法论性质是有本质区别的。

(三) 现代统计学时期

19世纪末~20世纪初以来，由于科学技术迅猛发展，社会发生了巨大变化，统计学进入了快速发展时期，推断统计学理论与方法得以大量涌现。例如，英国生物学家、统计学家卡尔·皮尔逊（Karl Pearson，1857~1936）提出了正态分布、J形分布、U形分布等分布曲线，大大推进次数分布曲线理论的发展和应用，同时，还提出卡方及检验、标准差概念及符号 σ 等；英国统计学家威廉·西利·戈赛特（W. S. Gosset，1876~1937）发表了《平均数的概率误差》，创立了 t 分布，开创了小样本理论的先河。

随着社会的发展和实践需要，统计方法不断丰富和完善，统计应用领域也不断拓展。

四、统计学研究对象的特点

数据作为统计学最基本的核心,反映了社会和自然现象总体数量特征的信息表现,统计学是一门对总体现象(或群体现象)数量特征进行计量描述和分析推论的科学,按照统计学的定义,统计学研究对象的特点主要表现在以下五方面。

(一)总体性

统计学的研究对象是社会经济现象总体的数量特征。例如,要研究某城市居民的消费水平,目的不在于了解个别居民的消费状况,而是要通过对个别居民消费情况的了解,达到对全市居民总体消费水平的认识。再如,要反映和研究一个国家或地区全部人口的综合数量特征,目的不是要了解和研究某个人的特征,而是通过对每个人特征情况的了解,达到对全部人口数量特征的认识。因此,统计学就必须从研究对象的总体性出发,提供一套进行描述统计和推断统计的方法,通过具体研究,最终达到对现象总体数量特征的认识。

(二)数量性

统计学研究对象的数量性,具体来说,就是通过各种统计指标和指标体系来反映现象总体的规模、水平、速度、比例、趋势等。例如,我国的国内生产总值总量、构成及发展速度等都要通过一定的指标反映出来,即最终从数量特征上达到对全社会某方面的认识。

数量性是统计最基本的特点。通常说"统计的语言是数字"就是指这一特点。社会经济统计的研究对象是客观现象的数量方面,包括数量的多少、数量之间的关系以及质量互变的数量界限。

(三)客观性

统计学研究对象的客观性也可称为具体性。统计学所研究的量不是抽象的量,它是现象总体数量特征的客观反映,是现象总体数量特征在一定的时间、地点、条件下的具体反映,即具体数量表现不是主观意志所能转移的,也就是既不能改变研究对象的客观性更不能先入为主、随心所欲。实际上,各种统计方法均来源于对客观事物研究的总结,再反过来应用于对客观事物的研究。

(四)随机性

统计学不仅仅是利用一些方法、数字、概念来表现和罗列总体事实,更重要的是从中探索总体事实的内在数量规律性。在实际问题中,数据的随机性通常是无法避免的。它的来源大致有两个方面:一是由"偶然性"带来的。这类问题往往是研究的对象数量很大,不可能或者没有必要对它们全部加以考察,只能抽取一部分来加以研究，尽管从抽取方式来说应力求能较全面反映全部对象的信息，但由于只是抽取其中的一部分，就难免有偶然性。二是由"不确定性"带来的。例如，在产品生产中，即使同样的材料、设备、工艺流程，所生产的产品质量仍然有差异，这是因为上述条件只是看起来完全一样，实际上总是有一些因素无法控制或不便控制，这就使质量指标数据具有不确定性。

（五）广泛性

随机性的普遍存在促进了统计学的发展，也为统计学的应用提供了一个广阔的用武之地。统计学几乎不同程度地渗透所有人类活动的领域。统计学研究对象的范围，既包括社会经济现象，也包括自然科技现象。如教育学频繁地使用描述统计来说明考试结果；在科学领域，研究人员必须收集和分析实验数据；政府层面也随时都在收集各种统计数据。

五、统计的作用

统计是认识客观世界的手段，也是国家管理、企业事业单位管理和进行宣传教育的工具，还是科学研究的方法及对国民经济和社会发展实行有效监督的手段。为了使我国的统计工作适应现代化建设的需要，国家制定了《中华人民共和国统计法》，其中规定："统计的基本任务是对经济社会发展情况进行统计调查、统计分析，提供统计资料和统计咨询意见，实行统计监督。"

（一）统计是认识客观世界的工具

统计对客观世界的认识作用，在于它能从客观事物总体的数量方面说明客观世界中发生的客观事实，并对未来作出预测。例如，通过国内生产总值、居民消费、进出口贸易、固定资产投资等一系列统计数据，可以对一定时期的国民经济发展情况进行客观描述；根据一个企业的生产能力、产品产量、职工人数、固定资产价值、销售收入、利税总额等统计数据，就可以对该企业的规模作出判断和认识。掌握现象的数量方面是认识现象的重要侧面。统计就是通过数量方面来认识客观事物和客观世界。

（二）统计是实行科学管理的工具

统计数据是实行科学管理的基础。要很好地实现管理的每一项职能，离不开反映经济、社会活动状况的统计数据。现代管理不能仅仅凭借管理者的经验，而应该建立在对管理对象正确认识的基础上，采用科学的方法进行。统计不仅可以从数量方面客观地反映管理对象的状况，而且可以揭示管理对象发展变动的规律性，为管理者提供系统、准确的统计信息。科学的管理离不开定量的研究，许多管理都要以定量分析为基本前提。

统计方法是实行科学管理的手段。统计不仅为科学管理提供各种情况和数量信息，成为科学管理的基础，而且还可以为现代管理提供科学的定量研究方法，成为科学管理的重要工具。例如，质量管理中的产品质量分析、检验和控制，物资管理中的库存控制、ABC 分析方法，营销管理中的市场调查、市场预测，人事管理中的人员测评方法等，很多内容都是统计方法的直接应用。

（三）统计是实行国家监督的重要手段

统计通过信息反馈来检验决策是否科学、可行，并对决策执行过程中出现的偏差提出矫正意见。统计的监督作用日益显著，统计是观测社会、经济、科技发展变化的仪表。统计部门应充分发挥统计的监督作用，充分运用各种统计手段，对经济、社会、科技及自然的运行状况进行监测，及时发出预警；对政策、计划、措施的执行情况进行跟踪监督，使其不偏离目标；对违纪违法现象进行揭露，维护统计数据的真实性，实事求是地反映客观实际情况。

（四）统计是科学研究的重要方法

几乎所有的科学试验和科学研究都需要将统计方法作为有效的手段。在试验之前必须依靠统计方法对试验作出科学的安排。安排得科学与否，不但影响到以后所收集资料的代表性，而且直接决定试验的效率。试验过程中，依靠统计方法分析、显示事物的关系及其规律性；试验结束后，应用统计方法对试验结果作出解释，并检验它的正确性。因此，统计方法可以广泛应用于自然科学、工程技术研究的各个领域。药剂师应用统计方法进行新药疗效的显著性检验；工程师应用统计方法测定新工艺、新材料的创新效果；天文学家以统计方法为基础预测星体的未来位置；生物学家应用统计方法安排田间试验和遗传工程研究；等等。虽然所研究的问题属于不同的领域，存在千差万别，但所依据的统计学理论和方法是相同的。

（五）统计是宣传教育的有效手段

通过新中国成立以来、改革开放以来统计数据的对比分析，可以反映出我国经济社会发展所取得的巨大成就和人民生活水平的迅速提高。利用统计数据进行宣传教育更具有说服力。

第二节 统计数据与研究方法

一、数据与统计数据

统计学是研究数据的科学，人们对数据有不同的定义。数据是事实或观察的结果，是对客观事物的逻辑归纳，是用于表示客观事物的未经加工的原始素材，是信息的表现形式和载体，可以是符号、文字、数字、语音、图像、视频等。统计数据则是统计活动过程中所取得的反映自然和社会现象的数字资料以及与之相联系的其他资料的总称。统计数据是对客观现象计量的结果，是通过相应的统计方法进行处理与分析的，具有规范的数据名称、指标定义和统计标准，能够用统计语言或方式来表现分析的结果。

二、统计数据的类型

统计数据可以从不同的角度进行分类，大致有以下几类。

（一）按采用的计量尺度不同分为定性数据和定量数据

收集数据要先对现象进行计量或测度，这就涉及计量尺度不同的问题。根据计量学的分类方法，按照对事物计量的准确程度，可将计量尺度由低级到高级、由粗略到精确，分为定类尺度、定序尺度、定距尺度和定比尺度。根据不同的计量尺度会得到不同的统计数据。

由定类尺度和定序尺度计量的统计数据为定性数据，即用文字或数字代码表现事物的品质特征或属性特征的数据。定类数据是由定类尺度计量而成，是对事物进行分类的结果。例如，人口按性别分为男与女两种类别；专业按学科分类分为哲学、经济学、法学等 13 种类别，均属于定类数据。在实际中，为了便于统计处理，通常用不同的数字代码来表示不同类别，例如，分别用 1、2、3……13 表示哲学、经济学、法学……艺术学。这里的数字排列没有大小和程度高低之分，仅仅是符号而已。定序数据是由定序尺度计量而成，是对事物按照一定的排序进行分类的结果，表现为有顺序的类别，例如，公众对政府部门的服务满意度表示为非常满意、满意、一般、不满意、非常不满意，产品质量等级表示为特等品、一等品、二等品等，这些都属于定序数据。同样，定序数据也可以用数字代码来表示，例如，满意度可以用 1、2、3、4、5 分别表示非常满意、满意、一般、不满意、非常不满意。这里的数字代码能体现一种顺序和程度的不同。例如，非常满意优于满意，特等品优于一等品，但具体数量的差别无法体现。

由定距尺度和定比尺度计量的统计数据为定量数据，即用数值表现事物数量特征的数据。定距数据是由定距尺度计量而成，它不仅能反映事物所属的类别和顺序，还能反映事物类别或顺序之间的数量差距。例如，甲、乙两地最高温度分别是 35℃和 25℃，我们不仅可以表述为甲地最高温度高于乙地，而且可以说甲地最高温度比乙地高 10℃。定距数据适合于加减运算，但不适合于乘除运算。定比数据是由定比尺度计量而成，它不仅能体现事物之间的数量差异，还可以计算测度值之间的比值来体现相对程度。在实际中，只要存在绝对零点的现象都属于定比数据。例如，企业的产值、人的收入、小麦的亩产、建筑物的面积等都是定比数据。

区分计量层次和数据类型是非常重要的，因为对不同类型的数据要采用不同的统计方法进行处理与分析。

（二）按收集方法的不同分为观测数据、实验数据和大数据

观测数据是通过统计调查或观测的方式而获取的反映研究现象客观存在的数量特征的数据，这类数据是在没有人为控制的条件下获得的。有关社会经济现象的统计数据几乎都是观测数据。

实验数据是在人为控制的条件下，通过实验方式获得的关于实验对象的数据。自然科学研究中的数据大都属于实验数据，例如，生物实验数据、产品性能实验数据、药物疗效实验数据等。随着实验方法在经济等领域的应用，实验经济等学科逐步形成，在经济等领域出现了许多实验数据。

大数据从现代意义上说是计算机与互联网相结合的产物，前者实现了数据的数字化，后者实现了数据的网络化。它一般是指那些数据量特别大、数据类别特别复杂的数据集，这种数据集不能用传统的数据库进行转存、管理和处理，需要新处理模式才能具有更强大的决策力、洞察发现力和流程优化能力的海量、高成长率、多样化的信息资产。其主要特点是数据量大、数据处理速度快、数据真实性高、数据类别复杂等。随着信息技术的发展，大数据分析技术的应用领域将越来越广。

（三）按时间或空间状态不同分为时序数据和截面数据

时序数据是时间序列数据的简称，是对同一现象在不同时间上收集到的数据（空间状态相同，时间状态不同），描述的是现象某一方面（或某几方面）的数量特征随时间而变化的情况。例如，把我国 2000 年以来的国内生产总值数据按时间先后顺序加以排列，就形成了我国国内生产总值的时序数据。

截面数据是对一些同类现象在相同或近似相同的时间上收集到的数据（空间状态不同，时间状态相同），描述的是在相同时间状态下同类现象的数量特征在不同空间状态下的差异情况。例如，某年我国各省、自治区、直辖市的国内生产总值数据，就是截面数据。

有时，时序数据与截面数据可以结合起来成为平行数据（时间、空间状态都不同）。例如，列出历年各省、直辖市、自治区的国内生产总值数据，就形成了平行数据。

（四）按加工程度不同分为原始数据和次级数据

原始数据是指直接向调查对象收集的、尚待加工整理、只反映个体特征的数据，或通过实验采集的原始记录数据。原始数据是统计数据收集的主体。

次级数据也称为加工数据或二手、三手甚至更多手数据，是指已经经过加工整理、能反映总体数量特征的各种非原始数据。次级数据又包括直接根据原始数据整理而来的汇总数据，以及根据各种已有数据进行推算而来的推算数据。次级

数据的来源，包括各种统计年鉴、有关期刊和有关网站（网络数据）等。

三、统计的研究方法

统计的研究方法众多，归纳起来主要有以下五种。

（一）大量观察法

大量观察法是指统计研究社会经济现象和过程要从总体上加以考察，就总体中的全部或足够多数单位进行调查观察并加以综合研究。该方法是统计学中特有的方法。统计研究要运用大量观察法，这是由研究对象的大量性和复杂性所决定的。许多统计对象，特别是社会经济现象是已经发生的事件，并且无法进行重复试验，这是因为，社会经济现象本质上是反映人与人之间的关系，这种关系客观地存在于现实生活中，要研究这种关系就不能用试验的方法或推理的方法，而必须到社会中去做调查研究，即采用大量观察法就总体中的全部或足够多数单位进行调查观察，并加以综合研究。复杂的社会经济现象是在诸多因素作用下形成的，个别现象往往受各种偶然因素的影响，使各单位的特征和数量表现有很大差别，所以不能任意抽取个别或少数单位进行观察，必须在对研究对象定性分析的基础上，确定调查对象和总体范围，并对总体中的所有单位或足够多数单位的变量进行登记和计算，然后把观察得来的个别数量加以整理汇总，计算相应的综合指标来反映总体现象的数量特征，这就是现象规律性的表现形式。

大量观察法的数学依据是大数定律。大数定律是随机现象出现的基本规律，也是在随机现象大量重复中出现的必然规律。大数定律的一般概念是：在观察过程中，每次取得的结果不同，这是由偶然性所致，但大量重复观察结果的平均值却几乎接近确定的数值。狭义的大数定律就是指概率论中所反映上述规律性的一些定理，它所表明的是平均数的规律性与随机现象的概率关系。

（二）统计分组法

统计分组法就是根据一定的研究目的和现象的总体特征，将总体各单位按一定的标志，把社会经济现象划分为不同性质或类型的组别。统计分组法是统计研究的基本方法，主要用于统计整理阶段。统计分组法是研究总体内部差异的重要方法。通过统计分组可以研究总体中不同类型的性质以及它们的分布情况，例如，产业的经济类型及其行业分布情况。还可以研究总体中的构成和比例关系，例如，三次产业的构成、生产要素的比例等。另外，还可以研究总体中现象之间的相互依存关系，例如，企业经营规模和利润率之间的关系等。

（三）综合指标法

综合指标法是在大量资料整理的基础上，计算各种综合指标，对大量现象的数量方面进行分析的方法。统计研究的对象具有总体性和数量性的特点，要综合说明大量现象的数量关系，概括地表明其一般特征，必须采用综合指标。通过综合指标的计算可以显示出现象在具体时间、地点条件下的总量规模、相对水平、集中趋势、变异程度，并进一步从动态上研究现象的发展趋势和变化规律。例如，2019 年我国国内生产总值 990 865 亿元，比 2018 年增长 6.1%，就是综合指标。

大量原始资料经过分组整理汇总，得出综合指标数值。统计必须在此基础上，按照分析的要求，进一步计算各种分析指标，对现象的数量关系进行对比分析。统计分析的方法较多，有综合指标法、动态数列分析法、指数分析法、相关和回归分析法、抽样推断法等，其中，综合指标法是统计分析的基本方法，其他各种统计分析方法均离不开综合指标的对比分析。

（四）统计模型法

统计模型法是综合指标法的扩展。它是根据一定的经济理论和假定条件，用数学方程去模拟现实经济现象相互关系的一种研究方法。利用这种方法可以对现象与过程中存在的数量关系进行比较完整和近似的描述，从而简化了客观存在的、复杂的其他关系，以便利用模型对现象状态与变化过程进行数量上的评价、预测和控制。统计模型一般包括四个基本要素：变量、基本关系式、模型参数和随机扰动项。

（五）统计推断法

统计推断法是以一定的置信标准，根据样本数据来判断总体数量特征的归纳推理方法。统计在研究现象的总体数量关系时，需要了解的总体对象的范围往往很大，有时是无限的，而由于经费、时间和精力等各种原因，以致有时在客观上只能从中观察部分单位或有限单位进行计算和分析，根据结果来推断总体。统计推断法是现代统计学的基本方法，在统计研究中得到了极为广泛的应用，它既可以用于对总体参数的估计，也可以用作对总体的某些假设检验。从这种意义上来说，统计学是在不确定条件下作出决策或推断的一种方法。

第三节　统计学的基本概念

要继续深入学习统计学，我们就要弄清、弄懂统计学中的基本概念。这些基本概念有：统计总体、总体单位和样本，标志与统计指标，变异与变量，统计指标体系等。准确地理解它们的含义，对学习统计学十分重要。

一、统计总体、总体单位和样本

（一）统计总体和总体单位

根据一定的目的和要求，统计所需要研究的客观事物的全体，称为统计总体，简称总体。我们通常在研究某种现象时就必须认真定义我们感兴趣的总体，而实际中，又通常只有在确定了每个个体后才能充分定义总体。"我国所有的中小企业"就是一个被明确定义的总体。组成总体的每一个事物称为总体单位，简称个体。"我国每一家中小企业"就是总体单位。

统计总体的形成必须具备一定的条件。第一，大量性。组成总体的总体单位要足够多。只有对大量的总体单位的数量特征进行综合，才能体现总体的数量特征。因此，大量性是构成总体的基本条件。第二，同质性。组成总体的所有个体必须在某些性质上是相同的。例如，中小企业总体必须是由人员规模、经营规模相对较小的企业组成。至于究竟需要个体在哪些性质上相同才能构成一个统计总体，即总体的同质性，决定于统计研究的目的。因此，同质性是构成总体的基础。第三，差异性。构成总体的各单位除了同质性还必须具有差异性，否则就不需要统计研究了。例如，中小企业总体中的每家企业，在企业从业人员、营业收入、资产总额等方面都会有差异，这样才构成统计所要调查研究的内容。因此，差异性是构成总体的前提。

统计总体按总体单位是否有限分为有限总体和无限总体。一个统计总体所包括的单位数如果是有限的，即总体中的个体可以（或者可能）被一一罗列时，该总体是有限总体，例如，一个国家的人口、大学图书馆的藏书等。如果是无限的，即个体有无穷多个，称为无限总体，例如，如果没有时间界限，可以把连续生产线上的产品产量看作无限总体。

统计总体与总体单位不是固定不变的，总体与总体单位具有相对性，随着研究任务的改变而改变。总体的范围可大可小，单位可多可少，这要根据研究的目的和要求来确定。原来某个总体可能随着研究范围的扩大而变成一个总体单位，也有可能由原来一个总体单位随着研究范围的缩小而变成总体。

研究庞大的总体往往会比较困难。因此，我们常常需要抽样，然后去分析样本数据。

（二）样本

样本是按照一定的抽样规则从总体中取出的一部分个体的集合。它是一个小总体，又称子样。一个样本单位数称为样本容量，通常用 n 表示。样本作为总体的代表，反映总体的基本信息，样本具有随机性，每次抽样得到的样本是不同的。如我们需要对一定时期生产的 20 000 只灯泡进行质量检验，从中抽取 200 只灯泡，这被抽取出来的 200 只灯泡即为样本。

二、标志与统计指标

统计学家总是对样本或总体中的特定变量感兴趣。也就是说，他们常常要去研究总体或样本中个体的一个或多个特征。

（一）标志

标志是说明总体单位属性和特征的名称。因此，总体单位是标志的直接承担者，标志是依附于总体单位的。每个总体单位从不同方面考察都具有许多属性和特征。例如，每位教师都具有性别、文化程度、职称、年龄、教龄、工资等属性和特征，这些就是教师这一总体单位的标志；对于每一个企业又都具有经济成分、所属行业、资产数量、职工人数、产品产量等属性和特征，这些就是企业这一总体单位的标志。统计研究是从登记标志状况开始的，并通过对标志的综合反映获取总体的数量特征，所以标志是统计研究的基础。

标志按其表现形式可分为品质标志和数量标志。品质标志表明总体单位的属性特征，一般用文字说明，而不能用数值表示，如性别、文化程度、民族等。数量标志表明总体单位的数量特征，是用数值表示的，如年龄、工资、工龄等。

标志表现是指标志特征在各单位的具体表现，品质标志的标志表现用文字表述。例如，某职工性别是男性，文化程度是大学本科，民族是汉族，这里的"男""大学本科""汉族"分别是品质标志"性别""文化程度""民族"的属性。数量标志的标志表现是具体数值。例如，某职工年龄 35 岁，月工资 8 500 元，工龄 8 年，这里的"35""8 500""8"分别是数量标志"年龄""月工资""工龄"的数值表现，称为标志值或变量值。

（二）统计指标

统计指标简称指标，对统计指标的含义有两种理解。一种认为统计指标是反映总体现象数量特征的概念，例如，国内生产总值、社会消费品零售额等；另一种认为统计指标是反映总体现象数量特征的概念和具体数值，例如，2019 年我国国内生产总值为 99.0865 万亿元。对统计指标含义的两种理解都可以成立，前一种理解适用于统计理论和统计设计，后一种理解适用于实际统计工作。

指标和标志既有明显的区别又有密切的联系。两者的主要区别是：指标是说明总体特征的，而标志是说明总体单位特征的；标志有不能用数值表示的品质标志和能用数值表示的数量标志两种，而指标必须是能用数值表示的。两者的联系主要表现在：有许多统计指标的数值是直接从总体单位的数量标志值汇总而来的；指标与数量标志之间存在着转化关系。由于研究目的的不同，原来的统计总体如果变成总体单位，则相应的统计指标也就变成数量标志。反之亦然。

三、变异与变量

在一个总体中，无论品质标志还是数量标志，当某个标志在同一总体的各个总体单位上的具体表现相同时，则称该标志为不变标志。例如，国有工业企业的经济类型是属于国家所有，这个标志对国有工业企业这一总体来说，就是不变标志。任何总体的各个总体单位至少要有一个共同的不变标志才能使它们结合在一起，这个不变标志就是构成总体同质性的基础。

如果某些标志在总体各单位的具体表现不完全相同，这些标志称为变异标志或可变标志。例如，国有工业企业的产量、产值、职工人数等标志，是随着每个企业的具体情况而变动的，这些标志就是可变标志。

变异标志可以是品质标志，也可以是数量标志。变异标志又被称为变量，变量泛指一切可变标志，既包括可变的数量标志，也包括可变的品质标志。在统计中的变量是用于说明现象某种特征的概念。如产量、产值、商品销售额等都是变量。商品销售额可以为 200 万元、300 万元、5 000 万元等，这些数值就是变量值。统计数据就是统计变量的具体表现。变量可以分为分类变量、顺序变量和数值型变量。数值型变量根据其取值的不同，分为离散变量和连续变量。离散变量可以取有限值，而且可以一一列举，直观地说，就是可以取线段上与任意可数点相对应的数值，任意两个取值之间有间距，如"企业数""产品数量"等就是离散变量；连续变量可以取无穷多个值，其取值是连续不断的，不能列举，直观地说，就是可以取线段上的任意一个值，包括任何两个值之间的所有可能的数值，如"商品销售额""年龄""温度"等都是连续变量。

四、统计指标体系

统计指标体系是指由一系列相互联系的统计指标所构成的整体。在统计研究中，任何一个统计指标只能从某一个侧面来反映现象总体的特征，而客观存在的现象总体是多方面相互联系的复杂整体，要反映总体特征就只能依赖于统计指标体系，说明现象间的依存关系、因果关系、平衡关系等。

统计指标体系分为基本统计指标体系和专题统计指标体系。基本统计指标体系是反映国民经济和社会发展及其各个组成部分的基本情况的指标体系，例如，反映一个国家的人口总数、国土面积、国内生产总值等；专题统计指标体系是对某一个经济问题或社会问题专门制定的统计指标体系，例如，商品流转统计指标体系、经济效益统计指标体系、人民物质文化生活水平统计指标体系等。

课后练习题

一、填空题

1. "统计"一词有三种含义，即统计工作、统计资料和_____。
2. 统计的总体性是指从_____上反映和分析事物数量特征。
3. 构成统计总体的个别事物叫_____。
4. 总体的_____实际上是指总体各单位至少在一个标志上的具体表现是相同的。
5. 标志是指_____的特征或属性的_____。
6. 标志是说明_____特征的，而指标是说明_____特征的。
7. 统计总体有_____和_____之分。
8. 标志按其表现形式不同，有_____标志和_____标志之分。

9. 变量按其数值是否连续，有_____变量和_____变量之分。
10. 常用的计量尺度主要有_____尺度、_____尺度、_____尺度和_____尺度。

二、单项选择题

1. "统计"一词的基本含义是（　　）。
   A. 统计调查、统计整理、统计分析   B. 统计设计、统计分组、统计计算
   C. 统计方法、统计分析、统计预测   D. 统计科学、统计工作、统计资料
2. 统计有三种含义，其中（　　）是基础。
   A. 统计学   B. 统计活动   C. 统计方法   D. 统计资料
3. 某班4名女生的身高分别是162厘米、158厘米、170厘米和165厘米，这四个数值是（　　）。
   A. 标志   B. 变量   C. 变量值   D. 统计指标
4. 要了解全校学生的视力情况，则个体是（　　）。
   A. 每班学生   B. 每名学生   C. 全部学生   D. 每名学生的视力
5. 构成统计总体的个别事物称为（　　）。
   A. 调查单位   B. 总体单位   C. 调查对象   D. 填报单位
6. 下列属于品质标志的是（　　）。
   A. 工人年龄   B. 工人性别   C. 工人体重   D. 工人工龄
7. 标志是指（　　）。
   A. 总体单位的特征或属性的名称   B. 总体单位数量特征
   C. 标志名称之后所表现的属性或数值 D. 总体单位所具有的特征
8. 一个统计总体（　　）。
   A. 只能有一个标志   B. 只能有一个指标
   C. 可以有多个标志   D. 可以有多个指标
9. 构成统计总体的总体单位（　　）。
   A. 只能有一个标志   B. 只能有一个指标
   C. 可以有多个标志   D. 可以有多个指标
10. 要了解某市职工收入状况，其总体单位是（　　）。
    A. 该市所有职工   B. 该市每名职工
    C. 该市所有职工的收入   D. 该市每名职工的收入
11. 连续变量是指（　　）。
    A. 整数变量   B. 数量标志
    C. 其数值在整数之间可以有有限个数值 D. 其数值在整数之间可以有无限个数值
12. 对某市高等学校科研所进行调查，统计总体是（　　）。
    A. 某市所有的高等学校   B. 某一高等学校科研所
    C. 某一高等学校   D. 某市所有高等学校科研所
13. 要了解50个学生的学习情况，则总体单位是（　　）。
    A. 50个学生   B. 每一个学生
    C. 50个学生的学习成绩   D. 每一个学生的学习成绩
14. 性别、年龄这样的概念，可以用来（　　）。
    A. 表示个体的特征   B. 作为指标来使用
    C. 表示总体的特征   D. 作为变量来使用

15. 下列属于品质标志的是（　　）。
    A. 工龄　　　　　B. 健康状况　　　　C. 工资级别　　　　D. 劳动生产率
16. 已知某种商品每件的价格为25元，这里的"商品价格"是（　　）。
    A. 指标　　　　　B. 变量　　　　　　C. 品质标志　　　　D. 数量标志
17. 将所研究对象按某种特征分成若干个部分，并给每一类别定名，所形成的度量尺度是（　　）。
    A. 定类尺度　　　B. 定序尺度　　　　C. 定距尺度　　　　D. 定比尺度
18. 对统计数据要求建立某种物理度量单位的最高度量层次是（　　）。
    A. 定类尺度　　　B. 定距尺度　　　　C. 定序尺度　　　　D. 定比尺度
19. 对数据进行计量的量度层次中，最低的层次是（　　）。
    A. 定类尺度　　　B. 定距尺度　　　　C. 定序尺度　　　　D. 定比尺度
20. 下列哪个指标不属于质量指标？（　　）
    A. 企业职工平均工资　　　　　　　　B. 企业增加值
    C. 企业利润率　　　　　　　　　　　D. 企业产品合格率

三．多项选择题

1. 下列各项中属于品质标志的有（　　）。
   A. 性别　　　　　B. 年龄　　　　　　C. 职务　　　　　　D. 民族
   E. 工资
2. 下列各项中属于连续变量的有（　　）。
   A. 厂房面积　　　B. 职工人数　　　　C. 原材料消耗量　　D. 设备数量
   E. 产值
3. 统计的基本概念中（　　）。
   A. 标志是说明总体单位的属性和特征的名称
   B. 指标是说明总体特征的
   C. 变异是总体单位标志表现相同
   D. 变量是指可变的数量指标
   E. 变异是统计的前提
4. 统计总体的基本特征表现为（　　）。
   A. 大量性　　　　B. 数量性　　　　　C. 同质性　　　　　D. 差异性
   E. 客观性
5. 变量按其是否连续可分为（　　）。
   A. 确定性变量　　B. 随机性变量　　　C. 连续变量　　　　D. 离散变量
   E. 常数
6. 品质标志表示事物质的特征，数量标志表示事物量的特征，所以（　　）。
   A. 数量标志可以用数值表示　　　　　B. 品质标志可以用数值表示
   C. 数量标志不可以用数值表示　　　　D. 品质标志不可以用数值表示
   E. 两者都可以用数值表示
7. "统计"一词的三种不同含义是（　　）。
   A. 统计活动　　　B. 统计资料　　　　C. 统计学　　　　　D. 统计分析
   E. 统计预测
8. 当观察和研究某省国有工业企业的生产活动情况时（　　）。
   A. 该省所有的国有工业企业为总体

B. 该省国有工业企业生产的全部产品为总体
C. 该省国有企业的全部资产为总体
D. 该省每一个国有工业企业为总体单位
E. 该省国有工业企业生产的每一件产品为总体单位

9. 第六次人口普查中（　　）。
A. 全国人口数是统计总体　　　　　　B. 总体单位是每一个人
C. 全部人口数是统计指标　　　　　　D. 人口的性别比是品质标志
E. 人的年龄是变量

10. 下列标志中，属于数量标志的有（　　）。
A. 性别　　　　　B. 工种　　　　　C. 工资　　　　　D. 民族
E. 年龄

11. 下列各项中，哪些属于统计指标（　　）。
A. 国内生产总值　　　　　　　　　　B. 石油产量
C. 原煤生产量　　　　　　　　　　　D. 某同学该学期平均成绩85
E. 全市年供水量9 000万吨

12. 连续变量的数值（　　）。
A. 是连续不断的　　　　　　　　　　B. 是以整数断开的
C. 相邻两值之间可取无限数值　　　　D. 要用测量或计算的方法取得
E. 只能用计数方法取得

13. 离散变量的数值（　　）。
A. 是连续不断的　　　　　　　　　　B. 是以整数断开的
C. 相邻两值之间不可能有小数　　　　D. 要用测量或计算的方法取得
E. 只能用计数方法取得

14. 下列变量中，属于连续变量的有（　　）。
A. 棉花产量　　　　　　　　　　　　B. 棉花播种面积
C. 单位面积棉花产量　　　　　　　　D. 植棉专业户数
E. 农业科研所数。

15. 下列变量中，属于离散变量的有（　　）。
A. 商业企业单位数　　　　　　　　　B. 商品总销售额
C. 职工人数　　　　　　　　　　　　D. 商品库存额
E. 商店经营商品品种数

四、判断题

1. 标志和指标是两个根本不同的概念，两者没有任何联系。（　　）
2. 政治算术学派的主要代表人物是威廉·配第和约翰·格朗特。（　　）
3. 统计着眼于事物的整体，不考虑个别事物的数量特征。（　　）
4. 社会经济统计学是一门实质性社会科学。（　　）
5. 离散变量的数值包括整数和小数。（　　）
6. 品质标志表明单位属性方面的特征，其标志表现只能用文字来表现，所以品质标志不能转化为统计指标。（　　）
7. 诸如粮食产量、身高等，是离散变量，它们的数值可以靠计数取得。（　　）
8. 取得指标数据，绝不能采用估算和推断方法。（　　）
9. 描述统计和推断统计的区别在于前者简单，后者复杂。（　　）

10. 任何数据都是统计数据。   (   )

五、简答题

1. 如何理解统计中的变量？
2. 如何理解统计总体性的特点？
3. 什么是数据？什么是统计数据？
4. 如何正确理解描述统计与推断统计的关系？
5. 统计学是怎样产生和发展起来的？
6. 现代统计学具有怎样的发展趋势？
7. 统计数据有哪些分类？不同类型的数据有什么不同的特点？试举例说明。
8. 统计发展史上有哪些主要学派？其学术观点是什么？主要代表人物是谁？
9. 总体、样本、个体三者关系如何？试举例说明。
10. 统计研究的基本方法包括哪些？
11. 统计的计量尺度是如何规定的？这种规定有何意义？
12. 如何理解总体的大量性、同质性和差异性？
13. 标志和指标有何区别和联系？
14. 什么是统计指标体系？它有哪些表现形式？试举例说明。
15. 大数据将会给统计学带来什么样的机遇与挑战？

第二章 统计数据的收集与整理

引例

  2020年3月30日,国家统计局上海调查总队发布的《疫情期间中小学生状况调研报告:小学篇》显示,大多数家长对疫情期间"停课不停学"的效果持肯定态度。

  调研显示,家长认为网络课程的最大优点为"疫情期间在家学习更加安全"(85.2%),有70.6%的家长认为"不影响学习进度",25.3%的家长认为"布置作业和提交作业都更加方便",41.1%的家长认为"共享全市优质教育资源,让孩子感受并适应不同的教学方式",32.8%的家长认为"减少路上通勤时间",12.9%的家长认为"有利于激发孩子的学习热情",15.7%的家长认为"有助于提升教师教学水平特别是信息化教学水平",36.1%的家长认为"有助于家长掌握孩子真实的学习状态",38.1%的家长认为"有助于提升孩子的时间管理能力",44.2%的家长认为"有助于提升孩子的自主学习能力"。

  调研同时显示,家长对于网络在线上课的最大顾虑是长时间使用电子设备影响视力(70.5%),有66.9%的家长担心孩子不够自觉专注学习,有41%的家长主要顾虑家里没有人可以随时陪伴监督孩子上课,有55.1%的家长主要顾虑缺少和老师同学的即时互动,有54.2%的家长担心孩子只听不思考,有40.7%的家长担心网络问题影响上课质量,有51.6%的家长认为没有课堂气氛,有17.1%的家长认为没有兼顾孩子的个性化需求。

  (资料来源:新浪网,http://news.sina.com.cn/c/2020-03-31/doc-iimxxsth2793628.shtml. 2020-03-31)

  要进行统计研究,必须掌握一手"好数据"。当研究目的确定后,就要考虑如何去收集和整理相关的统计数据。具体包括:我们从哪里获取这些数据?我们应该向谁收集这些数据?我们要用什么方法收集这些数据?收集的这些数据如何整理才更直观、科学、合理,便于分析。本章将为你讲述统计数据的收集与整理。

第一节 统计数据的收集

一、统计数据收集的含义和要求

统计数据收集就是根据统计研究的目的和任务,运用各种科学有效的方式和方法,有针对性地收集反映客观事实的统计数据的活动过程。统计数据收集是整个统计工作过程的基础阶段,通常称为统计调查。

为使统计调查能客观地反映实际,在统计调查阶段,对于数据收集主要强调准确性、及时性和完整性等要求,准确性是调查的核心,及时性主要强调数据提供的时效性,完整性则是基于统计指标的计算与分析需要。

二、统计调查方案的设计

统计调查工作量大、内容繁杂,研究目的和任务又客观要求调查资料的准确性、及时性和完整性,为了做好调查工作,在调查工作开始之前,必须制定出一个周密的统计调查方案,对整个调查工作进行统筹考虑、合理安排,保证统计调查工作的效率和质量。一个完整的统计调查方案,一般包括以下几个方面的内容。

(一)确定调查目的

统计调查是为一定的统计研究任务服务的,在制定调查方案时,要先确定调查目的,即调查中要研究解决的问题和要取得的资料。例如,在《国务院关于开展第七次全国人口普查的通知》中就非常明确地指出了调查目的。第七次人口普查是在中国特色社会主义进入新时代开展的重大国情国力调查,将全面查清我国人口数量、结构、分布、城乡住房等方面的情况,为完善人口发展战略和政策体系,促进人口长期均衡发展,科学制定国民经济和社会发展规划,推动经济高质量发展,开启全面建设社会主义现代化国家新征程,向第二个百年奋斗目标进军,提供科学准确的统计信息支持。确定调查目的,就是为了回答"为什么要进行调查"的问题。

(二)确定调查对象和调查单位

统计调查目的确定以后,就可以进一步确定调查对象和调查单位。确定调查对象和调查单位,就是为了回答"向谁调查"的问题。调查对象就是根据调查目的所确定的统计总体。确定调查对象,首先,需要根据调查目的对研究对象进行认真分析,掌握其主要特征,科学地规定调查对象的含义;其次,要明确规定调查对象的总体范围，划清它与其他社会现象的界限。只有调查对象的含义确切、界限清楚，才能避免登记的重复或遗漏，保证统计资料的准确性。例如，调查目的是某地区中小企业经营状况时，调查对象就是该地区所有的中小企业；再如，当调查目的是某地区工业企业单台价值 200 万元以上设备的情况时，则调查对象就是该地区所有工业企业单台价值 200 万元以上的设备。

调查单位是指调查对象中所要调查的具体单位，即总体单位。它是进行调查登记标志的承担者。调查单位的确定取决于调查目的和调查对象。如上段例子中，调查单位分别是该地区的每一家中小企业、该地区工业企业的每一台单台价值 200 万元以上的设备。

明确调查单位，还要同填报单位区别开来。填报单位也称报告单位，是填写调查内容、提供资料的单位，它一般是在行政上、经济上具有一定独立性的单位；而调查单位既可以是人、单位，也可以是物。根据调查目的，调查单位与填报单位有时一致，有时不一致。例如，对中小企业进行调查，每家中小企业既是调查单位也是填报单位；调查企业设备情况时，调查单位是企业的设备，而填报单位则是企业；人口普查时，调查单位是总体中的每个人，而填报单位则是家庭（户）。

（三）确定调查项目和拟订调查表

确定调查项目就是确定所要调查的内容，即所要登记的调查单位的特征。调查项目一般就是调查单位各个标志的名称，包括品质标志和数量标志两种。确定调查项目所要解决的问题是：向调查单位调查什么？调查单位有哪些特征？用什么标志反映调查单位的特征？这些都应根据调查目的和调查单位的特点而定，并贯彻"少而精"的原则进行处理。

确定调查项目所要解决的问题是"向被调查者调查什么"，也就是需被调查者回答什么问题。在确定所要登记的标志，即调查项目时，注意以下四点。

1. 各调查项目必须是可行的，能够取得确切资料。即必须从实际出发，只列出能够取得资料的项目，不可能取得资料的项目不应列入提纲。

2. 要有科学的理论依据和统一的解释，即列入调查项目的内容含义要明确、具体，不能有两种或两种以上的解释，以免调查人员按照各自不同的理解填写，使调查结果无法汇总。

3. 调查项目要少而精，即只列出调查目的所必需的项目，登记与问题本质有关的标志，以免内容庞杂，增加工作量，造成调查工作的浪费。

4. 各调查项目之间尽可能作到相互联系、彼此衔接，以便于相互核对与分析。如总产值÷在职人数＝全员劳动生产率。

调查项目确定后，就要将这些调查项目科学地分类排队，并按一定顺序列在表格上，这种供调查使用的表格就叫调查表。它是统计工作收集资料的基本工具。调查目的、被调查者都可以从调查表中反映出来。调查表主要用于统计调查阶段，是收集原始资料的基本工具，且便于填写和汇总整理。

调查表一般分为单一表和一览表两种。单一表（又称卡片式）是将一个调查单位的调查内容填列在一份表格上的调查表。它可以容纳较多的项目，且便于分类整理和汇总审核。一览表是将许多个调查单位和相应的项目按次序登记在一份表格里的调查表。它便于合计和核对差错，一般在调查项目不多时采用。表2-1是单一表；表2-2是一览表。

表2-1　　　　　　　　　某企业职工个人情况登记表

姓名		性别		出生年月		政治面貌	
工资		工龄		文化程度		婚姻状况	
个人简历							
备注							

表2-2　　　　　　　　　某企业职工情况一览表

序号	姓名	性别	出生年月	文化程度	工资	工龄

具体应用注意点：一是看项目的多少，调查项目多时一般用单一表，反之，则用一览表；二是看填报单位与调查单位是否一致，一致时常用单一表，不一致时用一览表。例如，我国人口普查的调查表采用的是一览表，基层统计报表多采用单一表。

（四）确定统计调查方式与方法

采用什么样的调查方式与方法会直接影响统计调查数据的质量，同时还会涉及调查所需的人力、物力和财力等。因此，必须根据统计研究的目的，选择最合适的调查方式与方法。例如，要了解我国人口状况，可以采用普查方式和采访法；要了解居民消费的基本情况，可以采用抽样调查方式和采访法；要了解不同的广告对销售的影响，可以采用实验法或直接观察法；要了解电子商务的交易情况、城市交通、民意调查等，可以采用大数据。

（五）确定调查时间和调查期限

调查时间是指调查资料的所属时间。调查时间可以是时期，也可以是一定的时点。从资料的性质来看，有的资料反映现象在某一时点上的状态，而有的资料反映现象在一段时期内发展的结果。如果是时点现象，统计调查必须规定统一的标准时刻。例如，2020年第七次人口普查的标准时间是2020年11月1日零时。如果是时期现象，就要明确规定资料所反映的是自何年何月何日始至何年何月何日止的资料，要设定起讫日期。

调查期限是进行调查工作所要经历的时间，包括收集资料和报送资料的整个工作所需要的时间。这是保证统计数据调查及时性的要求。

（六）制定调查的组织实施计划

为了保证整个统计调查工作的顺利进行，在调查方案中还应该有一个周密的组织实施计划，如人员培训、经费预算、活动分工、资料传递、材料印制等。一个完整的组织实施计划是统计调查顺利开展的重要保证。

三、统计调查的组织方式

（一）普查

普查是为了某种特定目的而专门组织的一次性全面调查。主要用以收集重要国情国力和资源状况的全面资料，为政府制定规划、方针政策提供依据，如人口普查、科技人员普查、工业普查、物资库存普查、基本单位普查等。普查多半是在全国范围内进行的，而且所要收集的是经常的、定期的统计报表所不能提供的更为详细的资料，特别是诸如人口、物资等时点数据。

普查的组织方式一般有两种：一种是建立专门的普查机构，配备大量的普查人员，对调查单位进行直接登记，如人口普查等；另一种是利用调查单位的原始记录和核算资料，颁发调查表，由登记单位填报，如物资库存普查等。

普查作为一种特殊的数据收集方式，具有以下特点：第一，普查通常是一次性的或周期性的。由于普查涉及面广、调查单位多，需要耗费大量的人力、物力和财力，通常需要间隔较长的时间，一般每隔10年进行一次。例如，我国的人口普查1953~2010年共进行了六次。今后，我国的普查将规范化、制度化，即每逢末尾数字为"0"的年份进行人口普查，每逢"3"的年份进行第三产业普查，每逢"5"的年份进行工业普查，每逢"7"的年份进行农业普查，每逢"1"或"6"的年份进行统计基本单位普查。第二，规定统一的标准时点。标准时点是指对被调查对象登记时所依据的统一时点。调查资料必须反映调查对象在这一时点的状况，以避免调查时因情况变动而产生重复登记或遗漏现象。例如，我国第六次人口普查的标准时点为2010年11月1日零时，就是要反映这一时点上我国人口的实际状况；农业普查的标准时点定为普查年份的1月1日零时。第三，规定统一的普查期限。在普查范围内各调查单位或调查点尽可能同时进行登记，并在最短的期限内完成，以便在方法和步调上保持一致，保证资料的准确性和时效性。第四，规定普查的项目和指标。普查时必须按照统一规定的项目和指标进行登记，不准任意改变或增减，以免影响汇总和综合，降低资料质量。同一种普查，每次调查的项目和指标应力求一致，以便于进行历次调查资料的对比分析和观察社会经济现象的发展变化情况。第五，普查的数据一般比较准确，规范化程度也较高，因此，它可以为抽样调查或其他调查提供基本依据。第六，普查的使用范围比较窄，只能调查一些最基本及特定的现象。

普查既是一项技术性很强的专业工作，又是一项广泛性的群众工作。我国历次人口普查都认真贯彻群众路线，做好宣传和教育工作，得到群众的理解和配合，因而取得令世人瞩目的成果。

（二）抽样调查

抽样调查是实际中应用最广泛的一种调查方式。它是一种非全面调查，从调查对象的总体中随机抽取一部分单位作为样本进行调查，并根据样本调查结果来推断总体数量特征。根据抽取样本的方式不同，抽样调查分为概率抽样和非概率抽样。

概率抽样又称随机抽样，即在抽样时，总体中每一个抽样单位被选入样本的概率相同。随机抽样具有健全的统计理论基础，可用概率理论加以解释，是一种客观而科学的抽样方法。它具有以下几个方面的特点：第一，样本的抽取应遵循随机原则，总体中的个体是否被抽中事前无法得知，不受主观因素影响。第二，它是用样本值来推断总体数量特征的。第三，它是运用概率估计方法进行推断的。因为样本与总体之间不存在函数关系，以样本来估计总体，无法作出可靠的推断，只能以一定的概率保证为基础作出具有一定精度的估计，这是由样本的非唯一性所决定的。第四，它是以大数定律和中心极限定理为依据。大数定律表明，随着样本容量增加，样本平均数将接近总体平均数。中心极限定理表明，只要样本容量足够大，样本统计量的分布就趋于服从正态分布。第五，抽样误差可以计算并加以控制。用样本推断总体肯定会产生误差，在实际中，可以用抽样标准误差来计算抽样误差，并通过各种有效的办法把它控制在要求的范围内。

概率抽样从抽样方法上看，可以分为重复抽样和不重复抽样两种。重复抽样又叫重置抽样或放回抽样，是指统计抽样时对每次被抽到的单位登记后放回原总体，重新参与下一次抽选的抽样方法。重复抽样中每次抽选时，总体待抽选的单位数是不变的，前面被抽到的单位在后面的抽选中还有可能被抽中，这样每次抽选的概率都是相等的，n 次抽取就相当于 n 次相互独立的试验。不重复抽样又叫不重置抽样或不放回抽样，它是在逐个抽取个体时，每次被抽到的个体不放回总体中参加下一次抽取的方法。采用不重复抽样方法时，总体单位数在抽样过程中逐渐减小，总体中各单位被抽中的概率先后不同，总体中每个个体都只有一次被抽中的可能性。

概率抽样的基本组织形式分为单阶段抽样和多阶段抽样。单阶段抽样是指只需一次的抽样过程，它有以下四种：简单随机抽样、等距抽样、分层抽样、整群抽样。多阶段抽样是指先将总体分层，再逐层抽取样本的过程。多阶段抽样在总体特别大时使用。简单随机抽样也称单纯随机抽样、纯随机抽样，是指从总体 N 个单位中任意抽取 n 个单位作为样本，使每个可能的样本被抽中的概率相等的一种抽样方式。它是抽样调查最基本的组织形式，具体的样本抽取方式有直接抽选法、抽签法和随机数表法等。等距抽样也称机械抽样、系统抽样，是先将总体的全部单元按照一定顺序排列，采用简单随机抽样抽取第一个样本单元（或称为随机起点），再顺序抽取其余的样本单元。采用等距抽样时，必须先对总体单位按某种标志进行排序，具体可按有关标志、无关标志两种排序方法。当总体单位的顺序排列之后，可选用随机起点、半距起点、随机起点、循环等形式进行等距抽样。等距抽样是依固定的间隔和规定的顺序来抽取个体，属于不重复抽样。分层抽样也称类型抽样，是将总体单位按其属性特征分成若干类型或层，然后在类型或层中随机抽取样本单位的抽样方法。分层抽样的特点是：由于通过划类分层，增大了各类型中单位间的共同性，容易抽出具有代表性的调查样本。该方法适用于总体情况复杂、各单位之间差异较大、单位较多的情况。整群抽样也称集团抽样，是指整群地抽选样本单位，对被抽选的各群进行全面调查的一种抽样组织方式。整群抽样的特点是群的形成可以是自然的也可以是人为的，可以大小相同也可以大小有别。整群抽样一般属于不重复抽样。多阶段抽样也称为多级抽样或分段抽样，它是按照抽样个体的隶属关系或层次关系，分为两个或两个以上的阶段从总体中抽取样本的一种抽样方式。它是从集体抽样到个体抽样，分成若干阶段逐步地进行。当总体的规模特别大，或者总体分布的范围特别广时，一般采取多阶段抽样的方法来抽取样本。

非概率抽样是凭人们的主观判断，根据便利性原则来抽取样本，但这时总体中每个个体被抽取的可能性难以用概率来表示和计算。非概率抽样具体分为方便抽样、定额抽样、判断抽样以及滚雪球抽样等。方便抽样是偶遇抽样，即研究者将在某一时间和环境中所遇到的每一总体单位均作为样本成员，"街头拦人法"就是一种偶遇抽样。定额抽样也称配额抽样，是将总体依某种标准分层（群），然后按照各层样本数与该层总体数成比例的原则主观抽取样本。定额抽样与分层概率抽样很接近，最大的不同是分层概率抽样的各层样本是随机抽取的，而定额抽样的各层样本是非随机的。判断抽样也称立意抽样，研究人员从总体中选择那些被判断为最能代表总体的单位作为样本的抽样方法。当研究者对自己的研究领域十分熟悉、对研究总体比较了解时，采用这种抽样方法可获代表性较高的样本。这种抽样方法多在总体小而内部差异大，以及在总体边界无法确定或因研究者的时间、人力、物力有限时采用。滚雪球抽样是以若干个具有所需特征的人为最初调查对象，然后依靠他们提供合格的调查对象，再由这些人提供第三批调查对象……依次类推，样本如同滚雪球般由小变大。滚雪球抽样多用于总体单位的信息不足或观察性研究的情况。

由于概率抽样遵循随机原则，所以概率抽样比非概率抽样更具有科学性和优越性，因此，我们一般指的抽样就是概率抽样。但作为补充，非概率抽样也有它的应用价值。

抽样调查具有准确度高、时效性强、经济节省、灵活方便等优点，在实际中得到广泛的应用。有关抽样部分的内容将在后续的章节中详细展开。

（三）重点调查

重点调查是专门组织的一种非全面调查，它是在总体中选择个别或部分重点单位进行调查，以了解总体的基本情况。所谓重点单位，是指在总体中具有举足轻重地位的单位。这些单位虽然少，但它们调查的标志值在总体标志总量中占有绝大比重，通过对这些单位的调查，就能掌握总体的基本情况。例如，我国钢铁企业数很多，钢产量差别也很大，其中鞍钢、武钢、首钢、包钢和宝钢等特大型钢铁企业，虽然在全国钢铁企业中只是少数，但它们的产量却占全国钢铁产量的绝大比重。对这些重大企业进行调查，便能省时省力且及时地了解全国钢铁生产的基本情况，满足调查任务的要求。

重点调查的优点在于调查单位少，可以调查较多项目的指标，了解较详细的情况，取得及时的资料，使用较少的人力和时间，取得较好的效果。当调查任务只要求掌握总体的基本情况，而且总体中确实存在重点单位时，采用重点调查是比较适宜的。但必须指出，由于重点单位与一般单位的差别较大，通常不能由重点调查的结果来推算整个调查对象的总体指标。

重点调查的关键问题是确定重点单位。首先，重点单位选多少，要根据调查任务确定。一般来说，选出的单位应尽可能少些，而其标志值在总体中所占比重应尽可能大些，其基本标准是所选出的重点单位的标志必须能够反映研究总体的基本情况。其次，选择重点单位时，要注意重点单位是可以变动的，即一个单位在某一问题上是重点，而在另一问题上不一定是重点；在某一调查总体上是重点，在另一调查总体中不一定是重点；在这个时期是重点，在另一时期不一定是重点。因此，对不同问题的重点调查，或同一问题不同时期的重点调查，要随着情况的变化随时调整重点单位。当然，选中的单位应是管理健全、统计基础工作较好的单位，以便于统计调查的实施。

重点调查主要采取专门调查的组织形式，有时也可以颁发定期统计报表，由调查的重点单位填报，定期观察这些重点单位的主要技术经济指标的完成情况及其变动，重点调查收集资料的方法，主要指以企事业单位的原始资料为依据的报告法。

（四）典型调查

典型调查也是专门组织的一种非全面调查。它是根据调查研究的目的和要求，在对总体进行全面分析的基础上，有意识地选择其中有代表性的典型单位进行深入细致的调查，借以认识事物的本质特征、因果关系和发展变化的趋势。所谓有代表性的典型单位，是指那些最充分、最集中地体现总体某方面共性的单位。只要客观地、正确地选择典型单位，通过对典型单位进行深入细致的调查，既收集详细的第一手数字资料，又掌握生动具体的情况，就可以获得对总体本质特征的深刻认识，特别是对一些复杂的社会经济问题研究，典型调查可以了解得更深入、更具体、更详尽。

（五）统计报表

统计报表是一种以全面调查为主的调查方式，它是由政府主管部门根据统计法规，以统计表格形式和行政手段自上而下布置，而后由企事业单位自下而上、层层汇总上报、逐级提供基本统计数据的一种调查方式。它的任务是经常地、定期地收集反映国民经济和社会发展基本情况的资料，为各级政府和有关部门制定国民经济和社会发展计划以及检查计划执行情况服务。

四、统计调查方法

统计调查方法是指获取被调查对象数据的具体渠道或途径，主要调查方法有询问调查法、观察实验法和网络法等三大类。

（一）询问调查法

询问调查法是调查者与被调查者直接或间接接触以获得统计数据的一种方法。具体包括访问调查、邮寄调查、电话调查、电脑辅助调查、座谈会、个别深度访问等。

访问调查又称派员调查，是调查者与被调查者通过面对面交谈从而得到所需资料的调查方法，一般分为标准式访问和非标准式访问两种。标准式访问又称结构式访问，调查人员按照事先设计好的、有固定格式的标准化问卷或表格，有顺序地依次提问，并由受访者作出回答。其优点是能够对调查过程加以控制，从而获得比较可靠的调查结果。非标准式访问又称非结构式访问，它事先不制作统一的问卷或表格，没有统一的提问顺序，只是根据一个题目或提纲，由调查人员和受访者自由交谈，从中获得所需资料。访问调查在市场和社会调查中常被采用。

邮寄调查是通过邮寄、宣传媒介和专门场所等将调查表或问卷送至被调查者手中，由被调查者填写，然后将调查表或问卷寄回或投放到收集点的一种调查方法。这是一种标准化调查，其特点是调查人员和受调查者没有直接的语言交流，信息的传递完全依赖于调查表。邮寄调查在统计部门进行的统计报表及市场调查机构进行的问卷调查中经常使用。采用邮寄调查可节省人力、时间和经费，对调查的双方都比较方便，同时可以避免主观偏见，减少人为的误差，但与访问调查相比，邮寄调查的回收率比较低、调查人员难以对填答问卷进行有效指导等都是它的不足之处。如果调查对象的地域分布很广，采用访问调查需要大量的人力、经费和时间，对于这样的调查对象正是邮寄调查所适合的。

电话调查是调查人员利用电话同受访者进行语言交流，从而获得信息的一种调查方法。该方法具有时效快、费用低等特点，但同时拒访率比较高，交流会受语言、语音因素影响，所提问题要明确，且数量不宜过多。电话调查可以按照事先设计好的问卷进行，也可以针对某一专门的问题进行电话采访。

电脑辅助调查也称为电脑辅助电话调查，就是在电话调查时，调查的问卷、答案都由计算机显示，整个调查过程，包括电话拨号、调查记录、数据处理等也都借助于计算机来完成的一种调查方法。目前，电脑辅助调查已得到广泛应用。

座谈会也称为集体访谈法，就是将一组被调查者集中在调查现场，让他们对调查的主题发表意见,从而获取资料的方法。参加座谈会的受访者应是所调查问题的专家或有经验者,人数不宜太多,通常为 6~10 人,研究人员应对受访者进行严格的甄别、筛选。座谈方式主要看主持人的习惯和爱好。这种方法能获取其他方法无法取得的资料,因为在彼此交流的环境里,受访者相互影响、启发、补充,不断修正自己的观点,这就有利于调查者从中获得较为广泛深入的想法和意见,而且座谈会不会因为问卷过长而遭到拒访。

个别深度访问是一种一次只有一名受访者参加的特殊的定性研究。深访暗示着要不断深入到受访者的思想中,努力发掘其行为的真实动机。深访是一种无结构的个人访问。调查者运用大量的追问技巧,尽可能让受访者自由发挥,表达他的想法和感受。深度访问常用于动机研究,如消费者购买某种产品的动机等,以发掘受访者非表面化的深层意见。这一方法最适用于研究隐私的问题,如个人隐私问题、敏感问题、政治性问题。对于那些不同人之间观点差异极大的问题,用小组讨论可能会把问题弄糟,这时也可采用深度访问法。

座谈会和个别深度访问属于定性方法,通常围绕一个特定的主题取得有关定性资料。此类方法和定量方法不同。定量方法是从总体中按随机方式抽取样本获得资料,其研究结果或结论可以进行推论。但定性研究着重于问题的性质和对未来趋势的把握,而不是对研究总体数量特征的推断。座谈会和个别深度访问主要用于市场调查和研究。

(二) 观察实验法

观察实验法是调查者通过直接地观察或实验获得数据的一种方法。

观察法是指研究者根据一定的研究目的、研究提纲或观察表,用自己的感官和辅助工具去直接观察被研究对象,从而获得资料的一种方法。这种方法的优点是真实可靠,缺点是要花费较大的人力、物力、财力。

实验法是一种特殊的观察调查方法。实验法是在所设定的特殊实验场所、特殊状态下,对调查对象进行实验以取得所需资料的一种调查方法。根据场所不同,实验法可分为在室内进行的室内实验法和在市场或外部进行的市场实验法。室内实验法可用于广告认知的实验等。例如,在同日的同种报纸上,版面大小相同,分别刊登 A、B 两种广告,然后将其散发给读者,以测定其反应结果。市场实验法可用于消费者需求调查等。例如,企业让消费者免费使用一种新产品,以得到消费者对新产品看法的资料。

(三) 网络法

网络法是利用现代信息技术和网络平台进行数据的收集与选用,主要包括网络统计调查和网络大数据采用。随着现代信息技术的发展,计算机、网络、光电技术、卫星遥感、地理信息系统等高新技术不断被引入统计数据收集,进一步拓展了统计数据的收集功能。

第二节 统计数据的整理

一、统计数据整理的含义

统计数据整理是指根据统计的研究目的，对收集到的数据进行科学的加工整理，使之系统化、条理化和综合化，成为能反映研究对象总体数量特征、满足统计分析需要的统计数据的过程。统计数据整理，包括对原始统计数据的整理和对次级统计数据的再整理。

统计数据整理是实现统计由对个别现象的认识上升到对总体现象认识的一个重要阶段，在统计工作中起着承前启后的作用，它既是数据收集的继续和深化，又是数据分析的基础和前提。统计数据整理的质量，不仅关系到统计调查资料能否发挥其应有的作用，而且也直接影响到数据分析能否得出正确的结论。不恰当的加工整理，不完善的整理方法，往往使调查取得的丰富资料失去价值，甚至蒙蔽事实的真相，得出错误的结论。

二、统计数据整理的步骤

统计数据整理一般包括以下步骤：数据的预处理、统计分组和汇总、整理数据的显示和整理数据的公布与存档等。

数据的预处理是数据整理的先前步骤，是在对数据分类或分组之前所作的必要处理，包括数据的审核、筛选、排序等。

对于通过直接调查取得的原始数据，应主要从完整性和准确性两个方面去审核。完整性审核主要是检查应调查的单位或个体是否有遗漏，所有的调查项目或指标是否填写齐全等。准确性审核主要包括两个方面：第一，检查数据资料是否真实地反映了客观实际情况，内容是否符合实际；第二，检查数据是否有错误、计算是否正确等。审核数据准确性的方法主要有逻辑检查和计算检查。逻辑检查主要是从定性角度审核数据是否符合逻辑、内容是否合理、各项目或数字之间有无相互矛盾的现象，主要用于对定类数据和定序数据的审核。计算检查是检查调查表中的各项数据在计算结果和计算方法上有无错误，主要用于对定距数据和定比数据的审核。对于通过其他渠道取得的第二手数据，除了对其完整性和准确性进行审核外，还应着重审核数据的适用性和时效性，即弄清二手数据的来源、口径和背景，判断是否符合统计分析研究需要。数据经过审核后，确认适合实际需要，才有必要作进一步的加工整理。

数据排序是按一定顺序将数据排列，以便于研究者通过浏览数据发现一些明显的特征或趋势，找到解决问题的线索。除此之外，排序还有助于对数据检查纠错,为重新归类或分组等提供依据。在某些场合,排序本身就是分析的目的之一。

统计分组与汇总是统计整理的关键步骤,就是根据统计研究的目的和研究对象的特点,通过科学选择分组标志和确定分组界限,将总体各单位及其原始数据进行归类,借助必要的数据处理方法和工具,汇总计算出有关统计指标。如何分组以及在此基础上如何形成分布数列是这一步骤的主要内容。

整理数据的显示就是将统计分组和汇总后的数据,用恰当的统计图表显示出来,以便直观、准确、清楚地表达总体有关数量特征。

整理数据的公布与存档是统计整理的最后一个步骤,就是要把统计整理的结果以适当的内容、形式,在适当的范围进行公布,并以适当的形式加以存档。

三、统计分组

(一) 统计分组的含义与性质

统计分组就是根据统计研究的目的和社会经济现象的特点,按照一个或几个标志把统计总体区分为性质不同的若干个组成部分的一种统计方法。统计分组就是要把那些表现为质的差异的单位区分开,把具有相同性质的单位合并在一起,达到组内同质性和组间差异性,以便反映现象的本质特征,并为进一步运用各种统计方法,研究总体的数量表现和数量关系打下基础。

统计分组的含义如图 2-1 所示。

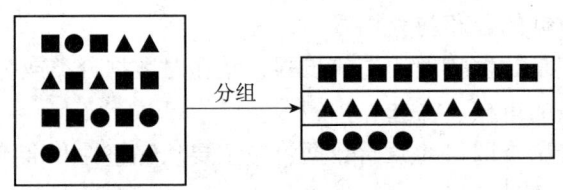

图 2-1 统计分组概念图

统计分组具有以下重要性质。第一,统计分组同时具有两方面的含义:对总体而言,是"分",即将总体区分为性质不同的若干个部分;对总体单位而言,是"合",即把性质相同的单位组合在一起。可见,统计分组是本着"相同者合并,不同者分开"的原则,其实质是在统计总体内部进行的定性分类。第二,统计分组必须遵循"穷尽"和"互斥"原则。即要求在分组时每一个总体单位都应有组可归,各个组要有足够的空间容纳总体的所有单位,同时要求组与组之间在含义上和口径上不能发生重叠。总体中的任何一个单位只能归属于某一组,而不能同时或可能归属于几个组。第三,统计分组的关键是分组标志的选择和分组界限的确定。如果分组标志选择不当和分组界限不合理,就会混淆事物的性质,难以客观反映现象总体的特征。其中,分组标志的选择是核心,因为采取不同的分组标志会产生不同的分组。因此,我们应根据统计研究目的,结合具体历史条件和经济条件,选择最能体现现象本质的标志作为分组标志。

(二)统计分组的作用

1. 区分社会经济现象的性质。统计分组的根本作用就在于区分社会经济现象的性质。在区分现象的性质过程中最重要、应用最广泛的是划分社会经济现象的类型,从而深入研究不同类型的现象特征。例如,将国民经济按产业划分,分为第一产业、第二产业和第三产业,可深入研究各次产业的特点、现状、发展变化的趋势以及它们之间的比例关系。

2. 应用统计分组反映现象的内部结构。按一定的标志将总体划分为不同的部分或组,计算各组的比重,以便说明总体内部结构、性质和各组成部分在总体中的地位,并通过结构在时间上的变化说明总体内部结构变化的发展趋势。分组的标志可为品质标志,也可为数量标志。例如,全国人口按城乡分组,可以分为城镇人口和乡村人口;按性别分组,可以分为男性人口和女性人口。如表2-3所示。

表2-3　　　　　　　　2019年末全国主要人口数据

指标	年末人口数(万人)	比重(%)
全国总人口	140 005	100.00
其中:城镇	84 843	60.60
乡村	55 162	39.40
其中:男性	71 527	51.09
女性	68 478	48.91

资料来源:国家统计局网站。

通过不同时间点上人口城乡分布的变化情况,还可以说明我国人口城乡结构变化。如表2-4所示。

表2-4　　　　　　我国人口城乡结构变化表　　　　　　　单位:%

按城乡划分	1950年	1960年	1970年	1980年	1990年	2000年	2015年	2019年
城镇	11.18	19.75	17.38	19.39	26.41	36.22	56.10	60.60
乡村	88.82	80.25	82.62	80.61	73.59	63.78	43.90	39.40

资料来源:国家统计局网站。

从表2-4中可以看出,我国人口中城镇人口占比总体呈不断上升趋势。

3. 应用统计分组研究现象之间的依存关系。客观现象之间是相互联系、相互依存、相互制约的,而不是孤立的。利用统计分组可以分析现象之间的相互依存关系,有助于人们全面、深刻地认识事物。其方法是,先按一个标志(原因标志)分组,再计算另一个标志(结果标志)在各组的数值(一般用平均数表示),据以观察它们之间的相互依存关系。例如,企业的劳动生产率与单位产品生产成本之间存在密切关系,可把企业按劳动生产率分组,再计算各组的单位产品生产成本,以观察它们之间的依存关系。如表 2-5 所示。

表 2-5　　　　某产品企业劳动生产率与单位产品生产成本关系表

按劳动生产率分组（万元/人）	单位产品生产成本（元）
0.98	612
1.13	539
1.39	467
1.98	313
2.51	235

从表 2-5 中可以看出,劳动生产率越高,单位产品生产成本就越低,两者之间存在一定的依存关系。

（三）统计分组的类型

统计分组的类型多种多样,从不同的角度可以分为不同的类型。

1. 根据分组的标志不同,分为品质标志分组和数量标志分组。

品质标志分组又称属性分组,是指按照反映事物属性的品质标志进行的分组。按品质标志分组,可以把不同性质或类别的事物区别开,有利于认识不同质事物的数量特征,有利于对不同质事物进行对比研究。根据其复杂程度,它又可以分为以下两类：一是简单的品质标志分组。这种分组的特点是往往分组标志一经确定,组名称和组数也随之确定,而且各单位应分在哪一组比较明确稳定,不存在组与组之间界限划分的困难。二是复杂的品质标志分组。这种分组的特点是涉及的组数较多,而且组与组之间的性质界限不太明确,尤其是存在两种性质变异的过渡形态时,组限更不易划分,如城乡分组、部门分类、职业分类、商品经济用途分类等。在统计实践中,对于较复杂现象的统计分类,规定统一的划分标准或分类目录,以统一全国的分组口径。例如,《关于城乡划分标准的规定》《国民经济行业分类》《职业分类与代码》《统计用产品分类目录》等。

数量标志分组又称变量分组,是指按照数量标志进行的分组。如学生总体按成绩（百分制）分组、家庭总体按现有子女数分组、人口按年龄分组等。变量分组在统计整理中占有重要地位。

2. 根据分组选择标志的多少不同,分为简单分组和复合分组。

简单分组是指对统计总体按一个标志进行的分组。例如,在国民经济统计中,国民经济部门按产业分组或按经济类型分组等。简单分组的特点是简单明了,但只能说明总体某一方面的分布状况和内在结构,这是简单分组的局限所在。

复合分组是指对同一总体采用两个或两个以上的标志进行层叠式分组,即先按第一个标志进行分组,然后各组再按第二个标志分成小组,各小组再按第三个标志分成更小的组,如此下去,直至完成所有标志的分组。例如,对某地区工业企业先按经济类型分组,再将各组按规模大小进行分组。复合分组的主要特点是对总体选择两个或两个以上的标志进行重叠分组,可以从不同角度了解总体内部的差异和相互关系,有助于深入、全面、细致地分析研究问题。但若分组过多,必然使各组的单位数相应减少,也难于表现出现象的显著特征。因此,分组标志的个数应进行适宜的选择。

四、分配数列

(一) 分配数列的含义与分类

在统计分组的基础上,将总体的所有单位按组归类整理,并按一定顺序排列,就形成了总体中各个单位在各组中的分布,称为分配数列、分布数列或频数分布。分布在各组中的总体单位数叫次数,又叫频数,各组次数与总次数之比叫频率,有时也可把频率列入分配数列中。因此,所有分配数列都有两个要素构成:统计分组所形成的组和各组的频数或频率。

分配数列是统计整理的一种重要形式,也是统计描述和统计分析的一种重要方法。它可以表明总体的分布特征、结构情况,并据以研究总体某一标志的平均水平及其变动的规律性。

根据分组标志的特征不同,分配数列分为品质分配数列和变量分配数列。按品质标志分组形成的分配数列称为品质分配数列,简称品质数列。如表 2 – 6 所示。

表 2 – 6　　　　　　　　2019 年末我国人口城乡分布

按城乡分组	人数(万人)	比重(%)
城镇	84 843	60.60
农村	55 162	39.40
合计	140 005	100.00

资料来源:国家统计局网站。

按数量标志分组形成的分配数列称为变量分配数列,简称变量数列。如表 2 – 7 所示。

表 2 – 7　　　　　　　　2019 年末我国人口年龄分布

按年龄分组(岁)	人数(万人)	比重(%)
0 ~ 14	23 492	16.78
15 ~ 64	98 910	70.65
65 以上	17 603	12.57
合计	140 005	100.00

资料来源:国家统计局网站。

综上所述，分配数列由两个部分构成：一是组别；二是分布在各组的频数 f 和频率 $\dfrac{f}{\sum f}$。频率具有以下性质：

(1) $0 \leqslant \dfrac{f}{\sum f} \leqslant 1$；

(2) $\sum \dfrac{f}{\sum f} = 1$。

（二）变量数列的编制

1. 单项式变量数列的编制。单项式变量数列是以一种变量值表示一个组的变量分配数列，简称单项数列。表 2-8 就是一个单项数列。单项数列适合于表现变量值变动范围不大的离散型变量（如家庭的儿童数）的分布特征。对于某些取整数的连续型变量（如年龄），如果变量值的种数不多（如高校学生的年龄变动范围一般不大），也可编制单项数列。

表 2-8　　　　　　　　某年末某高校在校生年龄分布

按年龄分组（岁）	学生人数（人） f	比重（%） $\dfrac{f}{\sum f}$
17	540	5.4
18	1 890	18.8
19	2 280	22.7
20	2 830	28.1
21	1 310	13.0
22	970	9.6
23	240	2.4
合计	10 060	100.0

2. 组距式变量数列的编制。组距式变量数列是以表示一定变动范围的两个变量值构成的组所编制的变量分配数列，简称组距数列。例如，表 2-7 就是一个组距变量数列。组距数列适合于表现连续型变量和变量值变动范围较大的离散型变量的分布特征。因为当变量数值较多时，如果每一种变量值分为一组，那么组数就会很多，个体过于分散，难以体现总体分布特征，因此，需要编制组距数列。

在组距数列中，每一组的起点数值为组的下限，终点数值为组的上限。组距就是上限与下限的距离。而各组中点位置上的变量值叫组中值，它是各组的代表值。在上限与下限齐全的闭口组中，组距与组中值的计算公式如下：

$$组距 = 上限 - 下限 \tag{2-1}$$

$$组中值 = （上限 + 下限）/2 \tag{2-2}$$

例如，表 2-7 中，第二组的组距 = 64 - 15 = 49（岁），组中值 = (15 + 64)/2 = 39.5（岁）。

编制组距数列时，为了避免出现空组，同时又能使个别极大或极小的数据不至于无组可归，常使用"××以上"或"××以下"这种不确定具体组限的组，这样的组称为开口组。开口组的组中值一般按下列公式计算：

$$\text{缺下限组的组中值} = \text{本组上限} - \frac{\text{相邻组的组距}}{2} \quad (2-3)$$

$$\text{缺上限组的组中值} = \text{本组下限} + \frac{\text{相邻组的组距}}{2} \quad (2-4)$$

在组距数列中，如果各组的组距都相等，叫等距数列；反之，如果各组的组距不完全相等，叫异距数列或不等距数列。

编制组距数列需要处理好以下过程。

第一，将原始数据按大小顺序排列，并确定最大值、最小值和全距 R。

第二，确定组距数列的类型。当变量分布比较均匀时，可采用等距数列。等距数列表现问题比较简洁，便于计算分析，也便于绘制统计图。当变量分布不均匀或者变量分布具有某种自身特殊规律时，应该采用异距数列，以便客观反映总体分布特征。在异距数列中，各组频数和频率不能直接比较。为消除各组组距不同造成的影响，需要计算频数密度或频率密度。频数密度是频数与组距之比，频率密度是频率与组距之比。各组的频数密度和频率密度可以进行比较。

第三，确定组数和组距。组数的多少和组距的大小是相互制约的。组数越多，组距越小；组数越少，组距越大。等距数列组距 = 全距 ÷ 组数。组距过大或过小，或组数过多或过少都不能真实反映总体分布特征，所以组距大小与组数多少要以体现组间差异与反映总体分布特征为原则。美国学者斯特吉斯曾提出确定组距的经验公式，即：

$$n = 1 + 3.322 lgN \quad (2-5)$$

$$i = \frac{R}{n} \quad (2-6)$$

其中，n 为组数；i 为组距；R 为全距，即总体中最大变量值与最小变量值之差；N 为总体单位数。

第四，确定组限和组限的表示法。在组距数列中，必须划定各组的数量界限，即组限。组限的确定，除了要区分事物的性质和体现总体分布特征外，还要做到以下三点。一是最小组下限应低于或等于最小变量值，最大组上限应大于最大变量值。二是连续型变量的各组组限必须重叠，避免分组时出现遗漏某些个体的现象。如果某个个体变量值刚好与组限相等，采用归"下限所在组"的原则进行处理。对于离散型变量，习惯上也采用组限重叠的分组方法。三是有时最小组只有上限而没有下限，最大组只有下限没有上限，这样的组称为开口组。开口组的组距一般按临组的组距加以确定，并进而确定相应的下限或上限。如果中间非开口组的组距呈现某种规律（例如，各组组距相等、呈等差变化、呈等比变化），则应该按规律来确定开口组的组距和组限。

（三）累计频数与累计频率

累计频数和累计频率是将变量分配数列中各组频数或频率依次累加得到的各组频数或频率。累计的方法有两种：一是向上累计，即将各组频数或频率由变量值低的组依次向变量值高的组累计，累计结果分别说明各组上限以下的累计频数或累计频率的分布状况，当累计到最后一组时，其累计频数和累计频率等于总频数或100%；二是向下累计，即将各组频数或频率由变量值高的组依次向变量值低的组累计，累计结果分别说明各组下限以上的累计频数或累计频率的分布状况，当累计到最后一组时，其累计频数和累计频率等于总频数或100%。累计频数和累计频率可以简要地、概括地反映总体各单位的分布特征。下面以表2-7中的资料编制相应的累计频数和累计频率分布表，具体如表2-9所示。

表2-9　　　　　　2019年末我国人口年龄累计分配数列

按年龄分组（岁）	人数（万人）	比重（%）	向上累计		向下累计	
			人数（万人）	比重（%）	人数（万人）	比重（%）
0~14	23 492	16.78	23 492	16.78	140 005	100.00
15~64	98 910	70.65	122 402	87.43	116 513	83.22
65以上	17 603	12.57	140 005	100.00	17 603	12.57
合计	140 005	100.00	—	—	—	—

（四）频数分布的类型

各种不同性质的客观现象都有其特殊的频数分布，呈现出不同的分布类型。常见的频数分布类型有以下几种。

1. 对称分布型。对称分布曲线的特征是中间变量值分配的频数最多，两边各组的频数逐渐减少，并且围绕中心变量值两侧呈对称状。这种分布类型也称为正态分布。严格的正态分布，在客观现象特别是社会经济现象中并不多见，而常见的是趋于正态分布的情况。例如，零件尺寸随机误差的分布、居民家庭人均收入的分布、人体身高的分布、农作物产量的分布等。对称分布图如图2-2所示。

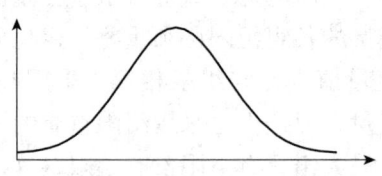

图2-2　对称分布（正态分布）图

2. 偏态分布型。偏态分布型是一种非对称的分布，根据高峰值的偏离方向，有左偏态分布和右偏态分布。如图 2-3 所示，左边为左偏态分布图，右边为右偏态分布图。

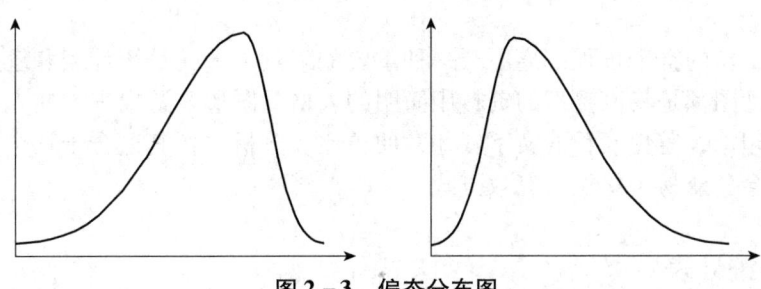

图 2-3　偏态分布图

3. U 形分布。U 形分布的特征与对称分布型恰恰相反，靠近中间的变量值出现的次数少，而靠近两端的变量值出现的次数多，其形状好似英文字母"U"，例如，人口死亡率的年龄分布，就是一种近似的 U 形分布。其图形如图 2-4 所示。

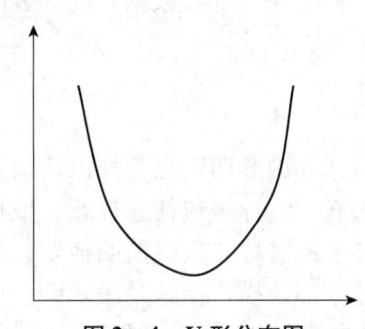

图 2-4　U 形分布图

4. J 形分布。J 形分布的曲线好似英文字母"J"，有正 J 形分布和反 J 形分布两种类型。如图 2-5 所示，左边为正 J 形分布图，右边为反 J 形分布图。正 J 形分布是频数随着变量值的增大而增多，如经济学中的供给曲线，随着价格的提高，供给量以更快的速度增加。反 J 形分布是频数随着变量值的增大而减少，如经济学中的需求曲线，随着价格的提高，需求量以较快的速度减少。

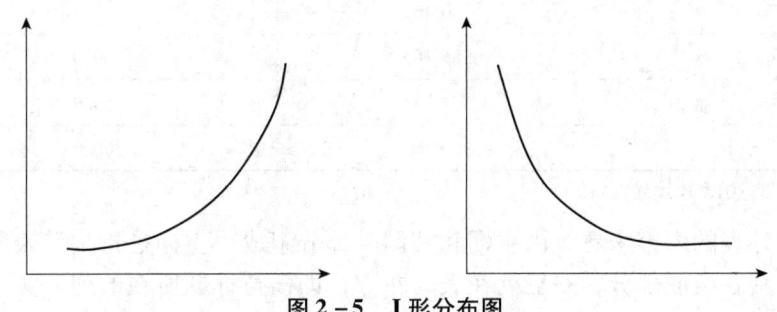

图 2-5　J 形分布图

第三节 统计数据的显示

统计工作的整个过程都离不开一种重要的工具,那就是统计表和统计图。统计表和统计图都是将已整理的资料用简明的表格或图形表达出来,使人获得明晰而直观的印象,避免冗长的文字叙述,便于比较分析,尤其适合于社会宣传,成为广大社会公众易于接受的有效方式。

一、统计表

(一) 统计表的含义

经过统计整理的统计数据,按照一定的顺序排列在相应的表格内,就形成统计表。广义上的统计表还应包括统计调查表和统计分析表。统计表便于进行对比、计算并开展统计分析,便于保存统计数据。统计表的广泛应用构成了统计的特色。

(二) 统计表的结构

统计表的结构可以从表式和内容两个方面加以认识。

从统计表的表式结构来看,统计表包括总标题、横行标题、纵栏标题和指标数值四部分。总标题是统计表的名称,应该简明扼要,清楚地表明全表统计资料的内容,一般列在表的上端中部。横行标题是表式横行内容的名称,代表统计表所要说明的对象,可以是总体、个体,也可以是组,或者是时间,一般列在表的左方。纵栏标题即纵栏的名称,一般用来表明横行标题的指标名称,一般列于表的右上方。指标数值即统计指标的具体数值表现,一般列于横行标题和纵栏标题的交叉处,用以表明横行标题数量特征的具体数值列在表的右下方。如表 2 – 10 所示。

表 2 – 10　　　　　2019 年我国三次产业增加值及占比情况表

产业	增加值(亿元)	占国内生产总值的比重(%)
第一产业	70 467	7.1
第二产业	386 165	39.0
第三产业	534 233	53.9
合计	990 865	100.0

资料来源:国家统计局网站。

从统计表的内容来看,由主词和宾词两部分组成。主词是指统计表所要说明的总体及其各组成部分,一般列在表的左方,即横行标题所在的列。宾词是用来说明总体数量特征的各项统计指标,通常列在表的右方,即纵栏标题和指标数值所在的列。有时主词与宾词的位置可以互换。

（三）统计表的种类

统计表按照主词是否分组或分组情况的不同，可分为未分组表、简单分组表和复合分组表三种。

未分组表是对主词未进行任何分组的统计表，即在主词中只是将总体单位名称按时间顺序简单排列的表格，具有一览表的性质。例如，班级的考勤表、成绩一览表等。简单分组表是主词只按一个标志分组而成的统计表，如表2-6至表2-10都是简单分组表。复合分组表是对主词进行复合分组而形成的统计表，如表2-11所示。

表2-11　　　　　　　　　某超市员工基本情况表

按性别和年龄分组	工人数（人）	月工资总额（元）
男	58	332 800
30岁以下	32	172 000
30~50岁	17	99 500
50岁以上	9	61 300
女	46	253 250
30岁以下	30	151 850
30~50岁	11	63 050
50岁以上	5	38 350
合计	104	586 050

（四）统计表的设计

编制统计表要遵循科学、实用、简练、美观的原则，同时还应注意以下问题。

1. 统计表的标题要能够确切说明表的内容，文字简明，标题内或标题下应载明资料所属的时间、地点或单位。

2. 统计表主词与宾词之间必须相互对应，以便表明表中任一指标数值反映的量所属的社会经济性质及其限定的时间、空间和条件。横行各项内容和纵栏各项内容的排列应有一个合理的顺序或清晰的逻辑关系。各行各栏需要合计时，一般将合计列在最后一行或最后一栏。

3. 要合理设计宾词。宾词设计一般有平行排列和层叠排列两种。平行排列是将宾词的各种指标作平行设置，不重叠。层叠排列是宾词的各个指标按复合分组形成的多层次重叠设置。

4. 统计表中的数字要注明单位。如果表内计量单位相同，则可将单位标在表的右上方。如果有几个不同的计量单位，横行的计量单位可设置"计量单位"栏目，也可与纵栏各指标标注在一起。

5. 如果表的栏数较多，通常要加编号。主词栏和计量单位栏可用甲、乙、丙等文字表示，宾词栏可用（1）（2）（3）等数码表示。必要时，应标明各栏目之间的关系，例如，（5）=（1）-（3）。

6. 统计表内的数字要对整齐，应用同等的精度。统计表中不应有空格，数字为零时要写上，不应有内容或可免填时，用"—"表示；当某些数字不足本表最小单位或缺数据时，用"…"表示。

7. 统计表上下线要用粗线，表内如有两个以上的不同事实，也应用粗线或双线隔开。习惯上统计表左右两端不划线，采用开口式。

8. 需要特殊说明的统计资料应在表下方注明。统计表编制完毕并经审核后，填表人、主管负责人和单位要分别签字、盖章，以示负责。如果是引用现成资料，应注明来源或出处。

二、统计图

统计图一般是根据统计资料，用点、线、面或立体图像鲜明地表达其数量或变化动态，它可以从数量方面显示出研究对象的规模、水平、结构、发展趋势和比例关系，是表现统计资料的一种重要形式。统计图的种类很多，常用的有用于辅助统计分析的直方图、趋势图、散点图；有擅长直观表现数据的柱形图、饼图、圆环图、雷达图等。此外，还有茎叶图、箱形图等。

下面分别简单介绍直方图和条形图，折线图和曲线图，圆形图和环形图，茎叶图和箱形图。

（一）直方图和条形图

1. 直方图是用矩形的宽度和高度来表示频数分布的图形。在平面直角坐标中，横轴表示数据分组，纵轴表示频数或频率，这样，各组与相应的频数就形成了一个矩形，即直方图，如图2-6所示。

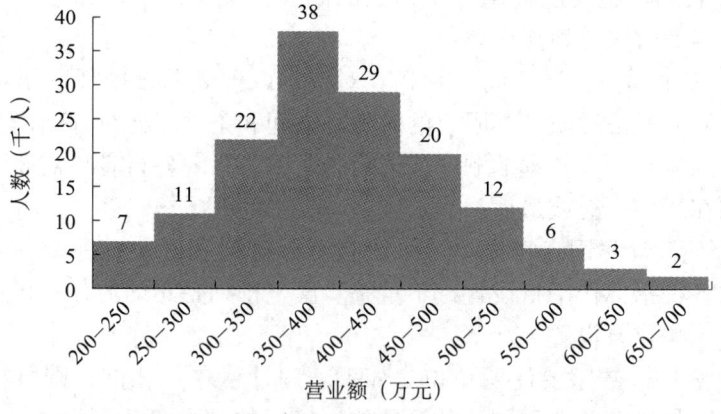

图2-6　某企业营业额分组直方图

2. 条形图是用宽度相同的条形的高度或长度来表示数据变动的图形。条形图可以横置和纵置，纵置时也叫柱形图，如图 2-7 所示。根据绘制变量的多少，条形图有简单条形图（柱形图）和复式条形图（柱形图）等不同形式。

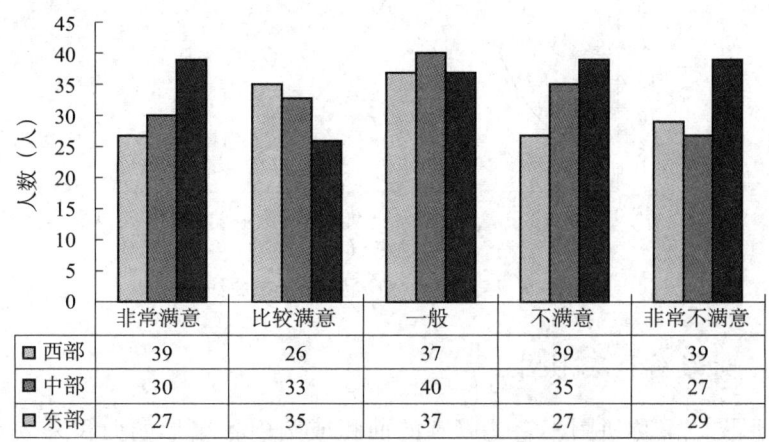

图 2-7 消费者对网上购物的满意度柱状图

（二）折线图和曲线图

1. 折线图是在直方图的基础上，用折线连接各个直方形顶边中点，并在直方图图形两侧各延伸一组，使折线与横轴相连；也可根据各组组中值与次数求出各组的坐标点，并用折线连接各点而成。折线所覆盖的面积等于直方图条形的面积，表示总次数。图 2-8 是在图 2-6 的基础上绘制的折线图。

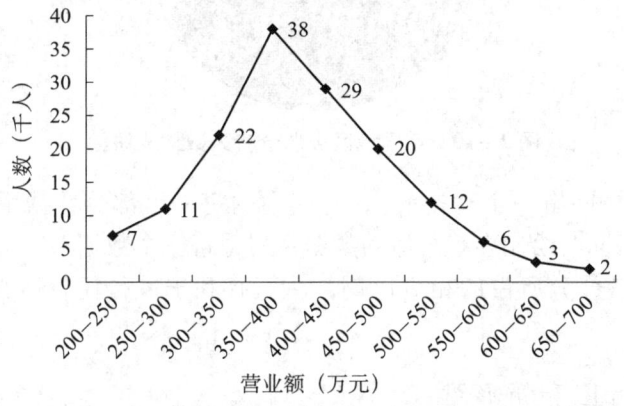

图 2-8 某企业营业额分组的折线图

2. 曲线图是用曲线的升降起伏来表示被研究对象的变动情况及其趋势的图形。曲线图根据所示数据的性质和作用不同，可分为频数分布曲线图、动态曲线图和依存关系曲线图。

在频数分布折线图的基础上，当变量数列的组数无限增多时，折线图便近似地表现为一条平滑的曲线，折线图就变成了频数分布曲线图。如图 2-9 所示。

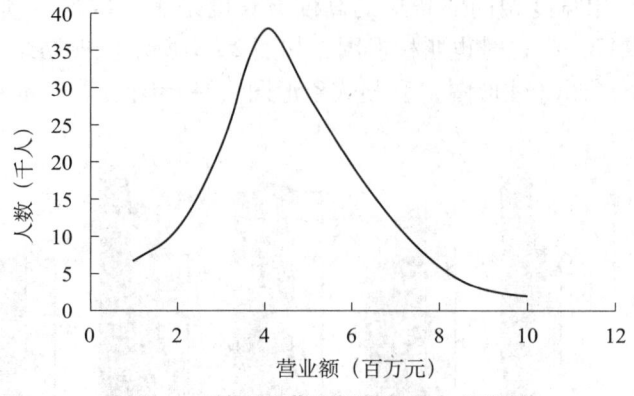

图 2-9　某企业营业额频数分布曲线图

（三）圆形图和环形图

1. 圆形图，又称饼图，它是以圆的面积或圆内各扇形的面积来表示数值大小或总体内部结构的一种图形。根据圆形图的作用不同，可分为圆形比较图、圆形结构图和圆形结构比较图。我们主要介绍圆形结构图，如图 2-10 所示。

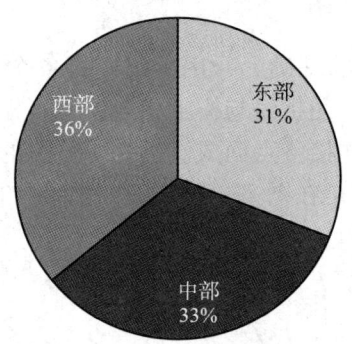

图 2-10　不同地区被调查者人数构成饼图

2. 环形图中间有一个"空洞"，总体中的每一个部分数据用环中的一段表示。环形图可以同时绘制多个总体的数据系列，每一个数据系列为一个环，可以显示多个总体各部分所占的相应比例，从而有利于进行比较研究。如图 2-11 所示。

（四）茎叶图和箱形图

1. 茎叶图，又称"枝叶图"，它将数组中的数按位数进行比较，将数的大小基本不变或变化不大的位作为一个主干（茎），将变化大的位的数作为分枝（叶），列在主干的后面。茎叶图有三列数：左边的一列数是统计数，是每组的频数；中间的一列表示茎，也就是变化不大的位数；右边的是数组中的变化位，它按照一定的间隔将数组中每个变化的数一一列出来，像一条枝上抽出的叶子一样，所以人们形象地叫它茎叶图。

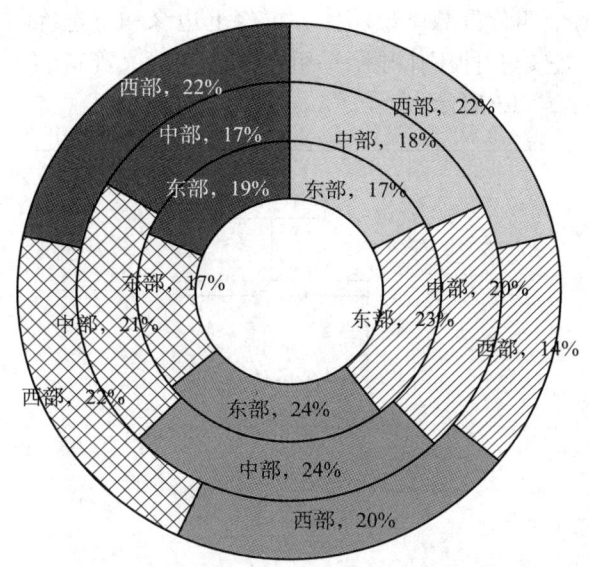

□非常满意　□比较满意　□一般　■不满意　■非常不满意

图 2-11　不同地区被调查者满意度情况环形图

茎叶图是文本化的图形，它既反映数据的分布特征，又保留了原始数据的信息，比直方图包含的信息更详细，但是它的使用与直方图一样，用来反映数据的分布情况。将茎叶图所有数值排列在一起，实际就是一个直方图（放倒的直方图）。如图 2-12 所示。

```
家庭收入 Stem-and-Leaf Plot

 Frequency   Stem & Leaf
    4.00     0 . 1
   79.00     0 . 2222222333333333
  154.00     0 . 4444444444455555555555555555555
  208.00     0 . 666666666666666666666677777777777777777
  221.00     0 . 88888888888888888888888888888899999999999999999
  463.00     1 . 000000000000000000000000000000000000000000000000000000000011111
  305.00     1 . 222222222222222222222222222222222222222222222333333333
  280.00     1 . 44444444455555555555555555555555555555555555555555555
   58.00     1 . 666666666777
   82.00     1 . 8888888888888889
  446.00     2 . 000000000000000000000000000000000000000000000000000000111
   32.00     2 . 222233
  195.00     2 . 4444444444444444445555555555555555
   23.00     2 . 6667
   13.00     2 . 888
  177.00     3 . 000000000000000000000000000000000&
   12.00     3 . 223
   25.00     3 . 45555
  216.00     Extremes    (>=36000)

 Stem width:   10000.00
 Each leaf:        5 case(s)
```

图 2-12　家庭收入茎叶图

2. 箱形图，又称为盒须图、盒式图或箱线图。它将一组数据从大到小排列，分别计算出它的上边缘、上四分位数 Q3、中位数、下四分位数 Q1、下边缘、异常值，然后连接两个四分位数画出箱体，再将上边缘和下边缘与箱体相连接，中位数在箱体中间。它是一种用作显示一组数据分散情况资料的统计图，因形状如箱子而得名。如图2-13所示。

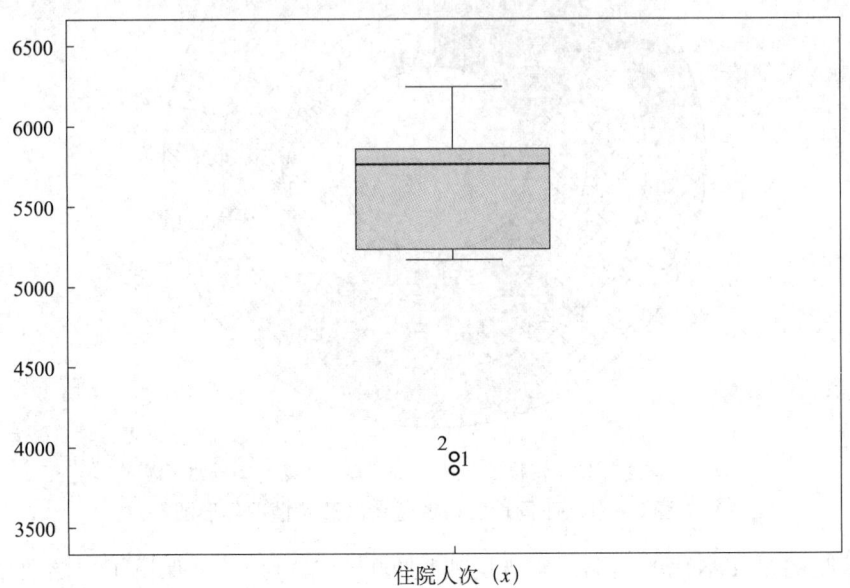

图2-13　住院人数箱型图

有关统计图的制作，在下一节将有详细的介绍。

第四节　Excel在统计数据整理与显示中的应用

Excel是目前应用最为广泛的办公室表格处理软件。自诞生以来，经历了很多版本，如Excel 95、Excel 2000、Excel 2010、Excel 2013、Excel 2016、Excel 2019等。随着版本的不断提高，Excel软件强大的数据处理功能和操作的简易性也不断提高。Excel提供了许多数据整理与显示的工具，如创建数据整理公式、对数据排序、使用频数分布函数直接进行频数分组、使用数据透视表进行数据分组汇总分析、使用数据透视图或Excel图形工具绘制统计图形等。

一、利用Excel对原始数据进行整理

【案例导入】

考试成绩数据的整理

成绩是学生考试能力的一种体现，是对学生学习情况的基本评价。表2-12是某高校经济统计学专业学生某门课程的考试成绩。

表 2-12　　　　　　　　　　学生考试成绩表

座号	性别	考试成绩	座号	性别	考试成绩
1	男	89	25	女	86
2	男	71.5	26	男	75
3	女	74	27	男	78
4	女	67	28	女	81
5	女	84	29	女	72
6	女	83	30	女	45
7	女	83	31	女	82
8	男	66	32	女	84
9	男	75	33	女	74
10	女	78	34	女	87
11	女	78	35	女	81
12	女	83	36	女	78.5
13	女	83	37	男	86
14	女	85	38	男	78
15	男	79	39	男	79
16	男	77	40	男	76
17	男	85	41	男	81
18	男	81	42	女	80
19	男	77	43	女	75
20	男	76	44	男	89
21	男	81	45	女	84
22	女	79	46	男	82
23	女	79	47	女	83
24	女	79	48	男	91.5

需要分析的问题：

1. 将上述数据中的性别和考试成绩按递增进行排序；
2. 分别编辑全班、男生和女生考试成绩的频数分布表。

【案例处理】

选择何种统计量和图形描述一组数据，取决于分析的目的和所掌握的数据特点。这里的分组标志，既包含品质分组标志，如性别；也涉及变量分组标志，如考试成绩（百分制）。

1. 数据排序。对上述数据中的性别和考试成绩按递增进行排序，具体操作如下。

（1）打开"成绩.xls"工作簿，选择"考试成绩"工作表，如图 2-14 所示。

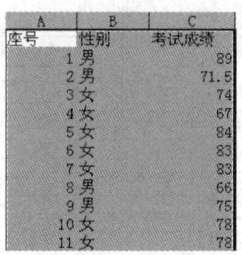

图 2-14　学生考试成绩

（2）利用鼠标选定单元格 A1：C49 区域。

（3）选择【数据】—【排序】命令，弹出【排序】对话框，如图 2-15 所示。

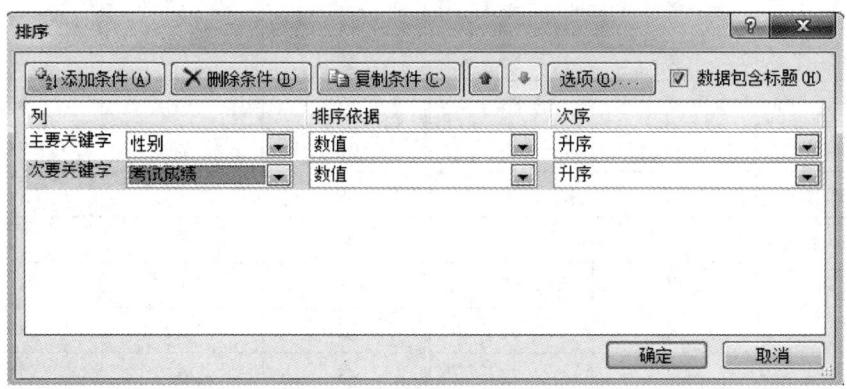

图 2-15　【排序】对话框

（4）在该对话框的【主要关键字】选项组中，选择【主要关键字】下拉列表中的【性别】作为排序关键字，并选中【升序】单选按钮；在【次要关键字】选项组中，选择【次要关键字】下拉列表中的【考试成绩】作为关键字，并选中【升序】单选按钮。由于所选数据中已经包含标题，所以选中【数据包含标题（H）】选项，然后单击【确定】按钮，即可得到排序的结果，如表 2-13 所示。

表 2-13　　　　　　　　性别和考试成绩按递增排序的结果

座号	性别	考试成绩
8	男	66
2	男	71.5
9	男	75
26	男	75
20	男	76

续表

座号	性别	考试成绩
40	男	76
16	男	77
19	男	77
27	男	78
38	男	78
15	男	79
39	男	79
18	男	81
21	男	81
41	男	81
46	男	82
17	男	85
37	男	86
1	男	89
44	男	89
48	男	91.5
30	女	45
4	女	67
29	女	72
3	女	74
33	女	74
43	女	75
10	女	78
11	女	78
36	女	78.5
22	女	79
23	女	79
24	女	79
42	女	80
28	女	81
35	女	81
31	女	82
6	女	83

续表

座号	性别	考试成绩
7	女	83
12	女	83
13	女	83
47	女	83
5	女	84
32	女	84
45	女	84
14	女	85
25	女	86
34	女	87

2. 考试成绩频数分布表。

分别编辑全班、男生和女生考试成绩的频数分布表，具体操作如下。

（1）打开"成绩.xls"工作簿，选择"考试成绩"工作表，对数据按性别和考试成绩升序排序。

（2）在单元格 E2 中输入"全班分组"，在单元格 F2 中输入"频数"。

（3）在 E3：E7 区域中依次输入 60、70、80、90、100 作为频数接受区域，它们分别表明 60 分以下的人数，60 分以上但在 70 分以下的人数，…，在 D2 中输入"分组类别"，D3 中输入"60 分以下"，D4 中输入"60～70 分"，D5 中输入"70～80 分"，D6 中输入"80～90 分"，D7 中输入"90 分以上"。

（4）选定 F3：F7 区域，选择【公式】—【插入函数】命令，打开【插入函数】对话框，如图 2－16 所示。

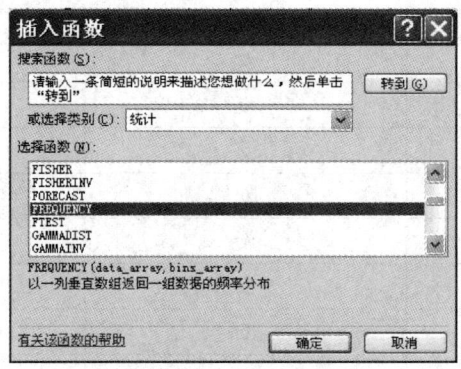

图 2－16 【插入函数】对话框

（5）在【或选择类别】下拉列表中选择【统计】选项，然后在【选择函数】列表框中选择【FREQUENCY】选项后，单击【确定】按钮，Excel 弹出【函数参数】对话窗口，如图 2－17 所示。

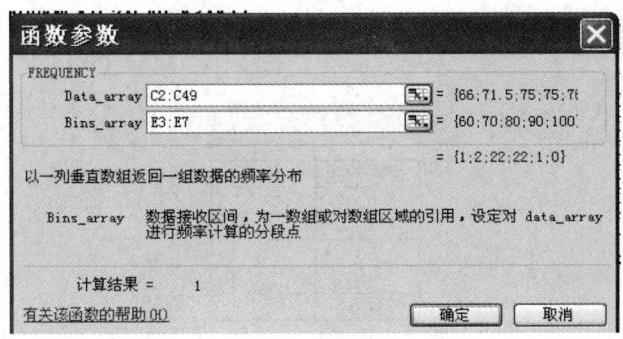

图 2-17 【函数参数】对话窗口

（6）在数据区域【Data_ array】中输入单元格 C2：C49，在数据接受区间【Bins_ array】中输入单元格 E3：E7。

（7）由于频数分布是数组操作，所以此处不能直接单击【确定】按钮，而应按 Ctrl + Shift 组合键的同时按回车键，得到频数分布如图 2-18 所示。

	A	B	C	D	E	F
1	座号	性别	考试成绩	分组类别	全班分组	频数
2	8	男	66	60以下	60	1
3	2	男	71.5	60-70分	70	2
4	9	男	75	70-80分	80	22
5	26	男	75	80-90分	90	22
6	20	男	76	90分以上	100	1
7	40	男	76			
8	16	男	77			
9	19	男	77			
10	27	男	78			
11	38	男	78			
12	15	男	79			
13	39	男	79			
14	18	男	81			
15	21	男	81			
16	41	男	81			

图 2-18 频数分布操作结果

（8）同理，在单元格 G2 中输入"男生分组"，在单元格 H2 中输入"频数"，在 G3：G7 区域中依次输入 60、70、80、90、100 作为频数接受区域，选定 H3：H7 区域，重复（4）（5）（6）（7）的操作步骤，得出男生考试成绩频数分布表如图 2-19 所示。

G	H
男生分组	频数
60	0
70	1
80	11
90	8
100	1

图 2-19 男生考试成绩频数分布操作结果

（9）同理，在单元格 I2 中输入"女生分组"，在单元格 J2 中输入"频数"，在 I3：I7 区域中依次输入 60、70、80、90、100 作为频数接受区域，选定 J3：J7

区域，重复（4）（5）（6）（7）的操作步骤，得出女生考试成绩频数分布表如图2–20所示。

女生分组	频数
60	1
70	1
80	11
90	14
100	0

图2–20　女生考试成绩频数分布操作结果

二、利用 Excel 绘制统计图

在"【案例导入】考试成绩数据的整理"的数据基础上，试进一步分析如下问题：选择适当的图形展示全班考试成绩的分布情况、男女生考试成绩分布以及考试成绩的构成。

【案例处理】

1. 考试成绩的分布。

要描述考试成绩的分布，可以选择柱形图或条形图，具体操作如下。

（1）对"成绩.xls"工作簿下"考试成绩"工作表中的数据，在上述分析的基础上，选择【插入】—【图表】—【柱形图】，再选择【三维柱形图】下的【三维簇状柱形图】。

（2）右键单击所生成的图，在弹出的快捷菜单中选择【选择数据】选项，打开【选择数据源】对话框，如图2–21所示。

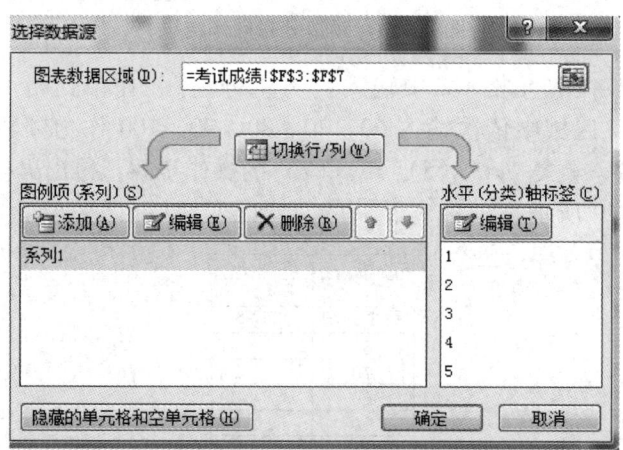

图2–21　【选择数据源】对话框

（3）在弹出的【选择数据源】对话框中，选中【图表数据区域】文本框，将鼠标指向单元格F3，按下鼠标左键，拖动到F7单元格，确定F3：F7单元格作为此图的数据源。

（4）设置轴标签。单击图 2-21 中【水平（分类）轴标签】下的【编辑】按钮，弹出【轴标签】对话框。此时单击 D3 单元格，拖动鼠标选中 D3：D7 单元格区域，如图 2-22 所示。单击【轴标签】对话框中的【确定】按钮，返回图 2-21【选择数据源】对话框。

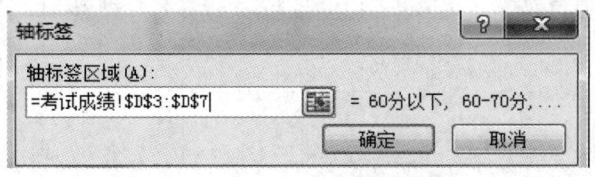

图 2-22 【轴标签】对话框

（5）在图 2-21【选择数据源】对话框中单击【图例项（系列）(S)】下的【编辑】按钮，弹出【编辑数据系列】对话框，如图 2-23，在【系列名称】选项中输入名称"考试成绩分布图"，单击【确定】按钮返回图 2-21【选择数据源】对话框。单击"确定"按钮，即可得到所绘制的柱形图，如图 2-24 所示。

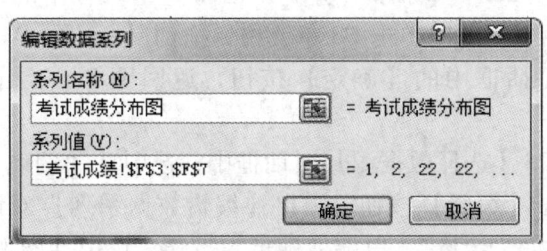

图 2-23 【编辑数据系列】对话框

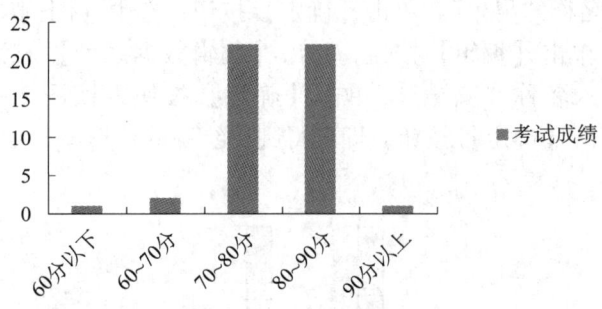

图 2-24 考试成绩柱形图

要对全班及男女生考试成绩的分布情况进行描述和比较，可使用复式柱形图。

（1）同理，绘制用来描述全班及男女生考试成绩的分布的复式柱形图时，选择【插入】—【图表】—【柱形图】，选择【三维柱形图】下的【三维簇状柱形图】。

（2）右键单击所生成的图，在弹出的快捷菜单中选择【选择数据】选项，打开【选择数据源】对话框，如图 2-25 所示。

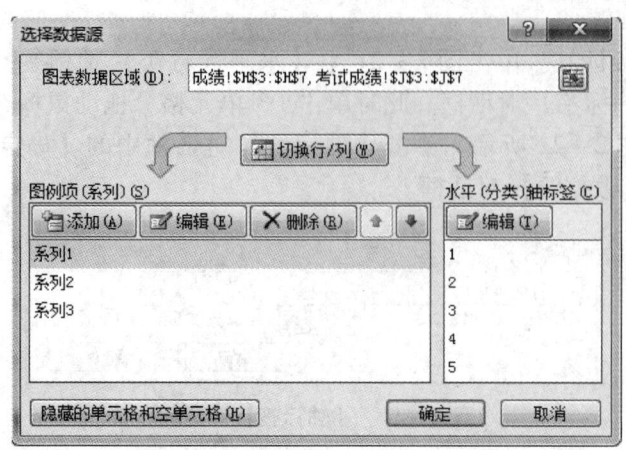

图 2-25 【选择数据源】对话框

(3) 在弹出的【选择数据源】对话框中，选中【图表数据区域】文本框，选择 F3：F7，然后按住 Ctrl，选择 H3：H7 和 J3：J7 作为此图的数据源。

(4) 单击图 2-25 中【水平（分类）轴标签（C）】下的【编辑】按钮，弹出【轴标签】对话框。此时单击 D3 单元格，拖动鼠标选中 D3：D7 单元格区域，单击【轴标签】对话框中的【确定】按钮，返回图 2-25【选择数据源】对话框。

(5) 在图 2-25【选择数据源】对话框中，选中【图例项（系列）（S）】下的"系列 1"，单击【编辑】按钮，弹出【编辑数据系列】对话框，在【系列名称】选项中输入名称"全班"，单击【确定】按钮；选中【图例项（系列）（S）】下的"系列 2"，单击【编辑】按钮，弹出【编辑数据系列】对话框，在【系列名称】选项中输入名称"男生"，单击【确定】按钮；选中【图例项（系列）（S）】下的"系列 3"，单击【编辑】按钮，弹出【编辑数据系列】对话框，在【系列名称】选项中输入名称"女生"，单击【确定】按钮返回图 2-25【选择数据源】对话框。单击【确定】按钮，即可得到所绘制的柱形图，如图 2-26 所示。

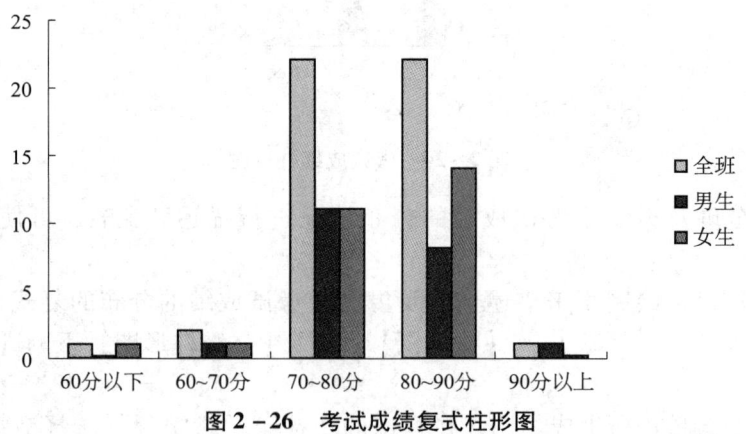

图 2-26 考试成绩复式柱形图

（6）添加图表标题。单击图表，然后在【布局】—【标签】中单击【图表标题】/【图表上方】，在图 2-26 的图形上方所显示的【图表标题】文本框中输入"全班及男女生考试成绩构成图比较"。

（7）更改图例位置。单击图表，然后单击【布局】—【标签】—【图例】，弹出图例下拉列表，选择【在底部显示图例】。

（8）显示直条数据。单击图表，然后单击【布局】—【标签】—【数据标签】，弹出下拉列表，选择【显示】，得到图形如图 2-27 所示。

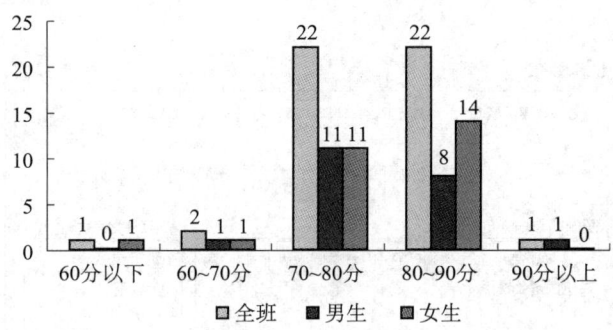

图 2-27　全班及男女生考试成绩构成图比较

2. 考试成绩的构成。

要描述考试成绩的构成情况，可选择饼图。

（1）对"成绩.xls"工作簿下"考试成绩"工作表中的数据，在上述分析的基础上，选择【插入】—【图表】—【饼图】，选择【三维饼图】下的【三维饼图】。

（2）右键单击所生成的图，在弹出的快捷菜单中选择【选择数据】选项，打开【选择数据源】对话框，如图 2-28 所示。

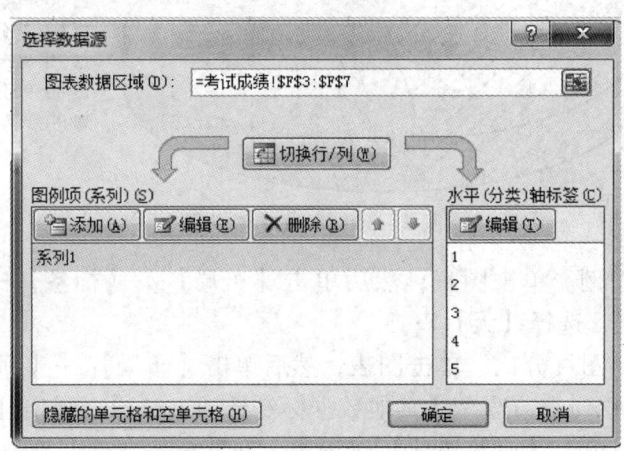

图 2-28　【选择数据源】对话框

（3）在弹出的【选择数据源】对话框中，选中【图表数据区域（D）】文本框，将鼠标指向单元格 F3，按下鼠标左键，拖动到 F7 单元格，确定 F3：F7 单元格作为此图的数据源。

（4）设置轴标签。单击图2-28中【水平（分类）轴标签（C）】下的【编辑】按钮，弹出【轴标签】对话框。选中 D3：D7 单元格区域，单击【轴标签】对话框中的【确定】按钮，返回图2-28【选择数据源】对话框。

（5）在图2-28【选择数据源】对话框中单击【图例项（系列）（S）】下的【编辑】按钮，弹出【编辑数据系列】对话框，在【系列名称】选项中输入名称"考试成绩构成图"，单击【确定】按钮返回【选择数据源】对话框，如图2-29所示。

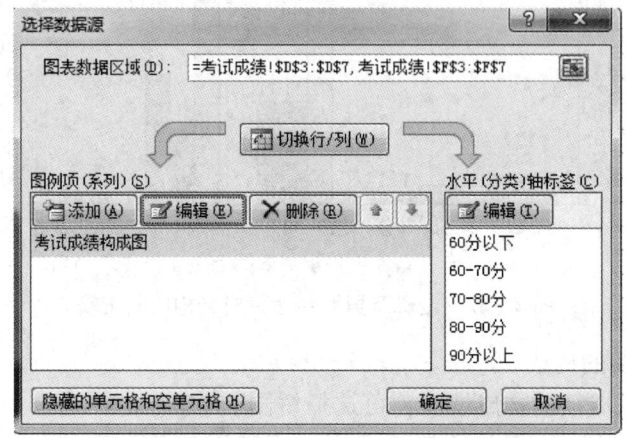

图2-29 【选择数据源】对话框

单击【确定】按钮，即可得到所绘制的饼图，如图2-30所示。

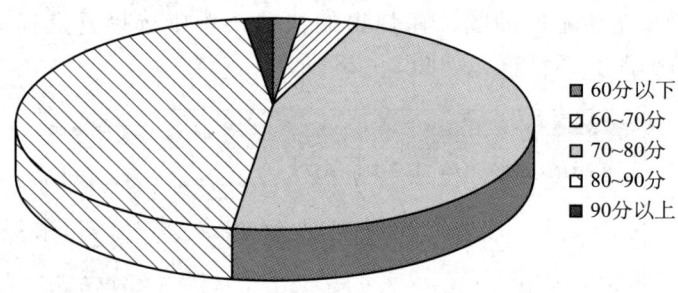

图2-30 考试成绩饼图

（6）删除图例。单击图表，然后单击【布局】—【标签】—【图例】，弹出图例下拉列表，选择【无】。

（7）显示饼图百分比。单击图表，然后单击【布局】—【标签】—【数据标签】，弹出下拉列表，选择【其他数据标签选项（M）】，弹出【设置数据标签格式】对话框，单击【标签选项】选项卡，在【标签包括】选项组中选中【类别名称】和【百分比】复选框，如图2-31所示。

（8）单击【数字】选项卡，在【类别】选项组中选中【百分比】复选框，如图2-32所示。

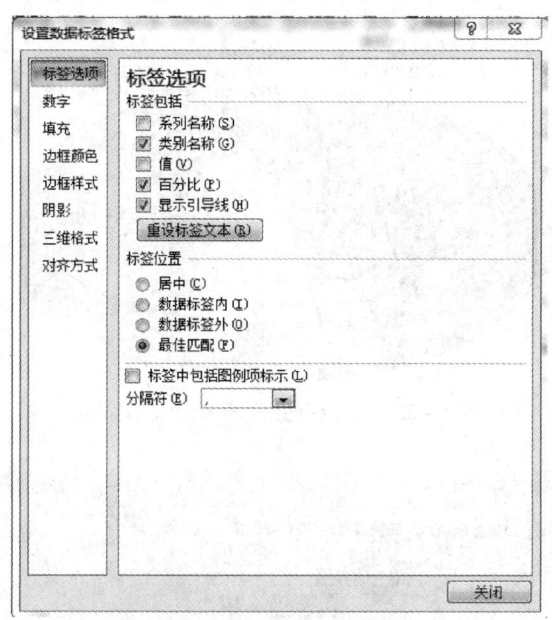

图 2-31 【设置数据标签格式】对话框之【标签选项】选项卡

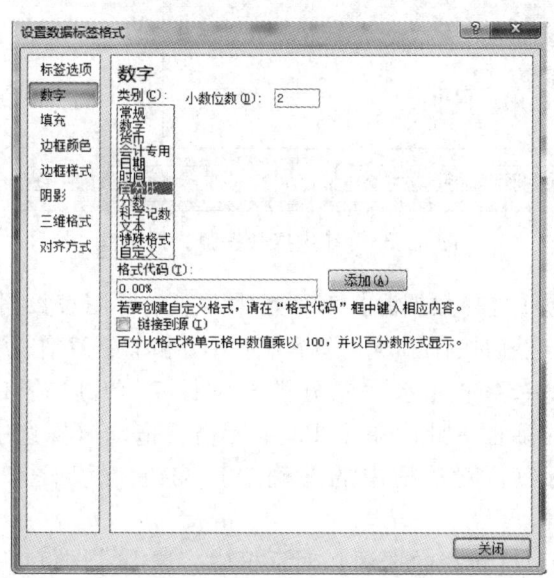

图 2-32 【设置数据标签格式】对话框之【数字】选项卡

(9) 单击【关闭】按钮，得到饼图如图 2-33 所示。

要比较全班及男女生考试成绩的构成，可以绘制环形图。

(1) 对"成绩.xls"工作簿下"考试成绩"工作表中的数据，在上述分析的基础上，选择【插入】—【图表】—【其他图表】，选择【圆环图】下的【圆环图】。

(2) 右键单击所生成的图，在弹出的快捷菜单中选择【选择数据】选项，打开【选择数据源】对话框，如图 2-34 所示。

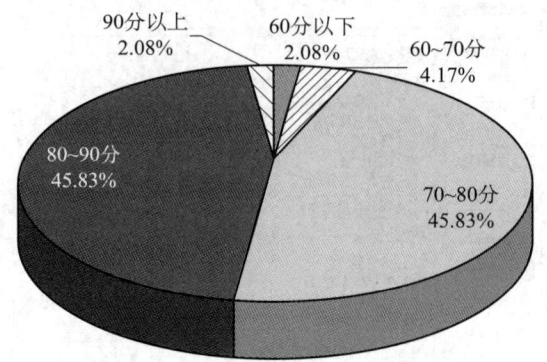

图 2-33　显示百分比的考试成绩饼图

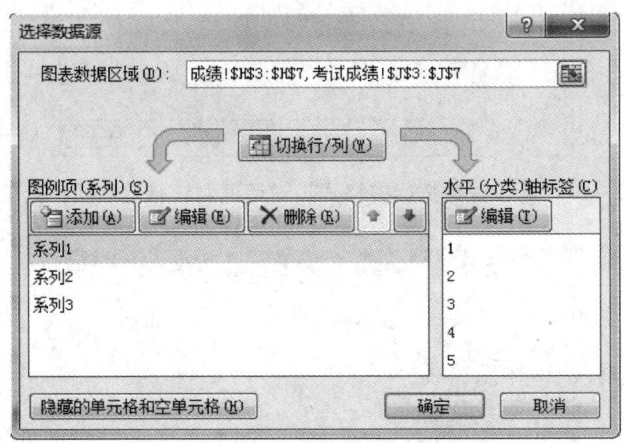

图 2-34　【选择数据源】对话框

(3) 在弹出的【选择数据源】对话框中,选中【图表数据区域(D)】文本框,选择 F3:F7,然后按住 Ctrl,选择 H3:H7 和 J3:J7 作为此图的数据源。

(4) 单击图 2-34 中【水平(分类)轴标签(C)】下的【编辑】按钮,弹出【轴标签】对话框。此时单击 D3 单元格,拖动鼠标选中 D3:D7 单元格区域,单击【轴标签】对话框中的【确定】按钮,返回图 2-34【选择数据源】对话框。

(5) 在图 2-34【选择数据源】对话框中,选中【图例项(系列)(S)】下的"系列 1",单击【编辑】按钮,弹出【编辑数据系列】对话框,在【系列名称】选项中输入名称"全班",单击【确定】按钮;选中【图例项(系列)(S)】下的"系列 2",单击【编辑】按钮,弹出【编辑数据系列】对话框,在【系列名称】选项中输入名称"男生",单击【确定】按钮;选中【图例项(系列)(S)】下的"系列 3",单击【编辑】按钮,弹出【编辑数据系列】对话框,在【系列名称】选项中输入名称"女生",单击【确定】按钮返回图 2-34【选择数据源】对话框。单击【确定】按钮,即可得到所绘制的环形图,如图 2-35 所示。

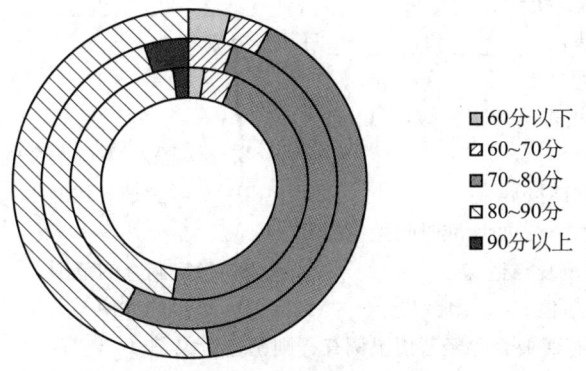

图 2-35 考试成绩环形图

（6）添加图表标题。单击图表，然后在【布局】—【标签】中单击【图表标题】/【图表上方】，在图 2-35 的图形上方所显示的【图表标题】文本框中输入"全班及男女生考试成绩构成图比较"，得到图形如图 2-36 所示。

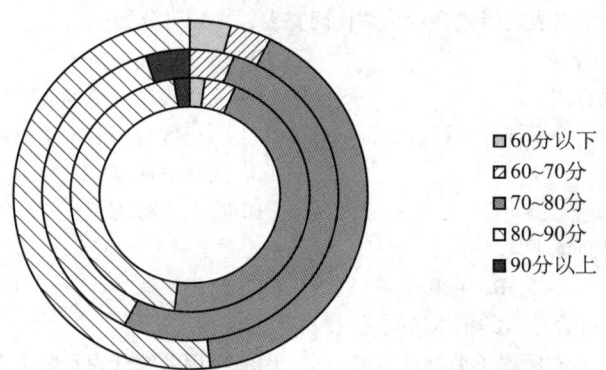

图 2-36 全班及男女生考试成绩构成图比较

课后练习题

一、填空题

1. 常用的统计调查方式主要有_____、_____、_____、_____、_____等。
2. 统计调查按调查对象包括的范围不同可分为_____、_____。
3. 确定调查对象时，还必须确定两种单位，即_____和_____。
4. 重点调查是在调查对象中选择一部分_____进行调查的一种_____调查。
5. 根据分组标志的不同，统计分组可以有_____分组和_____分组。
6. 按每个变量值分别列组所编制的变量分布数列叫_____。
7. 在组距式数列中，表示各组界限的变量值叫_____，各组中点位置上的变量值叫_____。
8. 已知一个变量数列最后一组的下限为 900，其邻组的组中值为 850，则最后一组的上限和组中值分别为_____和_____。
9. 统计资料的表现形式主要有_____和_____。

10. 从形式上看，统计表主要由_____、_____、_____和_____四部分组成；从内容上看，统计表由_____和_____两部分组成。

二、单项选择题

1. 调查单位和报告（填报）单位（   ）。
   A. 是同一个概念   B. 是毫无关系的两个概念
   C. 有区别，但有时也一致   D. 不可能是一致的
2. 人口普查规定统一的标准时间是为了（   ）。
   A. 避免登记的重复与遗漏   B. 确定调查的范围
   C. 确定调查的单位   D. 登记的方便
3. 某地进行国有商业企业经营情况调查，则调查对象是（   ）。
   A. 该地所有商业企业   B. 该地所有国有商业企业
   C. 该地每一国有商业企业   D. 该地每一商业企业
4. 以下各项中调查的报告单位与调查单位一致的是（   ）。
   A. 工业普查   B. 工业设备调查
   C. 职工调查   D. 未安装设备调查
5. 调查项目通常以表的形式表示，称作调查表，一般可分为（   ）。
   A. 单一表和复合表   B. 单一表和一览表
   C. 简单表和复合表   D. 简单表和一览表
6. 统计分组就是根据统计分析需要，将总体（   ）区分为若干组成部分。
   A. 按品质标志   B. 按数量标志
   C. 按数量指标   D. 按一定标志
7. 各组上下限简单平均等于（   ）。
   A. 组数   B. 组距   C. 组限   D. 组中值
8. 简单分组和复合分组的根本区别是（   ）。
   A. 分组标志是品质标志还是数量标志   B. 所用的统计表是简单表还是复合分组表
   C. 分组数目的多少   D. 选择分组标志的数量
9. 各组次数除以总次数，称为（   ）。
   A. 频数   B. 频率   C. 次数   D. 次数密度
10. 当总体内最大变量值与最小变量值一定时，则意味着（   ）。
    A. 组距一定   B. 组数一定
    C. 全距一定   D. 组距大小与组数多少成正比
11. 根据主词是否分组，统计表分为（   ）。
    A. 简单表和分组表   B. 简单表和复合表
    C. 分组表和复合表   D. 简单表和分组表、复合表
12. 按年龄分组的人口死亡率表现为（   ）。
    A. 钟形分布   B. 对称分布   C. J 形分布   D. U 形分布
13. 将统计总体按某一标志分组的结果表现为（   ）。
    A. 组内同质性，组间差异性   B. 组内差异性，组间差异性
    C. 组内差异性，组间同质性   D. 组内同质性，组间同质性
14. 某地区人口按年龄所作的分组如下：不满周岁，1~3 岁，4~6 岁，7~12 岁，…，60~64 岁，65~79 岁，80~99 岁，100 岁以上。最后一组的组中值为（   ）岁。
    A. 110   B. 109   C. 109.5   D. 119

三、多项选择题

1. 普查是一种（   ）。
   A. 非全面调查   B. 专门调查   C. 全面调查   D. 一次性调查
   E. 经常性调查

2. 第六次人口普查中（   ）。
   A. 调查单位是每一个人   B. 填报单位是每一个人
   C. 调查对象是每一户家庭   D. 调查对象是全国所有人口
   E. 填报单位是每一户家庭

3. 询问调查法有（   ）。
   A. 访问调查   B. 邮寄调查   C. 电话调查   D. 电脑辅助调查
   E. 观察法

4. 非全面调查包括（   ）。
   A. 普查   B. 统计报表   C. 重点调查   D. 典型调查
   E. 抽样调查

5. 某市对全部工业企业生产设备的使用情况进行普查，则每一台设备有（   ）。
   A. 调查单位   B. 调查对象   C. 总体单位   D. 填报单位
   E. 报告单位

6. 统计调查方案中的调查时间是指（   ）。
   A. 时期现象资料所属的起止时间   B. 时点现象资料所属的标准时点
   C. 调查工作进行的时间   D. 公布调查结果的时间
   E. 调查期限

7. 统计调查方案的主要内容有（   ）。
   A. 确定调查的目的和任务   B. 确定调查项目和调查表
   C. 确定调查对象和调查单位   D. 编制填表说明
   E. 编制调查工作的组织实施计划

8. 下列各调查中，调查单位和填报单位一致的有（   ）。
   A. 企业设备调查   B. 人口普查   C. 工业企业调查   D. 商业企业调查
   E. 商品价格水平调查

9. 统计分组的作用是（   ）。
   A. 划分社会现象类型   B. 说明总体的基本情况
   C. 研究同质总体的结构   D. 说明总体单位的特征
   E. 分析被研究现象总体诸标志之间的联系和依存关系

10. 次数分配数列（   ）。
    A. 由总体按某标志所分的组和各组对应的单位数两个要素构成
    B. 由组距和组数、组限和组中值构成
    C. 包括品质分配数列和变量数列两种
    D. 可以用图表形式表现
    E. 可以表明总体结构和分布特征

11. 在组距数列中，组中值有（   ）。
    A. 上限和下限之间的中点数值
    B. 用来代表各组标志值的平均水平
    C. 在开放式分组中无法确定

D. 在开放式分组中，可以参照相邻组的组距来确定

E. 就是组平均数

12. 在等距数列中，组距的大小与（　　）。

    A. 总体单位的多少成正比　　　　　B. 组数的多少成正比

    C. 组数的多少成反比　　　　　　　D. 全距的大小成反比

    E. 全距的大小成正比

13. 在次数分配数列中（　　）。

    A. 总次数一定，频数和频率成反比

    B. 各组的频数之和等于100

    C. 各组频率大于0，频率之和等于1

    D. 频数越小，则该组的标志值所起的作用越小

    E. 频率又称为次数

14. 下列分组中按品质标志分组的有（　　）。

    A. 职工按工龄分组　　　　　　　　B. 科技人员按职称分组

    C. 人口按民族分组　　　　　　　　D. 企业按经济成分分组

    E. 人口按地区分组

15. 下面分组中按数量标志分组的有（　　）。

    A. 企业按销售计划完成程度分组　　B. 学生按健康状况分组

    C. 工人按产量分组　　　　　　　　D. 职工按工龄分组

    E. 企业按隶属关系分组

四、判断题

1. 全面调查是对调查对象的各方面都进行调查　　　　　　　　　　　　（　　）
2. 普查是全面调查，抽样调查是非全面调查，所以普查比抽样调查准确。（　　）
3. 经常性调查是指随着调查对象的不断变化，而随时将变化情况进行连续不断的登记。
   　　　　　　　　　　　　　　　　　　　　　　　　　　　　　　（　　）
4. 抽样调查是所有调查方式中最有科学依据的，因此，它适用于任何调查任务。（　　）
5. 重点调查是在调查对象中选择一部分样本进行的一种全面调查。　　　（　　）
6. 报告单位是指负责报告调查内容的单位。报告单位与调查单位有时一致，有时不一致，这要根据调查任务来确定。　　　　　　　　　　　　　　　　　　　（　　）
7. 统计分组应使组间差异尽量小。　　　　　　　　　　　　　　　　　（　　）
8. 单项式分组就是把一个变量分为一组。　　　　　　　　　　　　　　（　　）
9. 在确定组限时，最大组的上限应大于最大变量值。　　　　　　　　　（　　）
10. 凡是离散型变量都适合编制单项式数列。　　　　　　　　　　　　（　　）
11. 统计表的主词栏是说明总体的各种统计指标。　　　　　　　　　　（　　）
12. 连续型变量可以作单项式分组或组距式分组，而离散型变量只能作组距式分组。
    　　　　　　　　　　　　　　　　　　　　　　　　　　　　　　（　　）

五、简答题

1. 如何设计统计调查方案？请举例说明。
2. 什么是重点调查？应如何选择重点单位？
3. 如何理解统计分组的含义与性质？
4. 如何正确选择分组标志？
5. 离散型变量、连续型变量在编制变量分配数列时有何不同？

6. 什么是分配数列？它包括哪两个要素？有哪些分类？
7. 简述组距变量数列编制的具体步骤。
8. 统计表由哪几个主要部分组成？制作统计表应注意哪几个问题？
9. 进行产品质量调查和市场占有率调查，你认为采用什么调查方法最合适？简要说明理由。

六、综合练习题

1. 某班学生《统计学》考试成绩如下（单位：分）：

93　50　78　85　66　71　63　83　52　95　78　72　85　78　82　90　80　55　95　67
72　85　77　70　90　70　76　69　58　89　80　61　67　99　89　63　78　74　82　88　98
62　81　24　76　86　73　83　85　81

要求：

（1）根据资料编制组距数列。

（2）计算向上、向下累计人数，并回答60分以下及80分以上的人数。

2. 某公司连续40天的商品销售额如下（单位：万元）：

41　25　29　47　38　34　30　35　43　40　46　36　45　37　36　45　43　33　44
35　28　46　34　30　37　44　26　38　44　42　36　37　37　49　39　42　32　36　35

要求：根据上面的数据进行适当分组，编制频数分布表。

3. 某生产车间55名工人日加工零件数如下（单位：个）：

117　120　135　144　138　130　122　125　108　131　125　117　122　133　126　122
140　108　147　118　123　126　133　134　127　123　118　141　112　112　134　127　123
119　113　120　123　127　143　135　137　114　120　128　124　115　139　128　124　121
110　140　118　122　129

要求：

（1）编制频数、频率分配数列。

（2）编制向上、向下累计频数分配数列和累计频率分配数列。

（3）绘制直方图、折线图、曲线图、箱形图。

（4）说明工人日加工零件数的分布特征。

第三章　变量分布特征的描述

引例

2020年2月28日，国家统计局发布了《中华人民共和国2019年国民经济和社会发展统计公报》，该公报发布了2019年我国国民经济和社会发展的相关统计指标（节选）。

初步核算，全年国内生产总值990 865亿元，比2018年增长6.1%。其中，第一产业增加值70 467亿元，增长3.1%；第二产业增加值386 165亿元，增长5.7%；第三产业增加值534 233亿元，增长6.9%。第一产业增加值占国内生产总值比重为7.1%，第二产业增加值比重为39.0%，第三产业增加值比重为53.9%。全年最终消费支出对国内生产总值增长的贡献率为57.8%，资本形成总额的贡献率为31.2%，货物和服务净出口的贡献率为11.0%。人均国内生产总值70 892元，比2018年增长5.7%。国民总收入988 458亿元，比2018年增长6.2%。全国万元国内生产总值能耗比2018年下降2.6%。全员劳动生产率为115 009元/人，比2018年提高6.2%。

2019年末全国总人口（未含港澳台地区）140 005万人，比2018年末增加467万人，其中，城镇常住人口84 843万人，占总人口比重（常住人口城镇化率）为60.60%，比2018年末提高1.02个百分点。户籍人口城镇化率为44.38%，比2018年末提高1.01个百分点。全年出生人口1 465万人，出生率为10.48‰；死亡人口998万人，死亡率为7.14‰；自然增长率为3.34‰。全国人户分离的人口2.80亿人，其中，流动人口2.36亿人。

2019年末全国就业人员77 471万人，其中，城镇就业人员44 247万人，占全国就业人员比重为57.1%，比2018年末上升1.1个百分点。全年城镇新增就业1 352万人，比2018年少增9万人。年末全国城镇调查失业率为5.2%，城镇登记失业率为3.6%。全国农民工总量29 077万人，比2018年增长0.8%。其中，外出农民工17 425万人，增长0.9%；本地农民工11 652万人，增长0.7%。

全年全社会固定资产投资560 874亿元，比2018年增长5.1%。其中，固定资产投资（不含农户）551 478亿元，增长5.4%。分区域看，东部地区投资比2018年增长4.1%，中部地区投资增长9.5%，西部地区投资增长5.6%，东北地区投资下降3.0%。

全年货物进出口总额 315 505 亿元，比 2018 年增长 3.4%。其中，出口 172 342 亿元，增长 5.0%；进口 143 162 亿元，增长 1.6%。货物进出口顺差 29 180 亿元，比 2018 年增加 5 932 亿元。对"一带一路"沿线国家进出口总额 92 690 亿元，比 2018 年增长 10.8%。其中，出口 52 585 亿元，增长 13.2%；进口 40 105 亿元，增长 7.9%。

（资料来源：国家统计局网站）

该统计公报反映了我国 2019 年以国内生产总值为代表的经济总量指标的变化，同时，还通过三次产业增加值占国内生产总值比重、人均国内生产总值等相对指标反映了我国产业结构以及经济强度等变化。同时，我们必须借助总量指标、相对指标和平均指标对现象总体进行客观、完整、全面、详细的描述和分析。

第一节　统计数据总体描述

一、总量指标

（一）总量指标的含义

总量指标是反映社会经济现象总体在一定时间、地点条件下达到的总规模或总水平的指标，其数值用绝对数形式来表示，因此，也称绝对数指标。例如，我国 2019 年国内生产总值 990 865 亿元，2019 年货物进出口总额 315 505 亿元，这些都是总量指标，是利用绝对数来说明我国国民经济发展的总规模和总水平。

总量指标有一定的计量单位，表现为不同时间或不同空间（企业、地区或国家等）总量数据的绝对数或绝对数的差额。例如，2019 年末全国总人口 140 005 万人，比 2018 年末增加 467 万人。

总量指标数值的大小与总体范围的大小有关。总体范围越大，指标数值就越大；反之，总体范围越小，则指标数值也越小。例如，在同一时期内，一个省的地区生产总值一定小于一个国家的国内生产总值；在同一时点上，一个省的总人口数一定小于一个国家的总人口数。

（二）总量指标的计量单位

由于总量指标是反映现象总体的总规模或总水平的指标，因此，每一个总量指标在计量时必须要有具体的计量单位，在统计上称为有名数。按计量单位的不同，总量指标的计量单位可分为实物单位、价值单位和劳动单位等。

1. 实物单位。实物单位是根据现象的自然属性和特点所采用的计量单位，在一定程度上体现现象总体的使用价值。实物单位有自然单位、度量衡单位、标准实物单位和复合单位。

自然单位是根据被研究对象的自然属性和特点来度量其数量多少的计量单位,是人们长期以来习惯使用形成的。如人口数按"人"计量,汽车按"辆"计量,设备按"台"计量等。

度量衡单位是按照国家度量衡制度规定的单位来计量被研究对象数量多少的计量单位,需要一定的计量仪器或仪表来反映。如重量以"千克"为单位,长度以"米"为单位等。

标准实物单位是按照统一的标准实物将用途相同但规格和含量不同的实物数量进行折算而采用的计量单位。如把含氮量不同的化肥都折合成含氮100%的标准化肥;把各种能量都折合成热量值为7 000千卡/千克的标准煤等。

复合单位(多重单位)是将两种或两种以上的实物单位结合起来一起使用形成的计量单位。如铁路旅客发送量以"亿人次"这种复合单位计量,高铁的速度以"千米/小时"这种多重单位计量等。

按实物单位来计量客观事物数量的指标称为实物指标。实物指标能直接反映事物的使用价值或现象的具体内容,能具体表明事物的规模和水平。但是不同现象的实物数量不能直接相加,无法进行汇总,因而它无法反映不同事物发展的总规模和总水平。

2. 价值单位。价值单位是以货币作为价值尺度来计量社会财富或劳动成果的一种计量单位,也称货币单位。如国内生产总值用人民币"元"来计量,进出口总额用"美元"来计量等。以价值单位计量的指标称为货币指标或价值指标,表明社会经济现象总体的价值总量。

价值指标具有较强的概括性,使不能直接加总的实物数量过渡到能够加总,可用于表明社会经济活动的总规模和总水平。价值指标在国民经济中广泛使用,是国民经济核算的重要指标。但由于脱离了现象的物质内容,所以价值指标比较抽象。

需要特别注意的是,货币单位有当年价格、可比价格和不变价格之分。当年价格是报告期当期使用的价格。用当年价格计算的总量指标,便于考察社会经济效益,便于对生产、流通、分配、消费之间进行综合平衡。按当年价格计算的以货币表现的指标,因为包含各年间价格变动的因素,在不同年份之间进行对比时,不能确切地反映实物量的增减变动,必须消除价格变动的影响后,才能真实地反映经济发展动态。不变价格,又称固定价格,是用某一时期同类产品的平均价格作为固定价格来计算各个时期的产品价值,目的是消除各时期价格变动的影响,保证前后时期之间、地区之间、计划与实际之间指标的可比性。

3. 劳动单位。劳动单位是以劳动时间作为计量生产工作总量的单位,一般用"工时""工日"等计量。以劳动单位计量的指标称为劳动指标。企业内部劳动定额管理经常使用劳动指标,需要注意的是,不同企业之间或不同时期同一企业由于企业所处的历史阶段和技术水平不同,其劳动量不能直接进行相加。

（三）总量指标的种类

1. 按照反映总体内容的不同，分为总体单位总量和总体标志总量。总体单位总量是反映总体中单位数多少的总量指标，通过对总体各单位数相加汇总得到；总体标志总量是反映总体各单位数量标志值之和的总量指标，是由总体单位的某一数量标志值相加汇总得到。例如，研究某地区工业企业生产状况，统计总体就是该地区所有工业企业。该地区所有工业企业数就是总体单位总量。该地区每一家工业企业职工人数、职工工资等就是数量标志，则该地区所有工业企业职工人数和职工工资总额就是总体标志总量。可见，对于一个确定的统计总体，总体单位总量只有一个，而总体标志总量可以有多个。

需要指出的是：

（1）某些总体单位某一标志值加总得到的总体标志总量虽然没有实际意义，但却是计算其他统计指标的基础。例如，对某个班级所有学生统计学课程成绩加总就是如此。

（2）一个总量指标是属于总体单位总量还是总体标志总量，是随着研究目的和研究对象的不同而确定的。例如，要研究某地区工业企业的职工工资情况，那么，该地区所有工业企业的职工人数就是总体单位总量，而该地区所有职工的工资总额、受教育年限总量等就是总体标志总量。

总体单位总量和总体标志总量的区分，对于算术平均数的计算有重要意义。

2. 按反映的时间状况不同，分为时期指标和时点指标。时期指标是反映社会经济现象在一段时间内累计起来的总的发展变化的总量指标。例如，某企业某季度生产的产品总量、销售总额、利润总额等。时点指标是反映社会经济现象在某一时刻（瞬间）上数量状况的总量指标。例如，某企业职工人数、商品库存量、固定资产价值等。

时期指标和时点指标的比较。

（1）时期指标数值大小与社会经济现象经历的时期长短有直接关系。一般来说，时期越长，时期指标的数值也就越大；反之，越小。而时点指标数值的大小与时间点间隔长短没有直接关系。例如，2019 年我国国内生产总值肯定会大于该年各季度的国内生产总值。某年末的总人口数不一定比这一年的某个月末的人口数多。

（2）不同时间的同一时期指标数值可以累计相加，得到的结果反映现象在更长一段时期内达到的时期指标数值。而不同时点的同种时点指标数值不能直接相加，相加结果没有实际意义。例如，2019 年我国国内生产总值是该年各季度国内生产总值相加得到的总和，而 2019 年末我国的人口总数并不是该年内各月末人数的总和。

（3）时期指标数值是通过经常性调查、连续登记得到的，时点指标数值是通过一次性调查、不连续登记得到的。

时期指标和时点指标的区分，对于时间序列分析具有重要意义。

（四）总量指标的作用

1. 总量指标是认识社会经济现象的起点。总量指标可以反映社会经济现象总体的基本情况，对社会经济现象的认识可从总量指标入手。例如，要了解一个国家的基本状况，就必须了解这个国家的国土面积、人口总数、国内生产总值和国民收入等基本指标，这些指标都是总量指标，都从不同方面反映了该国社会及经济发展的基本情况，只有掌握了这些资料才能进一步对该国进行深入分析和研究。

2. 总量指标是实现经济管理的基本指标。对经济活动的管理，无论是宏观调控还是微观管理，都必须依据客观实际，而总量指标是反映客观实际的最基本指标。因此，总量指标是实现经济管理的主要依据，没有总量指标就无法进行经济管理。例如，人口总量指标数据是一个国家制定计划生育政策的主要依据；同样地，上一年度的销售额总量指标数据是一个流通企业制定下一年度销售额计划数的主要依据。

3. 总量指标是计算相对指标和平均指标的基础。一般情况下，相对指标和平均指标都是由两个有联系的总量指标对比得到的结果。总量指标是最基本的统计指标，是计算其他统计指标的基础。例如，人均国内生产总值是国内生产总值和总人口数的比值、人均粮食产量是总产量和总人口数的比值、产品合格率是合格产品数和总产品数的比值。因此，总量指标计算的科学、正确与否，直接关系到相对指标和平均指标的准确性。

总量指标虽然能够反映社会经济现象发展的总规模和总水平，但却不能反映现象总体的内部结构，不能反映不同总体、同类现象的差异程度或同一总体、同一现象发展变化的情况。因此，需要将不能直接比较的总量指标和可以用于比较的相对指标或平均指标相结合，以求全面、深入地认识现象。否则，仅用总量指标对现象进行分析，所得到的结论有可能是片面和错误的。

二、相对指标

（一）相对指标的含义

相对指标又称统计相对数，是社会经济现象中两个有联系的统计指标对比的比值，反映社会经济现象之间或现象内部数量的联系程度和变化程度。如人均国内生产总值、人口密度、人口的性别比、工程计划完成程度等都是相对指标。

相对指标的计量形式有两种：有名数和无名数。有名数是以对比的分子、分母的计量单位共同使用构成的计量单位。如人均国内生产总值用"元/人"表示，人口密度用"人/平方千米"表示。无名数是一种无量纲、抽象化的数值，一般用系数、乘数、倍数、百分数（%）、千分数（‰）表示。

（二）相对指标的作用

1. 相对指标可以反映社会经济现象内部的结构和比例关系，以及现象的发展程度和事物之间的相关程度，有利于更加全面和深入地认识事物。例如，某商业企业 2019 年的利润总额是 1 000 万元，这个总量指标表明了利润额的多少，但该企业的发展情况如何？与同类企业相比，发展的情况又是如何呢？显然，只有通过对比，利用相对指标来比较，才能说明问题。假设通过查阅资料得知 2018 年该企业的利润总额是 500 万元，则 2019 年利润增长了 100% = [（1 000 − 500）/500 × 100%]；又已知另一同类企业 2019 年的利润总额是 2 000 万元，则该商业企业的利润总额仅为另一企业的 50% = 1 000/2 000 × 100%。结果表明，2019 年该商业企业的利润额增长很快，但其利润总额不如另一同类企业。这是总量指标不能说明的。

2. 相对指标可以抽象现象的绝对差异，使那些无法直接通过总量指标对比的现象变为可比。不同行业、不同的生产规模、不同的生产条件，企业的利润总额或总产值的直接比较评价意义不大，但如果利用资金产值率、资本利润率等相对指标进行比较，便可以对企业的实际生产经营成果进行比较。

（三）相对指标的种类

由于研究目的的不同、比较标准不同和对比作用不同，形成了不同类型的相对指标。常用的相对指标有以下六种，即计划完成程度相对指标、结构相对指标、比例相对指标、比较相对指标、强度相对指标和动态相对指标。

1. 计划完成相对指标。计划完成相对指标，又称计划完成相对数、计划完成程度指标或计划完成百分比，是社会经济现象在同一时间条件下实际完成数和同期计划任务数的比值。计划完成相对指标一般用百分数表示。其基本计算公式为：

$$计划完成相对指标 = \frac{实际完成数}{计划任务数} \times 100\% \qquad (3-1)$$

公式中的分子和分母不能互换，同时分子和分母的指标含义、计算口径、计算方法、计量单位、时间和空间范围等指标口径须保持一致。

计划完成相对指标主要用于检查计划完成的情况。在实际应用中，计划任务数可以用绝对数、相对数和平均数等不同的数值形式表示，因此，计划完成相对指标的计算形式也不同。

（1）当计划任务数为绝对数时，计划完成相对指标的计算可用公式（3-1）。

【例 3-1】某商业企业 2019 年销售计划为 1 000 万元，实际完成了 1 200 万元，其计划完成相对指标为：

$$计划完成相对指标 = \frac{1\ 200}{1\ 000} \times 100\% = 120\%$$

计算结果表明，该商业企业 2019 年实际比计划超额完成 20%，超额完成销售额 200 万元。

(2) 当计划任务数为相对数时，计划完成相对指标的计算公式为：

$$计划完成相对指标 = \frac{1 \pm 实际增长率（降低率）}{1 \pm 计划增长率（降低率）} \times 100\% \qquad (3-2)$$

这种情况下，检查对象的计划任务数和实际完成数没有直接给定，往往只有计划增长率或降低率及实际增长率或降低率。

【例 3-2】 某企业计划 2019 年的劳动生产率在 2018 年的基础上提高 5%，实际提高了 10%，则该企业 2019 年劳动生产率计划完成相对指标为：

$$计划完成相对指标 = \frac{1+10\%（实际为上年的 110\%）}{1+5\%（计划为上年的 105\%）} \times 100\% \approx 104.76\%$$

计算结果表明，该企业 2019 年劳动生产率计划超额完成了 4.76%。

【例 3-3】 某企业计划 2019 年某产品单位生产成本在 2018 年的基础上降低 5%，实际降低 6%，则该企业 2019 年单位生产成本计划完成程度为：

$$计划完成相对指标 = \frac{1-6\%（实际为上年的 94\%）}{1-5\%（计划为上年的 95\%）} \times 100\% \approx 98.95\%$$

计算结果表明，该企业 2019 年单位生产成本计划超额完成了 1.05%。

(3) 当计划完成任务数为平均数时，计划完成相对指标的计算公式为：

$$计划完成相对指标 = \frac{实际平均水平}{计划平均水平} \times 100\% \qquad (3-3)$$

这种情况主要用于检查平均指标计划完成程度。

【例 3-4】 2019 年某工厂计划生产某种产品的单位成本为 1 000 元/台，由于工厂引进新工艺，实际上生产该产品的单位成本为 900 元/台，则该产品的单位成本计划完成相对指标为：

$$计划完成相对指标 = \frac{900}{1\ 000} \times 100\% = 90\%$$

计算结果表明，该工厂产品单位成本实际比计划降低了 10%，超额完成计划。

在评价计划完成相对指标时，要根据指标的性质来判断计划完成的好坏。对于正指标，计划完成相对指标大于 100% 表示超额完成计划；对于逆指标，计划完成相对指标小于 100% 表示超额完成计划。计划完成相对指标为 100% 时表示刚好完成计划。

(4) 计划执行进度的检查。在计划执行过程中，需要检查计划执行的进度情况，以保证计划能按时完成。计划执行进度的检查方法是，计划期初至检查时止的累计实际完成数除以全期计划数，即计划执行进度可按如下公式计算：

$$计划执行进度 = \frac{计划期初至检查时止累计实际完成数}{全期计划数} \times 100\% \qquad (3-4)$$

【例 3-5】 某企业 2019 年计划商品销售额为 3 000 万元，到 9 月末累计商品销售额为 2 700 万元，则截至 9 月末该企业商品销售额的计划执行进度为：

$$截至 9 月末的计划执行进度 = \frac{2\ 700}{3\ 000} \times 100\% = 90\%$$

计算结果表明,该企业商品销售情况总体较好,三个季度完成了全年计划任务数的 90%。按照这个执行进度,企业可以超额完成全年销售额。

(5) 中长期计划完成情况的检查。中长期计划一般是指较长期(一般是 5 年以上)的计划,检查其完成情况包括检查计划完成的程度和提前完成计划的时间。由于计划目标规定方式的不同,检查方法有水平法和累计法两种。

①水平法。当计划任务数以计划期最后一年应达到的水平为目标时,称为水平法计划。如检查总产值、总产量、利润额等指标时应使用水平法。此时,计划完成相对指标计算公式为:

$$计划完成相对指标 = \frac{计划末期实际达到的水平}{计划末期规定应达到水平} \times 100\% \qquad (3-5)$$

用水平法对中长期计划进行检查时,只要在整个计划期内连续一年内(无论是否在一个自然年度内)计划实际达到的水平和计划规定最后一年应达到的水平相等,则刚好完成计划,剩下的时间为计划提前完成的时间。

【例 3-6】某工业企业"十三五"规划规定 2020 年某产品年产量应达到 200 万吨,实际上在 2020 年的年产量达到了 300 万吨,而在 2019 年 2 月初~2020 年 1 月底期间累计年产量就达到了 200 万吨。则该工业企业"十三五"年产量计划完成相对指标为:

$$计划完成相对指标 = \frac{300}{200} \times 100\% = 150\%$$

五年计划任务提前了 11 个月完成。

②累计法。当计划任务数规定的是以整个计划期累计应达到的总量为目标时,称为累计法计划。如检查基本建设投资额、植树造林面积等指标时应使用累计法。此时,计划完成相对指标计算公式为:

$$计划完成相对指标 = \frac{计划期内实际完成累计数}{计划期内规定累计完成数} \times 100\% \qquad (3-6)$$

用累计法对中长期计划完成情况进行检查时,计划开始到某一时间止,只要实际累计完成数等于计划规定的累计完成数,就刚好完成了计划,剩下的时间为计划提前完成的时间。

【例 3-7】某地"十三五"规划规定,五年内累计完成植树造林面积 20 万亩,实际截至第五年第一季度累计的植树造林面积就已达到 20 万亩,五年实际累计完成 22 万亩,则该地五年内植树造林面积计划完成相对指标为:

$$计划完成相对指标 = \frac{22}{20} \times 100\% = 110\%$$

计划提前完成的时间为三个季度。

2. 结构相对指标,又称结构相对数和比重相对数,是在统计分组的基础上,将总体中的部分总量指标数值与总体总量指标数值对比计算得到的相对数,一般用百分数表示,用于说明总体的内部构成情况。其计算公式为:

$$结构相对指标 = \frac{总体中部分总量指标数值}{总体的总量指标数值} \times 100\% \qquad (3-7)$$

公式中的分子是总体中部分总量指标数值，它是分母总体总量指标数值的一部分，因此，分子分母的位置不能互换，总体各部分的比重之和必然等于100%或1；同时，分子和分母必须在指标含义、计算口径、计算方法、计量单位、时间和空间范围等保持一致。

总体单位总量和总体标志总量都可以计算结构相对指标。

结构相对指标的作用有以下几方面。

(1) 可以用来反映总体的构成，说明总体中各部分的作用和地位。如表3-1所示，可以看出，2019年我国三次产业结构表现为"三、二、一"。

表3-1　　　　　　　　　2019年我国三次产业结构　　　　　　　　　单位：%

按三次产业分组	比重
第一产业	7.1
第二产业	39.0
第三产业	53.9
合计	100

资料来源：国家统计局网站。

(2) 可以反映总体构成的变化。如表3-2所示，可以看出近10年我国人口结构基本稳定。

表3-2　　　　　　　　　我国人口性别构成　　　　　　　　　单位：%

年份	2019	2018	2017	2016	2015	2014	2013	2012	2011	2010
男性比	51.09	51.13	51.17	51.21	51.22	51.23	51.24	51.25	51.26	51.27
女性比	48.91	48.87	48.83	48.79	48.78	48.77	48.76	48.75	48.74	48.73
合计	100	100	100	100	100	100	100	100	100	100

资料来源：国家统计局网站。

(3) 可以用来反映总体的质量。例如，在实际工作中，常用市场占有率、产品合格率、中间投入率、恩格尔系数等结构相对数说明企业在市场中的地位、生产部门工作质量的好坏、物力的利用情况和居民生活水平等情况。

3. 比例相对指标，又称比例相对数，是在统计分组的基础上，将总体中的一部分总量指标数值与总体中另一部分总量指标数值对比计算得到的相对数。其计算公式为：

$$比例相对指标 = \frac{总体中部分总量指标数值}{总体中另一部分总量指标数值} \times 100\% \tag{3-8}$$

公式中的分子和分母是同一总体不同组成部分的同种总量指标数值，在指标含义、计算口径、计算方法、计量单位、时间和空间范围等保持一致，且分子分母的位置可以互换，结果为互换前的倒数，但它们都能反映总体中不同组成部分的比例关系。

用于计算比例相对指标的分子、分母的总量指标，既可以是总体标志总量，也可以是总体单位总量。比例相对指标一般用百分数或 $m:n$ 的形式表示，反映总体内各组成部分之间的比例关系，一般用连比 $1:m:n$ 的形式表示。例如，由表3-1中的数据可知，2019年我国三次产业之间的比例为 7.1:39.0:53.9 或 1:5.5:7.6。再如，某班有学生50人，其中，男生24人，女生26人。那么该班男女生性别比为92.31%或者为 1:1.08。

4. 比较相对指标。又称比较相对数，是将不同空间的同一指标数值对比所得到的相对数。其计算公式为：

$$比较相对指标 = \frac{某空间范围的某一指标数值}{另一空间的同一指标数值} \times 100\% \qquad (3-9)$$

比较相对指标一般用百分数、系数或倍数来表示，反映不同空间（可以是不同国家、不同地区、不同单位）同类事物的差异程度。公式中的分子、分母是不同空间的同一指标数值，因此，它们在指标含义、计算口径、计算方法、计量单位、时间和空间范围等保持一致，分子分母的位置可以互换，结果为互换前的倒数，但它们都能反映不同空间同类事物的差异程度。

用于计算比较相对指标的可以是总量指标，也可以是相对指标或平均指标。例如，甲、乙两地区2019年的公共财政文化投入分别是3.6亿元和2.1亿元，则甲地区的公共财政文化投入为乙地区的1.71倍（3.6/2.1）。

5. 强度相对指标，又称强度相对数，是将两个性质不同但又有一定联系的总量指标对比所得到的相对数，用以反映现象的强度、密度和普遍程度，同时，还可用以比较国家、地区和单位之间发展的差距和不平衡程度等。其计算公式为：

$$强度相对指标 = \frac{某一总量指标数值}{另一性质不同但有联系的总量指标数值} \times 100\% \qquad (3-10)$$

公式中的分子、分母是两个性质不同的总量指标数值，有些指标的分子和分母位置可以互换，形成强度相对指标的正指标和逆指标。指标数值越大，反映的强度、密度和普遍程度也越大，则为正指标；而指标数值越大，反映的强度、密度和普遍程度越小，则为逆指标。

强度相对指标是两个性质不同的指标对比的结果，这两个指标的计量单位可能相同也可能不同，因而强度相对指标的数值表现为无名数和有名数两种形式。其中，无名数一般用百分数或千分数表示，如资金产值率、商品流通费用率等用百分数表示，人口出生率、死亡率等用千分数表示；有名数如用"人/平方公里"来计量人口密度，用"吨/人"来计量人均粮食产量等。

【例3-8】某市2019年零售商店有60 000个，年均人口1 500万人，那么：

$$商业网点密度 = \frac{60\ 000}{1\ 500} = 40（个/万人） \qquad （正指标）$$

$$商业网点密度 = \frac{1\ 500}{60\ 000} = 0.025（万人/个）= 250（人/个） \qquad （逆指标）$$

计算结果中，40 个/万人表明该市每万人拥有零售商店 40 个，该数值越大，商业网点密度越高，城市居民生活越方便，这种数值越大越好的指标称为正指标；250 人/个表明该市每个零售商店平均服务 250 个人，指标数值越大，商业网点密度越小，城市居民生活越不方便，这种数值越小越好的指标称为逆指标。

例中强度相对指标的分子、分母位置可以互换，而有些强度相对指标的分子、分母的位置不可互换，如人均国内生产总值、出生率、商品流通费用率等。有些强度相对指标含有"均""人均"等字样，但它们不是算术平均数，也不是后续内容中的平均指标。

6. 动态相对指标，又称动态相对数或发展速度，是不同时间、同一总体相同指标数值对比所得到的相对数，反映现象发展变化的情况，可以用百分数也可以用倍数来表示。其基本计算公式为：

$$动态相对指标 = \frac{报告期指标数值}{基期指标数值} \times 100\% \tag{3-11}$$

其中，分母基期指标数值是指作为对比的基础时期的指标数值，分子报告期指标数值是指与基期对比的时期指标数值。

【例 3-9】某地区 2019 年地区生产总值为 38 687.77 亿元，2020 年达到 42 395.00 亿元，则该地区生产总值的动态相对指标为：

$$动态相对指标 = \frac{42\ 395.00}{38\ 687.77} \times 100\% \approx 109.58\%$$

即该地区生产总值 2020 年是 2019 年的 109.58%，或该地区生产总值 2020 年比 2019 年增长了 9.58%。

在社会经济现象发展变化分析研究中，动态相对指标起着重要的作用，本教材将在"第七章时间序列分析"中详细介绍。

第二节 统计数据集中趋势描述

统计数据经过加工整理后形成的数列，可以让我们对数据的分布特征和形状有一个大致的了解。然而，要全面把握数据的分布特征和变化规律，还需要寻找一些能充分反映数据分布特征的统计指标。统计数据分布特征可以从三个方面进行度量：一是分布的集中趋势，反映各数据向中心聚集或靠拢的态势；二是分布的离散趋势，反映数据远离其中心值的态势；三是分布的形状，反映数据分布的峰度和偏态。这三个方面从不同侧面反映了数据分布的特征。

集中趋势是指一组数据向某一中心值靠拢的程度，反映的是一组数据一般水平的中心值或代表值。数据集中趋势的描述指标有两大类：一类是数值平均数，它们是根据全部数值计算得到的代表值，主要有算术平均数、调和平均数和几何平均数；另一类是位置平均数，是根据数据所处的位置计算确定的代表值，主要有中位数和众数。

一、数值平均数

数值平均数又称均值，是抽象了总体单位间的数量差异后得到的反映现象的一般水平。数值平均数可以分为以下几种。

（一）算术平均数

算术平均数的基本计算公式为：

$$\text{算术平均数} = \frac{\text{总体标志总量}}{\text{总体单位总量}} \qquad (3-12)$$

根据掌握资料的形式不同，算术平均数的计算方法有两种形式。

1. 简单算术平均数。根据未分组的资料，将总体各单位标志值简单相加得到的标志总量除以总体单位总量得到的平均数。其计算公式如下：

$$\bar{x} = \frac{x_1 + x_2 + \cdots + x_n}{n} = \frac{\sum x}{n} \qquad (3-13)$$

其中，$\bar{x}$ 表示算术平均数；x 表示总体各单位标志值；n 表示总体单位数。

【例3-10】在某一次水平考试中，一个班级15位学生的成绩（分）分别为61、65、73、68、78、90、80、81、82、66、92、72、76、78、69，则这个班级学生此次水平考试的平均成绩为：

$$\bar{x} = \frac{\sum x}{n} = \frac{61 + 65 + \cdots + 69}{15} = 75.4 \text{（分）}$$

2. 加权算术平均数。根据统计分组得到的变量数列来计算加权算术平均数时，首先要计算各组标志总量，即将各组的标志值乘以各组的频数，其次将各组标志总量相加（即总体标志总量）再除以各组频数之和（即总体单位总量），由此得到的平均数即为加权算术平均数。其计算公式如下：

$$\bar{x} = \frac{x_1 f_1 + x_2 f_2 + \cdots + x_n f_n}{f_1 + f_2 + \cdots + f_n} = \frac{\sum xf}{\sum f} \qquad (3-14)$$

公式（3-14）也可以用比重权数加权的形式，即：

$$\bar{x} = x_1 \frac{f_1}{\sum f} + x_2 \frac{f_2}{\sum f} + \cdots + x_n \frac{f_n}{\sum f} = \sum x \frac{f}{\sum f} \qquad (3-15)$$

其中，$\bar{x}$ 表示算术平均数；x 表示各组标志值或组中值；f 表示各组的次数；n 表示组数。

【例3-11】华威公司2019年4月1日生产某手机配件的工人日产量如表3-3所示，计算该日工人平均生产手机配件的数量。

表 3-3　　　华威公司 2019 年 4 月 1 日生产某手机配件的工人日产量

日生产量（台） x	工人数（人） f	生产总量（台） xf
15	12	180
16	16	256
17	22	374
18	15	270
19	10	190
合计	75	1 270

解：工人日平均生产数量 = 日生产总量/工人总人数，即：

$$\bar{x} = \frac{\sum xf}{\sum f} = \frac{15 \times 12 + 16 \times 16 + 17 \times 22 + 18 \times 15 + 19 \times 10}{12 + 16 + 22 + 15 + 10} = \frac{1\ 270}{75}$$

$$\approx 16.93 \text{（台）}$$

或

$$\bar{x} = \sum x \frac{f}{\sum f} = 15 \times 0.16 + 16 \times 0.2133 + 17 \times 0.2933 + 18 \times 0.2 + 19 \times 0.1333 \approx 16.93 \text{（台）}$$

【例 3-12】甲班学生统计学考试成绩如表 3-4 所示，求该班学生的平均成绩。

表 3-4　　　　　　甲班同学统计学考试成绩

成绩（分）	组中值（分） x	人数（人） f	比重（%） $f/\sum f$
60 以下	55	2	3.92
60~70	65	12	23.53
70~80	75	18	35.29
80~90	85	16	31.37
90~100	95	3	5.88
合计	—	51	100.00

解：甲班学生统计学平均成绩为：

$$\bar{x} = \frac{\sum xf}{\sum f} = \frac{55 \times 2 + 65 \times 12 + 75 \times 18 + 85 \times 16 + 95 \times 3}{2 + 12 + 18 + 16 + 3} = \frac{3\ 885}{51}$$

$$\approx 76.18 \text{（分）}$$

或

$$\bar{x} = \sum x \frac{f}{\sum f} = 55 \times 0.0392 + 65 \times 0.2353 + 75 \times 0.3529 + 85 \times 0.3137 +$$
$$95 \times 0.0588 \approx 76.18 \, (\text{分})$$

根据公式（3-14）和公式（3-15）计算算术平均数时，用组中值作为各组实际数据的代表值，是假定各组数据在组内是均匀分布的，如果实际数据和这一假定相吻合，计算的结果还是比较准确的，否则误差会较大。

（二）调和平均数

调和平均数也称倒数平均数，是标志值倒数的算术平均数的倒数。根据掌握资料的形式不同，调和平均数的计算也有两种形式。

1. 简单调和平均数。当已知总体各单位标志值是未经分组的变量时，应采用简单调和平均数来计算其平均数，其计算公式为：

$$\bar{x}_H = \frac{1}{\dfrac{\dfrac{1}{x_1} + \dfrac{1}{x_2} + \cdots + \dfrac{1}{x_n}}{n}} = \frac{n}{\dfrac{1}{x_1} + \dfrac{1}{x_2} + \cdots + \dfrac{1}{x_n}} = \frac{n}{\sum \dfrac{1}{x}} \quad (3-16)$$

其中，$\bar{x}_H$ 为调和平均数；x 是总体各单位标志值；n 是总体单位数。

2. 加权调和平均数。当根据的变量数列数据是在统计分组的基础上形成的，应采用加权调和平均数来计算其平均数，其计算公式为：

$$\bar{x}_H = \frac{m_1 + m_2 + \cdots + m_n}{\dfrac{m_1}{x_1} + \dfrac{m_2}{x_2} + \cdots + \dfrac{m_n}{x_n}} = \frac{\sum m}{\sum \dfrac{m}{x}} \quad (3-17)$$

其中，x 为统计分组基础上各组变量的代表值（组中值）；m 为各组的标志总量。

实际在计算平均数时，由于所掌握资料的限制，调和平均数常作为算术平均数的变形使用。

【例3-13】某农贸市场某日某种蔬菜，早晨5元/斤，中午4元/斤，晚上3元/斤，假如早、中、晚各买1元，计算该日该种蔬菜的平均价格。

解：$\bar{x}_H = \dfrac{n}{\sum \dfrac{1}{x}} = \dfrac{1+1+1}{\dfrac{1}{5}+\dfrac{1}{4}+\dfrac{1}{3}} \approx 3.83 \, (\text{元/斤})$

【例3-14】承【例3-13】，假如早上买8元，中午买7元，晚上买6元，其他条件不变，计算该日该种蔬菜的平均价格。

解：$\bar{x}_H = \dfrac{\sum m}{\sum \dfrac{m}{x}} = \dfrac{8+7+6}{\dfrac{8}{5}+\dfrac{7}{4}+\dfrac{6}{3}} \approx 3.93 \, (\text{元/斤})$

【例3-15】某企业生产某种产品，由于不同原料标准，产品可分为甲、乙、丙三种等级，不同等级的产品的生产数据如表3-5所示，求三种不同等级产品的平均单位成本。

表 3-5　　　　　　　　　　某产品生产资料

产品等级	单位成本（元/件）x	产量（件）f	总成本（元）xf
甲	20	600	12 000
乙	18	700	12 600
丙	15	800	12 000
合计	—	2 100	36 600

假设已知的是产品的单位成本、产量的生产数据，则该产品的平均单位成本为：

$$\bar{x} = \frac{\sum xf}{\sum f} = \frac{20 \times 600 + 18 \times 700 + 15 \times 800}{600 + 700 + 800} = \frac{36\ 600}{2\ 100} \approx 17.43（元/件）$$

假设已知的是产品的单位成本、总成本的生产数据，则该产品的单位成本为：

$$\bar{x}_H = \frac{\sum m}{\sum \frac{m}{x}} = \frac{12\ 000 + 12\ 600 + 12\ 000}{\frac{12\ 000}{20} + \frac{12\ 600}{18} + \frac{12\ 000}{15}} \approx 17.43（元/件）$$

可以看出，无论是加权算术平均数还是加权调和平均数都可以用来计算平均数，只不过在计算时使用了不同的数据资料。当分子资料未知时，应采用加权算术平均数方法计算平均数；当分母资料未知时，应采用加权调和平均数方法计算平均数。

（三）几何平均数

几何平均数是指 n 个标志值连乘积的 n 次方根，通常用于总水平等于各阶段、各环节数据的连乘积，求各阶段、各环节的一般水平时，需要使用几何平均数来求解平均数。

此时，要求各标志值连乘积具有经济意义，且标志值不能为 0 或负数。几何平均数一般用在求比率、指数、平均发展速度和复利下的平均年利率等。根据所掌握资料的不同，有简单几何平均数和加权几何平均数之分。

1. 简单几何平均数。已知 n 个未经分组的总体单位标志值形成的变量数列求平均数时，采用简单几何平均数。其计算公式为：

$$\bar{x}_G = \sqrt[n]{x_1 \times x_2 \times \cdots \times x_n} = \sqrt[n]{\prod x} \qquad (3-18)$$

其中，$\bar{x}_G$ 表示几何平均数；$x_1, x_2, \cdots, x_n$ 表示总体单位标志值。

【例 3-16】某产品的生产需要经过三道工序的连续加工，前道工序的合格产品才能进入下一道工序继续加工。已知三道工序的产品合格率分别为 99%、96% 和 98%，求三道工序的平均合格率。

解：三道工序的平均合格率为：
$$\bar{x}_G = \sqrt[n]{x_1 \times x_2 \times \cdots \times x_n} = \sqrt[n]{\prod x} = \sqrt[3]{99\% \times 96\% \times 98\%} = 97.66\%$$

2. 加权几何平均数。已知资料是在统计分组的基础上形成的变量数列求平均数时，采用加权几何平均数。其计算公式为：

$$\bar{x}_G = \sqrt[f_1+f_2+\cdots+f_n]{x_1^{f_1} \times x_2^{f_2} \times \cdots \times x_n^{f_n}} = \sqrt[\Sigma f]{\prod x^f} \tag{3-19}$$

其中，f 表示各组的次数；x 表示各组变量值；n 表示组数。

【例 3-17】某笔投资是按复利计算利息的，各年的利率分配如表 3-6 所示，求该笔投资的平均年利率。

表 3-6　　　　　　　　　　　年利率分配

年数	利率（%）
1	3
4	6
5	8
3	11
2	15

解：这笔投资的平均年利率为：

$$1 + \bar{x}_G = \sqrt[f_1+f_2+\cdots+f_n]{x_1^{f_1} \times x_2^{f_2} \times \cdots \times x_n^{f_n}} = \sqrt[\Sigma f]{\prod x^f}$$
$$= \sqrt[1+4+5+3+2]{103^1 \times 106^4 \times 108^5 \times 111^3 \times 115^2} \approx 108.62\%$$

解得 $\bar{x}_G = 8.62\%$。

二、位置平均数

位置平均数是将特殊位置上的数据作为代表值。常用的位置平均数有众数和中位数。

（一）众数

众数是次数出现最多的变量值，用 Mo 表示。众数与算术平均数最主要的区别是其不受极端值的影响，反映变量分布的集中趋势。

根据掌握的资料不同，众数的确定方法也不同。

1. 如果变量是均匀分布的，则变量数列不存在众数。

【例 3-18】15 名学生统计学课程的考试成绩（分）均不相同，分别为 81、82、83、84、85、86、87、88、89、90、91、92、93、94、95，此时考试成绩所组成的变量数列就没有众数。

2. 如果变量是未分组的或者是单项式数列，则次数出现最多的变量就是众数。

【例3-19】15名学生概率论与数理统计课程的考试成绩（分）分别为70、72、74、76、78、78、78、78、78、78、81、81、82、83、84。在这15名学生的考试成绩分布中，78分出现的次数最多，出现了6次，所以78分就是众数。

【例3-20】某个班级46名学生的年龄分布如表3-7所示。

表3-7 　　　　　　　　某班46名学生年龄分布

年龄（岁）	人数（人）
18	1
19	3
20	24
21	16
22	2
合计	46

从表3-7中可得出，20岁的学生人数最多，有24人，所以20岁为众数。

3. 组距式数列众数的确定。先根据次数出现最多的组找出众数所在的组，然后利用下列上限公式或下限公式计算众数。

下限公式：$M_0 = L + \dfrac{\Delta_1}{\Delta_1 + \Delta_2} \times d$ 　　　　　　　　　　(3-20)

上限公式：$M_0 = U - \dfrac{\Delta_2}{\Delta_1 + \Delta_2} \times d$ 　　　　　　　　　　(3-21)

其中，M_0 表示众数；L 表示众数组的下限；U 表示众数组的上限；Δ_1 表示众数组次数与前一组次数之差；Δ_2 表示众数组次数与后一组次数之差；d 表示众数组的组距。

【例3-21】某班46名学生身高分布如表3-8所示，求众数。

表3-8 　　　　　　　　某班46名学生身高分布

身高（cm）	人数（人）
140~150	1
150~160	2
160~170	15
170~180	24
180~190	4
合计	46

解：从46名学生身高分布数据可以看出，出现次数最多的为24人，即众数组是身高170~180cm组。同时可得，$L = 170$，$U = 180$，$\Delta_1 = 24 - 15 = 9$，$\Delta_2 = 24 -$

$4=20$，$d=180-170=10$。根据公式可以计算出该班学生身高的众数。

根据下限公式计算：

$$M_0 = L + \frac{\Delta_1}{\Delta_1 + \Delta_2} \times d = 170 + \frac{9}{9+20} \times 10 \approx 173.10 \text{（cm）}$$

根据上限公式计算：

$$M_0 = U - \frac{\Delta_2}{\Delta_1 + \Delta_2} \times d = 180 - \frac{20}{9+20} \times 10 \approx 173.10 \text{（cm）}$$

（二）中位数

中位数是将变量值按大小顺序排序，处于中间位置的变量值。中位数用 M_e 表示。

1. 未分组变量的中位数。根据未分组变量确定中位数时，将所有变量值按大小顺序排序，处在最中间位置的变量值为中位数。如果变量值的个数为奇数项，则第 $\frac{n+1}{2}$ 项的变量值为中位数；如果变量值的个数为偶数项，则第 $\frac{n}{2}$ 项和第 $\frac{n}{2}+1$ 项变量值的算术平均数为中位数。

【例3-22】某班7位学生某月的月生活费支出分别为1 200元、1 200元、1 300元、1 400元、1 400元、1 500元、1 600元，则：

$$\text{中位数位次} = \frac{n+1}{2} = \frac{7+1}{2} = 4$$

即月生活费支出1 400元为中位数。

上例中的变量值数量为奇数，如果为偶数，如某班8位学生某月的月生活费支出分别为1 200元、1 200元、1 300元、1 300元、1 400元、1 400元、1 500元、1 600元，则：

$$\text{中位数位次} = \frac{n+1}{2} = \frac{8+1}{2} = 4.5$$

该位次处在第4个位次和第5个位次之间，则中位数取第4个位次和第5个位次所对应变量值的算术平均数，即：

$$M_e = \frac{1\ 300 + 1\ 400}{2} = 1\ 350 \text{（元）}$$

即月生活费支出中位数为1 350元。

2. 单项式数列的中位数。先计算向上累计或向下累计次数，用公式 $\frac{\sum f + 1}{2}$ 确定中位数的位次，根据所得到的位次找到中位数所在的组，该组所对应的变量值即为中位数。

【例3-23】确定表3-7中某个班级46名学生的年龄中位数。具体过程见表3-9。

表 3-9　　　　　　　　　某班 46 名学生年龄分布

年龄（岁）	人数（人）	向上累计次数（人）	向下累计次数（人）
18	1	1	46
19	3	4	45
20	24	28	42
21	16	44	18
22	2	46	2
合计	46	—	—

根据表 3-7 中的数据可计算出累计次数（见表 3-9 中的第三列和第四列），然后确定中位数的位次：

$$中位数位次 = \frac{\sum f + 1}{2} = \frac{46 + 1}{2} = 23.5$$

可知中位数在 23.5 的位置上，由向上累计次数或向下累计次数可得，中位数位于 20 岁组，所以该班 46 名学生年龄的中位数为 20 岁。

3. 组距式数列的中位数。组距式数列中位数的确定方法和单项式数列的确定方法一样。首先计算向上累计或向下累计次数，用公式 $\frac{\sum f + 1}{2}$ 确定中位数的位次，根据所得到的位次找到中位数所在的组；其次根据中位数的下限公式或上限公式计算近似值。

$$下限公式：M_e = L + \frac{\frac{\sum f}{2} - s_{m-1}}{f_m} \times d \tag{3-22}$$

$$上限公式：M_e = U - \frac{\frac{\sum f}{2} - s_{m+1}}{f_m} \times d \tag{3-23}$$

其中，M_e 表示中位数；L 表示中位数组的下限；U 表示中位数组的上限；s_{m-1} 表示向上累计至中位数组前一组的累计次数；s_{m+1} 表示向下累计至中位数后一组的累计次数；f_m 表示中位数组的次数。

【例 3-24】确定表 3-8 中某班 46 位学生身高的中位数。具体过程见表 3-10。

表 3-10　　　　　　　　　某班 46 名学生身高分布

身高（cm）	人数（人）	向上累计次数（人）	向下累计次数（人）
140 ~ 150	1	1	46
150 ~ 160	2	3	45
160 ~ 170	15	18	43

续表

身高（cm）	人数（人）	向上累计次数（人）	向下累计次数（人）
170~180	24	42	28
180~190	4	46	4
合计	46	—	—

根据表 3-8 的中数据计算出累计次数（见表 3-10 中第三列和第四列），然后确定中位数的位次：

$$中位数位次 = \frac{\sum f + 1}{2} = \frac{46+1}{2} = 23.5$$

即中位数位于第 23.5 的位次上，从向上累计次数和向下累计次数都可以看出第 23.5 项位于 170~180 组中，所以 170~180 就是中位数组。

根据下限公式有：

$$M_e = L + \frac{\frac{\sum f}{2} - s_{m-1}}{f_m} \times d = 170 + \frac{\frac{46}{2} - 18}{24} \times 10 \approx 172.08 \text{（cm）}$$

根据上限公式有：

$$M_e = U - \frac{\frac{\sum f}{2} - s_{m+1}}{f_m} \times d = 180 - \frac{\frac{46}{2} - 4}{24} \times 10 \approx 172.08 \text{（cm）}$$

第三节 统计数据离中趋势描述

集中趋势和离中趋势是数据分布的两大基本特征。其中，集中趋势是各变量值向其中心值靠拢的程度，反映的是统计数据的一般水平。离中趋势则是各变量值偏离中心值的程度。在用平均指标对数据集中趋势分析的同时，也要对数据的离中趋势进行度量，这就需要对反映离中趋势的指标进行设置。

一、离中趋势指标的含义

离中趋势又称标志变动度，是综合反映各变量值与其平均数差异程度的指标，反映集中趋势测度值（平均数）的代表性。数据的离中趋势越大，数据越分散，则集中趋势测度值的代表性越差；数据离中趋势越小，数据越集中，则集中趋势测度值的代表性越好。在统计数据分析时，两者可以结合起来对数据进行全面的观察分析。

二、离中趋势指标的种类及计算

统计数据离中趋势指标有极差、四分位差、平均差、方差和标准差和变异系数等。

(一) 极差

极差又称全距,用 R 表示,是最大变量值与最小变量值之差。其计算公式为:

$$R = 最大变量值 - 最小变量值 \tag{3-24}$$

1. 未分组数据和单项式数列的极差。对于未分组数据和单项式数列,极差的计算方法是用最大变量值减去最小变量值。

【例 3-25】承〖例 3-22〗,某班 7 位学生某月的生活费支出中,学生生活费支出的全距 $R = 1\,600 - 1\,200 = 400$(元)。

【例 3-26】承〖例 3-20〗,根据该班级 46 名学生的年龄分布,该班学生年龄的全距 $R = 22 - 18 = 4$(岁)。

2. 组距式数列的极差。组距式数列极差的计算只是近似取值,且要求组距数列是闭口式的,计算方法是用最大组的上限减去最小组的下限。

【例 3-27】承〖例 3-21〗,某班 46 名学生身高分布如表 3-8 所示,该班学生身高的全距 $R = 190 - 140 = 50$(cm)。

极差是最简单的离中趋势指标,易于掌握,但容易受到极端值的影响;同时,极差的计算只利用了最大和最小两个变量值,没有利用所有变量信息,不能充分反映所有变量的离中趋势,所以在实际应用中有一定的局限性。

(二) 四分位差

四分位差又称内距或四分间距,用 Q_d 表示。上四分位数与下四分位数之差,数值越小,说明中间变量越集中;数值越大,说明中间变量越分散。其计算公式为:

$$Q_d = Q_3 - Q_1 \tag{3-25}$$

其中, Q_3 表示变量数列中最大的 1/4 单位的变量, Q_1 表示变量数列中最小的 1/4 单位的变量。

四分位差是对极差指标的一种改进,它是剔除 1/4 的最大值和最小值,反映中间 50% 变量的离散程度,不受极端值的影响。它和极差一样,只利用了两个变量计算得到,没有利用所有变量信息,也不能充分反映所有变量的离中趋势。

【例 3-28】承〖例 3-22〗,根据该班 7 位学生某月的生活费支出,有:

$$Q_3 \text{位置} = \frac{3 \times 7}{4} = 5.25$$

因而有：
$Q_3 = 1\ 400 + (1\ 500 - 1\ 400) \times 0.25 = 1\ 425$（元）
Q_1 位置 $= \dfrac{7}{4} = 1.75$

因而有：
$Q_1 = 1\ 200 + (1\ 200 - 1\ 200) \times 0.75 = 1\ 200$（元）
四分位差 $Q_d = Q_3 - Q_1 = 1\ 425 - 1\ 200 = 225$（元）

（三）平均差

平均差又称平均绝对离差，用 M_d 表示，是各变量值与其算术平均数的离差绝对值的算术平均数，反映各变量值与其均值的平均距离。根据变量形式的不同，平均差的计算方法有以下几种。

1. 简单平均法。当已知各变量值未分组或分组后每组的次数相同，此时应采用简单平均法计算。其计算公式为：

$$M_d = \frac{\sum |x - \bar{x}|}{n} \tag{3-26}$$

【例 3-29】某班英语口语课有甲、乙两个学习小组，各有 5 名学生，学生成绩如表 3-11 所示，计算两个学习小组学生成绩的平均差。

表 3-11　　　　甲、乙两个学习小组学生成绩平均差计算表

甲			乙		
成绩（分） x	离差 $x - \bar{x}$	离差绝对值 $\|x - \bar{x}\|$	成绩（分） x	离差 $x - \bar{x}$	离差绝对值 $\|x - \bar{x}\|$
40	-30	30	50	-20	20
50	-20	20	60	-10	10
70	0	0	70	0	0
90	20	20	80	10	10
100	30	30	90	20	20
合计	—	100	合计	—	60

解：甲、乙两组学生成绩的平均差为：

$\bar{x}_{甲} = \dfrac{\sum x}{n} = \dfrac{350}{5} = 70$（分）　　$\bar{x}_{乙} = \dfrac{\sum x}{n} = \dfrac{350}{5} = 70$（分）

$M_{d甲} = \dfrac{\sum |x - \bar{x}|}{n} = \dfrac{100}{5} = 20$（分）　　$M_{d乙} = \dfrac{\sum |x - \bar{x}|}{n} = \dfrac{60}{5} = 12$（分）

从计算结果可以看出，在甲、乙两学习小组学生平均成绩相等的情况下，由于甲组的平均差大于乙组，因此，甲组变量值的离散程度大于乙组，乙组学生学习成绩更具有代表性。

2. 加权平均法。当已知各变量值是在统计分组的基础上且各组的次数不相等时，应采用加权平均法计算。其计算公式为：

$$M_d = \frac{\sum |x - \bar{x}| f}{\sum f} \qquad (3-27)$$

【例 3-30】根据表 3-4 中的资料计算甲班学生统计学考试成绩平均差的过程如表 3-12 所示。

表 3-12　　　　　　甲班学生统计学考试成绩平均差计算表

成绩（分）	组中值（分） x	人数（人） f	$\lvert x - \bar{x} \rvert f$
60 以下	55	2	42.35
60~70	65	12	134.12
70~80	75	18	21.18
80~90	85	16	141.18
90~100	95	3	56.47
合计	—	51	395.29

解：该班学生统计学考试成绩平均差为：

$$M_d = \frac{\sum |x - \bar{x}| f}{\sum f} = \frac{395.30}{51} \approx 7.75 \text{（分）}$$

由平均差计算结果可知，该班学生的成绩与平均成绩相差 7.75 分。

由于平均差的计算利用了所有的变量值，因而能充分反映变量的离散程度。但由于在计算过程中需进行绝对值运算，不便于进一步运算，所以在统计研究中并不经常使用。

（四）方差和标准差

方差是各变量值与其算术平均数离差平方的算术平均数，用 σ^2 表示。标准差为方差的开方根，用 σ 表示。方差（标准差）在数学处理上运用平方的方法避免了离差正负值相互抵消的情况，同时能较好地反映变量的离散程度，是应用最广泛的离中趋势测度指标。

根据变量形式的不同，标准差（方差）的计算方法有以下几种。

1. 简单平均法。当已知各变量未分组或分组后每组的次数相同时，应采用简单平均法计算标准差（方差）。其计算公式为：

$$\sigma = \sqrt{\frac{\sum (x - \bar{x})^2}{n}} \qquad \sigma^2 = \frac{\sum (x - \bar{x})^2}{n} \qquad (3-28)$$

【例 3-31】承〖例 3-29〗，根据该班英语口语课甲、乙两个学习小组学习成绩资料，计算方差和标准差。计算过程如表 3-13 所示。

表 3-13　　　　　甲、乙两个学习小组学生成绩标准差计算表

甲			乙		
成绩（分） x	离差 $x-\bar{x}$	离差平方 $(x-\bar{x})^2$	成绩（分） x	离差 $x-\bar{x}$	离差平方 $(x-\bar{x})^2$
40	-30	900	50	-20	400
50	-20	400	60	-10	100
70	0	0	70	0	0
90	20	400	80	10	100
100	30	900	90	20	400
合计	—	2 600	合计	—	1 000

解：甲、乙两个学习小组学生成绩的方差和标准差为：

$$\sigma_{甲}^2 = \frac{\sum(x-\bar{x})^2}{n} = \frac{2\,600}{5} = 520$$

$$\sigma_{甲} = \sqrt{\frac{\sum(x-\bar{x})^2}{n}} = \sqrt{\frac{2\,600}{5}} \approx 22.80\,(分)$$

$$\sigma_{乙}^2 = \frac{\sum(x-\bar{x})^2}{n} = \frac{1\,000}{5} = 200$$

$$\sigma_{乙} = \sqrt{\frac{\sum(x-\bar{x})^2}{n}} = \sqrt{\frac{1\,000}{5}} \approx 14.14\,(分)$$

方差和标准差对变量离中趋势的测度实质是一样的，但是标准差的计量单位和变量的计量单位相同，计算结果也比方差易于理解，所以标准差的应用更为广泛。从上例中的结果可以看出，在甲、乙两个学习小组学生平均成绩相等的情况下，乙组的标准差小于甲组，所以乙组学生的平均成绩更具有代表性。

2. 加权平均法。当已知各变量是在统计分组的基础上且各组的次数不相等时，应采用加权平均法计算。其计算公式为：

$$\sigma = \sqrt{\frac{\sum(x-\bar{x})^2 f}{\sum f}} \qquad \sigma^2 = \frac{\sum(x-\bar{x})^2 f}{\sum f} \qquad (3-29)$$

【例 3-32】承〖例 3-12〗，计算标准差如表 3-14 所示。

表 3-14　　　　　甲班学生统计学考试成绩标准差计算表

成绩（分）	组中值（分） x	人数（人） f	总分数（分） xf	离差	离差平方加权 $(x-\bar{x})^2 f$
60 以下	55	2	110	-21.18	896.89
60~70	65	12	780	-11.18	1 498.96
70~80	75	18	1 350	-1.18	24.91

续表

成绩（分）	组中值（分）x	人数（人）f	总分数（分）xf	离差	离差平方加权 $(x-\bar{x})^2 f$
80~90	85	16	1 360	8.82	1 245.68
90~100	95	3	285	18.82	1 062.98
合计	—	51	3 885	—	4 729.41

解：$\bar{x} = \dfrac{\sum xf}{\sum f} = \dfrac{3\,885}{51} \approx 76.18$（分）

$\sigma = \sqrt{\dfrac{\sum (x-\bar{x})^2 f}{\sum f}} = \sqrt{\dfrac{4\,729.41}{51}} \approx 9.63$（分）

从计算结果可以看出，该班学生的成绩与平均成绩平均相差 9.63 分。

3. 是非标志的方差与标准差。对于某些经济现象的全部总体单位，可以分为具有某一标志的单位和不具有某一标志的单位。例如，全部产品分为合格和不合格两组；将全部人口的性别分为男和女两组。这些只表现为"有""无"和"是""否"的标志，称为是非标志，又称交替标志。

为了方便数据处理，可以将是非标志数量化，将具有某一标志的单位用 1 表示，不具有某一标志的单位用 0 来表示。假设全部总体单位数为 N，具有某种性质的单位数为 N_1，不具有某种性质的单位数为 N_0，则 $N_1 + N_0 = N$。是非标志的两部分单位数占总体单位数的比重称为成数，分别用 p 和 q 表示，$p = \dfrac{N_1}{N}$，$q = \dfrac{N_2}{N}$，则 $p + q = \dfrac{N_1}{N} + \dfrac{N_2}{N} = 1$。

根据定义可以求出是非标志的方差和标准差。具体如表 3-15 所示。

表 3-15　　　　　　　　是非标志的方差与标准差的计算表

是非标志	标志值 x	次数 f	$(x-\bar{x})^2 f$
是	1	N_1	$(1-p)^2 N_1$
否	0	N_0	$(0-p)^2 N_0$
合计	—	N	$p^2 N_0 + q^2 N_1$

$$\bar{x}_p = \dfrac{\sum xf}{\sum f} = \dfrac{1 \times N_1 + 0 \times N_0}{N} = p$$

$$\sigma^2 = \dfrac{\sum (x-\bar{x})^2 f}{\sum f}$$

$$= \dfrac{(1-p)^2 \times N_1 + (0-p)^2 \times N_2}{N}$$

$$= q^2 p + p^2 q$$
$$= pq(q+p)$$
$$= pq$$
$$= p(1-p)$$
$$\sigma = \sqrt{p(1-p)}$$

【例 3-33】某车间生产甲产品的合格率为 90%，求甲产品合格率的方差和标准差。

解：$\sigma^2 = p(1-p) = 90\% \times 10\% = 9\%$

$\sigma = \sqrt{p(1-p)} = \sqrt{9\%} = 30\%$

（五）变异系数

极差、四分位差、标准差等离中趋势指标与其对应的算术平均数的计量单位相同。这些离中趋势指标的大小同变量值的平均水平大小、计量单位有关。因此，要比较不同水平、不同计量单位的两组变量的离中趋势时，需要先进行无量纲化处理。

变异系数又称离散系数，是各离中趋势指标与其对应的算术平均数的比值。例如，极差系数为极差与其对应的算术平均数的比值；标准差系数为标准差与其对应的算术平均数的比值。常用的变异系数是标准差系数，其计算公式为：

$$V_\sigma = \frac{\sigma}{\bar{x}} \times 100\% \tag{3-30}$$

【例 3-34】某车间甲、乙两条生产线工人日产量资料如表 3-16 所示。

表 3-16　　　　甲、乙两条生产线工人日产量资料

甲生产线		乙生产线	
日产量（件）x	工人数（人）f	日产量（件）x	工人数（人）f
4	5	7	10
6	9	9	15
8	11	12	8
10	12	13	5
11	3	15	2
合计	40	合计	40

比较甲、乙两条生产线工人日产量的代表性。

解：$\bar{x}_{甲} = \frac{\sum xf}{\sum f} = \frac{315}{40} \approx 7.88$（件）　　$\bar{x}_{乙} = \frac{\sum xf}{\sum f} = \frac{396}{40} = 9.90$（件）

$\sigma_{甲} = \sqrt{\frac{\sum (x-\bar{x})^2 f}{\sum f}} = \sqrt{\frac{190.38}{40}} \approx 2.18$（件）

$$\sigma_乙 = \sqrt{\frac{\sum (x-\bar{x})^2 f}{\sum f}} = \sqrt{\frac{231.6}{40}} \approx 2.41 \text{(件)}$$

$$V_{\sigma甲} = \frac{\sigma_甲}{\bar{x}_甲} \times 100\% = \frac{2.18}{7.88} \times 100\% = 27.70\%$$

$$V_{\sigma乙} = \frac{\sigma_乙}{\bar{x}_乙} \times 100\% = \frac{2.41}{9.90} \times 100\% = 24.34\%$$

从计算结果可以看出，$V_{\sigma甲} > V_{\sigma乙}$，乙生产线平均日产量更具有代表性。

第四节　Excel 在统计数据描述中的应用

【案例导入】

地区生产总值分布特征的描述

地区生产总值反映了一个地区的经济发展水平，而生产总值中各产业的构成则反映了一个地区经济发展的格局。表 3-17 是 2018 年我国 31 个省（区、市）第一产业、第二产业和第三产业的生产总值数据。

表 3-17　2018 年我国 31 个省（区、市）三个产业的生产总值数据　　单位：亿元

地区	第一产业	第二产业	第三产业	地区	第一产业	第二产业	第三产业
北京	118.69	5 647.65	24 553.64	湖北	3 547.51	17 088.95	18 730.09
天津	172.71	7 609.81	11 027.12	湖南	3 083.59	14 453.54	18 888.65
河北	3 338.00	16 040.06	16 632.21	广东	3 831.44	40 695.15	52 751.18
山西	740.64	7 089.19	8 988.28	广西	3 019.37	8 072.94	8 072.94
内蒙古	1 753.82	6 807.30	8 728.10	海南	9 260.20	1 095.79	2 736.15
辽宁	2 033.30	10 025.10	13 256.95	重庆	1 378.27	8 328.79	10 656.13
吉林	1 160.75	6 410.85	7 503.02	四川	4 426.66	4 426.66	20 928.70
黑龙江	3 000.96	3 000.96	9 329.72	贵州	2 159.54	5 755.54	6 891.37
上海	104.37	9 732.54	22 842.96	云南	2 498.86	6 957.44	8 424.82
江苏	22 842.96	41 248.52	47 205.16	西藏	130.25	628.37	719.01
浙江	1 967.01	23 505.88	30 724.26	陕西	1 830.19	12 157.48	10 450.65
安徽	2 638.01	13 842.09	13 526.72	甘肃	921.30	2 794.67	4 530.10
福建	2 379.82	17 232.36	16 191.86	青海	268.10	1 247.06	1 350.07
江西	1 877.33	10 250.21	9 857.24	宁夏	279.85	1 650.26	1 775.07
山东	4 950.52	33 641.72	37 877.43	新疆	1 692.09	4 922.97	5 584.02
河南	4 289.38	4 289.38	21 731.65				

资料来源：《中国统计年鉴》。

需要分析问题：分析三大产业生产总值分布的特征。

【案例处理】

为分析三个产业生产总值的分布特征，需要用相关统计量进行描述。通常有两种方法：一是使用 Excel 中有关函数或计算公式计算各个指标；二是利用 Excel 的"描述统计"分析工具将一系列指标一起计算出来，并用一个表格显示全部计算结果。

一、使用函数功能计算各个指标

具体步骤如下：

首先，打开"三大产业生产总值. xls"工作簿，选择"产值"工作表，数据见图 3-1。

	A	B	C	D	E	F	G
1	地区	第一产业	第二产业	第三产业			
2	北京	118.69	5647.65	24553.64			
3	天津	172.71	7609.81	11027.12			
4	河北	3338	16040.06	16632.21			
5	山西	740.64	7089.19	8988.28			
6	内蒙古	1753.82	6807.3	8728.1			
7	辽宁	2033.3	10025.1	13256.95			
8	吉林	1160.75	6410.85	7503.02			
9	黑龙江	3000.96	3000.96	9329.72			
10	上海	104.37	9732.54	22842.96			
11	江苏	22842.96	41248.52	47205.16			
12	浙江	1967.01	23505.88	30724.26			
13	安徽	2638.01	13842.09	13526.72			
14	福建	2379.82	17232.36	16191.86			
15	江西	1877.33	10250.21	9857.24			
16	山东	4950.52	33641.72	37877.43			
17	河南	4289.38	4289.38	21731.65			
18	湖北	3547.51	17088.95	18730.09			
19	湖南	3083.59	14453.54	18888.65			
20	广东	3831.44	40695.15	52751.18			
21	广西	3019.37	8072.94	8072.94			
22	海南	9260.2	1095.79	2736.15			
23	重庆	1378.27	8328.79	10656.13			

图 3-1 "三大产业生产总值. xls"工作簿界面

其次，根据 Excel 提供的公式，用函数计算相关统计量。常用的统计量主要有算术平均数、中位数、标准差、离散系数、极差、最小值、最大值、总和、观测数等。

1. 算术平均数。

（1）在单元格 F1 中输入"统计量"，F2 中输入"平均数"，F3 中输入"中位数"，F4 中输入"标准差"，F5 中输入"离散系数"，F6 中输入"极差"，F7 中输入"最小值"，F8 中输入"最大值"，F9 中输入"总和"，F10 中输入

"观测数",G1 中输入"第一产业",H1 中输入"第二产业",I1 中输入"第三产业"。

(2)选定单元格 G2,选择【公式】—【插入函数】,弹出【插入函数】对话框窗口,见图 3-2。

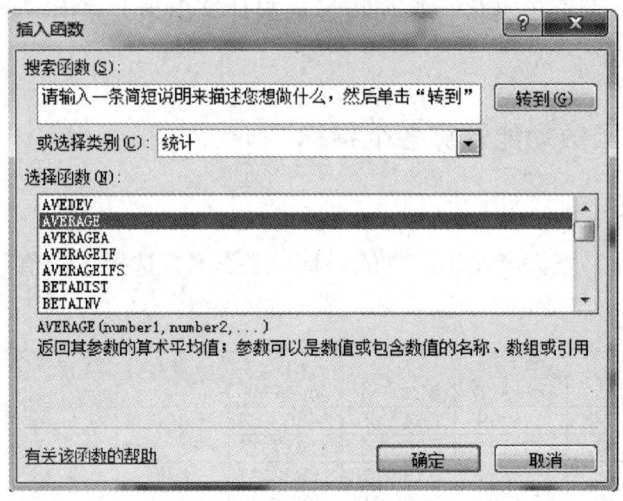

图 3-2 【插入函数】对话框

(3)先在【或选择类别】下拉列表中选择【统计】选项,然后在【选择函数】列表框中选择均值函数【AVERAGE】,单击【确定】按钮,Excel 弹出【函数参数】对话窗口,如图 3-3 所示。

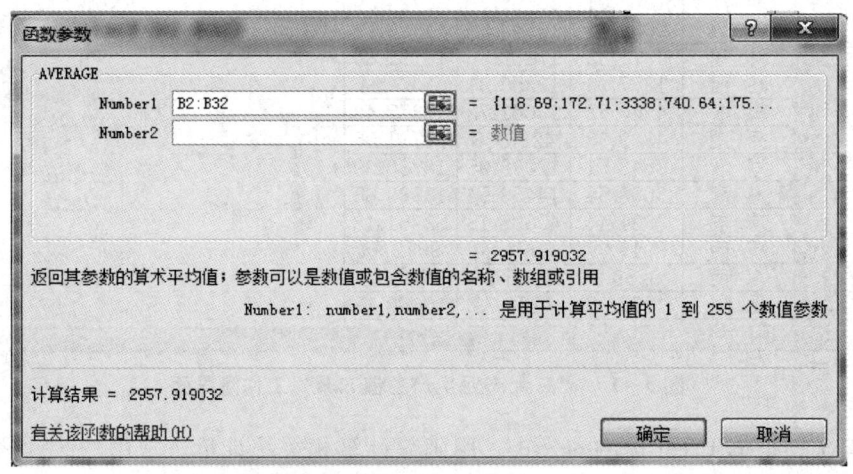

图 3-3 【函数参数】对话窗口

(4)在【Number1】区域中输入数据 B2:B32 后,对话窗口底部便显示出"计算结果"为 2 957.919032。如果对话窗口中没有计算结果,便说明计算有错误,需要再检查一下。

(5)单击【确定】按钮,第一产业的平均数计算完成。

(6) 选中单元格 G2，将鼠标放置在单元格边缘，当鼠标变成黑色十字时按住鼠标左键拖动到 I2，便得到第二产业和第三产业的平均数，结果如图 3-4 所示。

F	G	H	I
统计量	第一产业	第二产业	第三产业
平均数	2957.919	11182.23	15240.82

图 3-4　三大产业平均数计算结果

2. 中位数。

(1) 选定单元格 G3，选择【公式】-【插入函数】，Excel 会弹出【插入函数】对话框窗口。在【或选择类别】下拉列表中选择【统计】选项，然后在【选择函数】列表框中选择中位数函数【MEDIAN】，单击【确定】按钮，Excel 弹出【函数参数】对话窗口。

(2) 在【Number1】区域中输入数据 B2：B32，单击【确定】按钮，第一产业的中位数计算完成。

(3) 选中单元格 G3，将鼠标放置在单元格边缘，当鼠标变成黑色十字时按住鼠标左键拖动到 I3，便得到第二产业和第三产业的中位数。

3. 标准差。

(1) 选定单元格 G4，选择【公式】-【插入函数】，Excel 会弹出【插入函数】对话框窗口。在【或选择类别】下拉列表中选择【统计】选项，然后在【选择函数】列表框中选择标准差函数【STDEV】，单击【确定】按钮，Excel 弹出【函数参数】对话窗口。

(2) 在【Number1】区域中输入数据 B2：B32，单击【确定】按钮，第一产业的标准差计算完成。

(3) 选中单元格 G4，将鼠标放置在单元格边缘，当鼠标变成黑色十字时按住鼠标左键拖动到 I4，便得到第二产业和第三产业的标准差。

4. 标准差系数。

(1) 在单元格 G5 中输入"= STDEV（B2：B32）/AVERAGE（B2：B32）"，即输入"= G4/G2"，按回车键后得到第一产业的标准差系数。

(2) 选中单元格 G5，将鼠标放置在单元格边缘，当鼠标变成黑色十字时按住鼠标左键拖动到 I5，便得到第二产业和第三产业的标准差系数。

5. 最小值。

(1) 在 G7 中输入"= MIN（B2：B32）"，然后按回车键得到第一产业的最小值。

(2) 选中单元格 G7，将鼠标放置在单元格边缘，当鼠标变成黑色十字时按住鼠标左键拖动到 I7，便得到第二产业和第三产业的最小值。

6. 最大值。

(1) 在 G8 中输入"= MAX（B2：B32）"，然后按回车键得到第一产业的最大值。

（2）选中单元格 G8，将鼠标放置在单元格边缘，当鼠标变成黑色十字时按住鼠标左键拖动到 I8，便得到第二产业和第三产业的最大值。

7. 极差。

（1）在单元格 G6 中输入"= MAX（B2：B32）- MIN（B2：B32）"，即输入"= G8 - G7"，按回车键后得到第一产业的极差。

（2）选中单元格 G6，将鼠标放置在单元格边缘，当鼠标变成黑色十字时按住鼠标左键拖动到 I6，便得到第二产业和第三产业的极差。

8. 总和。

（1）在 G9 中输入"= SUM（B2：B32）"，然后按回车键得到第一产业的总和。

（2）选中单元格 G9，将鼠标放置在单元格边缘，当鼠标变成黑色十字时按住鼠标左键拖动到 I9，便得到第二产业和第三产业的总和。

9. 观测数。

（1）在 G10 中输入"= COUNT（B2：B32）"，然后按回车键得到第一产业的观测数。

（2）选中单元格 G10，将鼠标放置在单元格边缘，当鼠标变成黑色十字时按住鼠标左键拖动到 I10，便得到第二产业和第三产业的观测数。

计算结果如图 3-5 所示。

F	G	H	I
统计量	第一产业	第二产业	第三产业
平均数	2957.919	11182.23	15240.82
中位数	2033.3	7609.81	10656.13
标准差	4139.554	10628.39	12674.36
离散系数	1.399482	0.950471	0.831606
极差	22738.59	40620.15	52032.17
最小值	104.37	628.37	719.01
最大值	22842.96	41248.52	52751.18
总和	91695.49	346649.2	472465.3
观测数	31	31	31

图 3-5　三大产业各项指标计算结果

二、使用"描述统计"分析工具

1. 加载数据分析工具。在 Excel2007 或 Excel2013 中，数据分析工具不是自有工具。一般而言，数据分析工具并不作为命令显示在选项卡中。如果要使用数据分析工具对统计分析进行描述，就要先加载数据分析工具。加载数据分析工具的具体操作步骤如下。

（1）在工作簿中单击【文件】按钮，然后单击【Excel 选项】对话框，如图 3-6 所示。

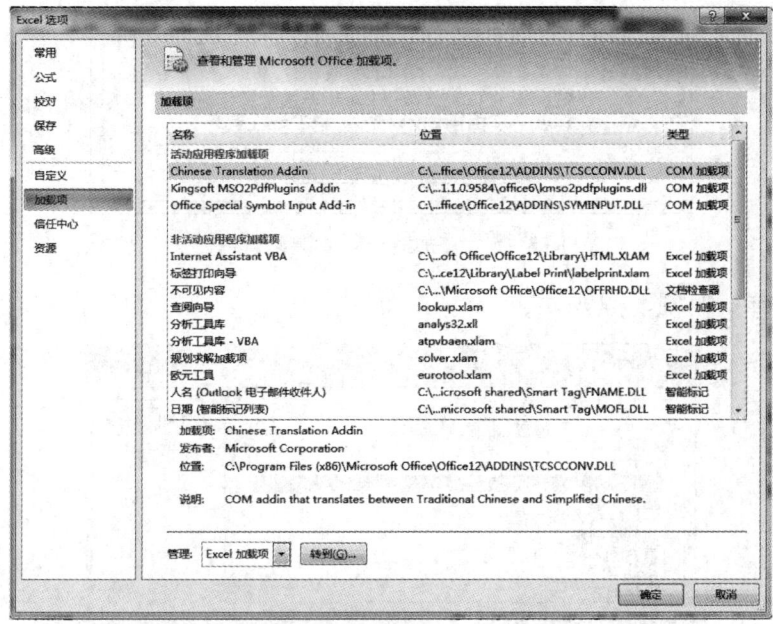

图 3-6 【Excel 选项】对话框

（2）选择【加载宏】，在【管理】框中选择【Excel 加载项】，单击【转到】，弹出【加载宏】对话框，见图 3-7。

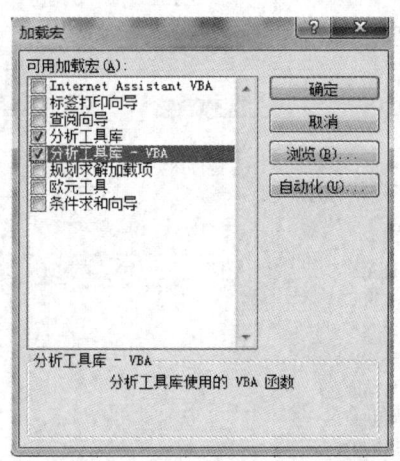

图 3-7 【加载宏】对话框

（3）选中【分析工具库】—【分析工具库—VBA】复选框，单击【确定】按钮，出现如图 3-8 所示的对话框，单击【是】。

（4）加载完成后，选择【数据】—【分析】—【数据分析】。这说明数据分析工具已成功加载。

2. 使用数据分析工具描述统计分析，具体操作步骤如下。

（1）在"三大产业生产总值. xls"工作簿中选择"产值"工作表。

（2）选择菜单栏中的【数据】—【分析】—【数据分析】，弹出【数据分

图 3-8 【加载宏】安装确认框

析】对话框,如图 3-9 所示。

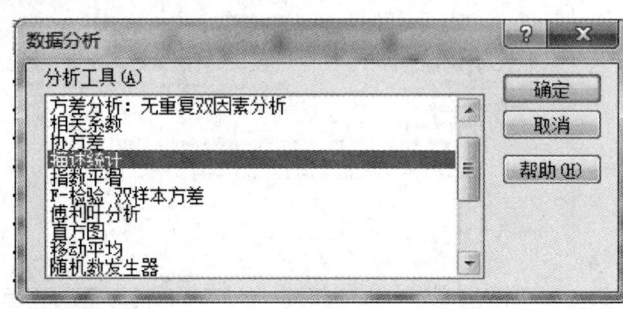

图 3-9 【数据分析】对话框

(3) 在【数据分析】选项卡中选择【描述统计】后,单击【确定】按钮,弹出【描述统计】对话框,如图 3-10 所示。

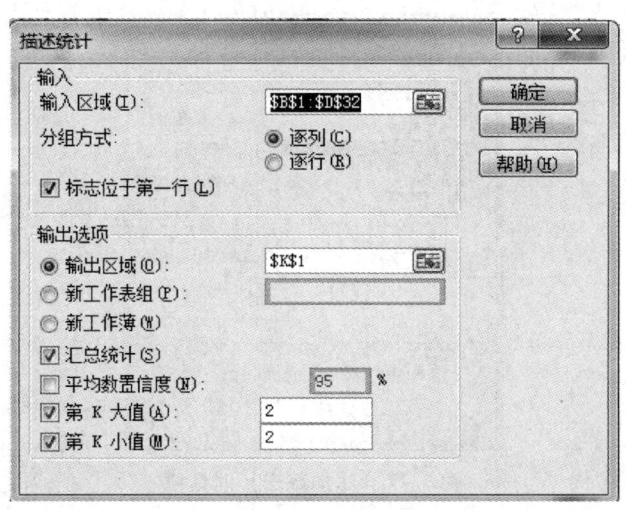

图 3-10 【描述统计】对话框

(4) 在对话框中的【输入区域】数值框中输入待分析数据所在的单元格区域,本例中输入"B1:D32"(这里的单元格引用也可以使用绝对引用),如图 3-10 所示。

(5) 在【分组方式】下选择【逐列】,即指定输入区域的数据是按列排列。因输入区域的第一行(或列)中包含标志项(变量名),选中【标志位于第一行(L)】复选框。

(6) 在【输出区域】选项中指定显示输出结果表的起点单元格地址 "K1", 选中【汇总统计】复选框, 输出表则会输出包括样本的平均值、标准误差、中位数、众数、标准差、方差、峰度值、偏度值、极差、最小值、最大值和观测数等统计指标。选中【第 K 大值】, 在编辑框中输入 "2", 选中【第 K 小值】, 在编辑框中输入 "2", 则输出第 2 最大值和第 2 最小值。单击【确定】按钮, 输出结果如图 3-11 所示。

K	L	M	N	O	P
第一产业		第二产业		第三产业	
平均	2957.919	平均	11182.23	平均	15240.82
标准误差	743.4858	标准误差	1908.916	标准误差	2276.382
中位数	2033.3	中位数	7609.81	中位数	10656.13
众数	#N/A	众数	#N/A	众数	#N/A
标准差	4139.554	标准差	10628.39	标准差	12674.36
方差	17135907	方差	1.13E+08	方差	1.61E+08
峰度	18.6396	峰度	2.790365	峰度	2.258971
偏度	3.998661	偏度	1.776134	偏度	1.529082
区域	22738.59	区域	40620.15	区域	52032.17
最小值	104.37	最小值	628.37	最小值	719.01
最大值	22842.96	最大值	41248.52	最大值	52751.18
求和	91695.49	求和	346649.2	求和	472465.3
观测数	31	观测数	31	观测数	31
最大(2)	9260.2	最大(2)	40695.15	最大(2)	47205.16
最小(2)	118.69	最小(2)	1095.79	最小(2)	1350.07

图 3-11 "描述统计"分析结果

从数据分布的形状来看, 第一产业、第二产业和第三产业生产总值偏度系数分别为 3.998661、1.776134 和 1.529082, 表明这三个产业的生产总值属于严重的右偏分布。因此, 对这三个产业生产总值的描述应该使用中位数。从各统计量可以看出, 第一产业的平均生产总值为 2 957.919 亿元, 中位数则为 2 033.3 亿元; 第二产业的平均生产总值为 11 182.23 亿元, 中位数则为 7 609.81 亿元; 第三产业的平均生产总值为 15 240.82 亿元, 中位数则为 10 656.13 亿元。这表明, 由于这三个产业的生产总值存在极大值, 使平均数明显偏高, 而中位数则不受极值的影响。因此, 中位数能较好地代表第一产业、第二产业和第三产业生产总值的水平。

从离散程度看, 变异系数最大的是第一产业, 系数为 1.399482; 最小的是第三产业, 变异系数为 0.831606。这表明第一产业生产总值的离散程度最大, 第三产业最小, 第二产业居中。

课后练习题

一、填空题

1. 总量指标数值的大小与总体范围的大小有关。总体范围越大, 指标数值就_____; 反之, 总体范围越小, 则指标数值也_____。

2. 按照反映总体内容的不同, 分为_____和_____。

3. _____是各变量值向其中心值靠拢的程度，反映的是统计数据的一般水平。_____则是各变量值偏离中心值的程度。

4. 位置平均数是将特殊位置上的数据作为代表值，常用的位置平均数有_____和_____。

5. 标准差系数是_____和_____之比，其计算公式为_____。

6. 直接用平均差和标准差比较两个变量数列平均数的代表性的前提条件是两个变量数列的_____相等。

7. 中位数是位于数列_____位置的那个标志值，众数是在总体中出现次数_____的那个标志值。

8. 对某学校 300 名学生的身高进行测量，得到平均身高为 148cm，身高离差平方和为 1 230，则标准差为_____，标准差系数为_____。

9. 某公司研发人员的平均工资为 8 000 元，管理人员的平均工资为 6 000 元。在工资总额中，研发人员的工资额占了 40%，则该公司的平均工资为_____。

10. 对 50 个产品进行质量检验抽查，发现有 35 个产品达到合格标准，则合格率的均值是_____，标准差是_____。

二、单项选择题

1. 按全国人口平均的粮食产量是（　　）。
   A. 平均指标　　　　　　　　　　B. 强度相对指标
   C. 比较相对指标　　　　　　　　D. 结构相对指标

2. 平均指标将总体各单位标志值的数量差异（　　）。
   A. 一般化　　　B. 抽象化　　　C. 具体化　　　D. 标准化

3. 平均数反映了总体分布的（　　）。
   A. 分散趋势　　B. 离中趋势　　C. 集中趋势　　D. 变动趋势

4. 统计中最常用的平均指标的具体形式是（　　）。
   A. 算术平均数　B. 几何平均数　C. 调和平均数　D. 中位数

5. 计算加权算术平均数时，其权数是（　　）。
   A. 各组标志值　　　　　　　　　B. 各组单位数之和
   C. 各组标志值之和　　　　　　　D. 各组单位数在总体单位数中所占比重

6. 一组数据中次数出现最多的变量值称为（　　）。
   A. 众数　　　　B. 中位数　　　C. 四分位数　　D. 平均数

7. 位置平均数有（　　）。
   A. 几何平均数和众数　　　　　　B. 算术平均数和中位数
   C. 算术平均数和调和平均数　　　D. 中位数和众数

8. 最易受极端值影响的离中趋势指标是（　　）。
   A. 平均差　　　B. 标准差　　　C. 极差　　　　D. 标准差系数

9. 标准差指标数值越大，则反映变量值（　　）。
   A. 越分散，平均数代表性越高　　B. 越集中，平均数代表性越高
   C. 越分散，平均数代表性越低　　D. 越集中，平均数代表性越低

10. 已知某班 50 名学生，其中，男生、女生人数各占 50%，则该班学生性别成数方差为（　　）。
    A. 25%　　　　B. 30%　　　　C. 40%　　　　D. 50%

三、多项选择题

1. 以下各项中,可采用加权算术平均法求平均指标的有(　　)。
   A. 由工人按工资水平分组的变量数列,求平均工资
   B. 由各组工人工资水平和各组工资总额,求平均工资
   C. 由各组计划完成百分数和各组计划产值,求平均计划完成百分数
   D. 由各组计划完成百分数和各组实际产值,求平均计划完成百分数
   E. 由各组职工的劳动生产率和各组职工人数,求平均劳动生产率

2. 中位数是(　　)。
   A. 第2四分位数　　　　　　　　B. 第50百分位数
   C. 第3四分位数　　　　　　　　D. 位置最中间的那个数
   E. 位置平均数

3. 下列描述中正确的有(　　)。
   A. 对一个变量数列中的每一个变量加5,则其平均数也加5
   B. 对一个变量数列中的每一个变量加5,则其标准差也加5
   C. 对一个变量数列的每一变量乘以一个常数,则其平均数也乘以该常数
   D. 对一个变量数列的每一变量乘以一个常数,则其标准差也乘以该常数
   E. 对一个变量数列的每一变量改变符号,则其标准差的符号也改变

4. 标志变异指标有(　　)。
   A. 平均差　　　B. 平均差系数　　　C. 标准差　　　D. 标准差系数
   E. 极差

5. 可用来计算是非标志方差的公式有(　　)。
   A. $p(1-p)$　　　B. $q(1-p)$　　　C. $p(1-q)$　　　D. $q(1-q)$
   E. qp

四、判断题

1. 绝对数随着时间范围和总体范围的扩大而增大。(　　)
2. 并非任意一个变量数列都可以计算其算术平均数、中位数和众数。(　　)
3. 一个变量数列中的每一变量乘以3,则方差也为原来的3倍。(　　)
4. 相对数都是用无名数表示。(　　)
5. 计划完成相对数的指标数值大于100%,意味着完成并超额完成了计划。(　　)
6. 仅有结构相对数可以反映总体内部构成特征。(　　)
7. 不同时间的时点数不可以相加。(　　)
8. 算术平均数反映总体各单位标志值的离中趋势。(　　)
9. 不同现象的平均指标代表性可用标准差系数来进行比较。(　　)
10. 若两数列平均水平不同,可应用标准差来比较两数列的离散程度。(　　)

五、简答题

1. 简述时期指标和时点指标的区别。
2. 在进行社会经济现象分析时,为什么要结合运用绝对数指标和相对数指标?
3. 简述平均指标的作用。
4. 统计数据的分布特征可以从哪些方面进行描述?它们的测度值分布有哪些?
5. 标志变异指标和平均指标在说明总体特征方面有什么不同?
6. 什么是是非标志?如何计算是非标志的平均数和标准差?

六、计算题

1. 某企业今年计划劳动生产率比去年提高 10%，实际只提高了 5%，求劳动生产率的计划完成程度。

2. 某市工业企业按产值分组的资料如表 3-18 所示。

表 3-18　　　　　　　　某市工业企业产值统计数据

按产值分组（万元）	企业数（个）	向上累计（个）	向下累计（个）
1 000 ~ 2 000	46	46	516
2 000 ~ 3 000	60	106	470
3 000 ~ 4 000	90	196	410
4 000 ~ 5 000	110	306	320
5 000 ~ 6 000	75	381	210
6 000 ~ 7 000	85	466	135
7 000 ~ 8 000	36	502	50
8 000 ~ 9 000	14	516	14
合计	516	—	—

要求：

（1）计算该组资料算术平均值；

（2）计算该组资料的中位数。

3. 对甲、乙两个城市居民的居住环境满意程度进行调查，结果如表 3-19 所示。

表 3-19　　　　　　　　居住环境满意程度调查表

回答类别	调查结果	
	甲城市（人）	乙城市（人）
非常不满意	24	23
不满意	108	72
一般	93	17
满意	45	20
非常满意	30	18

要求：从数据分布的集中趋势和离中趋势来分析两个城市居民居住环境满意程度。

4. 某农科院研究出 A、B 两个水稻新品种，分别在 5 个生产条件相同的地块上试种，已知 A 品种亩产量的平均数为 500 千克，标准差为 35 千克。B 品种有关资料如表 3-20 所示。

表 3-20　　　　　　　　B 品种资料表

亩产量（千克）	播种面积（亩）
350	9
450	13
560	15

续表

亩产量（千克）	播种面积（亩）
500	13
600	10
合计	60

要求：通过计算比较 A、B 两个品种哪个产量较稳定，更具有推广价值？

第四章 抽样推断与设计

引例

2020 年上半年居民收入和消费支出情况

居民收入情况：上半年，全国居民人均可支配收入 15 666 元，比上年同期名义增长 2.4%，扣除价格因素，实际下降 1.3%。其中，城镇居民人均可支配收入 21 655 元，增长（以下如无特别说明，均为同比名义增速）1.5%，扣除价格因素，实际下降 2.0%；农村居民人均可支配收入 8 069 元，增长 3.7%，扣除价格因素，实际下降 1.0%。

居民消费支出情况：上半年，全国居民人均消费支出 9 718 元，比上年同期名义下降 5.9%，扣除价格因素，实际下降 9.3%。其中，城镇居民人均消费支出 12 485 元，下降 8.0%，扣除价格因素，实际下降 11.2%；农村居民人均消费支出 6 209 元，下降 1.6%，扣除价格因素，实际下降 6.0%。

（资料来源：http：//www.stats.gov.cn/tjsj/zxfb/202007/t20200716_1776201.html）

以上资料为国家统计局公布的 2020 年上半年居民收入和消费支出情况。数据来源于国家统计局组织实施的住户收支与生活状况调查，按季度发布。它是采用分层、多阶段、与人口规模大小成比例的概率抽样方法，在全国 31 个省（区、市）的 1 800 个县（市、区）随机抽选 16 万个居民家庭作为调查户。本章我们将介绍实际工作中常用的抽样方法。

第一节 抽样推断与设计的基本问题

一、抽样推断与抽样设计

（一）抽样推断

抽样推断是在抽样调查的基础上，利用样本的实际资料计算样本指标（统计量），并据以推算总体相应特征值（总体参数）的一种统计分析方法。抽样推断具有如下特点。

（1）抽样推断是建立在随机取样的基础上。按随机原则抽取样本单位，是抽样推断的前提。所谓随机原则就是在抽选调查单位的过程中，完全排除人为的主观因素的干扰，以保证现象总体中每一个个体都有一定的可能性被选中。换句话讲，哪些单元能够被选作调查单位纯属偶然因素的影响所致。只有坚持抽样的随机原则，才能使被抽中单位的频率分布类型与调查对象相同，从而增强被抽中单位对总体的代表性，达到推断总体的目的。

（2）抽样推断是由部分推算整体的一种认识方法。即对抽取的调查单位进行调查研究，取得调查单位的实际资料，计算出调查单位的指标数值，并据以推断和估计总体的指标数值。

（3）抽样推断以概率论中的大数法则和中心极限定理为理论依据。

（4）抽样误差可以事先计算和控制。

抽样调查除具有十分明显的特点之外，还在实际应用过程中发挥着突出的作用。

（1）抽样调查能够解决全面调查无法解决的现象的调查问题。在实际工作中，对某些现象常常可能一方面需要了解其全面情况，另一方面又由于现象自身的特性决定了无法通过全面调查获取资料。此时，只有使用抽样调查。该类现象主要有：一是产品质量的破坏性检验。如轮胎的里程寿命试验、青砖的抗折耐压试验、炮弹的杀伤力试验、弹簧的抗拉强度试验等。二是无限总体的调查。无限总体所包含的总体单位数目有无限多个，无法一一调查，包括未来时序的总体，如生产过程稳定性的检查等。

（2）抽样调查适用于对理论上可以做全面调查而实际上又难以组织全面调查的现象进行调查。有些现象虽属于有限总体，但由于其总体范围过大，单位数目过多且过于分散，事实上不可能作全面调查，如森林的木材蓄积量调查、大量连续作业的某些产品质量的非破坏性检验、水稻的颗粒重检验等。还有些现象由于受时间或其他条件的制约，不能组织全面调查，如战备物资调查、自然灾害造成损失情况的调查等。

（3）抽样调查对于时效性要求较高同时又可以不做全面调查的现象的调查有着特殊的作用。由于抽样调查具有费用低、速度快、精度高的特点，这使得它比其他非全面调查能更有效地满足各有关方面的需要。

（4）抽样调查的结果可被用来检验和修正全面调查结果。由于全面调查涉及面广、工作量大、参加人员多、汇总传递环节多，因此，调查结果容易出现差错。但是，其差错到底有多大，全面调查自身无法回答这一问题。因此，可在全面调查之后再进行一次抽样调查，根据抽样调查结果对全面调查结果进行检查和修正，从而提高全面调查的质量。

（5）抽样调查可对工业生产过程的稳定性进行监测，从而实现质量控制。

（6）利用抽样调查方法还可以对总体的某些假设进行检验，以判断这些假设的真伪，为管理决策提供依据。例如，一种新药在对某位患者使用后效果不错，这是否意味着这种新药的疗效就一定显著呢？单凭此还不能作出结论。因为疗效对于每个人常会受到一些随机因素的影响而呈现出一定的不确定性。因此，最好利用抽样调查结果对这种药物的疗效是否存在显著性的统计差异进行检验，以确定其疗效状况，并据此作出是否推广使用该药的决策。

（二）抽样设计

抽样设计是为抽样调查的实施提供一个指导性文件，以实现抽样调查的目的和任务。抽样设计的目的：首先，合理安排整个抽样调查各个环节的费用，使调查费用控制在预算范围内，保证抽样调查的顺利实施；其次，抽样设计中要通过对抽样方法的选择、样本容量的科学计算等，把抽样误差控制在要求的范围内，达到抽样的精度要求；最后，抽样设计要为抽样调查提供一个具体的日程表，指导调查工作按预定的时间要求进行，保证在规定的调查期限内全面完成调查的各项工作。

一次抽样设计通常主要包括抽样方法设计、抽样单位设计、抽样框设计、估计方法设计、辅助变量设计、样本轮换设计、样本容量设计、问卷设计等基本内容。

二、全及总体与样本总体

（一）全及总体

它是指在统计抽样中所要了解的研究对象整体，它是由研究范围内的具有某种共同性质的全体单位所组成的集合体，是被抽取样本的母体。当确定了研究目标时，它具有唯一性。一般全及总体的单位总数用 N 表示，称作总体容量。

（二）样本总体

样本总体是指在总体中按照随机原则抽取的那部分单位组成的集合体。一般样本总体的单位总数用 n 表示，称作样本容量。样本总体不具有唯一性，它的可能个数与 N、n 及抽样方法有关。通常 $n<30$ 称为小样本，$n \geq 30$ 称为大样本。在抽样调查中是取大样本还是小样本会直接影响到抽样分布的特征。

三、参数与统计量

（一）参数

参数是指根据总体各单位的标志值和标志属性计算的，反映总体数量特征的综合指标，又称为全及指标或总体指标。由于总体是唯一的、确定的，因此，根据总体计算的参数也必定是唯一的、确定的。常用的总体参数有总体平均数 μ 和总体方差 σ^2（或总体标准差 σ）。

设总体变量 X 的取值为 X_1，X_2，X_3，$\cdots$，X_n，则有：

$$\mu = \frac{\sum X}{N}$$

或

$$\mu = \frac{\sum XF}{\sum F} \tag{4-1}$$

$$\sigma^2 = \frac{\sum (X - \bar{X})^2}{N}$$

或

$$\sigma^2 = \frac{\sum (X - \bar{X})^2 F}{\sum F} \tag{4-2}$$

此外，总体参数还有总体成数 P。它表示总体中具有某种性质的单位数在总体全部单位数中所占的比重。以 Q 表示总体中不具有某种性质的单位数在总体中所占的比重。

设总体 N 个单位中，有 N_1 个单位具有某种性质，N_0 个单位不具有某种性质，$N_1 + N_0 = N$，则有：

$$P = \frac{N_1}{N}, \quad Q = \frac{N_0}{N} = \frac{N - N_1}{N} = 1 - P \tag{4-3}$$

由于这是一个是非标志，其平均数和方差分别为：

$$\mu_P = P = \frac{N_1}{N} \tag{4-4}$$

$$\sigma_P^2 = PQ = P(1 - P) \tag{4-5}$$

（二）统计量

统计量是根据样本各单位标志值或标志属性计算的综合指标，又称为样本指标或抽样指标。由于从一个总体中可以抽取许多个不同的样本，不同样本的分布结构也会不同，因此，从总体中每抽取一个样本将计算出一个统计量。也就是说，统计量是不唯一的，也是不确定的。与常用的总体参数相对应，有样本平均数、样本方差和样本成数等，以小写字母表示。

设样本变量 x 的取值为 $x_1, x_2, x_3, \cdots, x_n$，则有：

$$\bar{x} = \frac{\sum x}{n}$$

或

$$\bar{x} = \frac{\sum xf}{\sum f} \tag{4-6}$$

$$s^2 = \frac{\sum (x - \bar{x})^2}{n}$$

或

$$s^2 = \frac{\sum (x - \bar{x})^2 f}{\sum f} \tag{4-7}$$

$$x_{\bar{p}} = p = \frac{n_1}{n} \qquad (4-8)$$

$$s_p^2 = p(1-p) \qquad (4-9)$$

参数估计就是利用实际调查计算的样本统计量的值来估计相应的总体指标的数值。由于总体指标是表明总体数量特征的参数,所以叫参数估计。参数估计方法有点估计和区间估计两种。

四、样本容量与样本个数

(一) 样本容量

样本容量是指一个样本所包含的单位数目。其数目的多少要结合调查任务的要求及总体标志值的差异程度来确定。样本容量的大小要适度,过大的样本容量会带来不必要的浪费,而较小的样本容量则会无法满足调查任务的要求。一个样本应该包含多少单位最合适,是抽样设计必须认真考虑的问题。在社会经济统计抽样调查中大多属于大样本调查。

(二) 样本个数

样本个数是指样本组合的个数。从一个总体中抽取样本时会有不同的组合,每一个组合被称为一个样本。一个总体可能抽取多少个样本与样本容量以及抽样方法等因素有关。

五、重复抽样与不重复抽样

(一) 重复抽样

重复抽样也称放回抽样,是从总体中抽取样本时,随机抽取一个样本单位,记录该单位有关标志表现以后,把它放回到原总体中去,然后再从总体中随机抽取第二个样本单位,记录它的有关标志表现以后,也把它放回原总体中去参加下一次抽取,照此下去直到抽满 n 个样本单位为止。

从总体 N 个单位中,用重复抽样的方法随机抽取 n 个单位构成一个样本,则共可抽取 N^n 种样本。

(二) 不重复抽样

不重复抽样也称不放回抽样,它是从总体中抽取第一个样本单位,记录该单位有关标志表现后,这个样本单位不再放回原总体中参加下一次抽选,然后从总体 $N-1$ 个单位中随机抽取第二个样本单位,记录了该单位有关标志表现后,该样本单位也不放回原总体中去,再从总体 $N-2$ 个单位中抽取第三个样本单位,照此下去直到抽满 n 个样本单位为止。

从总体 N 个单位中,用不重复抽样的方法,抽取 n 个单位的样本,可能出现的样本种数为 C_N^n。

可见,在其他条件相同的情况下,重复抽样的样本种数总是大于不重复抽样的样本种数。

六、抽样误差与抽样平均误差

(一) 抽样误差

样本指标具有随机性,它的取值随着样本的变化而变化。例如,想了解某校新生的身高情况,可以从入学新生这个总体中抽取一系列样本进行观察,如果计算出所抽取的各样本的平均身高,就会发现各个样本的平均数并不完全相等,彼此间存在着一定的差异。因此,当我们用样本指标来代表总体指标时就会产生一定的误差,这种误差是抽样推断方法本身所固有的,所以叫抽样误差,属于代表性误差。

抽样误差主要包括样本平均数与总体平均数的差数 ($\bar{x}-\mu$) 以及样本成数与总体成数的差数 ($p-P$)。抽样误差越小,表示样本的代表性越高;反之,代表性就越低。

抽样误差的大小取决于以下三个因素。

1. 样本容量 n 的多少。在其他条件不变的情况下,样本容量越大,抽样误差就越小;反之,抽样误差就越大。可以想象,当把样本容量 n 扩大到等于总体容量 N 时,抽样调查也就等于全面调查,抽样误差也就随之消失。

2. 总体被研究标志的变异程度。在其他条件不变的情况下,标志变异程度越大,抽样误差也越大;反之,则抽样误差就越小。如果标志之间没有差异,每一个单位的标志表现都一样,则抽出任何一个单位都可代表总体,这时也就不存在抽样误差了。

3. 抽样方法的选择。在抽样调查时,采用什么样的方法和组织形式直接影响到抽样误差的大小。在相同的情况下,不重复抽样比重复抽样的误差小,这是因为重复抽样有可能使同一单位被多次抽中,因而产生的样本对总体的代表性就较差。当然,这两种方法产生的差别也仅在总体不是很大时才有体现,当总体很大时,这两种抽样的误差也趋于相等。

(二) 抽样平均误差

抽样平均误差就是抽样平均数或抽样成数的标准差。在抽样推断中,一个总体可以抽取很多个样本,每个样本都可以算出它的抽样平均数或抽样成数,样本的结构不同,这些数值也就各有不同,因而它们和总体平均数或总体成数之间就会有各种不同的误差。抽样平均误差就是说明各个抽样平均数或抽样成数与总体平均数或总体成数之间的平均误差。它是我们用样本指标来估计或推断总体指标时，计算误差范围的基础。

设 $\mu_{\bar{x}}$ 和 μ_p 分别代表抽样平均数或抽样成数的平均差，M 表示样本的可能数目，则抽样平均误差的理论公式为：

$$\mu_{\bar{x}} = \sqrt{\frac{\sum_{i=1}^{M}(\bar{x}-\mu)^2}{M}} \qquad (4-10)$$

$$\mu_p = \sqrt{\frac{\sum_{i=1}^{M}(p-P)^2}{M}} \qquad (4-11)$$

样本的可能数目 M 是指在固定样本容量的前提下，从总体中抽取不同样本总体的可能数目，这个数目与抽样方法有关。如果从 5 个职工中抽取 2 个组成一个样本，在重复抽样条件下，一共可以组成 $25 = 5 \times 5$ 个样本；在不重复抽样条件下，一共可以组成 $20 = 5 \times 4$ 个样本。显然这两种方法所得到的样本总数是不同的。

抽样平均误差公式（4-10）和公式（4-11）只能用来解释平均误差的概念，在实际问题中要根据该公式来计算抽样平均误差是不可能的。首先，总体的平均数或成数通常是未知的；其次，很难给出全部样本的平均数或成数。抽样平均误差的具体计算方法详见下一节。

七、参数估计的基本步骤

抽样调查有多种组织形式，无论采用何种组织形式，抽样推断的基本原理都是相似的。抽样推断的基本步骤是：

1. 按照一定的抽样方式抽取适当的样本进行调查，针对该种抽样方式选择总体参数的最优样本估计量，计算估计值，以此作为总体参数的点估计。

2. 根据该种抽样形式的抽样平均误差公式计算抽样平均误差 $\mu_{\bar{x}}$ 或 u_p，这里，我们往往要先计算样本标准差以替代未知的总体标准差。

3. 根据所要求的置信水平，首先查正态分布表、t 分布表或其他分布表获得对应的概率度；其次再计算出抽样极限误差；最后对总体参数作出区间推断。

第二节 参数估计

一、参数估计的基本方法

（一）估计量与估计值

1. 参数估计就是用样本统计量去估计总体参数。
2. 用来估计总体参数的统计量的名称称为估计量，如样本均值、样本比例、样本方差等都可以是一个估计量。

3. 估计量的具体数值称为估计值。

(二) 点估计与区间估计

参数估计方法有点估计与区间估计两种方法。

1. 参数估计的点估计法。设总体 X 的分布类型已知，但包含未知参数 θ，从总体中抽取一个简单随机样本 $(X_1, X_2, \cdots, X_n)$，欲利用样本提供的信息对总体未知参数 θ 进行估计，构造一个适当的统计量：

$$\hat{\theta} = T(X_1, X_2, \cdots, X_n)$$

作为 θ 的估计，称 $\hat{\theta}$ 为未知参数 θ 的点估计量。当有了一个具体的样本观察值 $(x_1, x_2, \cdots, x_n)$ 后，将其代入估计量中就得到估计量的一个具体观察值 $T(x_1, x_2, \cdots, x_n)$，称为参数 θ 的一个点估计值。通俗地说，用样本估计量的值直接作为总体参数的估计值称为点估计。

2. 参数估计的区间估计法。在参数估计中，虽然点估计可以给出未知参数的一个估计，但不能给出估计的精度。为此，人们希望利用样本给出一个范围，要求它以足够大的概率包含待估参数真值，这就是区间估计问题。

设 θ 是未知参数，$(X_1, X_2, \cdots, X_n)$ 是来自总体的样本，构造两个统计量 $\hat{\theta}_1 = T_1(X_1, X_2, \cdots, X_n)$，$\hat{\theta}_2 = T_2(X_1, X_2, \cdots, X_n)$，对于给定的 α ($0 < \alpha < 1$)，若 $\hat{\theta}_1$、$\hat{\theta}_2$ 满足：

$$P\{\hat{\theta}_1 \leq \theta \leq \hat{\theta}_2\} = 1 - \alpha$$

则称随机区间 $[\hat{\theta}_1, \hat{\theta}_2]$ 是参数 θ 的置信水平为 $1 - \alpha$ 的置信区间，$1 - \alpha$ 称为 $[\hat{\theta}_1, \hat{\theta}_2]$ 的置信系数，$\hat{\theta}_1$ 和 $\hat{\theta}_2$ 称为置信限。

这里有三点需要说明：

(1) 区间 $[\hat{\theta}_1, \hat{\theta}_2]$ 的端点 $\hat{\theta}_1$ 和 $\hat{\theta}_2$ 及长度 $\hat{\theta}_2 - \hat{\theta}_1$ 都是样本的函数，从而都是随机变量，因此，$[\hat{\theta}_1, \hat{\theta}_2]$ 是一个随机区间。

(2) $P\{\hat{\theta}_1 \leq \theta \leq \hat{\theta}_2\} = 1 - \alpha$ 是指随机区间 $[\hat{\theta}_1, \hat{\theta}_2]$ 以 $1 - \alpha$ 的概率包含未知参数真值，区间长度 $\hat{\theta}_2 - \hat{\theta}_1$ 描述估计的精度，置信水平 $1 - \alpha$ 描述了估计的可靠度。

(3) 因为未知参数 θ 是非随机变量，所以不能说 θ 落入区间 $[\hat{\theta}_1, \hat{\theta}_2]$ 的概率是 $1 - \alpha$，而应是随机区间 $[\hat{\theta}_1, \hat{\theta}_2]$ 包含 θ 的概率是 $1 - \alpha$。

通俗地说，在点估计的基础上，给出总体参数的一个范围称为区间估计。

(三) 评价估计量的标准

1. 无偏性。设 $\hat{\theta} = T(X_1, X_2, \cdots, X_n)$ 是未知参数 θ 的一个点估计量，若 $\hat{\theta}$ 满足 $E(\hat{\theta}) = \theta$，即估计量的数学期望等于被估计参数，则称 $\hat{\theta}$ 是 θ 的无偏估计量，否则，称为有偏估计量。

需要注意的是，由于估计量 $\hat{\theta}$ 是样本 $(X_1, X_2, \cdots, X_n)$ 的函数，样本量是

n 维随机变量,所以对 $\hat{\theta}$ 求平均是按样本 $(X_1, X_2, \cdots, X_n)$ 的概率分布求平均。

无偏性是我们衡量点估计量好坏的一个评价标准,这个评价标准的直观意义如下:由于样本的出现带有随机性,所以基于一次具体抽样所得的参数估计值未必等于参数真值,这是由样本的随机性造成的。我们希望当大量使用这个估计量对参数进行估计时,一系列估计值的平均值应该与待估参数真值相等。这就从平均效果上对估计量的优劣给出一个评价标准。

2. 有效性。设 $\hat{\theta}_1 = T_1(X_1, X_2, \cdots, X_n)$,$\hat{\theta}_2 = T_2(X_1, X_2, \cdots, X_n)$,均为未知参数 θ 的无偏估计量,如果对参数 θ 的一切可能取值有 $Var(\hat{\theta}_1) \leqslant Var(\hat{\theta}_2)$,且严格不等号至少对参数 θ 的某个可能值成立,则称无偏估计量 $\hat{\theta}_1$ 比 $\hat{\theta}_2$ 有效。

一个无偏估计量并不意味着它非常接近被估计的参数,它还必须与总体参数的离散程度比较小。对同一总体参数的两个无偏点估计量,方差小者更有效。

3. 一致性。设对容量为 n 的样本 $(X_1, X_2, \cdots, X_n)$,$\hat{\theta}_n = T_n(X_1, X_2, \cdots, X_n)$ 是参数 θ 的一个估计量,$n = 1, 2, \cdots$,若对任意 $\varepsilon > 0$ 有 $\lim\limits_{n \to \infty} P\{|\hat{\theta}_n - \theta| < \varepsilon\} = 1$,则称 $\{\hat{\theta}_n\}$ 是 θ 的一个一致的估计量序列,或称此估计量序列 $\{\hat{\theta}_n\}$ 具有一致性。

随着样本容量的增大,点估计量的值越来越接近总体参数。

4. 均方误差准则。对未知参数的两个无偏估计,我们可以通过比较它们的方差来判断哪个更好,但对于有偏估计,仅比较方差很难说明哪个更好。由于我们所关心的是估计量取值"集中"于参数真值的程度,即整体上偏离其真值的大小,因而采用均方误差描述估计量的好坏更为合理。

设 $\hat{\theta}_1$、$\hat{\theta}_2$ 是参数 θ 的两个估计量,若对 θ 的一切可能值,$E(\hat{\theta}_1 - \theta)^2 \leqslant E(\hat{\theta}_2 - \theta)^2$,且严格不等号至少对参数 θ 的某个可能值成立,则称在均方误差意义下 $\hat{\theta}_1$ 优于 $\hat{\theta}_2$。其中,$E(\hat{\theta} - \theta)^2$ 称为均方误差,记为 $MSE(\hat{\theta})$。

二、参数的区间估计

(一) 参数估计的精度与抽样平均误差计算

参数估计的精度通常用抽样误差的大小来衡量。抽样误差越大,参数估计的精度就越低;抽样误差越小,参数估计的精度就越高。参数估计的精度必须通过计算抽样误差才能反映。由于在抽样过程中总体参数总是一个未知的常数,所以样本估计值与总体参数的真实值之间究竟有多大的差距,实际上是无法得知的;同时,由于样本估计值是一个随机变量,它随着每次抽出的样本不同而不同,某一次抽样结果的误差,仅仅是反映抽样中一系列抽样结果可能出现的误差数值中的一个,直观上看,显然不能用它来概括一系列抽样结果可能产生的所有实际误差。因此,在抽样调查理论中,我们采用抽样平均误差,即所有抽样估计值的标准差作为参数估计的抽样误差大小的尺度。

1. 抽样平均数的抽样平均误差。由于抽样平均数 $\bar{x}$ 是一个随机变量，由抽样平均误差的定义可知，抽样平均数的平均误差就是 $\bar{x}$ 的标准差。设以 $\mu_{\bar{x}}$ 表示抽样平均数的平均误差，n 表示样本的可能数目。如采取重复抽样，用数理统计知识可以证明，抽样平均数的抽样平均误差公式为：

$$\mu_{\bar{x}} = \sqrt{\frac{\sigma^2}{n}} = \frac{\sigma}{\sqrt{n}} \tag{4-12}$$

其中，σ 为总体的标准差；n 为样本单位数。当总体标准差 σ 未知时，一般可用样本标准差 s 来代替。

从公式（4-12）可以看出，在重复抽样的情况下，抽样平均数的抽样平均误差仅为总体标准差的 $\frac{1}{\sqrt{n}}$，即样本平均数的标准差比总体的标准差大大缩小。例如，当样本的单位数为100时，则抽样平均数的标准差仅为总体标准差的1/10。

如采用不重复抽样，用数理统计知识可以证明，抽样平均数的抽样平均误差公式为：

$$\mu_{\bar{x}} = \sqrt{\frac{\sigma^2}{n}\left(\frac{N-n}{N-1}\right)} \tag{4-13}$$

其中，N 为总体单位数。当 N 很大时，上面的公式可以近似地表示为：

$$\mu_{\bar{x}} = \sqrt{\frac{\sigma^2}{n}\left(1-\frac{n}{N}\right)} \tag{4-14}$$

同理，当总体标准差未知时，我们也可以用样本标准差来代替总体的标准差。

上面不重复抽样平均误差的近似公式与重复抽样平均误差公式的区别是公式中多了一个 $\left(1-\frac{n}{N}\right)$，这是一个修正系数，也称为校正因子。由于修正系数 $\left(1-\frac{n}{N}\right)$ 是一个大于0而小于1的系数，因此，在同样情况下，不重复抽样的抽样平均误差也总是小于重复抽样的抽样平均误差。如果总体的单位数很大而样本的单位数相对很小时，则 $\left(1-\frac{n}{N}\right)$ 接近于1，这时，修正系数也就作用不大了。因此，实际工作中，按不重复抽样方法进行抽样时，也往往用重复抽样的公式来计算抽样平均误差。

【例4-1】从某校8 000名学生中随机抽取400人，称得其平均体重为58千克，标准差为10千克，计算抽样平均误差。

解：

在重复抽样条件下：

$$\mu_{\bar{x}} = \sqrt{\frac{\sigma^2}{n}} = \sqrt{\frac{s^2}{n}} = \sqrt{\frac{10^2}{400}} = 0.5 \text{（千克）}$$

在不重复抽样条件下：

$$\mu_{\bar{x}} = \sqrt{\frac{\sigma^2}{n}\left(1-\frac{n}{N}\right)} = \sqrt{\frac{10^2}{400}\left(1-\frac{400}{8\,000}\right)} \approx 0.49 \text{（千克）}$$

2. 抽样成数的抽样平均误差。抽样成数的抽样平均误差表明各样本成数的绝对离差的平均水平。对于属性总体，我们可以把它化为变量总体。例如，在 N 个产品中，有 N_1 件合格品，$N-N_1$ 件不合格品，对合格品将其标志值记为 1，不合格品标志值记为 0，这时总体平均数为：

$$\mu_P = \frac{1 \times N_1 + 0 \times (N-N_1)}{N} = \frac{N_1}{N} = P$$

可见，总体的成数表现为总体是（0、1）标志的平均数，同理，样本的成数也就转化为样本的平均数。因此，抽样成数的抽样平均误差也就成了抽样平均数的抽样平均误差，只是这时总体的标准差 $\sigma = \sqrt{P(1-P)}$，因此，当我们用 $P(1-P)$ 来代替抽样平均数的抽样平均误差公式中的 σ^2 时，即可得相应的抽样成数的抽样平均误差计算公式。在重复抽样条件下：

$$\mu_p = \sqrt{\frac{P(1-P)}{n}} \tag{4-15}$$

其中，P 表示总体成数。在不重复抽样的条件下：

$$\mu_p = \sqrt{\frac{P(1-P)}{n}\left(\frac{N-n}{N-1}\right)} \tag{4-16}$$

当总体单位数 N 很大时，μ_p 可近似表示为：

$$\mu_p = \sqrt{\frac{P(1-P)}{n}\left(1-\frac{n}{N}\right)} \tag{4-17}$$

一般总体的成数是未知的，通常是用样本的成数 p 来代替公式中的总体成数 P。

【例 4-2】有一批食品罐头共 60 000 瓶，从中随机抽取 300 瓶，发现有 6 瓶不合格，求合格率的抽样平均误差。

解：$N=60\,000$，$n=300$

则：合格率 $p = \dfrac{300-6}{300} = 0.98 = 98\%$

在重复抽样条件下：

$$\mu_p = \sqrt{\frac{p(1-p)}{n}} = \sqrt{\frac{0.98 \times (1-0.98)}{300}} \approx 0.00808 \approx 0.81\%$$

在不重复抽样条件下：

$$\mu_p = \sqrt{\frac{p(1-p)}{n}\left(1-\frac{n}{N}\right)} = \sqrt{\frac{0.98 \times (1-0.98)}{300}\left(1-\frac{300}{60\,000}\right)} \approx 0.00806$$
$$\approx 0.81\%$$

（二）参数估计的误差范围与概率度

抽样平均误差只是衡量误差可能范围的一种尺度，它并不等同于抽样指标与总体指标之间的真实误差。由于总体参数是一个确定的常数，而样本估计量会随抽取的样本不同围绕总体参数上下随机取值，因此，样本估计量与总体参数之间存在一个误差范围。

所谓抽样误差范围就是指变动的样本估计值与确定的总体参数之间离差的可能范围，它可用样本估计值与总体参数的最大绝对误差限 Δ 来表达。统计上称这一误差限 Δ 为抽样极限误差或抽样允许误差。

设 $\Delta_{\bar{x}}$ 和 Δ_p 分别表示样本平均数 $\bar{x}$ 和样本成数 p 的抽样极限误差，则有：

$$\Delta_{\bar{x}} \geq |\bar{x} - \mu| \tag{4-18}$$

$$\Delta_p \geq |p - P| \tag{4-19}$$

上式表明，抽样平均数或抽样成数在 $\mu \pm \Delta_{\bar{x}}$ 或 $P \pm \Delta_p$ 之间变动。将上面的绝对值不等式展开可得：

$$\mu - \Delta_{\bar{x}} \leq \bar{x} \leq \mu + \Delta_{\bar{x}} \tag{4-20}$$

$$P - \Delta_p \leq p \leq P + \Delta_p \tag{4-21}$$

这些不等式表明，样本平均数 $\bar{x}$ 是以总体平均数 μ 为中心，在 $\mu \pm \Delta_{\bar{x}}$ 之间变动的；样本成数 p 是以总体成数 P 为中心，在 $P \pm \Delta_p$ 之间变动的；抽样误差范围是以 μ 或 P 为中心的两个 Δ 的距离，这是抽样极限误差的原意。但是，由于总体参数是未知的常数，而样本估计值是可以通过调查求得的，因此，我们也可以把上面的两个不等式改写成等价的另一种形式，即：

$$\bar{x} - \Delta_{\bar{x}} \leq \mu \leq \bar{x} + \Delta_{\bar{x}} \tag{4-22}$$

$$p - \Delta_p \leq P \leq p + \Delta_p \tag{4-23}$$

可见，抽样极限误差的实际意义就是希望总体平均数落在抽样平均数 $\bar{x} \pm \Delta_{\bar{x}}$ 的范围之内，总体成数落在抽样成数 $p \pm \Delta_p$ 的范围之内。

对于一个总体来说，当抽样方式以及样本的单位数确定后，抽样误差就是个确定的值，而抽样极限误差则是根据不同情况和精确程度，由人们来确定其大小的。因此，抽样极限误差常常以抽样平均误差 $\mu_{\bar{x}}$（或 μ_p）为单位来衡量，并且把抽样极限误差 $\Delta_{\bar{x}}$（或 Δ_p）除以抽样平均误差 $\mu_{\bar{x}}$（或 μ_p）所得的数值叫作概率度。若以 Z 表示概率度，则有：

$$Z = \frac{\Delta_{\bar{x}}}{\mu_{\bar{x}}} \tag{4-24}$$

$$Z = \frac{\Delta_p}{\mu_p} \tag{4-25}$$

若事先确定概率度 Z 的大小，则可以得到抽样极限误差为：

$$\Delta_{\bar{x}} = Z \mu_{\bar{x}} \tag{4-26}$$

$$\Delta_p = Z \mu_p \tag{4-27}$$

由于抽样平均数是一个随机变量，由中心极限定理可知，当 n 充分大（$n \geq 30$）时，$\bar{x}$ 就服从正态分布，从而 $\frac{\bar{x} - \mu}{\mu_{\bar{x}}}$ 服从标准正态分布。这样，我们就可以在确定的误差范围下求出相应的概率大小，而抽样极限误差的大小又可确定相应概率度的大小，如先确定概率度为 Z，则可求得相应的概率为：

$$P(|\bar{x}| \leq Z\mu_{\bar{x}}) = P\left(\frac{|\bar{x} - \mu|}{\mu_{\bar{x}}} \leq Z\right) = \frac{1}{\sqrt{2\pi}} \int_0^z e^{-\frac{z^2}{2}} dZ \qquad (4-28)$$

公式（4-28）就是抽样平均数 $\bar{x}$ 落在 $\mu \pm Z\mu_{\bar{x}}$ 之间的概率，如总体平均数 μ 未知，则公式（4-28）也可以看作 μ 落在 $\bar{x} \pm Z\mu_{\bar{x}}$ 之间的概率。

从前面的式子可以明显地看到这样的关系：当确定的抽样极限误差越大，则概率度 Z 也就越大，相应的概率也越大，即抽样平均数（或抽样成数）落在指定范围的可能性也越大；反之，则相应的概率就越小。现将常用的概率度 Z 与相应的概率 $F(Z)$ 的几个数值对应列表，如表 4-1 所示。

表 4-1　　　　　　　　　常用的概率度与概率对照表

概率度 Z	1	1.65	1.96	2	2.58	3
概率 $F(Z)$	0.6827	0.9000	0.9500	0.9545	0.99	0.9973

（三）总体均值的区间估计

1. 在正态总体且方差已知，或非正态总体且方差未知、大样本情况下，样本均值的抽样分布呈正态分布，其数学期望为总体均值 μ，方差为 $\frac{\sigma^2}{n}$，则 $\bar{x} \pm Z_{\frac{\alpha}{2}} \cdot \frac{\sigma}{\sqrt{n}}$ 称为总体均值在 $1-\alpha$ 置信水平下的置信区间。

设样本 $(x_1, x_2, \cdots, x_n)$ 来自正态总体 $N(\mu, \sigma^2)$，μ 是总体均值，σ^2 是总体方差，当 σ^2 已知时，数理统计证明 $\bar{x}$ 服从正态分布 $N\left(\mu, \frac{\sigma^2}{n}\right)$，从而 $\frac{\bar{x} - \mu}{\sigma/\sqrt{n}}$ 服从标准正态分布 $N(0, 1)$，对给定的置信系数 $1-\alpha$，查 $N(0, 1)$ 表可得上 $\frac{\alpha}{2}$ 分位点 $Z_{\frac{\alpha}{2}}$，使得：

$$P\left\{\left|\frac{\bar{x} - \mu}{\sigma/\sqrt{n}}\right| \leq Z_{\frac{\alpha}{2}}\right\} = 1 - \alpha$$

从而有：

$$P\left\{\bar{x} - Z_{\frac{\alpha}{2}} \frac{\sigma}{\sqrt{n}} \leq \mu \leq \bar{x} + Z_{\frac{\alpha}{2}} \frac{\sigma}{\sqrt{n}}\right\} = 1 - \alpha$$

取

$$\hat{\mu}_1 = \bar{x} - Z_{\frac{\alpha}{2}} \frac{\sigma}{\sqrt{n}}, \qquad \hat{\mu}_2 = \bar{x} + Z_{\frac{\alpha}{2}} \frac{\sigma}{\sqrt{n}} \qquad (4-29)$$

则 $[\hat{\mu}_1, \hat{\mu}_2]$ 即是 μ 的置信水平为 $1-\alpha$ 的置信区间。

【例 4-3】保险公司从投保人中随机抽取 36 人，计算得 36 人的平均年龄 $\bar{x} = 39.5$ 岁，已知投保人平均年龄近似服从正态分布，标准差为 7.2 岁，试求全体投保人平均年龄的置信水平为 99% 的置信区间。

解: $1-\alpha=0.99$, $\alpha=0.01$, 查 $N(0,1)$ 表得 $Z_{\frac{\alpha}{2}}=2.575$, 则有:

$$\bar{x}-Z_{\frac{\alpha}{2}}\frac{\sigma}{\sqrt{n}}=39.5-2.575\times\frac{7.2}{\sqrt{36}}=36.41$$

$$\bar{x}+Z_{\frac{\alpha}{2}}\frac{\sigma}{\sqrt{n}}=39.5+2.575\times\frac{7.2}{\sqrt{36}}=42.59$$

故全体投保人平均年龄的置信水平为 99% 的置信区间为 [36.41, 42.59]。

在不重复抽样条件下，置信区间为：

$$\bar{x}\pm Z_{\frac{\alpha}{2}}\cdot\frac{\sigma}{\sqrt{n}}\sqrt{\frac{N-n}{N-1}} \tag{4-30}$$

【例 4-4】一家食品公司，每天大约生产袋装食品若干，按规定每袋的重量应为 100g。为了对产品质量进行检测，该公司质检部门采用抽样技术，每天抽取一定数量的食品，以分析每袋重量是否符合质量要求。现从某一天生产的一批食品 8 000 袋中随机抽取 25 袋（不重复抽样），测得它们的重量分别为 112.5g、101g、103g、102g、100.5g、102.6g、107.5g、95g、108.8g、115.6g、100g、123.5g、102g、101.6g、102.2g、116.6g、95.4g、97.8g、108.6g、105g、136.8g、102.8g、101.5g、98.4g、93.3g。

已知产品重量服从正态分布，且总体方差为 100g。试估计该批产品平均重量的置信区间，置信水平为 95%。

解: 已知 $\sigma^2=100$, $n=25$, $1-\alpha=95\%$, $Z_{\frac{\alpha}{2}}=1.96$。根据样本资料，计算的样本均值为：

$$\bar{x}=\frac{\sum x}{n}=\frac{2\,634}{25}=105.36$$

根据公式 (4-30) 得：

$$\bar{x}\pm Z_{\frac{\alpha}{2}}\cdot\frac{\sigma}{\sqrt{n}}\sqrt{\frac{N-n}{N-1}}=105.36\pm1.96\times\sqrt{\frac{100}{25}}\times\sqrt{\frac{8\,000-25}{8\,000-1}}$$

即 $105.36\pm3.914115=$ [101.4459, 109.2741]，该批产品平均重量在 95% 置信水平下的置信区间为 [101.4459, 109.2741]。

若总体方差 σ^2 未知，可用样本方差 S^2 代替。

【例 4-5】承《例 4-3》，假定保险公司从投保人中随机抽取 36 人，得到他们的年龄数据分别为 23、35、39、27、36、44、36、42、46、43、31、33、42、53、45、54、47、24、34、28、39、36、44、40、39、49、38、34、48、50、34、39、45、48、45、32。若总体方差未知，试建立投保人年龄 90% 的置信区间。

解: 已知 $n=36$, $1-\alpha=90\%$, $Z_{\frac{\alpha}{2}}=1.645$, 由于总体方差 σ^2 未知，但为大样本，故可用样本方差代替。根据样本资料计算的样本均值和样本标准差为：

$$\bar{x}=\frac{\sum x}{n}=\frac{1\,422}{36}=39.5(岁) \qquad s=\sqrt{\frac{\sum(x-\bar{x})^2}{n-1}}=7.77$$

则置信区间为：

$$\bar{x} \pm Z_{\frac{\alpha}{2}} \cdot \frac{s}{\sqrt{n}} = 39.5 \pm 1.645 \times \frac{7.77}{\sqrt{36}}$$

即 $39.5 \pm 2.13 = [37.37, 41.63]$，投保人平均年龄在 90% 的置信水平下的置信区间为 $[37.37, 41.63]$。

2. 在正态总体且方差未知、小样本情况下，如果总体服从正态分布，无论样本容量大小，样本均值的抽样分布都服从正态分布。只要总体方差已知，即使在小样本情况下，也可以按公式（4-29）或公式（4-30）计算总体均值的置信区间。如果总体方差 σ^2 未知，需用样本方差 S^2 代替，在小样本情况下，应用 t 分布来建立总体均值的置信区间。

t 分布是类似正态分布的一种对称分布，通常要比正态分布平坦和分散。随着自由度的增大，t 分布逐渐趋于正态分布。

在正态总体且方差未知、小样本情况下，总体均值在 $1-\alpha$ 置信水平下的置信区间为：

$$\bar{x} \pm t_{\frac{\alpha}{2}} \cdot \frac{s}{\sqrt{n}} \quad \text{（重复抽样条件下）} \tag{4-31}$$

$$\bar{x} \pm t_{\frac{\alpha}{2}} \cdot \frac{s}{\sqrt{n}} \sqrt{\frac{N-n}{N-1}} \quad \text{（不重复抽样条件下）} \tag{4-32}$$

其中，$t_{\frac{\alpha}{2}}(n-1)$ 为 t 分布临界值，可以查 t 分布临界值表得到，也可由 Excel 计算得到。

【例 4-6】已知某种电子元件的寿命服从正态分布，现从一批电子元件中随机抽取 16 只，测得其使用寿命（小时）分别为 1 510、1 450、1 480、1 460、1 520、1 480、1 490、1 460、1 480、1 510、1 530、1 470、1 500、1 520、1 510、1 470。试建立该批电子元件使用寿命 95% 的置信区间。

解：根据样本资料计算的样本均值和样本标准差为：

$$\bar{x} = \frac{\sum x}{n} = \frac{23\,840}{16} = 1\,490 \text{（小时）} \qquad s = \sqrt{\frac{\sum(x-\bar{x})^2}{n-1}} = 24.77$$

由 $1-\alpha = 95\%$ 可知，$t_{\frac{\alpha}{2}}(n-1) = t_{0.025}(15) = 2.131$，则该批电子元件平均使用寿命 95% 的置信区间为：

$$\bar{x} \pm t_{\frac{\alpha}{2}} \cdot \frac{s}{\sqrt{n}} = 1\,490 \pm 2.131 \times \frac{24.77}{\sqrt{16}}$$

即 $1\,490 \pm 13.2 = [1\,476.8, 1\,503.2]$，该批电子元件平均使用寿命在 95% 的置信水平下的置信区间为 $[1\,476.8, 1\,503.2]$。

总体均值的区间估计总结如表 4-2 所示。

表 4-2　　　　　　　　不同情况下总体均值的区间估计

序号	总体分布	样本容量	σ 已知	σ 未知
1	正态分布	大样本	$\bar{x} \pm Z_{\frac{\alpha}{2}} \times \frac{\sigma}{\sqrt{n}}$	$\bar{x} \pm Z_{\frac{\alpha}{2}} \times \frac{s}{\sqrt{n}}$
		小样本		$\bar{x} \pm Z_{\frac{\alpha}{2}} \times \frac{s}{\sqrt{n}}$
2	非正态分布	大样本		$\bar{x} \pm Z_{\frac{\alpha}{2}} \times \frac{s}{\sqrt{n}}$

（四）总体比例的区间估计

在大样本［一般经验规则：$np \geq 5$ 和 $n(1-p) \geq 5$］条件下，样本比例的抽样分布可用正态分布近似。在这种情况下，数理统计已经证明置信水平为 $1-\alpha$ 的置信区间为：

$$p \pm Z_{\frac{\alpha}{2}} \cdot \sqrt{\frac{p(1-p)}{n}} \quad （重复抽样条件下） \tag{4-33}$$

$$p \pm Z_{\frac{\alpha}{2}} \cdot \sqrt{\frac{p(1-p)}{n}\left(\frac{N-n}{N-1}\right)} \quad （不重复抽样条件下） \tag{4-34}$$

【例 4-7】某城市想估计下岗职工中女性所占的比例，采取重复抽样方法随机抽取了 100 名下岗职工，其中 65 人为女性。试以 95% 的置信水平估计该城市下岗职工中女性所占比例的置信区间。

解：已知 $n=100$，$Z_{\frac{\alpha}{2}}=1.96$，$p=\frac{65}{100}=65\%$，根据公式（4-33）得：

$$p \pm Z_{\frac{\alpha}{2}} \cdot \sqrt{\frac{p(1-p)}{n}} = 65\% \pm 1.96 \times \sqrt{\frac{65\% \times (1-65\%)}{100}}$$

即 $65\% \pm 9.35\% = [55.65\%, 74.35\%]$，95% 的置信水平下估计该城市下岗职工中女性所占比例的置信区间为 $[55.65\%, 74.35\%]$。

【例 4-8】某企业共有职工 1 000 人，该企业准备实行工资改革，在职工中征求意见，采用不重复抽样方法，随机抽取 200 人作为样本，调查结果显示，有 150 人表示赞成这项改革，有 50 人表示反对。试以 95% 的置信水平确定赞成工资改革的人数比例的置信区间。

解：已知 $n=200$，$z_{\frac{\alpha}{2}}=1.96$，$p=\frac{150}{200}=75\%$，根据公式（4-34）得：

$$p \pm Z_{\frac{\alpha}{2}} \cdot \sqrt{\frac{p(1-p)}{n}\left(\frac{N-n}{N-1}\right)}$$

$$75\% \pm 1.96 \times \sqrt{\frac{75\%(1-75\%)}{200}\left(\frac{1\,000-200}{1\,000-1}\right)}$$

即 $75\% \pm 5.37\% = [69.63\%, 80.37\%]$，95% 的置信水平下估计赞成工资改革的人数比例的置信区间为 $[69.63\%, 80.37\%]$。

（五）总体方差的区间估计

数理统计证明，对于容量为 n 的正态总体样本方差 S^2，若总体方差为 σ^2，则 $\dfrac{(n-1)S^2}{\sigma^2}$ 服从自由度为 $n-1$ 的 χ^2 分布。对给定的置信系数 $1-\alpha$，查 χ^2 分布表可得上 $\dfrac{\alpha}{2}$ 分位点 $\chi^2_{\frac{\alpha}{2}}(n-1)$ 和下 $1-\dfrac{\alpha}{2}$ 分位点 $\chi^2_{1-\frac{\alpha}{2}}(n-1)$，使得：

$$P\left\{\chi^2_{1-\frac{\alpha}{2}}(n-1) \leq \frac{(n-1)S^2}{\sigma^2} \leq \chi^2_{\frac{\alpha}{2}}(n-1)\right\} = 1-\alpha$$

从而有：

$$P\left\{\frac{(n-1)S^2}{\chi^2_{\frac{\alpha}{2}}(n-1)} \leq \sigma^2 \leq \frac{(n-1)S^2}{\chi^2_{1-\frac{\alpha}{2}}(n-1)}\right\} = 1-\alpha$$

取

$$\hat{\sigma}_1^2 = \frac{(n-1)S^2}{\chi^2_{\frac{\alpha}{2}}(n-1)} \qquad \hat{\sigma}_2^2 = \frac{(n-1)S^2}{\chi^2_{1-\frac{\alpha}{2}}(n-1)}$$

则 $[\hat{\sigma}_1^2, \hat{\sigma}_2^2]$ 是 σ^2 的置信水平为 $1-\alpha$ 的置信区间。即：

$$\frac{(n-1)S^2}{\chi^2_{\frac{\alpha}{2}}(n-1)} \leq \sigma^2 \leq \frac{(n-1)S^2}{\chi^2_{1-\frac{\alpha}{2}}(n-1)} \tag{4-35}$$

【例 4-9】 某食品厂从生产的罐头中随机抽取 15 个称其重量，得样本方差 $S^2 = 1.65^2$，设罐头重量服从正态分布，试求其方差的置信水平为 90% 的置信区间。

解：$1-\alpha = 0.9$，$\alpha = 0.1$，查 χ^2 分布表得：

$$\chi^2_{\frac{\alpha}{2}}(n-1) = 23.685 \qquad\qquad \chi^2_{1-\frac{\alpha}{2}}(n-1) = 6.571$$

$$\frac{(n-1)S^2}{\chi^2_{\frac{\alpha}{2}}(n-1)} = \frac{14 \times 1.65^2}{23.685} \approx 1.61 \qquad \frac{(n-1)S^2}{\chi^2_{1-\frac{\alpha}{2}}(n-1)} = \frac{14 \times 1.65^2}{6.571} \approx 5.8$$

故总体方差的置信水平为 90% 的置信区间为 [1.61, 5.8]。

第三节 抽样组织方式及其参数估计

抽样有多种组织方式，不同的组织方式，计算抽样平均误差的公式也有所不同。本节介绍常用的四种抽样组织方式，并举例说明部分抽样组织方式的参数估计。

一、简单随机抽样

简单随机抽样又称为纯随机抽样，是最简单、最普遍的抽样组织方式。它是按照随机原则直接从总体的全部单位中抽取若干个单位作为样本单位，保证总体中每个单位在抽选中都有同等被抽中的机会。简单随机抽样的具体实施方法主要有抽签法、随机数字表法等。

（一）抽签法

根据抽样框，每个单位都编有 $1 \sim N$ 的唯一编号。我们可以做 N 个完全一样的分别标上 $1 \sim N$ 的标签，充分拌匀后逐个抽出 n 个标签，然后根据抽样框找到相应的抽样单位进行现场调查，从而得到一个简单随机样本。

如果总体比较大，抽签法就显得比较笨重，实施起来不太方便，甚至根本无法实施，此时可利用随机数字表法。

（二）随机数字表法

随机数字表是供抽样使用的由 $0 \sim 9$ 这十个数码随机排列组成的多位数字表。在使用前，先将总体的全部单位编号，并根据编号的位数确定使用表中数字的列数；然后从任意一行、任意一列、任意方向开始数，遇到编号范围内的数字就作为样本单位，超过编号范围内的数字就跳过去，直到抽够样本单位数目为止。

二、类型抽样

类型抽样又称分层抽样，它是实际工作中最常用的抽样技术之一。分层抽样是在抽样之前，先将总体 N 个单位按某一标志划分为 k 层（类），然后在各层内分别独立地进行随机抽样，由此所抽得的样本称为分层样本。各层的抽样可以采取同一抽样方法，也可采取不同抽样方法。例如，在职工家庭生活调查中，可先将全部职工按部门分为工业、商业、文教、卫生等部门，然后再从这些部门中按一定比例抽选基本单位和职工户。采用这种抽样方法可以提高样本的代表性，减少抽样误差。对于那些总体情况复杂、各单位之间差异较大、单位数量较多的抽样调查问题，一般都可以采用分层抽样的方法进行抽样调查。

设总体由 N 个单位组成，把总体分为 k 组，使 $N = N_1 + N_2 + \cdots + N_k$，若样本的总容量为 n，则从第 i 组抽取的样本单位数 n_i 应满足：

$$\frac{n_i}{n} = \frac{N_i}{N} \tag{4-36}$$

所以各组抽取的样本单位数应为：

$$n_i = \frac{N_i}{N} \cdot n \tag{4-37}$$

并且有：

$$\sum_{i=1}^{k} n_i = \sum_{n=1}^{k} \frac{nN_i}{N} = \frac{n}{N} \sum_{i=1}^{k} N_i = n \tag{4-38}$$

即各组抽取的样本单位数之和等于样本总容量。

在类型比例的条件下，可以给出抽样平均数（或抽样成数）和抽样误差的计算公式。设从第 i 组抽取的样本是：x_{i1}，x_{i2}，$\cdots$，x_{in}，于是，第 i 组的抽样平均数为：

$$\bar{x}_i = \frac{1}{n_i} \sum_{i=1}^{n} x_{ij} \tag{4-39}$$

样本总体的平均数为：

$$\bar{x} = \frac{1}{n} \sum_{i=1}^{k} n_i \bar{x}_i \tag{4-40}$$

同理，样本总体方差的平均数为：

$$\overline{s^2} = \frac{1}{n} \sum_{i=1}^{k} n_i s_i^2 \tag{4-41}$$

重复抽样误差公式为：

$$\mu_{\bar{x}} = \sqrt{\frac{\overline{s^2}}{n}} \tag{4-42}$$

不重复抽样误差公式为：

$$\mu_{\bar{x}} = \sqrt{\frac{\overline{s^2}}{n}\left(1 - \frac{n}{N}\right)} \tag{4-43}$$

【例 4-10】某厂有甲、乙两个车间都生产保温杯，乙车间技术先进，产量是甲车间的 2 倍，为了调查该厂保温杯的保温时间，按两车间的产量比例共抽查 60 个保温杯，取得的资料如表 4-3 所示，试以 95% 的置信水平推断该厂生产的全部保温杯的平均保温时间的可能范围。

表 4-3　　　　　　　　甲乙车间生产保温杯相关资料

车间	车间代码	平均保温时间（小时）	保温时间的标准差
甲	1	25	1.2
乙	2	18	0.8

解：已知 $k=2$，$n=60$，$n_1=20$，$n_2=40$，$z=1.96$，则有：

$\bar{x}_1 = 25$，$\bar{x}_2 = 28$，$s_1^2 = 1.2^2 = 1.44$，$s_2^2 = 0.8^2 = 0.64$

$$\bar{x} = \frac{25 \times 20 + 28 \times 40}{60} = 27 \text{（小时）}$$

$$\overline{s_i^2} = \frac{1.44 \times 20 + 0.64 \times 40}{60} \approx 0.9067$$

$$\mu_{\bar{x}} = \sqrt{\frac{0.9067}{60}} \approx 0.12$$

$$\Delta_{\bar{x}} = 0.12 \times 1.96 \approx 0.24$$

$$\bar{x} - \Delta_{\bar{x}} \leq \mu \leq \bar{x} + \Delta_{\bar{x}}$$

$$27 - 0.24 \leq \mu \leq 27 + 0.24$$

$$26.76 \leq \mu \leq 27.24$$

故有 95% 的把握推断该厂全部保温杯保温时间在 26.76~27.24 小时之间。

同简单随机抽样相比,分层抽样具有以下特点。

(1) 分层抽样能够充分利用关于总体的各种已知信息进行分层,因此,抽样的效果一般比简单随机抽样要好。但当对总体缺乏较多的了解时,则无法分层或不能保证分层的效果。

(2) 在分层抽样中,总体的方差一般可以分解为层间方差和层内方差两部分。由于分层抽样的误差只与层内差异有关,而与层间差异无关,因此,分层抽样可以提高估计量的精度。

(3) 由于分层抽样是在每层内独立地进行抽样,使分层样本能够比简单随机样本更加均匀地分布于总体之内,所以其代表性也更好些。

(4) 分层抽样的随机性具体体现在层内各单位的抽取过程之中,即在各层内部的每一个单位都有相同的机会被抽中,而在层与层之间则是相互独立的。

(5) 分层抽样适合于调查标志在各单位的数量分布差异较大的总体。因为对这样的总体进行合理的分层后可将其差异较多地转化为层间差异,从而使层内差异大大减弱。

(6) 分层抽样中除了可以推断总体参数外,还可以推断各不同层的数量特征,并进一步作对比分析,从而满足不同方面的需要,也能帮助人们对总体作更全面、更深入的了解。但分层抽样对各层的估计缺乏精度保证。

(7) 分层抽样中,由于各层的抽样相互独立、互不影响,且各层间可能有显著的不同,因此,对不同层可以按照具体情况和条件分别采用不同的抽样和估计方法进行处理,从而提高估计的精确度。

(8) 分层抽样在进行分层时,需收集可用于分层的必要的各种资料,因此,可能会增加一定的额外费用。同时,分层抽样中,总体参数的估计以及各层间样本量的分配、总样本量的确定等都更为复杂化。

三、等距抽样

等距抽样也称机械抽样或系统抽样,它是将总体中各单位按一定顺序排列,根据样本容量要求确定抽选间隔,然后随机确定起点,每隔一定的间隔抽取一个单位的一种抽样方式。等距抽样是简单随机抽样的变种,具体方法是:在系统抽样中,首先将总体从 $1 \sim N$ 相继编号,并计算抽样距离 $k = \dfrac{N}{n}$,其中,N 为总体单位总数,n 为样本容量。其次在 $1 \sim k$ 中抽一随机数 k_1,作为样本的第一个单位,接着取 $k_1 + k$,$k_1 + 2k$,…直至抽够 n 个单位为止。

作为总体各单位顺序排列的标志,可以是无关标志,也可以是有关标志。所谓无关标志是指与调查标志无关的或不起主要影响作用的标志。例如,工业产品质量抽查按时间顺序取样;农产量抽样调查按田间的地理顺序取样;居民家计调查按街道的门牌号码抽取调查户;等等。所谓有关标志是指用于排序的标志与调查的内容有关。例如,对耕地农产量调查,把地块按往年平均亩产的高低进行排序；对职工家庭生活水平进行调查，把职工按工资水平的高低进行排序；等等。

在等距抽样中，最简单最基本的方法是随机起点等距抽样。但在实际实施等距抽样时，考虑到排序标志的不同，以及总体单元数是否能被某一数值整除等因素，具体的抽样实施方法又可以有一系列不同的变化。常见的等距抽样其他实施方法有循环等距抽样、中点等距抽样、对称等距抽样等。

四、整群抽样

整群抽样也称集团抽样，它是将总体各单位划分成许多群，然后从中随机抽取部分群，对中选群的所有单位进行全面调查的抽样组织形式。确切地说，这种抽样组织形式应称为单级整群抽样。

如果总体中的单位可以分成多级，则可以对前几级单位采用多阶抽样，而在最后一阶中对该阶抽样单位所包含的全部个体（最基本单元）进行调查，这种抽样称作多级整群抽样。

我们把整群抽样与简单随机抽样相比较，把群看作总体单位，则整群抽样就成了简单随机抽样，故整群抽样的误差公式可以通过简单随机抽样的误差公式导出。把一个总体分成 R 个群，然后在 R 个群中随机抽取 r 个群，设群间方差为 δ^2，由于整群抽样都是采用不重复抽样的方法，故抽样平均误差公式为：

$$\mu_{\bar{x}} = \sqrt{\frac{\delta^2}{r}\left(1 - \frac{r}{R}\right)} \tag{4-44}$$

【例 4-11】某连续生产企业为掌握某月份某种产品的一等品率，确定抽出 5% 的产品，即在全月连续生产的 720 小时中，每隔 20 小时抽取 1 小时的全部产品进行调查。调查结果是一等品率为 80%，群间方差为 7%，请以 95.45% 的置信度对一等品率进行区间推断。

解：已知 $R=720$，$r=720 \times 5\% = 36$，$\delta^2 = 7\%$，则有：

$$\mu_p = \sqrt{\frac{\delta^2}{r}\left(1 - \frac{r}{R}\right)} = \sqrt{\frac{0.07}{36}\left(1 - \frac{36}{720}\right)} \approx 4.3\%$$

$\because F(z) = 95.45\%$

$\therefore z = 2$

$\Delta_p = 2 \times 4.3\% = 8.6\%$

$p - \Delta_p \leq P \leq p + \Delta_p$

$80\% - 8.6\% \leq P \leq 80 + 8.6\%$

$71.4\% \leq P \leq 88.6\%$

即有 95.45% 的把握推断该企业某产品一等品率的置信区间为 [71.4%，88.6%]。

整群抽样的最大优点是实施方便，从而节省了大量调查费用。但整群抽样的单位比较集中，影响了抽样单位在全及总体中分布的均匀性，因而其抽样误差比简单随机抽样来得大。在实践中，整群抽样一般比其他方法要多抽一些单位，以便降低抽样误差。

第四节 必要抽样单位数的确定

一、影响必要抽样单位数大小的因素

确定必要抽样单位数也是抽样设计中的一个重要问题。为了避免抽取单位数过大或过小,必须恰当地确定样本容量。为此需要先分析影响必要抽样单位数的因素。

1. 用户对抽样推断可靠程度和精确度的要求。如果要求抽样的可靠程度和精确度较高,那么抽样单位数就要多些;反之,则可少些。

2. 不同的抽样组织方式和方法。一般来说,类型抽样和等距抽样比简单随机抽样需要的抽样单位数少,单个抽样比整群抽样需要的单位数少,不重复抽样比重复抽样需要的抽样单位数少。

3. 总体变量值的差异程度。总体变量值的差异程度越大,需要抽取的样本单位数就越多。

4. 按上述依据确定的抽样单位数,还要结合调查人力、物力和财力的许可情况加以适当调整,然后作出最后的决定。

上述影响抽样单位数的四个因素之间的联系,可以由抽样极限误差公式来反映。从抽样极限误差公式可以推导出必要抽样单位数的计算公式。

二、不同抽样组织方式下抽样单位数的确定

(一) 简单随机抽样的抽样单位数

重复抽样时:

$$\Delta_{\bar{x}} = z\mu_{\bar{x}} = z\sqrt{\frac{\sigma^2}{n}}$$

$$n = \frac{z^2 \sigma^2}{\Delta_{\bar{x}}^2} \tag{4-45}$$

或 $$n = \frac{z^2 p(1-p)}{\Delta_p^2} \tag{4-46}$$

不重复抽样时:

$$n = \frac{z^2 \sigma^2 N}{N\Delta_{\bar{x}}^2 + z^2 \sigma^2} \tag{4-47}$$

或 $$n = \frac{z^2 p(1-p)N}{N\Delta_p^2 + z^2 p(1-p)} \tag{4-48}$$

【例 4–12】 某批发站欲估算零售商贩的平均每次进货额,根据历史资料进货额的标准差为 1 000 元,假定到批发站进货的商贩有 2 000 人,若要求置信水平为 99.73%,抽样极限误差不超过 250 元,应该抽取多大的样本?

解:已知 $\sigma = 1\,000$,$\Delta_{\bar{x}} = 250$,$N = 2\,000$。这里没有说明采用的抽样方法,故我们可按上述两个公式分别计算其必要样本容量。

$\because F(z) = 99.73\%$

$\therefore z = 3$

重复抽样条件下的必要样本容量:

$$n = \frac{z^2 \sigma^2}{\Delta_{\bar{x}}^2} = \frac{3^2 \times 1\,000^2}{250^2} = 144 \text{(人)}$$

不重复抽样条件下的必要样本容量:

$$n = \frac{z^2 \sigma^2 N}{N \Delta_{\bar{x}}^2 + z^2 \sigma^2} = \frac{3^2 \times 1\,000^2 \times 2\,000}{2\,000 \times 250^2 + 3^2 \times 1\,000^2} \approx 135 \text{(人)}$$

【例 4–13】 某企业对 40 000 只灯泡进行调查,从中抽取 500 只,发现不合格灯泡 10 只。若要求有 95.45% 的概率保证程度,不合格率估计的最大允许误差为 1.4%,至少应抽取多少样本单位。

解:已知 $N = 40\,000$,$n = 500$,$p = \frac{10}{500} = 2\%$,$\Delta_p = 1.4\%$。

$\because F(z) = 95.45\%$

$\therefore z = 2$

在重复抽样条件下:

$$n = \frac{z^2 p(1-p)}{\Delta_p^2} = \frac{2^2 \times 0.02 \times 0.98}{0.014^2} \approx 400 \text{(只)}$$

在不重复抽样条件下:

$$n = \frac{z^2 p(1-p) N}{N \Delta_p^2 + z^2 p(1-p)} = \frac{2^2 \times 0.02 \times 0.98 \times 40\,000}{40\,000 \times 0.014^2 + 2^2 \times 0.0196} \approx 397 \text{(只)}$$

(二)类型抽样的抽样单位数

重复抽样时:

$$n = \frac{z^2 \overline{\sigma^2}}{\Delta_{\bar{x}}^2} \tag{4-49}$$

或

$$n = \frac{z^2 \overline{p(1-p)}}{\Delta_p^2} \tag{4-50}$$

不重复抽样时:

$$n = \frac{z^2 \overline{\sigma^2} N}{N \Delta_{\bar{x}}^2 + z^2 \overline{\sigma^2}} \tag{4-51}$$

或

$$n = \frac{z^2 \overline{p(1-p)} N}{\Delta_p^2 N + z^2 \overline{p(1-p)}} \tag{4-52}$$

其中,$\overline{\sigma^2}$ 和 $\overline{p(1-p)}$ 分别为各层方差和成数方差的平均数。

（三）整群抽样的抽取群数

由于整群抽样是不重复抽样，则：

$$n = \frac{z^2 \sigma_x^2 R}{\Delta_{\bar{x}}^2 R + z^2 \sigma_x^2} \tag{4-53}$$

或

$$n = \frac{z^2 \sigma_p^2 R}{\Delta_p^2 R + z^2 \sigma_p^2} \tag{4-54}$$

第五节　Excel 在抽样估计中的应用

【案例导入】

零售商店行人数的区间估计

陈先生是某集团的企划部经理，在今年的规划中，集团准备在某地新建一家新的零售商店。陈先生目前正在做这方面的准备工作。其中，有一项便是进行市场调查。在众多信息中，经过该地的行人数量是一个很重要的信息。陈先生委托他人进行了一个月的观察，得到每天经过该地的行人数如下：

367　402　515　633　302　421　317　544　468　399　759　526　212
256　456　553　259　469　366　197　178　531　419　450　511　257　609
412　503　364

将此数据作为样本资料，样本均值为 421 人。在 95% 的置信度下，能否推断每天经过此地的人数区间值？如果设立零售商店要求行人数不低于 520 人，该地是否能符合要求？

【案例处理】

根据本次调查数据，可以对经过此地的行人数作出区间估计。处理方法有两种：一是使用 Excel 中有关函数或输入计算公式计算；二是使用 Excel "描述统计"分析工具。显然，使用第二种方法要简便得多。因为使用该工具可以直接得到估计总体平均数的区间所需样本平均数、样本标准差、抽样平均误差和抽样极限误差。

一、使用函数功能计算

首先，打开 "行人数.xls" 工作簿，选择 "行人数" 工作表；其次，根据 Excel 提供的公式，用函数计算 "区间估计" 相关统计量。统计量主要有单位数、样本均值、标准差、标准误差（抽样平均误差）、置信度、t 值、抽样极限误差、估计上限、估计下限等。具体操作步骤如下。

（1）在单元格 C1 中输入 "单位数"，C2 中输入 "样本均值"，C3 中输入

"标准差",C4 中输入"标准误差(抽样平均误差)",C5 中输入"置信度",C6 中输入"t 值",C7 中输入"抽样极限误差",C8 中输入"估计下限",C9 中输入"估计上限"。Excel 数据如图 4-1 所示。

	A	B	C
1	行人数		单位数
2	367		样本均值
3	402		标准差
4	515		标准误差(抽样平均误差)
5	633		置信度
6	302		t 值
7	421		抽样极限误差
8	317		估计下限
9	544		估计上限
10	468		
11	399		
12	759		
13	526		
14	212		
15	256		
16	456		
17	553		

图 4-1 "行人数.xls"工作簿界面

(2) 选择单元格 D1,选择【公式】—【插入函数】,弹出【插入函数】对话框窗口,如图 4-2 所示。

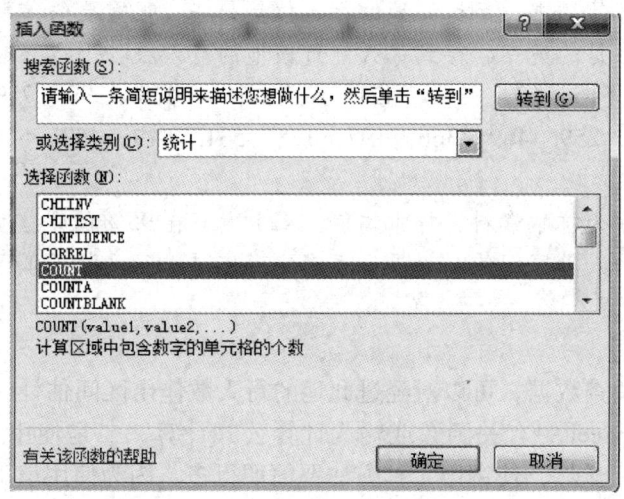

图 4-2 【插入函数】对话框

(3) 在【或选择类别】下拉列表中选择【统计】选项,然后在【选择函数】列表框中选择均值函数【COUNT】,单击【确定】按钮,Excel 弹出【函数参数】对话框,如图 4-3 所示。

(4) 在【Number1】中输入数据范围。单击 A 列列头,或输入"A:A",这相当于选择整个列,包括标题和所有的空单元格。单击【确定】按钮。单元格 D1 中会显示结果为 30,即 A 列中数据的个数。

(5) 在单元格 D2 中输入公式"=AVERAGE(A:A)",计算 A 列的均值,显示值为 421.8333。

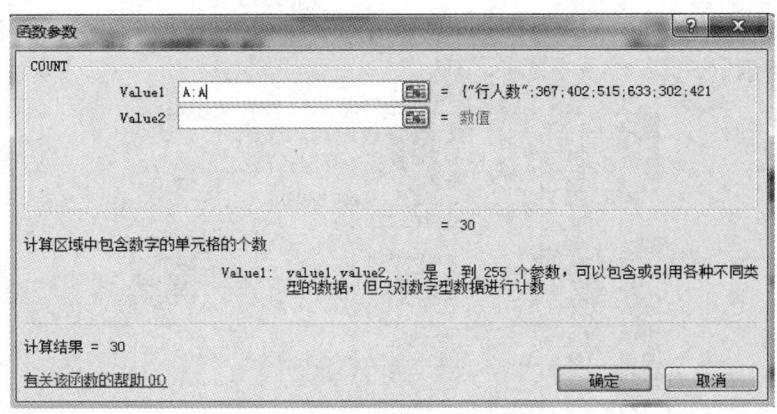

图4-3 【函数参数】对话框

（6）在单元格 D3 中输入公式"=STDEV（A：A）"，计算 A 列的标准差，显示值为 137.5646。

（7）在单元格 D4 中输入公式"=D3/SQRT（D1）"，计算抽样平均误差 $\sigma_{\bar{x}}$（标准误差），即标准差除以样本容量的平方根，D4 中显示 25.11574。

（8）在单元格 D5 中输入置信度 95%，注意加上百分号。

（9）在单元格 D6 中使用 TINV 函数计算在 95% 置信度和自由度下的概率度 z 值。选择单元格 D6，选择【公式】—【插入函数】，打开【插入函数】对话框，在【或选择类别】下拉列表中选择【统计】选项，然后在【选择函数】列表框中选择【TINV】函数，单击【确定】按钮，打开 TINV 函数对话框，如图 4-4 所示。

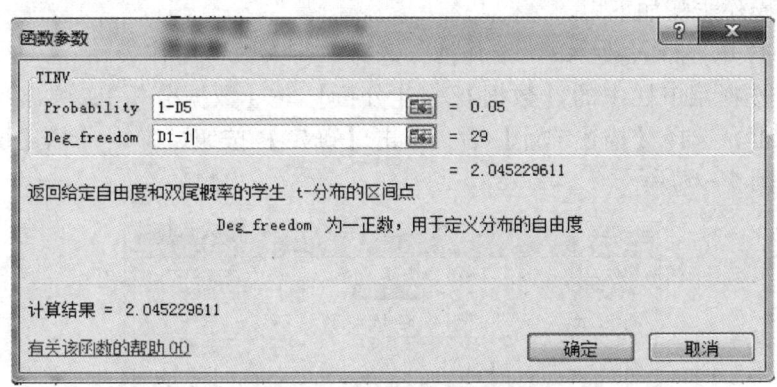

图4-4 TINV 函数对话框

（10）在【Probability】中输入"1-D5"，所显示的值是 0.05；在【Deg_freedom】文本框中输入自由度的表达式，即"D1-1"，所显示值是 29，单击【确定】按钮，单元格 D6 中概率度 z 的显示值为 2.04523。

（11）在单元格 D7 中输入计算抽样极限误差 $\Delta_{\bar{x}}$ 的公式，极限误差是 z 值和抽样平均误差 $\sigma_{\bar{x}}$（标准误差）的乘积，公式为"=D6*D4"，显示值为 51.36745。

（12）在单元格 D8 和 D9 中输入计算平均数的置信区间下限和上限的公式，下限为样本均值减抽样极限误差，上限为样本均值加抽样极限误差。其公式分别为"=D2-D7"和"=D2+D7",显示值为370.4659和473.2008。操作结果如图4-5所示。

行人数		单位数	30
367		样本均值	421.8333
402		标准差	137.5646
515		标准误差（抽样平均误差）	25.11574
633		置信度	95%
302		t值	2.04523
421		抽样极限误差	51.36745
317		估计下限	370.4659
544		估计上限	473.2008
468			
399			
759			
526			
212			
256			
456			
553			

图4-5 "行人数"区间估计操作结果

从图4-5中可以看出,在95%的置信度下,行人数位于371~474人之间。这个结论意味着,如要观察100天,则有95天的行人数位于这一区间内。那么,如果设立零售商店要求行人数不低于520人,显然,在这一地点设立零售商店是不可取的。

二、使用"描述统计"分析工具

具体操作步骤如下。

(1) 打开"行人数.xls"工作簿,选择"行人数"工作表。

(2) 选择菜单栏中的【数据】—【分析】—【数据分析】,弹出【数据分析】对话框,选择【描述统计】后,单击【确定】按钮,弹出【描述统计】对话框,如图4-6所示。

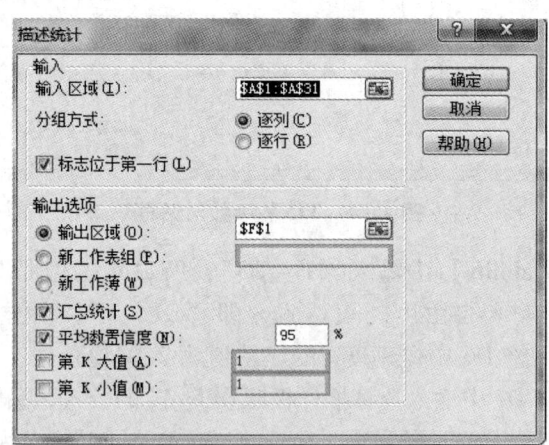

图4-6 【描述统计】对话框

(3) 在对话框中的【输入区域】数值框中输入"A1：A31"，在【分组方式】下选择【逐列】，选中【标志位于第一行（L）】复选框，在【输出区域】选项中输入 F1，选中【汇总统计】复选框，选中【平均数置信度】复选框，在【平均数置信度】的编辑框中指定置信度（默认值95%），单击【确定】按钮，输出结果如图 4-7 所示。

F	G
行人数	
平均	421.8333
标准误差	25.11574
中位数	420
众数	#N/A
标准差	137.5646
方差	18924.01
峰度	-0.05685
偏度	0.15963
区域	581
最小值	178
最大值	759
求和	12655
观测数	30
置信度(95.0%)	51.36745

图 4-7 【描述统计】操作结果

图 4-7 中，"平均"就是样本平均数，"标准误差"就是抽样平均误差，"观测数"就是样本容量，最后一栏"置信度（95.0%）"的数值就是给定置信度所对应的抽样极限误差 $\Delta_{\bar{x}}$。

(4) 在单元格 F17 中输入"估计下限"，单元格 F18 中输入"估计上限"，则在 95% 的置信度下，单元格 F17 置信区间下限公式为样本均值减抽样极限误差，即"=G3-G16"，显示值为 370.4659；单元格 F18 置信区间上限公式为样本均值加抽样极限误差，即"=G3+G16"，显示值为 473.2008。具体结果如图 4-8 所示。

F	G
行人数	
平均	421.8333
标准误差	25.11574
中位数	420
众数	#N/A
标准差	137.5646
方差	18924.01
峰度	-0.05685
偏度	0.15963
区域	581
最小值	178
最大值	759
求和	12655
观测数	30
置信度(95.0%)	51.36745
估计下限	370.4659
估计上限	473.2008

图 4-8 "行人数"区间估计操作结果

可见，两种方法得出的计算结果是一样的。

课后练习题

一、填空题

1. 抽样的基本方法有_____和_____。
2. 抽选样本单位时要遵守_____原则，使样本单位被抽中的机会_____。
3. 抽样估计的方法有_____和_____。
4. 全及总体标志变异程度越大，抽样误差就_____；全及总体标志变异程度越小，抽样误差_____。
5. 在抽样估计中，样本指标又称为_____，总体指标又称为_____。
6. 常用的总体指标有_____、_____、_____。
7. 简单随机抽样的成数抽样平均误差计算公式是，重复抽样条件下_____；不重复抽样条件下_____。
8. 区间估计就是用一个_____去估计未知参数。
9. _____是根据样本各单位标志值或标志属性计算的综合指标。
10. 在其他条件不变的情况下，如果允许误差缩小为原来的1/2，则样本容量将增加为原来的_____。

二、单项选择题

1. 从总体 N 个单位中，用不重复抽样的方法，抽取 n 个单位的样本，可能出现的样本种数是（   ）。
   A. N B. n C. $N(N-1)$ D. C_N^n
2. 总体平均数和样本平均数之间的关系是（   ）。
   A. 总体平均数是确定值，样本平均数是随机变量
   B. 总体平均数是随机变量，样本平均数是确定值
   C. 两者都是随机变量
   D. 两者都是确定值
3. 成数方差的计算公式是（   ）。
   A. $p(1-p)$ B. $p(1-p)^2$ C. $\sqrt{p(1-p)}$ D. $p^2(1-p)$
4. 抽样平均误差说明抽样指标与总体指标之间的（   ）。
   A. 实际误差   B. 平均误差   C. 实际误差的平方   D. 允许误差
5. 抽样指标与总体指标之间抽样误差的可能范围是（   ）。
   A. 抽样平均误差   B. 抽样极限误差   C. 区间估计范围   D. 置信区间
6. 所谓大样本是指样本单位数在（   ）个以上。
   A. 30   B. 50   C. 80   D. 100
7. 在用样本指标推断总体指标时，把握程度越高则（   ）。
   A. 误差范围越小   B. 误差范围越大
   C. 抽样平均误差越小   D. 抽样平均误差越大
8. 除抽样误差 μ_x 外，影响允许误差 $\Delta_{\bar{x}}$ 大小的因素还有（   ）。
   A. 总体标准差   B. 样本标准差
   C. 推断估计的把握程度   D. 随机因素。

9. 在简单随机重复抽样情况下，若要求允许误差为原来的 2/3，则样本容量扩大为原来的（　　）倍。

　　A. 3　　　　　　B. 2/3　　　　　　C. 4/9　　　　　　D. 2.25

10. 用简单随机重复抽样方法抽样，如果要使抽样误差降低 50%，则样本容量需要扩大到原来的（　　）倍。

　　A. 2　　　　　　B. 3　　　　　　　C. 4　　　　　　　D. 5

三、多项选择题

1. 参数估计方法有（　　）。

　　A. 点估计　　　　B. 区间估计　　　　C. 统计估计　　　　D. 抽样估计

　　E. 假设检验

2. 衡量点估计量好坏的标准有（　　）。

　　A. 无偏性　　　　B. 一致性　　　　　C. 有效性　　　　　D. 可靠性

　　E. 随机性

3. 影响样本容量大小的因素有（　　）。

　　A. 总体标准差大小　　　　　　　　　B. 允许误差的大小

　　C. 置信度　　　　　　　　　　　　　D. 抽样方法

　　E. 抽样方式

4. 在其他条件不变的情况下，抽样极限误差的大小与置信度的关系是（　　）。

　　A. 抽样极限误差范围越大，置信度越大　　B. 成正比关系

　　C. 抽样极限误差范围越小，置信度越小　　D. 成反比关系

　　E. 抽样极限误差范围越大，置信度越小

5. 影响抽样误差大小的因素有（　　）。

　　A. 抽样组织方式和抽样方法不同　　　B. 全及总体的标志变动度的大小

　　C. 样本单位数的多少　　　　　　　　D. 抽样总体标志变动度的大小

　　E. 抽样的随机性

6. 常用的样本指标有（　　）。

　　A. 样本平均数　　B. 样本成数　　　　C. 抽样误差　　　　D. 样本方差

　　E. 样本标准差

7. 在简单随机重复抽样条件下，抽样单位数 n 的计算公式为（　　）。

　　A. $n = \dfrac{z^2 \sigma^2}{\Delta_{\bar{x}}^2}$　　　　　　　　　　B. $n = \dfrac{z^2 N \sigma^2}{N \Delta_{\bar{x}}^2 + z^2 \sigma^2}$

　　C. $n = \dfrac{z^2 p(1-p)}{\Delta_p^2}$　　　　　　　D. $n = \dfrac{zt^2 N p(1-p)}{N \Delta p^2 + z^2 p(1-p)}$

　　E. $n = \dfrac{z^2 p^2 (1-p)^2}{N p^2}$

8. 在总体 2 000 个单位中，抽取 20 个单位进行调查，下列各项中正确的是（　　）。

　　A. 样本单位数是 20 个　　　　　　　B. 样本个数是 20 个

　　C. 一个样本有 20 个单位　　　　　　D. 样本容量是 20 个

　　E. 这是一个小样本

9. 若进行区间估计，应掌握的指标数值是（　　）。

　　A. 样本指标　　　B. 概率度　　　　　C. 总体单位数　　　D. 抽样平均误差

　　E. 样本单位数

10. 基本的抽样方式有（　　）。
A. 简单随机抽样　　　B. 类型抽样　　　C. 等距抽样　　　D. 整群抽样
E. 不重复抽样

四、判断题

1. 相同条件下，不重复抽样的抽样误差一定小于重复抽样的抽样误差。（　）
2. 从全部总体单位中按照随机原则抽取部分单位组成样本，只可能组成一个样本。
（　）
3. 就参数估计而言，在精确性和可靠性两因素之中，精确性是矛盾的主要方面。（　）
4. 进行区间估计，置信水平总是预先给定的。（　）
5. 样本容量就是样本个数。（　）
6. 抽样调查就是凭主观意识，从总体中抽取部分单位进行调查。（　）
7. 所有可能的样本平均数的平均数，等于总体平均数。（　）
8. 非抽样误差会随着样本容量的扩大而下降。（　）
9. 样本单位数的多少可以影响抽样误差的大小，而总体标志变异程度的大小和抽样误差无关。（　）
10. 抽样极限误差越大，用以包括总体参数的区间就越大，估计的把握程度也就越大，因而极限误差越大越好。（　）

五、简答题

1. 简述在参数估计中精确性和可靠性的辩证统一关系。
2. 什么是随机原则？在抽样调查中为什么要遵循随机原则？
3. 样本和总体有什么区别和联系？
4. 影响抽样误差的因素有哪些？
5. 抽样平均误差、抽样极限误差和概率度三者之间有何关系？
6. 请举例说明什么是区间估计？

六、计算题

1. 简单随机重复抽样中，若抽样单位数增加 3 倍，则抽样平均误差如何变化？若抽样允许误差扩大为原来的 2 倍，则抽样单位数如何变化？若抽样允许误差缩小为原来的 1/2 倍，抽样单位数如何变化？
2. 在高校随机抽取 40 名男生进行身高调查，得其平均身高为 172 厘米，已知该高校全体男子身高的标准差为 8 厘米，试以 95% 的置信度求该高校全体男生平均身高的置信区间。
3. 某制鞋厂生产的一批旅游鞋，按 1% 的比例进行抽样调查，总共抽查 500 双，结果如表 4-4 所示：

表 4-4　　　　　　　　　　　旅游鞋耐穿情况调查表

耐穿时间（天）	数量（双）
300 以下	30
300 ~ 350	70
350 ~ 400	300
400 ~ 450	60
450 以上	40
合计	500

在 95.45% 的概率保证下，试求：

（1）这批旅游鞋的平均耐穿时间的可能范围。

（2）如果耐穿时间在 350 天以上才算合格，求这批旅游鞋合格率的可能范围。

4. 某灯泡厂对某种灯泡进行抽样检验测定其平均寿命，抽查了 50 只灯泡，测得平均寿命为 3 600 小时，标准差为 10 小时。

要求：

（1）在 68.27% 的概率保证下推算这批灯泡的平均寿命。

（2）如果要使抽样极限误差缩小为原来的一半，概率仍为 68.27%，应抽取多少只灯泡才能满足要求？

5. 对某区 30 户家庭的月收支情况进行抽样调查，发现平均每户每月用于书报费的支出为 45 元，抽样平均误差为 2 元。试问应以多少概率才能保证每户每月书报费支出在 41.08 ~ 48.92 元？

6. 某手机生产商为了了解消费者对本厂新推出的某款式手机的喜欢程度，随机抽取 400 名消费者进行调查，结果发现喜欢该款式手机的有 240 人。试以 95% 的概率保证程度估计消费者中喜欢这一款式手机的比率区间范围。

第五章 假设检验

引例

20世纪20年代后期,在英国剑桥一个夏日的午后,一群大学的绅士和他们的夫人,还有来访者,正围坐在户外的桌旁,享用着下午茶。在品茶过程中,一位女士坚称:把茶加进奶里,或把奶加进茶里,不同的做法,会使茶的味道品起来不同。在场的一帮科学精英们对这位女士的"胡言乱语"嗤之以鼻。这怎么可能呢?他们不能想象,仅仅因为加茶和加奶的先后顺序不同,茶就会发生不同的化学反应。然而,在座的一个身材矮小、戴着厚眼镜、下巴上蓄着的短尖髯开始变灰的先生却不这么看,他对这个问题很感兴趣。

他兴奋地说道:"让我们来检验这个命题吧!"然后开始策划一个实验。在实验中,坚持茶有不同味道的那位女士被奉上一连串的已经调制好的茶,其中,有的是先加茶后加奶制成的,有的则是先加奶后加茶制成的。

接下来,在场的许多人都热心地加入实验中来。几分钟内,他们在那位女士看不见的地方调制出不同类型的茶。最后,在决战来临的气氛中,蓄短胡须的先生为那位女士奉上第一杯茶,女士品了一小会儿,然后断言这一杯是先倒的茶后加的奶。这位先生不加评论地记下了女士的说法,然后又奉上了第二杯……

(资料来源:戴维·萨尔斯伯格. 女士品茶[M]. 南昌:江西人民出版社,2017)

这就是著名的"女士品茶"实验,这个真实故事中留着短胡须的先生就是罗纳德·艾尔默·费歇尔(Ronald Aylmer Fisher),他把女士的断言视为假设问题,考虑了各种可能的实验方法,以确定那位女士是否能作出区分。

女士品茶的故事中,有一个很重要的前提,即作出了"如果这位女士不具备这种能力"的假设,因此,当让她品尝8杯奶茶的时候,她全部猜对的概率只有 $0.5^8 = 0.39\%$。所以这位女士如果真的全部猜对,我们就可以回头去质疑起初假设(如果这位女士不具备这种能力)的正确性了,这就是假设检验的思想。

假设检验在现实中有着非常广泛的应用,人们通常会利用样本信息对总体进行某种推断。例如,在工业领域,引入了某种新工艺之后,检验产品的质量是否有显著提高;在生物医学领域,检验某种新药的药效是否比旧药更好;在流通领域,验证不同营销方案的效果是否有显著差异;等等。这些分析研究的方法都离不开本章即将介绍的假设检验方法。

第一节 假设检验的一般问题

一、假设检验的基本原理

假设检验和参数估计是统计推断的两个重要组成部分，它们都是利用样本信息对总体特征进行推断。其中，参数估计是利用样本统计量对总体参数进行估计的方法，在估计之前，总体参数是未知的，是以大概率为标准推断出总体参数的取值范围；而假设检验是先对总体参数提出一个假设，然后利用样本信息检验假设是否成立的方法，是以小概率原理为标准对总体参数或分布形式的假设进行判断。

假设检验判断的基本逻辑为小概率原理，它是指概率很小的事件在一次试验中通常是不可能发生的，在原假设成立的条件下，一次试验就使小概率事件发生了，则可以认为原假设是不正确的，可以否定原假设；反之，则不能否定原假设。例如，在一批 10 000 件产品中，次品只有 1 件，现随机抽取 1 件产品，恰好抽到次品的概率是非常小的，仅为 0.01%，如果从这批产品中随机抽取 1 件，刚好就是次品，那么，我们有理由怀疑该批产品的次品率是否真有这么低，即我们有足够的理由来否定该批产品次品率很低的假设。

在假设检验的实际应用中，小概率通常以显著性水平 α（$0 < \alpha < 1$）作为界限。α 的取值通常为 0.1、0.05 和 0.01。α 越小，就越能拒绝原假设。

二、假设检验的规则与两类错误

（一）假设检验的规则

根据假设检验的原理，得出如下假设检验的步骤。

1. 根据实际问题提出合适的假设。每个假设检验，一般同时提出两个相反的假设：一是原假设（零假设），用 H_0 表示，通常代表过往的经验、原有的状态或是某一被怀疑的陈述等；二是备择假设（对立假设），用 H_1 表示，是与原假设完全相反的陈述。如果拒绝了原假设，则意味着备择假设成立。

假设待检验的总体参数为 θ，参数的假设值用 θ_0 表示，则总体参数的假设检验一般有如下三种类型。

（1）双侧（双尾）检验。$H_0: \theta = \theta_0$，$H_1: \theta \neq \theta_0$。对于所研究问题，如果只需判断总体参数有无显著差异或变化时，则适合采用双侧检验。例如，2019 年某地新生儿的平均体重为 3 200 克，现从 2020 年的新生儿中随机抽取 50 个，测得平均体重为 3 300 克，为了检验 2020 年和 2019 年新生儿体重是否有显著的差异，可提出假设 $H_0: \mu = 3\ 200$，$H_1: \mu \neq 3\ 200$。

（2）左侧（左尾）检验。$H_0: \theta \geq \theta_0$，$H_1: \theta < \theta_0$。例如，在轮胎质量检测中，轮胎平均行驶里程的方差不超过 1 000 英里，可以提出原假设 $H_0: \sigma^2 \geq 1\,000$，$H_1: \sigma^2 < 1\,000$。

（3）右侧（右尾）检验。$H_0: \theta \leq \theta_0$，$H_1: \theta > \theta_0$。例如，在疾病治疗中，原有药物的治愈率为 80%，检验研发出的新药（治愈率为 P）是否比原来的药物更有效，可提出假设 $H_0: P \leq 80\%$，$H_1: P > 80\%$。

原假设和备择假设的确定，应根据检验问题具体的研究背景而定。通常将研究者收集证据想要证明或支持的命题及陈述作为备择假设 H_1，再将相反的命题作为原假设 H_0。一般把没有充分理由则不能轻易否定的命题作为原假设，即原假设的确定采用"不轻易拒绝原假设"原则，此时，犯错误的可能性就很小。

2. 确定检验统计量。检验原假设成立与否的统计量为检验统计量，它是随样本不同而不同的随机变量。一般通过数理统计分析确定检验统计量及其分布。

3. 选择显著性水平 α 确定临界值。对于给定的显著性水平 α，根据检验统计量的抽样分布情况求出相应的临界值，该临界值为原假设的接受域或拒绝域的分界值。拒绝域与显著性水平 α 的大小和检验统计量的抽样分布有关，同时与假设的类型有关。双侧检验的拒绝域位于检验统计量分布曲线的两侧，临界值一般为左右两侧尾部概率 $\alpha/2$ 所对应的检验统计量的分位数。实践中，通常是通过相关的统计表查阅得到临界值后确定拒绝域。图 5-1 分别显示了双侧检验、左侧检验、右侧检验的拒绝域。

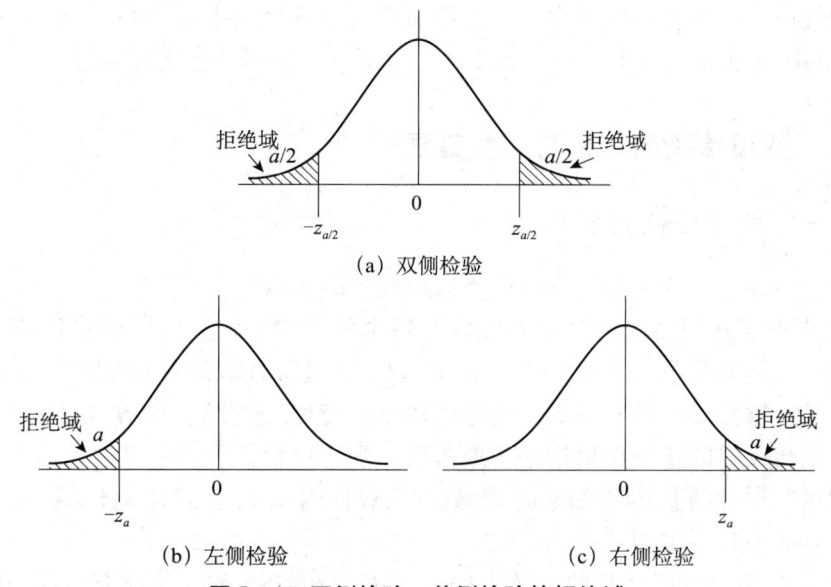

图 5-1　双侧检验、单侧检验的拒绝域

4. 由样本观测值计算检验统计量，并与临界值比较。若检验统计量落入接受域，则不能拒绝原假设；相反，若检验统计量落入拒绝域，则拒绝原假设。

P 值检验是假设检验的另一判断依据，其原理是：通过计算出检验统计量大于或小于由样本观测值计算出来的检验统计量值的概率 P，将得到的 P 值与显著性水平 α 进行比较，如果 $P < \alpha$，则认为小概率事件发生，拒绝原假设；如果 $P > \alpha$，不能拒绝原假设。

(二) 两类错误

假设检验的判断是根据检验统计量落入的区域来进行的。由于检验统计量也是随机变量，因此，作出的判断不可能完全正确，判断结果可能出现两类错误。如表 5-1 所示。

表 5-1　　　　　　　　　假设检验中的决策及两类错误

依据样本作出的决策	如果原假设 H_0 为	
	真	假
拒绝 H_0	第一类错误	正确决策
接受 H_0	正确决策	第二类错误

1. 第一类错误，又称弃真错误，即当原假设为真时，却错误地拒绝了。原假设为真，但样本检验统计量落入了拒绝域，从而拒绝了原假设。犯第一类错误的概率一般用显著性水平 α 表示。

2. 第二类错误，又称取伪错误，即当原假设为假时，却错误地接受了。原假设为假时，样本的检验统计量落入了接受域，从而接受了原假设。一般用 β 来表示犯第二类错误的概率。

$$\alpha = P\ (Z > Z_\alpha \mid H_0 \text{ 为真})$$
$$\beta = P\ (Z < Z_\alpha \mid H_0 \text{ 为假})$$

在进行假设检验时，我们总是希望尽可能地避免犯这两类错误或是犯这两类错误的概率越小越好。但是，对于一定的样本容量 n，两类错误不可能同时变小，两者之间是此消彼长的关系，减小 α 必然导致 β 增大，反之，减少 β 必然导致 α 增大。α 和 β 之间的关系如图 5-2 所示。

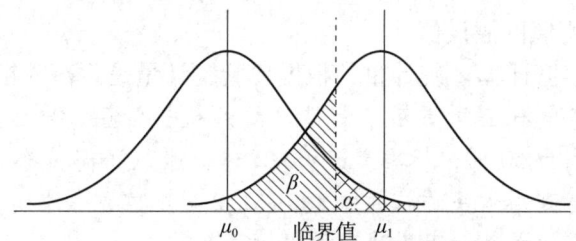

图 5-2　α 和 β 关系示意图

如果要同时减小 α 和 β，只能增大样本容量 n。但是，样本容量也不能无限制增加。因此，在假设检验中，就存在着对两类错误进行控制的问题。一般而言，哪类错误的后果严重，危害大，就把这类错误作为假设检验的首要控制目标。在假设检验中，一般遵循"首先控制犯 α 错误"的原则。这是因为，一方面，遵循统一的原则，便于讨论问题；另一方面，从实际的观点看，原假设通常是明确的，而备择假设通常是模糊的。如在前例检验2020年和2019年新生儿体重是否有显著的差异时，原假设 $H_0: \mu = 3\,200$ 的标准是十分明确的，而备择假设 $H_1: \mu \neq 3\,200$ 的标准则是比较模糊的。相比之下，大家更愿意接受一个含义明确的假设。即我们更关心的是当原假设 H_0 为真，而我们却拒绝了，犯这类错误的概率有多大，这正是犯第一类错误所表现的内容。

第二节 单个总体参数的假设检验

根据假设检验内容、条件的不同，需要采用不同的检验统计量。在单个总体参数的假设检验中，常用到的检验统计量主要有 Z 统计量、t 统计量和 χ^2 统计量。均值和比例的检验常用 Z 统计量和 t 统计量，方差的检验则常用 χ^2 统计量。具体采用何种检验统计量，需要考虑样本统计量 n 的大小、总体的方差 σ^2 是否已知等因素来确定。

一、单个总体均值的假设检验

（一）总体方差已知

根据抽样分布理论可得，有以下情形的样本平均数服从正态分布：（1）总体服从正态分布；（2）总体分布未知，但样本容量 n 充分大（一般认为 $n \geq 30$，为大样本）。

根据具体的分析问题，设定不同形式的原假设和备择假设。当原假设 H_0 成立且总体方差已知时，构造服从正态分布的检验统计量 Z：

$$Z = \frac{\bar{x} - \mu_0}{\sigma / \sqrt{n}} \tag{5-1}$$

其中，μ_0 为总体均值的假设值。

通过样本观察值计算 Z 统计量，根据检验统计量是否落入拒绝域作出判断。

【例5-1】 某电气公司更新了制造电线的机器设备，电线产品的质量标准为：平均抗拉强度为60磅，标准差 σ 为3.2磅，服从正态分布。取64根电线为样本进行检验，得到样本平均抗拉强度为61.2磅。在显著性水平 α 为0.05时，试判断该机器生产的电线是否达到平均抗拉强度？

解：①根据题意，建立原假设和备择假设。

$H_0: \mu = 60, \ H_1: \mu \neq 60$

本例中，待检验的是该机器生产的电线是否达到平均抗拉强度，因而是双侧检验。

②构造检验统计量。已知总体服从正态分布，且总体标准差已知，可构造 Z

检验统计量。

$$Z = \frac{\bar{x} - 60}{\sigma/\sqrt{n}}$$

③根据显著性水平确定拒绝域。显著性水平为 0.05，双侧检验，拒绝域在左右两侧，临界值可通过查阅标准正态分布表得到 $Z_{\frac{\alpha}{2}} = 1.96$，因而拒绝域为 $(-\infty, -1.96] \cup [1.96, +\infty)$。

④根据样本观测值，计算检验统计量。

$$Z = \frac{\bar{x} - 60}{\sigma/\sqrt{n}} = \frac{61.2 - 60}{3.2/\sqrt{64}} = 3$$

⑤比较判断。$Z = 3 >$ 临界值 $Z_{\frac{\alpha}{2}} = 1.96$，由样本观测值计算得到的检验统计量的值落入了拒绝域，拒绝原假设，故认为该机器生产的电线没有达到平均抗拉强度。

P 值可通过 Excel 软件计算得到。本例为双侧检验，计算得到的 P 值为 0.0027，远远小于 α，故拒绝原假设，得到与上述相同的结论。

（二）总体方差未知

在总体服从正态分布的条件下，可用样本方差替代总体方差，此时样本平均数的抽样分布服从自由度为 $n-1$ 的 t 分布，可构造 t 检验统计量。

$$t = \frac{\bar{x} - \mu_0}{s/\sqrt{n}} \sim t(n-1) \tag{5-2}$$

其中，s 为样本标准差。

需注意，在大样本的情况下，t 分布近似于标准正态分布，可用 Z 检验统计量代替 t 检验统计量。

【例 5-2】某袋装食盐生产基地按规定生产的平均每袋食盐的重量为 350 克。现从一批产品中随机抽取 10 袋，测得每袋重量（单位：克）分别为 362、353、348、357、346、349、335、351、346、356。假定生产的食盐重量服从正态分布，试在显著性水平 $\alpha = 0.05$ 下检验该批食盐的重量是否显著高于规定要求。

解：①根据题意，建立原假设和备择假设。

$H_0: \mu \leq 350$，$H_1: \mu > 350$

本例为右侧检验。

②构造检验统计量。已知小样本，且样本均值服从正态分布，总体方差未知，可构造 t 检验统计量。

$$t = \frac{\bar{x} - 60}{s/\sqrt{n}}$$

③根据显著性水平，确定拒绝域。显著性水平 $\alpha = 0.05$，$n = 10$，自由度 $= n - 1 = 9$，右侧检验仅有一个临界值，可通过查表得到 $t_\alpha(n-1) = t_{0.05}(n-1) = 1.833$。

④根据样本观测值,计算样本统计量。由于总体方差未知,可用样本标准差替代总体标准差,因此,需先计算样本均值和样本标准差。

样本均值为:

$$\bar{x} = \frac{\sum x}{n} = \frac{3\,503}{10} = 350.3 \text{(克)}$$

样本标准差为:

$$s = \sqrt{\frac{\sum (x-\bar{x})^2}{n-1}} = \sqrt{\frac{500.1}{9}} \approx 7.454 \text{(克)}$$

样本的检验统计量为:

$$t = \frac{\bar{x}-\mu_0}{s/\sqrt{n}} = \frac{350.3-350}{7.454/\sqrt{10}} \approx 0.127$$

⑤比较判断。$t = 0.127 <$ 临界值 $t_{0.05}(n-1) = 1.833$,不能拒绝原假设,故认为该批食盐的重量并没有显著高于规定要求。

P 值可通过 Excel 软件计算得到。本例为单侧检验,计算得到的 P 值为 0.451,大于 α,故不能拒绝原假设,得到与上述相同的结论。

二、单个总体成数的检验

根据抽样分布理论,样本成数服从二项分布。在大样本($n \geq 30$,$np \geq 5$,且 $n(1-p) \geq 5$)下,样本成数 p 近似服从正态分布,于是,当原假设 H_0 成立时,对总体成数假设检验可近似采用 Z 检验:

$$Z = \frac{P-p_0}{\sqrt{\frac{p_0(1-p_0)}{n}}} \sim N(0,1) \tag{5-3}$$

其中,P 为样本成数;p_0 为总体成数的假设值。

【例 5-3】某企业人事部门认为该企业有 20% 以上的职工对工作环境不满意。为了检验这种说法,从该企业随机调查职工 100 人,其中,对工作环境不满意的有 26 人。试在 0.05 显著性水平下,检验调查结果是否支持人事部门的看法。

解:根据题意可得 $n = 100$,$np = 26 > 5$,$n(1-p) = 74 > 5$。

①建立原假设和备择假设。

$H_0: p_0 \leq 20\%$,$H_1: p_1 > 20\%$

其中,备择假设为人事部门的看法,我们希望验证人事部门的看法是真实的,因而使用右侧检验。

②计算拒绝域。由于是右侧检验,查标准正态分布表得到的临界值 $Z_{0.05} = 1.645$,拒绝域为 $[1.645, +\infty)$。

③根据样本观测值,计算检验统计量。样本成数 $p = \frac{26}{100} = 0.26$。在原假设为

真的假设下，计算样本统计量 Z 为：

$$Z = \frac{P - p_0}{\sqrt{\frac{p_0(1-p_0)}{n}}} = \frac{0.26 - 0.2}{\sqrt{\frac{0.2 \times (1-0.2)}{100}}} = 1.5$$

④比较判断。$Z = 1.5 <$ 临界值 $Z_{0.05} = 1.645$，不能拒绝原假设，故认为样本信息还不能说明企业职工对工作环境不满意超过20%。

P 值可通过 Excel 软件计算得到。本例为单侧检验，计算得到的 P 值为 0.065，大于 α，故不能拒绝原假设，得到与上述相同的结论。

三、单个总体方差的检验

方差也是正态总体的重要参数，是研究产品质量波动程度、生产稳定性等的重要标志，所以对总体方差的推断也具有其实用价值。对于服从正态分布的总体方差，其检验假设有以下三种。

（1）$H_0: \sigma^2 = \sigma_0^2$，$H_1: \sigma^2 \neq \sigma_0^2$，双侧检验；

（2）$H_0: \sigma^2 \leq \sigma_0^2$，$H_1: \sigma^2 > \sigma_0^2$，右侧检验；

（3）$H_0: \sigma^2 \geq \sigma_0^2$，$H_1: \sigma^2 < \sigma_0^2$，左侧检验。

在参数估计中，样本方差 S^2 为总体方差 σ^2 的无偏估计，可以利用样本方差 S^2 与总体方差 σ^2 的比值来构造检验统计量。根据抽样分布定理可知，从一个正态分布中任意抽取样本容量为 n 的样本，在原假设 H_0 为真的条件下，其检验统计量及其分布为：

$$\chi^2 = \frac{(n-1)S^2}{\sigma_0^2} \sim \chi^2(n-1) \tag{5-4}$$

运用 χ^2 检验统计量进行假设检验又称为 χ^2 检验。χ^2 分布曲线随着自由度的不同而变化，其分布曲线处于第一现象。当自由度大于30时，χ^2 分布曲线接近正态分布。图5-3为 χ^2 分布曲线，显著性水平为 α 的右侧检验的拒绝域如图5-3中阴影部分所示，临界值 $\chi_{0.05}^2(n-1)$ 可通过查 χ^2 分布表得到，则右侧检验的拒绝域为 $(\chi_\alpha^2(n-1), +\infty)$，$P$ 值 $= P\{\chi^2(n-1) \geq \chi^2\}$；左侧检验的拒绝域为 $(0, \chi_\alpha^2(n-1))$，P 值 $= P\{\chi^2(n-1) \leq \chi^2\}$；双侧检验的拒绝域为 $(0, \chi_{1-\alpha/2}^2(n-1))$ 和 $(\chi_{\alpha/2}^2(n-1), +\infty)$，$P$ 值为2倍的相应单尾 P 值。

【例5-4】承〖例5-2〗中，若按要求袋装食盐重量的标准差不超过10克，在显著性水平 $\alpha = 0.05$ 时，检验该批食盐的重量波动是否符合要求？

解：①建立原假设和备择假设。由于想要检验食盐重量的标准差不超过10克，采用的检验方式为右侧检验。

$H_0: \sigma^2 \leq 100$，$H_1: \sigma^2 > 100$

②计算拒绝域。由于是右侧检验，$\alpha = 0.05$，自由度 $= n - 1 = 9$，查 χ^2 分布表得到的临界值 $\chi_{0.05}^2(9) = 16.92$，拒绝域为 $[16.92, +\infty)$。

③根据样本观测值，计算检验统计量。

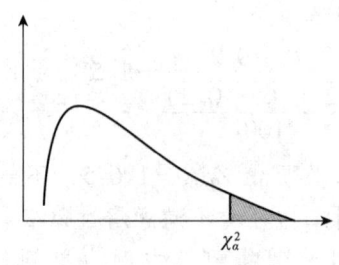

图 5-3 χ^2 分布曲线

$$\chi^2 = \frac{(n-1)S^2}{\sigma_0^2} = \frac{(10-1) \times 55.562}{100} \approx 5.001$$

④比较判断。$\chi^2 = 5.001 <$ 临界值 $\chi_{0.05}^2(9) = 16.92$，落入接受区域，不能拒绝原假设，故认为这批食盐重量的波动符合要求。

P 值可通过 Excel 软件计算得到。本例为单侧检验，计算得到的 P 值为 0.834，大于 α，故不能拒绝原假设，得到与上述相同的结论。

第三节 两个总体参数的假设检验

有时我们需要对两个总体的参数进行比较，以判断它们是否存在显著差异。例如，比较两种新旧生产方法生产的产品质量是否有显著不同，不同地区某种农作物产量的稳定性是否相同等。

一、两个正态总体均值之差的检验

两个正态总体均值之差检验的假设形式有如下三种。
(1) $H_0: \mu_1 = \mu_2$，$H_1: \mu_1 \neq \mu_2$，双侧检验；
(2) $H_0: \mu_1 \leq \mu_2$，$H_1: \mu_1 > \mu_2$，右侧检验；
(3) $H_0: \mu_1 \geq \mu_2$，$H_1: \mu_1 < \mu_2$，左侧检验。

两个正态总体均值的检验根据样本获取方式的不同，分为独立样本和成对样本两种情形，其中，独立样本要求两样本彼此独立，而成对样本则要求两样本成配对关系。同时，根据总体方差是否已知和样本容量 n 的大小来确定检验统计量。

(一) 两个样本相互独立的情形

1. 两个正态总体的方差已知。设 X_1 和 X_2 为两个正态总体 $X_1 \sim N(\mu_1, \sigma_1^2)$ 和 $X_2 \sim N(\mu_2, \sigma_2^2)$ 中独立抽样得到的两组样本的均值，样本容量分别为 n_1 和 n_2，则 $(X_1 - X_2) \sim N\left(\mu_1 - \mu_2, \frac{\sigma_1^2}{n_1} + \frac{\sigma_2^2}{n_2}\right)$。可构造如下 Z 检验统计量：

$$Z = \frac{(X_1 - X_2) - (\mu_1 - \mu_2)}{\sqrt{\frac{\sigma_1^2}{n_1} + \frac{\sigma_2^2}{n_2}}} \sim N(0, 1) \qquad (5-5)$$

无论样本容量大小，在两个正态总体的方差已知情况下，对两个总体均值差的假设检验都是利用式（5-5）构造的检验统计量进行 Z 检验。

【例 5-5】已知某电子元件的使用寿命服从正态分布，A、B 两厂生产的电子元件的使用寿命标准差分别为 100 小时和 90 小时。现分别从 A、B 两厂随机抽取 20 只和 15 只电子元件，测得其平均寿命分别为 1 268 小时和 1 110 小时。试问抽样结果是否支持 "A 厂生产的电子元件的平均使用寿命比 B 厂至少高 100 小时" 这一观点（$\alpha = 0.05$）？

解：设 X_1 和 X_2 分别是 A、B 两厂抽取的样本数据，μ_1、μ_2 和 σ_1、σ_2 分别为两样本的总体均值和方差。根据题意可得，$X_1 = 1\,268$，$X_2 = 1\,110$，$\sigma_1^2 = 100^2$，$\sigma_2^2 = 90^2$，两样本容量分别为 $n_1 = 20$，$n_2 = 15$。检验步骤如下。

①建立原假设和备择假设。

$H_0: \mu_1 - \mu_2 \leq 100$，$H_1: \mu_1 - \mu_2 > 100$

②计算拒绝域。由于是右侧检验，$\alpha = 0.05$，查标准正态分布表得到临界值 $Z_{0.05} = 1.645$，拒绝域为 $[1.645, +\infty)$。

③根据样本观测值，计算检验统计量。

$$Z = \frac{(X_1 - X_2) - (\mu_1 - \mu_2)}{\sqrt{\frac{\sigma_1^2}{n_1} + \frac{\sigma_2^2}{n_2}}} = \frac{(1\,268 - 1\,110) - 100}{\sqrt{\frac{100^2}{20} + \frac{90^2}{15}}} \approx 2.109$$

④比较判断。$Z = 2.109 > $ 临界值 $Z_{0.05} = 1.645$，落入拒绝区域，拒绝原假设，即根据所抽取的样本信息，可以认为 A 厂生产的电子元件的平均使用寿命比 B 厂至少高 100 小时。

P 值可通过 Excel 软件计算得到。本例为单侧检验，计算得到的 P 值为 0.017，小于 α，故拒绝原假设，得到与上述相同的结论。

2. 两个正态总体方差未知，但相等（$\sigma_1^2 = \sigma_2^2$）。由于总体方差未知，但相等，因此，可以利用样本方差估计总体方差。此时，样本均值之差的抽样分布服从自由度为 $(n_1 + n_2 - 2)$ 的 t 分布：

$$t = \frac{(X_1 - X_2) - (\mu_1 - \mu_2)}{\sqrt{\frac{S_w^2}{n_1} + \frac{S_w^2}{n_2}}} \sim t(n_1 + n_2 - 2) \qquad (5-6)$$

其中，$S_w^2 = \dfrac{\sum(X_1 - \bar{x}_1)^2 + \sum(X_2 - \bar{x}_2)^2}{(n_1 - 1) + (n_2 - 1)} = \dfrac{(n_1 - 1)S_1^2 + (n_2 - 1)S_2^2}{n_1 + n_2 - 2}$，为两样本方差的加权平均。

【例 5-6】某工厂为了试验某种新生产方法是否能够提高产品的纯度，对新旧两种方法进行对比试验。对应纯度如表 5-2 所示，其中，第一组为旧生产方法，第二组为新生产方法。假设两种生产方法产品纯度服从正态分布且方差相等。试问在5%的显著性水平下新生产方法比旧生产方法产品的纯度是否有显著提高。

表 5-2　　　　　　　　　　新旧生产方法纯度　　　　　　　　　　单位:%

第一组		第二组	
25	29	35	32
25	30	31	30
22	28	38	31
33	26	28	22
26	33	25	38
31	37	36	40
27	34	28	29
24	31	36	30
32	24	42	24
35	31	27	31

解：设 μ_1 和 μ_2 分别代表新旧生产方法生产产品纯度的总体均值，且假定 $\sigma_1^2 = \sigma_2^2$，根据第一组和第二组数据可计算得到：$\bar{X}_1 = 31.65$，$\bar{X}_2 = 29.15$，样本容量分别为20，联合标准差的估计为：

$$S_w^2 = \frac{(n_1-1)S_1^2 + (n_2-1)S_2^2}{n_1 + n_2 - 2} = \frac{19 \times 4.184^2 + 19 \times 5.451^2}{20 + 20 - 2} \approx 23.608$$

检验步骤如下。

① 建立原假设和备择假设。

$H_0: \mu_1 \leq \mu_2$，$H_1: \mu_1 > \mu_2$

② 计算拒绝域。由于是右侧检验，$\alpha = 0.05$，查 t 分布表得到的临界值 $t_{0.05}(38) = 1.686$，拒绝域为 $[1.686, +\infty)$。

③ 根据样本观测值，计算检验统计量。

$$t = \frac{(\bar{X}_1 - \bar{X}_2) - (\mu_1 - \mu_2)}{\sqrt{\frac{S_w^2}{n_1} + \frac{S_w^2}{n_2}}} = \frac{31.65 - 29.15}{\sqrt{23.608 \times \left(\frac{1}{20} + \frac{1}{20}\right)}} \approx 1.628$$

④ 比较判断。$t = 1.628 <$ 临界值 $t_{0.05} = 1.686$，落入接受区域，不能拒绝原假设，即根据所抽取的样本信息，可以认为新生产方法生产产品的纯度比旧生产方法生产产品的纯度没有显著提高。

P 值可通过 Excel 软件计算得到。本例为单侧检验，计算得到的 P 值为 0.056，大于 α，故不能拒绝原假设，得到与上述相同的结论。

(二) 成对样本的均值检验

在检验两个总体均值之差时，有时两样本是成对而非独立。例如，比较同一组人在服用某种减肥产品前后体重有无显著变化,比较市场对两个不同型号产品的欢迎程度是否相同。

对于成对样本的均值检验问题可转化为单个样本的均值检验问题。方法为:首先计算出每一对样本数据的差值,即 $d_i = x_i - y_i$, $i = 1, 2, \cdots, n$(其中,x 和 y 为成对样本的观测值,差值的总体均值记为 μ_d,标准差记为 S_d);其次将 n 个差值看作一个样本,则将原检验问题转化为根据差值样本来检验 μ_d 是否等于(或小于、大于)假设均值 μ_0(通常取 $\mu_0 \geq 0$)。

假设成对样本差值所构成的总体服从正态分布,且成对样本差值是从差值总体中随机抽取的,此时,成对样本差值平均数抽样分布服从自由度为 $(n-1)$ 的 t 分布:

$$t = \frac{\bar{d} - \mu_0}{S_d / \sqrt{n}} \sim t(n-1) \tag{5-7}$$

其中,$\bar{d} = \frac{\sum d}{n}$,$S_d = \sqrt{\frac{\sum (d_i - \bar{d})^2}{n-1}}$。

【例 5-7】某厂生产两种类型的空调,一款为单冷型;另一款为冷暖型。为了解两种类型空调的市场受欢迎程度是否相同,假设厂商在一个月内从同时销售两种类型空调的 8 个零售商处获得的销售资料如表 5-3 所示。

表 5-3　　　　　　　　　　两种空调销售调查表　　　　　　　　　单位:台

零售商	1	2	3	4	5	6	7	8
单冷型	493	392	517	607	629	556	686	753
冷暖型	500	401	522	593	633	546	680	757
销售差额	-7	-9	-5	14	-4	10	6	-4

试问在 0.05 的显著性水平下,是否可以认为两种类型的空调市场受欢迎的程度相同。

解:表 5-3 中最后一行是成对数据差 d,$\bar{d} = 0.125$,$S_d = 8.61$。假设它服从正态分布,总体方差未知。检验步骤如下。

① 建立原假设和备择假设。

$H_0: \mu_d = 0$,$H_1: \mu_d \neq 0$

② 计算拒绝域。由于是双侧检验,$\alpha = 0.05$,自由度为 7,查 t 分布表得到的临界值 $t_{0.025}(7) = 2.365$,拒绝域为 $[2.365, +\infty)$。

③ 根据样本观测值,计算检验统计量。

$$t = \frac{\bar{d} - \mu_0}{\frac{S_d}{\sqrt{n}}} = \frac{0.125}{8.61/\sqrt{8}} \approx 0.041$$

④ 比较判断。$t = 0.041 <$ 临界值 $t_{0.025} = 2.365$,落入接受区域,不能拒绝原

假设，即根据所抽取的样本信息，可以认为两种型号的空调的市场受欢迎程度没有显著差异。

P 值可通过 Excel 软件计算得到。本例为单侧检验，计算得到的 P 值为 0.968，大于 α，故不能拒绝原假设，得到与上述相同的结论。

二、两个正态总体方差相等性的检验

两个正态总体方差相等性检验的假设有以下三种形式。
(1) $H_0: \sigma_1^2 = \sigma_2^2$，$H_1: \sigma_1^2 \neq \sigma_2^2$，双侧检验；
(2) $H_0: \sigma_1^2 \geq \sigma_2^2$，$H_1: \sigma_1^2 < \sigma_2^2$，左侧检验；
(3) $H_0: \sigma_1^2 \leq \sigma_2^2$，$H_1: \sigma_1^2 > \sigma_2^2$，右侧检验。

通过其方差的比值 σ_1^2/σ_2^2 检验上述假设，由数理统计相关知识可知，在原假设 $H_0: \sigma_1^2 = \sigma_2^2$ 成立的条件下，构造 F 检验统计量：

$$F = \frac{S_1^2}{S_2^2} \sim F(n_1 - 1, n_2 - 1) \tag{5-8}$$

双侧检验的拒绝域为 $(0, F_{1-\frac{\alpha}{2}}(n_1 - 1, n_2 - 1))$ 和 $(F_{\frac{\alpha}{2}}(n_1 - 1, n_2 - 1), +\infty)$；左侧检验的拒绝域为 $(0, F_{1-\alpha}(n_1 - 1, n_2 - 1))$；右侧检验的拒绝域为 $(F_\alpha(n_1 - 1, n_2 - 1), +\infty)$。

【例 5-8】承〖例 5-6〗，假定新旧生产方法生产产品的纯度都服从正态分布且方差相等。然而，在两个总体方差未知的情况下，假定两者方差相等是很值得怀疑的。试在 0.1 的显著性水平下对此进行假设检验。

解：依题意，这是一个双侧检验，$S_1 = 4.184$，$S_2 = 5.451$，$n_1 = n_2 = 20$。

①建立原假设和备择假设。

$H_0: \sigma_1^2 = \sigma_2^2$，$H_1: \sigma_1^2 \neq \sigma_2^2$

②计算拒绝域。F 检验统计量通常是方差较大的总体与方差较小的总体的比值，为了简化判断过程，只需判断检验统计量的值是否在右尾的拒绝域。查 F 分布表得到的临界值 $F_{0.05}(19, 19) = 2.168$，拒绝域为 $[2.168, +\infty)$。

③根据样本观测值，计算检验统计量。

$$F = \frac{S_1^2}{S_2^2} = \frac{4.184^2}{5.451^2} = 0.589$$

④比较判断。$F = 0.589 <$ 临界值 $F_{0.05}(19, 19) = 2.168$，落入接受区域，不能拒绝原假设，即根据所抽取的样本信息，可以认为新旧生产方法生产产品的纯度方差相等。

P 值可通过 Excel 软件计算得到。本例为单侧检验，计算得到的 P 值为 0.258，大于 α，故不能拒绝原假设，得到与上述相同的结论。

三、两个总体成数之差的检验

假设 P_1、P_2 是待检验的两个总体成数，p_1、p_2 为两个样本成数，是两个未知参数的无偏估计，其样本容量分别为 n_1、n_2。两个总体成数之差的假设检验类似于单个总体成数的假设检验的基本思路。在此，我们只讨论大样本情况下的检验。如单个总体成数，当 n_1p_1、n_2p_2、$n_1(1-p_1)$、$n_2(1-p_2)$ 均大于或等于 5 时，为大样本。

对于两个总体成数之差的检验的假设有如下三种形式。
(1) $H_0: P_1 = P_2$，$H_1: P_1 \neq P_2$，双侧检验；
(2) $H_0: P_1 \geq P_2$，$H_1: P_1 < P_2$，左侧检验；
(3) $H_0: P_1 \leq P_2$，$H_1: P_1 > P_2$，右侧检验。

在大样本情况下，原假设 $H_0: P_1 = P_2$ 成立的条件下，两个总体成数之差的假设检验可构造 Z 检验统计量：

$$Z = \frac{(p_1 - p_2) - (P_1 - P_2)}{\sqrt{\frac{p_1(1-p_1)}{n_1} + \frac{p_2(1-p_2)}{n_2}}} \tag{5-9}$$

【例 5-9】某公司采购员欲采购的某种产品有甲、乙两家供应商，其中，甲的产品价格较高，但宣称其产品质量比较高。采购员现比较两家供应商的产品质量，在产品次品率相同的情况下，采购员会优先选择供应商乙合作。现分别从甲、乙两供应商处随机各抽取 200 件产品，发现甲供应商有 20 件次品，乙供应商有 24 件次品。在 0.05 的显著性水平下，采购员该选择哪家公司进行合作？

解：设甲、乙两家供应商的产品次品率分别为 P_1、P_2。

①建立原假设和备择假设。

$H_0: P_1 = P_2$，$H_1: P_1 \neq P_2$。

根据所得的样本观测值可计算得到：$p_1 = 10\%$，$p_2 = 12\%$。

②计算拒绝域。显著性水平为 0.05，双侧检验，拒绝域在左右两侧，临界值可通过查阅标准正态分布表得到 $Z_{\frac{\alpha}{2}} = 1.96$。因而拒绝域为 $(-\infty, -1.96] \cup [1.96, +\infty)$。

③根据样本观测值，计算检验统计量。

$$Z = \frac{(p_1 - p_2) - (P_1 - P_2)}{\sqrt{\frac{p_1(1-p_1)}{n_1} + \frac{p_2(1-p_2)}{n_2}}} = \frac{0.1 - 0.12}{\sqrt{\frac{0.1(1-0.1)}{200} + \frac{0.12(1-0.12)}{200}}}$$

≈ -0.640

④比较判断。$Z = -0.640 > $ 临界值 $-Z_{\frac{\alpha}{2}} = -1.96$，落入接受区域，不能拒绝原假设，即根据所抽取的样本信息，可以选择乙供应商进行合作。

P 值可通过 Excel 软件计算得到。本例为单侧检验，计算得到的 P 值为

0.258，大于 α，故不能拒绝原假设，得到与上述相同的结论。

第四节 假设检验的其他问题

一、关于检验结果的解释

前面介绍的各种类型的检验是通过是否拒绝原假设 H_0 的方式来进行的，然而，原假设是对总体分布某一未知特征的猜测，这个猜测正确与否是未知的。显著性水平以 α 为标准是在原假设为真的前提下进行的，即正常情况下检验结果和原假设应该是相一致的，如果概率小于显著性水平的事件发生了，则拒绝原假设，否则，不能拒绝原假设。这种小概率原理、反证法的思想，确保了犯第一类错误的概率不超过 α，即弃真错误的概率不超过 α，但是无法提供犯第二类错误的信息，即无法获得取伪错误的概率 β。因此，在显著性水平 α 的检验标准下，如果出现拒绝原假设 H_0 时，可以解释为"结果 H_1 为真出错的概率不超过 α"。

如果不能拒绝原假设，只能说明根据当前的数据和检验方法不足以拒绝这些假设。对于同一个假设检验问题，往往有多个检验统计量，且还可以构造更优良的检验统计量，我们不可能把目前存在的和将来可能存在的所有检验都进行验证。因此，不能拒绝原假设就"接受原假设"的说法是不妥当的，只能解释为"按照目前所获得的样本观测数据和检验方法，还不足以拒绝原假设"。

二、单侧检验中假设的建立

在单侧检验中，一个需要我们认真考虑的问题就是假设的建立。其中，左侧检验 $H_0: \theta \geq \theta_0$，$H_1: \theta < \theta_0$；右侧检验 $H_0: \theta \leq \theta_0$，$H_1: \theta > \theta_0$。对于同样一组数据，可能会得到完全相反的结论。

【例 5-10】工厂生产某种轮胎的质量标准是平均行驶里程不低于 28 000 英里。已知轮胎批量产品的平均行驶里程服从正态分布，且标准差为 1 000 英里。采购员欲从该厂进货，随机抽取 81 只轮胎检查，测得样本均值为 27 900 英里。试问采购员是否决定购进这批轮胎（α=0.05）？

解：问题的假设有以下两种形式。

①假设该厂生产的轮胎很可能低于规定的质量标准，故检验 $\mu \leq 28\ 000$ 英里是否成立。

$H_0: \mu \leq 28\ 000$，$H_1: \mu > 28\ 000$

该检验为右侧检验，计算 Z 检验统计量：

$$Z = \frac{27\ 900 - 28\ 000}{1\ 000/\sqrt{81}} = -0.9$$

临界值 $Z_\alpha = 1.645$，检验统计量落入接受区域，不能拒绝原假设，故认为轮胎的质量没有达到规定标准。

② 假设该厂生产的轮胎不会低于规定的质量标准，故检验 $\mu \geq 28\ 000$ 英里是否成立。

$H_0: \mu \geq 28\ 000$，$H_1: \mu < 28\ 000$

该检验为左侧检验，临界值 $Z_\alpha = -1.645$，检验统计量 $Z = -0.9$，同样不能拒绝原假设，故认为该批轮胎的质量达到了规定的质量标准。

于是，题中出现了同组数据却得到完全相反结论的现象，但它恰恰反映了统计推断不是简单的"非此即彼"的逻辑特点。同一个问题，我们因为对其背景的了解不同而采取不同的态度，具体是通过假设方向的选择来体现的。

第一种形式假设的背景是，根据以往的经验，该厂轮胎的质量不是很好，则采购员可以 $\mu \leq \mu_0$ 为原假设，目的是采购员要求有足够强的证据才能相信这批轮胎的质量达到了规定标准要求，这使不合格产品至少以 $(1-\alpha)$ 的概率被拒绝。

第二种形式假设的背景是，根据以往的经验，该厂轮胎的质量很好，采购员相信该厂的质量，于是选择 $\mu \geq \mu_0$ 为原假设。这样对生产厂商是有利的，这使质量达到规定标准的产品只以很低的概率 α 被拒绝。

在实际问题的检验中，我们对于问题的背景不可能都有了解，因此，如何提出假设方向，尤其是单侧检验的假设方向，就成了我们需要考虑的问题。对于如何确定假设没有统一的标准，假设的确定通常与待检验问题的性质、目的以及检验者的经验及知识积累有关。不过，我们一般将检验者收集证据欲以证明的命题作为备择假设，而把已有的经验、观点或结论放在原假设上，这样能更好地体现假设检验的价值。

第五节 Excel 在假设检验中的应用

一、利用 Excel 进行单样本 z 检验法假设检验

【案例导入】

零售商店行人数的假设检验

陈先生是某集团的企划部经理，在今年的规划中，集团准备在某地新开一家零售商店。为了选择一个合适的地理位置（需要选择一处人流量较大的交通路口处），陈先生委托他人在该地最繁华的群众路某十字路口进行了一个月的考察，统计每天经过该地的行人数量，经过连续 30 天的观察，统计结果如表 5-4 所示。

表 5－4　　某地某十字路口行人数

367	402	515	633	302	421	317	544	468	399
759	526	212	256	456	553	259	469	366	197
178	531	419	450	511	257	609	412	503	364

如果陈先生认为，每天通过的行人平均数量超过420人，就可以考虑新开这家零售商店，试在显著性水平为0.05的条件下为陈先生作出决策，考虑是否可以在该处新开一家零售商店。

【案例处理】

根据本次调查数据，可以对经过此地的行人数作出假设，然后对该假设进行判断。可采用两种不同的方法进行假设检验：一是临界值法；二是P值法。案例中总体方差未知，$n \geqslant 30$为大样本，总体趋近于正态分布，可近似采用Z检验统计量或其对应的P值代替，然后将统计量的值与临界值进行比较，并作出统计决策。

（一）临界值法

（1）打开“行人数.xls”工作簿，选择“行人数”工作表。

（2）在单元格C1中输入“原假设H_0”，C2中输入“备择假设H_1”，C3中输入“样本容量n”，C4中输入“α（显著性水平）”，C5中输入“μ_0”，C6中输入“样本均值”，C7中输入“标准差”，C11中输入“临界值法:”，C12中输入“$|Z|$”，C13中输入“临界值$|Z_\alpha|$”，C14中输入“结论”。Excel数据如图5－4所示。

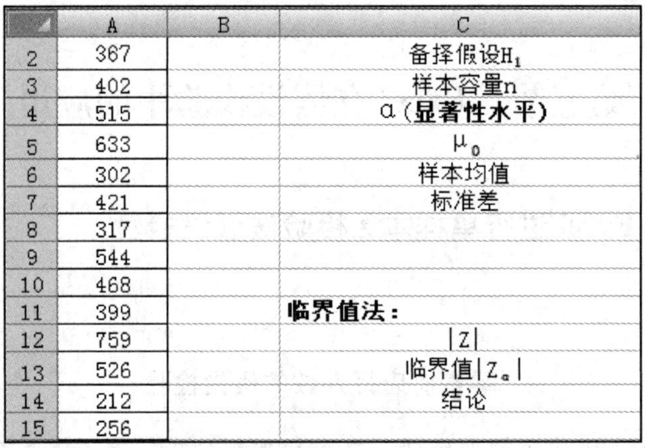

	A	B	C
2	367		备择假设H1
3	402		样本容量n
4	515		α（显著性水平）
5	633		μ0
6	302		样本均值
7	421		标准差
8	317		
9	544		
10	468		
11	399		临界值法：
12	759		|Z|
13	526		临界值|Zα|
14	212		结论
15	256		

图5－4　操作结果界面

（3）单击单元格D1，在编辑栏中输入原假设H_0的值“$\mu \leqslant 420$”；单击单元格D2，在编辑栏中输入备择假设H_1的值“$\mu > 420$”；单击单元格D3，在编辑栏中输入样本容量n的值“30”；单击单元格D4，在编辑栏中输入显著性水平α的值“0.05”；单击单元格D5，在编辑栏中输入均值μ_0的值“420”。

（4）求样本均值。单击单元格 D6，在单元格中输入公式"= AVERAGE（A2：A31）"，计算 A 列的均值，显示值为 421.8333。

（5）求样本标准差。单击单元格 D7，在单元格中输入公式"= STDEV（A2：A31）"，计算 A 列的标准差，显示值为 137.5646。

（6）求对应 Z 统计量的绝对值 $|Z|$。单击单元格 D12，在单元格中输入公式"= ABS（D6 - D5）/（D7/SQRT（D3））"，计算 Z 的绝对值，显示值为 0.072995。

（7）求对应的临界值 $|Z_\alpha|$。单击单元格 D13，在单元格中输入公式"= ABS（NORMSINV（D4））"，计算 Z_α 的绝对值，显示值为 1.644854。

（8）临界值法假设检验。单击单元格 D14，在单元格中输入"= IF（D12 < D13,'不能拒绝原假设 H_0','拒绝原假设 H_0'）"，结果显示"不能拒绝 H_0"。如图 5-5 所示。

	A	B	C	D
1	行人数		原假设H_0	μ≤420
2	367		备择假设H_1	μ>420
3	402		样本容量n	30
4	515		α（显著性水平）	0.05
5	633		$μ_0$	420
6	302		样本均值	421.8333333
7	421		标准差	137.5645512
8	317			
9	544			
10	468			
11	399		临界值法：	
12	759		$\|Z\|$	0.072995406
13	526		临界值$\|Z_\alpha\|$	1.644853627
14	212		结论	不能拒绝H0

图 5-5 临界值法操作结果

结果：最终得出 Z 统计量的绝对值 $|Z|$ 小于临界值 $|Z_\alpha|$，不能拒绝原假设 H_0，所以认为行人数≤420，不推荐新开这家零售商店。

（二）P 值法

（1）在单元格 C16 中输入"P 值法："，C17 中输入"P"，C18 中输入"结论"。Excel 数据如图 5-6 所示。

（2）求对应 P 值。单击单元格 D17，在单元格中输入公式"= 1 - NORMSDIST（D12）"计算 P 值，显示值为 0.470904887。

（3）P 值法假设检验。单击单元格 D18，在单元格中输入"= IF（D17 > D4,'不能拒绝 H_0','拒绝 H_0'）"，结果显示"不能拒绝 H_0"。如图 5-7 所示。

在显著性水平为 0.05 的条件下，不能拒绝原假设，可以认为行人数≤420，不推荐新开这家零售商店。

图 5-6 操作结果界面

图 5-7 P 值法操作结果

二、利用 Excel 进行单样本 t 检验法假设检验

【案例导入】

某班男生平均身高判定

已知某班男生的身高服从正态分布但总体方差未知，按随机原则抽取 16 名学生并测量其身高，数据如表 5-5 所示。

表 5-5　　　　　　　　　　　某班男生身高　　　　　　　　　　　单位：cm

173	166	168	180	182	178	163	169
170	172	177	178	175	175	175	174

试分析判断能否在 0.05 的显著性水平下认为此班男生平均身高为 175cm。

【案例处理】

案例中总体方差未知，$n<30$ 为小样本，采用 t 检验统计量或其对应的 P 值，然后将统计量的值与临界值进行比较，并作出统计决策。具体步骤如下。

（1）打开"身高.xls"工作簿，选择"身高"工作表。

（2）在单元格 C1 中输入"原假设 H_0"，C2 中输入"备择假设 H_1"，C3 中输入"样本容量 n"，C4 中输入"α（显著性水平）"，C5 中输入"μ_0"，C6 中输入"样本均值"，C7 中输入"标准差"，C11 中输入"临界值法："，C12 中输入"$|t|$"，C13 中输入"临界值 $|t_{\frac{\alpha}{2}}|$"，C14 中输入"结论"，C16 中输入"P 值法："，C17 中输入"P"，C18 中输入"结论"。Excel 数据如图 5-8 所示。

	A	B	C
1	某班男生身高		原假设H_0
2	173		备择假设H_1
3	170		样本容量n
4	166		α（显著性水平）
5	172		μ_0
6	168		样本均值
7	177		标准差
8	180		
9	178		
10	182		
11	175		临界值法：
12	178		$|t|$
13	175		临界值$|t_{\alpha/2}|$
14	163		结论
15	175		
16	169		P值法：
17	174		P
18			结论

图 5-8 操作结果界面

（3）单击单元格 D1，在编辑栏中输入原假设 H_0 的值"$\mu=175$"；单击单元格 D2，在编辑栏中输入备择假设 H_1 的值"$\mu\neq175$"；单击单元格 D3，在编辑栏中输入样本容量 n 的值"16"；单击单元格 D4，在编辑栏中输入显著性水平 α 的值"0.05"；单击单元格 D5，在编辑栏中输入均值 μ_0 的值"175"。

（4）求样本均值。单击单元格 D6，在单元格中输入公式"=AVERAGE（A2：A17）"，计算 A 列的均值，显示值为 173.4375。

（5）求样本标准差。单击单元格 D7，在单元格中输入公式"=STDEV（A2：A17）"，计算 A 列的标准差，显示值为 5.202163012。

（6）求对应 t 统计量的绝对值 $|t|$。单击单元格 D12，在单元格中输入公式"=ABS（D6-D5）/（D7/SQRT（D3））"，计算 t 的绝对值，显示值为 1.201423328。

（7）求对应的临界值 $|t_{\frac{\alpha}{2}}|$。单击单元格 D13，在单元格中输入公式"=ABS（TINV（D4/2，D3-1））"，计算 Z_α 的绝对值，显示值为 2.489879694。

(8) 临界值法假设检验。单击单元格 D14，在单元格中输入"= IF（D12 < D13，'不能拒绝原假设 H_0'，'拒绝原假设 H_0'）"，结果显示"不能拒绝 H_0"。

(9) 求对应 P 值。单击单元格 D17，在单元格中输入公式"= 1 - TDIST（D12，D3 - 1，2）"计算 P 值，显示值为 0.470904887。

(10) P 值法假设检验。单击单元格 D18，在单元格中输入"= IF（D17 > D4/2，'不能拒绝原假设 H_0'，'拒绝原假设 H_0'）"，结果显示"不能拒绝 H_0"。检验结果如图 5 - 9 所示。

	A	B	C	D
1	某班男生身高		原假设H_0	μ=175
2	173		备择假设H_1	$\mu \neq$175
3	170		样本容量n	16
4	166		α（显著性水平）	0.05
5	172		μ_0	175
6	168		样本均值	173.4375
7	177		标准差	5.202163012
8	180			
9	178			
10	182			
11	175		临界值法：	
12	178		|t|	1.201423328
13	175		临界值|$t_{\alpha/2}$|	2.489879694
14	163		结论	不能拒绝原假设H_0
15	175			
16	169		P值法：	
17	174		P	0.751786215
18			结论	不能拒绝原假设H_0

图 5 - 9 单样本 t 检验法检验结果

从图 5 - 9 中可以看出，在 0.05 显著性水平下，可以认为该班男生平均身高为 175cm。

课后练习题

一、填空题

1. 参数估计和_____是统计推断的两个组成部分，它们都是利用样本对总体进行某种推断。

2. 当原假设正确而被拒绝时，所犯的错误为_____；当备择假设正确而未拒绝原假设时，我们所犯的错误为_____。只有在拒绝原假设时我们才可能犯_____；只有在接受原假设时我们才可能犯_____。

3. 在实践中，我们对_____错误发生的概率进行控制，但_____错误发生的可能性却是不确定的，因此，当样本统计量未落入拒绝域时，我们不能判断_____是否正确，只能采用_____陈述方法。

4. 若变量服从正态分布且总体方差已知，则检验样本均值是否和总体均值相等用_____分布。

5. 若变量服从正态分布且总体方差未知，则检验样本均值是否和总体均值相等用_____分布。

二、单项选择题

1. 若其他条件相同，则下列检验值中拒绝原假设理由最充分的是（　　）。
   A. 2%　　　　　　B. 10%　　　　　　C. 25%　　　　　　D. 30%

2. 在其他条件不变的情况下，增加样本量，犯两类错误的概率会（　　）。
   A. 同时减小　　　　　　　　　　　B. 同时增大
   C. 保持不变　　　　　　　　　　　D. 一个增大一个减小

3. 在假设检验中，不能拒绝原假设意味着（　　）。
   A. 原假设一定是错误的　　　　　　B. 原假设一定是正确的
   C. 没有足够证据证明原假设是正确的　　D. 没有足够证据证明原假设是错误的

4. 对于左侧检验，检验统计量为 t，由样本观测值计算的检验统计量值为 t_0，则检验的 P 值等于（　　）。
   A. $2P\{t<t_0\}$　　B. $1-P\{t<t_0\}$　　C. $P\{t\leq t_0\}$　　D. $P\{t>t_0\}$

5. 在假设检验中，原假设和备择假设（　　）。
   A. 均有可能成立　　　　　　　　　B. 均有可能不成立
   C. 仅有一个成立且必有一个成立　　D. 原假设一定成立，备择假设一定不成立

6. 某假设在显著性水平（$\alpha=0.05$）下是显著的（即拒绝了原假设），则正确的说法是（　　）。
   A. 检验的 P 值大于 0.05　　　　　B. 显著性水平 0.01 下一定具有显著性
   C. 检验的 P 值小于 0.05　　　　　D. 显著性水平 0.1 必定是不显著的

7. 关于检验统计量，以下错误的是（　　）。
   A. 它是样本的函数
   B. 它包含未知总体参数
   C. 原假设 H_0 成立的前提下检验统计量的分布是明确可知的
   D. 可利用多个不同检验统计量来检验同一总体参数

8. 在假设检验中，第一类错误指（　　）。
   A. 拒绝了正确的原假设　　　　　　B. 拒绝了错误的原假设
   C. 拒绝了正确的备择假设　　　　　D. 未拒绝不正确的备择假设

9. 对两个总体方差进行相等性检验（$H_1:\sigma_1^2=\sigma_2^2$）。检验结果 P 值越小，则说明（　　）。
   A. 两样本方差是无差别的　　　　　B. 两总体方差是无差别的
   C. 越有信心判定两样本方差有差别　D. 越有信心判定两总体方差有差别

10. 某校学生近视人数高达 20%，然而有人认为实际比这个比例还要高，为了检验该说法是否正确，则假设形式为（　　）。
    A. $H_0:P\leq 0.2$，$H_1:P>0.2$　　　B. $H_0:P=0.2$，$H_1:P\neq 0.2$
    C. $H_0:P\geq 0.3$，$H_1:P<0.2$　　　D. $H_0:P\leq 0.3$，$H_1:P>0.3$

三、多项选择题

1. 假设 θ 是待检验参数，θ_0 代表 θ 的某个具体观测值。在下列假设形式中，错误的有（　　）。
   A. $H_0:\theta=10$，$H_1:\theta<10$　　　　B. $H_0:\theta_0=10$，$H_1:\theta_0<100$
   C. $H_0:\theta\geq 10$，$H_1:\theta>10$　　　D. $H_0:\theta=10$，$H_1:\theta\leq 10$
   E. $H_0:\theta\neq 10$，$H_1:\theta=10$

2. 随机抽取某校 200 个学生，测得近视学生占 26.5%，若要求检验该校总体这一比率是否超过了 25%，下列陈述中正确的有（　　）。

A. 此检验应为双侧检验 B. 此检验应为单侧检验

C. $Z = \dfrac{|26.5\% - 25\%|}{\sqrt{26.5\% \times 73.5\%/200}}$ D. $Z = \dfrac{26.5\% - 25\%}{\sqrt{26.5\% \times 73.5\%/200}}$

E. $Z = \dfrac{26.5\% - 25\%}{\sqrt{25\% \times 75\%/200}}$

3. 关于 P 值，错误的有（   ）。

A. P 值越小，拒绝零假设的证据越强 B. P 值是最小的显著性水平

C. P 值是最大的显著性水平 D. P 值越大，拒绝零假设的证据越强

E. P 值越小，拒绝零假设的证据越强

4. 在假设检验中，α 和 β 之间关系错误的有（   ）。

A. 在其他条件不变的情况下，增大 α，必然会减小 β

B. α 和 β 绝对不可能同时减小

C. 只能控制 α，不能控制 β

D. 增加样本容量不能同时减小 α 和 β

E. 增加样本容量可以同时减小 α 和 β

5. 由样本观测值计算的检验统计量落入原假设的拒绝域，以下说法错误的有（   ）。

A. 接受原假设 B. 没有足够的理由拒绝原假设

C. 没有足够的理由拒绝备择假设 D. 接受备择假设

E. 拒绝备择假设

四、判断题

1. 接受原假设 H_0，不一定表示原假设 H_0 是正确的。（   ）

2. 总体 $\bar{x}$ 不服从正态分布时，检验均值一定不能用 Z 检验。（   ）

3. 在一次假设检验中，当显著性水平 $\alpha = 0.05$，原假设被拒绝时，则用 $\alpha = 0.01$ 时，原假设也一定会被拒绝。（   ）

4. 当原假设为真却拒绝了原假设，则犯了弃真错误。（   ）

5. 在假设检验中，不拒绝原假设就意味着原假设一定是正确的。（   ）

6. 检验一个正态总体的方差时所使用的分布为正态分布或者 t 分布。（   ）

7. 当备择假设的符号为"<"时的假设检验是左侧检验。（   ）

8. 假设检验作出的结论未必总是正确的。（   ）

9. 假设检验中的显著性水平是第一类错误的上界。（   ）

10. 假设检验的基本思想可以用中心极限定理来解释。（   ）

五、简答题

1. 简述假设检验和参数估计的异同点。

2. 简述假设检验中的两类错误。

3. 简述显著性水平和 P 值的区别。

4. 简述假设检验依据的基本原理。

5. 简述如何确定单侧检验中假设的方向。

六、计算题

1. 某种灯泡要求其使用寿命不得低于 1 000 小时。已知灯泡批量产品的使用寿命服从标准差为 100 小时的正态分布，现从一批灯泡中随机抽查 25 个，测得平均使用寿命为 972 小时。

要求：

（1）试在 0.05 的显著性水平下检验这批电子元件灯泡是否合格。

（2）假设随机抽取 50 个样品进行检查，在其他条件不变的条件下，判断这批灯泡是否合格。

2. 根据以往的生产资料，某厂生产的某种产品的纤度服从正态分布，其方差为 0.25。现随机抽出 20 根产品，测得样本方差为 0.42。

要求：在 0.1 的显著性水平下判断该批产品纤度与平时是否有显著差别？

3. 某种药物对某疾病的治愈率为 70%。最近研发了一种新的药物，对 200 名患者试用该种药物后，治愈了 152 人。

要求：试问在 0.1 的显著性水平下能否说明新药物治愈效果更佳？这一试验数据能否说明新疗法确实比传统方法更加有效？

第六章 相关与回归分析

引例

美国一项研究得出结论：在西方国家，身高增长 10~12 厘米，薪水也能增加 9%~15%，高个子比矮个子赚钱多；并且在高度的优势中，男性又比女性优势稍微大些。

华中科技大学博士生论文《中国劳动力市场中的"美貌经济学"：身材重要吗?》提出，对于女性来说，身高每增加 1 厘米其工资收入会提高 1.5%~2.2%。

德国政府曾发布一项研究报告：一个人身高每增加 1 英寸，他自己创业的可能性就越高，而非待在办公室里听老板差遣；而且，身高较高的员工对自己的工作更满意，生活也会更幸福。

一个人的薪水高低会受很多因素影响，不仅包括个人的学历、经历、能力以及自身其他因素，也包括所处地区的经济社会发展水平、入职的行业等。薪水高低究竟与哪些因素或变量直接相关？与其主要影响因素之间存在什么样的数量依存关系？如何根据各主要影响因素的变化对薪水进行预测？要解决此类问题，就需运用本章相关与回归分析方法。

第一节 相关分析的基本问题

一、函数关系与相关关系

现象之间的相互联系和制约是事物发展的普遍规律。事物发展总是与一定变量的数量变化紧密联系的，现象不仅与其他有关现象构成一个普遍联系的整体，而且在它的内部也存在着许多彼此关联的因素。在一定的社会环境、地理条件、政府决策影响下，一些因素推动或制约另外一些与之联系的因素发生变化。这种状况表明，在现象的内部和外部联系中存在着一定的相互关系，人们往往利用这种关系来制定有关的政策，以指导、控制事物的发展。要认识和掌握客观事物规律就必须探求现象间变量的变化规律，而变量间的统计关系是变量变化规律的重要特征。变量间的统计关系一般可分为两种不同的类型：一种是函数关系；另一种是相关关系。

（一）函数关系

互有联系的现象及其变量间关系的紧密程度各不一样。一种极端的情况是，一个变量的变化能完全决定另一个变量的变化。例如，商品销售额＝价格×销售量，在价格已知的条件下，给定一个销售量，则可以精确地计算商品销售额。再如，一个保险公司承保汽车5万辆，平均每辆保费收入为1 000元，则该保险公司汽车承保总收入5 000万元。如果把承保总收入记为y，承保汽车辆数记为x，则$y=1\,000x$。x与y两变量之间完全表现为一种确定性关系，即函数关系。我们可将变量y与n个变量x_1，x_2，x_3，$\cdots$，x_n之间存在着的某种函数关系用下面的形式表示：

$$y = f(x_1, x_2, \cdots, x_n) \tag{6-1}$$

函数关系具有以下特点：

(1) 变量之间存在着数量上的依存关系；

(2) 变量之间数量上的依存关系的具体关系值是固定的，可以用数学公式表示。

（二）相关关系

现实世界中事物之间有着密切的联系，但它们密切的程度并没有达到由一个变量可以完全确定另一个变量的程度。其主要特征是某一现象与另一现象之间在数量上存在着一定的依存关系，但这种依存关系不是确定的和严格的。在这种关系中，对于某一现象的每一个数值，另一现象可有若干数值与之相对应，这些数值带有随机性质，表现出一定的波动性，但又总是围绕着它的平均数并遵循一定的规律变动。例如，在市场营销中，广告费用支出与销售量之间存在相关关系，如广告费用增加，在一定范围内销售量会提高，但销售量不仅受广告费用一种因素的影响，还要受到商品价格、消费者收入等多种因素的影响，因而不能完全依据广告费用一个因素来精确地确定商品销售量。再如，储蓄额与居民的收入密切相关，但是居民收入并不能完全确定储蓄额，因为影响储蓄额的因素很多，如通货膨胀、股票价格指数、利率、消费观念、投资意识等。因此，尽管储蓄额与居民收入有密切关系，但它们之间并不存在一种确定性关系。通常，变量之间不确定性的依存关系称为相关关系。一般认为，若变量y与变量x为相关关系，则y除受主要因素x影响外，还受其他因素影响，由于这些因素对y的影响相比之下较小且具有随机性，因此，把它们看作随机因素。相关关系的数学表达式为：

$$y = f(x) + \varepsilon \tag{6-2}$$

其中，ε为随机误差项，用于反映随机因素对y的影响。

相关关系具有以下特点：

(1) 变量之间确实存在着数量上的依存关系。如果一个现象发生数量上的变化，则另一个现象也会相应地发生数量上的变化。在互相依存的两个变量中，可以根据研究的目的,把其中一个变量确定为自变量,把另一个对应变化的变量确定为因变量。

(2) 变量之间数量上的依存关系的具体关系值难以固定,难以用数学公式表示。相关关系属于变量之间的一种不完全确定的关系。这意味着一个变量虽然受另一个变量的影响,却并不由这一个变量完全决定。

(三) 函数关系与相关关系的关系

函数关系是变量之间客观存在的确定性的对应关系。当一个变量发生变化时,另一个变量有一个精确的值和它对应,它们表现为变量间确定的函数关系,与变量间的相关关系是有区别的。相关关系是一种非确定性关系。由于被研究现象的复杂性,有许多因素因为我们的认识局限以及其他客观原因并没有包括在内;或者由于试验误差、测量误差以及其他种种偶然因素的影响,使另外一个或几个变量的取值带有一定的随机性。因而当一个或一些变量取确定值时,不能以确定值与之对应。但是不确定的变量关系还是有规律可循的,经过人们的大量观察,会发现许多现象变量之间确实存在某种规律性,这就是大数法则作用的结果,把那些次要或偶然的影响因素都抵消、抽象了,使相关关系通过平均值明显地表现出来。

必须指出的是,相关关系多数表现为因果关系,如学生成绩与智商水平、废品率与单位产品成本,等等;也包括互为因果的关系,如人的身高与体重、商品的生产量与销售量,等等;同时还包括同受某一因素影响所产生的伴随关系,如物价上涨与工资增加都是受通货膨胀的影响。统计所研究的相关关系,既不是主观的想象,也不是偶然的巧合,必须是客观存在的真实关系。

二、相关关系的类型

根据变量间的依存关系不同,相关关系可以按下列情况分类。

(一) 按影响因素的多少不同,分为单相关和复相关

两个变量的相关,即一个因变量对一个自变量的相关关系称为单相关或简相关。例如,在医学上,研究癌症犯病比率与人的吸烟时间长短之间的关系。三个或三个以上变量的相关,即一个因变量对两个或两个以上自变量的相关关系称为复相关,又称多元相关。例如,矿工工作班采煤量同岩层厚度和采煤工作面长度之间的相关。在实际工作中,如果存在多个因素对现象的影响,应该加以筛选,抓住其中最主要的因素,研究其相关关系。

(二) 按相关的形式不同,分为线性相关和非线性相关

对两个具有相关关系的现象进行实际调查,可获得一系列成对的数据。用自变量与因变量的各对相应数值在平面直角坐标系中描出若干个点,若散布趋向于

一条直线,称为线性相关;若散布趋向于某种曲线,则称为非线性相关或曲线相关。例如,人均消费水平与人均收入之间通常为线性相关,而施肥量和亩产量之间的关系,在一定数量界限内,施肥量增加,亩产量相应增加,一旦施肥量超过一定数量,亩产量反而出现下降情况,这就是一种非线性相关。现象相关究竟取什么形式,必须根据实际经验,对事物的性质作理论分析才能恰当地解决。

(三)按变量变化的方向不同,分为正相关和负相关

当自变量的数值增加或减少时,因变量的数值也相应增加或减少,即两者呈现同方向变化,称为正相关。例如,人均收入越高,人均消费水平也越高。当自变量的数值增加,因变量的数值反而减少,或自变量的数值减少,因变量的数值增加,即两者呈现反方向变化,则称为负相关。例如,商品流转的规模越大,流通费用率就越低。必须指出,许多现象正负相关的关系是限在一定的度内。如增加训练量在一定的限度内会提高运动成绩,是为正相关,但训练量超负荷就会使运动成绩下降,是为负相关;施肥量在一定的限度内影响收获率提高,是为正相关,但施放的肥料超过生物学上所允许的定额数量,收获率就会下降,这又是负相关。至于非线性相关的方向,一般不作区分。

(四)按相关程度不同,分为完全相关、不完全相关和不相关

两种依存关系的变量,其中一个变量的数量变化由另一个变量的数量变化所确定,则称这两个变量间的关系为完全相关。在这种情况下,相关关系即成为函数关系,它可以用一定方程来准确地表示。例如,圆的面积取决于它的半径,即 $S = \pi R^2$。两个变量彼此互不影响,其数量变化各自独立,称为不相关。例如,棉花纤维的强度与工人出勤率分属于不同总体的现象,一般认为是不相关的。两个现象之间的关系,介乎于完全相关和不相关之间称为不完全相关,这是统计分析的主要研究对象。例如,前面所举的广告费用与销售量之间的关系。

现用散点图表示各种相关关系,如图6-1所示。

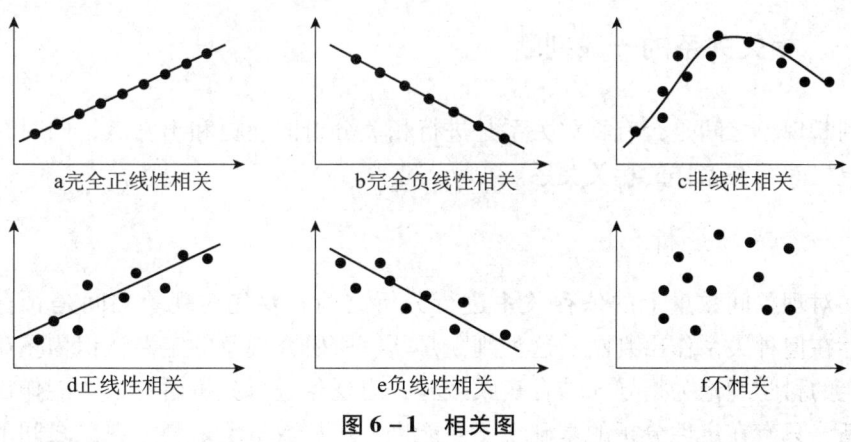

图6-1 相关图

三、相关分析的内容及特点

广义上讲，对两个或两个以上现象之间数量上的不确定性依存关系进行的统计分析，即为相关分析。其目的在于探求现象之间是否存在着相关关系以及相关关系的密切程度，进而消除偶然因素的影响，分析因素之间的具体数量关系或规律并加以模型化，求得回归方程用于估计与推算。

（一）相关分析的内容

1. 确定现象之间有无相关关系。判断现象间是否存在着依存关系是相关分析的起始点。相关分析的首要任务就是要判断现象之间是否存在必要的联系以及联系的形式。存在互相依存关系，才有必要采用相关分析方法去研究。

2. 确定相关关系的表现形式。只有判明了现象相关关系的具体表现形式后，才能运用相应的相关分析方法去进一步研究相关的程度，并建立相应的相关关系表达式。

3. 判定相关关系的密切程度和方向。现象之间的相关关系是一种不严格的数量关系，相关分析就是要从这种松散的数量关系中判定其相关关系的密切程度和方向。

（二）相关分析的特点

在相关分析中，所涉及的变量关系对等，即在相关分析中，不必定出哪个变量是自变量 x，哪个变量是因变量 y，可以根据具体情况进行统计函数的设定。

第二节 相关关系的测定

一、相关关系的一般判断

判断现象之间是否有相关关系是进行相关分析的前提和出发点，同时还要判断现象之间存在怎样的相关关系。

（一）定性分析

在对现象间数量上的依存关系进行分析之前，要先对现象之间是否存在关系、存在何种关系作出判断。这种判断必须以所研究现象的定性认识为基础，即以一定的科学理论为指导，结合实践经验，对现象进行分析研究，才能作出正确的判断。只有在定性分析的基础上，才能进一步从数量上来测定现象之间的相关关系及相关的密切程度。这是判断相关关系的一种重要方法，也是相关分析的重要前提。

(二) 相关表和相关图

1. 相关表。对现象总体两种相关变量作相关分析,研究其相互依存关系,要先通过实际调查取得一系列成对的变量值资料,作为相关分析的原始数据。相关表是表现相关关系的一种表格。一般以 x 为自变量,y 为因变量,自变量每取一个值,都有相对应的因变量值,把它们在表格中一一对应地排列,就得到相关表。通过相关表可以粗略地看出相关关系的类型和相关的密切程度。根据资料是否分组,相关表可分为简单相关表和分组相关表。

(1) 简单相关表。简单相关表是资料未经分组的相关表,它是把自变量的取值按照从小到大的顺序并配合因变量的取值一一对应而平行排列起来的统计表。简单相关表是现象变量之间相关研究初步结果的表现。

【例 6-1】 为研究商品销量与广告费用之间的关系,现对某地最大的 30 家饮料厂家的销售数量与广告费用进行调查,所得样本资料按广告费用的大小排列。如表 6-1 所示。

表 6-1 　　　　　　30 个样本点广告费用与销售数量的对应资料

序号	广告费用(万元)	销售数量(百万箱)	序号	广告费用(万元)	销售数量(百万箱)
1	8	6	16	12	12
2	8	8	17	12	14
3	8	10	18	14	10
4	10	8	19	14	10
5	10	10	20	14	10
6	10	10	21	14	12
7	10	12	22	14	12
8	10	12	23	14	12
9	12	8	24	14	14
10	12	8	25	14	16
11	12	10	26	16	14
12	12	10	27	16	14
13	12	10	28	16	16
14	12	12	29	16	16
15	12	12	30	16	16

从表 6-1 中可以直观地发现,广告费用相同的样本点,其饮料销售数量有所不同。但从变动的趋势看,两者之间存在一定的依存关系。随着广告费用投放量的增加,饮料销售数量也呈上升趋势。因此,可以认为广告费用与饮料销售数量之间存在着一定的相关关系,而且是正相关。

(2) 分组相关表。当原始资料比较多时,按简单相关表来研究对象的相关关系比较困难,这时应编制分组相关表。分组相关表是在简单相关表的基础上将原始数据进行分组而形成的统计表。由于相关表中有两个变量,因此,分组相关表可分为单变量分组相关表和双变量分组相关表。

①单变量分组相关表。单变量分组相关表是指对具有相关关系的两个变量中的自变量进行分组,计算出各组的次数,而与之对应的因变量不分组,只计算其组平均值而形成的统计表。

【例6-2】承〖例6-1〗,按广告费用分组形成的单变量分组相关表,如表6-2所示。

表6-2　　30个样本点广告费用与销售数量的对应资料

按广告费用分组(万元)	厂家数(家)	平均销售数量(百万箱)
8~10	3	8.0
10~12	5	10.4
12~14	9	10.7
14~16	8	12.5
16以上	5	15.2

将单变量分组相关表与简单相关表相比较,可以发现单变量分组相关表使冗长的资料变得简明、直观,能够清晰地反映出两变量之间的相关关系。

②双变量分组相关表。双变量分组相关表是指对具有相关关系的两个变量都进行分组而编制的一种相关表。由于这种表的表形像棋盘,故又称为棋盘式相关表。编制方法如下:首先,分别确定自变量和因变量的组数;其次,按两个变量的组数设计棋盘型表格;最后,将计算出的各组次数置于相对应的方格中。在制表时,注意将自变量放在纵栏,按变量值从小到大顺序从左到右排列;将因变量放在横行,按因变量值从小到大顺序自下而上排列。

【例6-3】承〖例6-1〗,编制的双变量分组相关表,如表6-3所示。

表6-3　　30个样本点广告费用与销售数量的对应资料

销售数量 (百万箱)	广告费用(万元)					合计 (万元)
	8~10	10~12	12~14	14~16	16以上	
14~16				1	3	4
12~14		2	4	2	2	10
10~12	1	2	3	3		9
8~10	1	1	2	2		6
6~8	1					1
合计	3	5	9	8	5	30

从表 6-3 中可以明显看出，饮料销售数量与广告费用之间存在正相关关系。

2. 相关图。实际中，以图描述现象之间的相互依存关系通常用散点图表示，所以相关图又称散点图。散点图是指由变量数值在直角坐标中的分布点构成的二维数据分布图。散点图的绘制是采用直角坐标的横轴和纵轴分别代表两个变量 x 和 y，将两个变量任一数据 (x_i, y_i) 描绘为直角坐标上的一个点，两个变量 x 和 y 的 n 项数据则在直角坐标中形成 n 个数值点，由直角坐标和这 n 个数值点就构成了一个散点图。

相关图可以按未经分组的原始资料来编制，也可以按分组的资料来编制。通过相关图可以发现，当 y 与 x 是函数关系时，所有的相关点都会分布在某一条线上；在相关的情况下，由于受其他因素的影响，这些相关点并非处在一条线上，但所有相关点的分布也会显示出某种趋势。所以相关图可以相当直观地显示出现象之间相关的方向和密切程度。

【例 6-4】 承〖例 6-1〗。

①根据单变量分组相关表绘制的相关图，如图 6-2 所示。

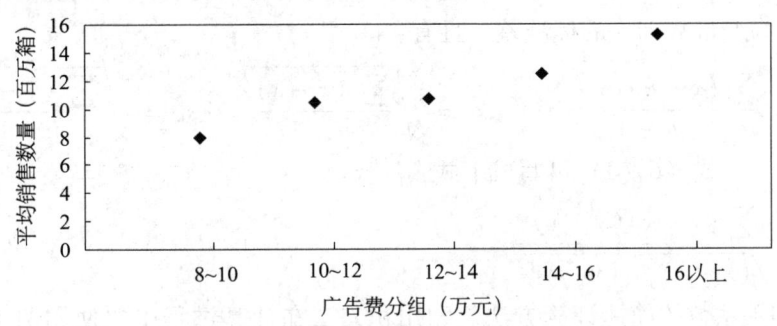

图 6-2　广告费用与饮料销售数量相关图

②根据双变量分组相关表绘制的相关图，如图 6-3 所示。

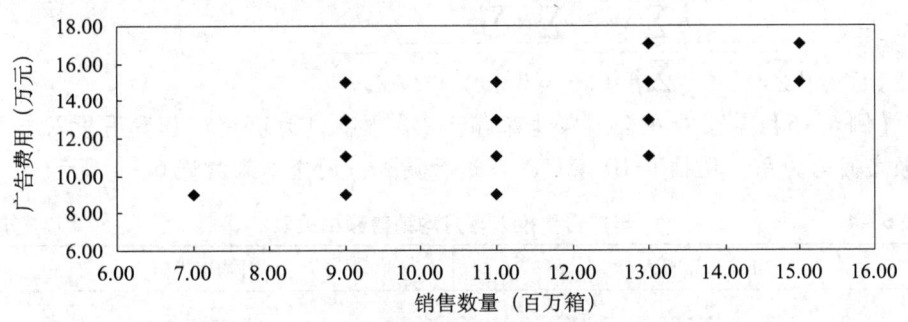

图 6-3　广告费用与饮料销售数量相关图

从相关图上可直观地看出变量之间存在相关关系的大体情况，即广告费用与销售数量之间大致存在着直线相关的趋势。

二、相关系数的测定

（一）简单线性相关系数

通过编制相关表、绘制相关图，只能初步判断现象之间有无相关关系以及相关关系是什么形式。为了准确地测定两个现象之间相关关系的密切程度和方向，则需要计算简单线性相关系数 r。相关系数最早是由统计学家卡尔·皮尔逊设计的统计指标，是研究变量之间线性相关程度的量，所以简单线性相关系数又称为皮尔逊相关系数。根据资料情况不同，其有不同的计算形式。其中，积差法是最基本的表达式。

1. 积差法。其基本公式可定义为：

$$r = \frac{s_{xy}^2}{s_x s_y} \tag{6-3}$$

其中，r 为线性相关系数；s_{xy}^2 为变量数列 x 与 y 的协方差；s_x 为变量数列 x 的标准差；s_y 为变量数列 y 的标准差。且有

$$s_{xy}^2 = \frac{\sum(x-\bar{x})(y-\bar{y})}{n-1} \quad s_x = \sqrt{\frac{\sum(x-\bar{x})^2}{n-1}} \quad s_y = \sqrt{\frac{\sum(y-\bar{y})^2}{n-1}}$$

据此，公式（6-3）可写成下式：

$$r = \frac{\sum(x-\bar{x})(y-\bar{y})}{\sqrt{(x-\bar{x})^2}\sqrt{(y-\bar{y})^2}} \tag{6-4}$$

2. 相关系数的简捷计算方法。利用积差法在计算过程中要使用两个数列的平均数，当平均数的小数位很多或除不尽时，计算会比较繁杂且影响最终结果的精确性。因此，计算相关系数常常采用其简捷公式：

$$r = \frac{n\sum xy - \sum x \sum y}{\sqrt{n\sum x^2 - (\sum x)^2} \times \sqrt{n\sum y^2 - (\sum y)^2}} \tag{6-5}$$

【例6-5】某企业在全国各地都有产品代理商，为研究广告费用投入与月销售额之间的关系，现抽取10家代理商进行调查，调查结果如表6-4所示。

表6-4　　　　　　　　年广告费投入与月均销售额相关表　　　　　　　　单位：万元

年广告费投入	月均销售额
12.5	21.2
15.3	23.9
23.2	32.9
26.4	34.1
33.5	42.5
34.4	43.2

续表

年广告费投入	月均销售额
39.4	49.0
45.2	52.8
55.4	59.4
60.9	63.5

计算年广告费用投入与月均销售额之间的相关系数。

解：根据表6-4中的资料，可以得到表6-5中的相关数据。

表6-5　　　　　　　相关系数简捷法计算过程表　　　　　　单位：万元

序号	年广告投入 x	月均销售额 y	x^2	y^2	xy
1	12.5	21.2	156.25	449.44	265.00
2	15.3	23.9	234.09	571.21	365.67
3	23.2	32.9	538.24	1082.41	763.28
4	26.4	34.1	696.96	1162.81	900.24
5	33.5	42.5	1 122.25	1 806.25	1 423.75
6	34.4	43.2	1 183.36	1 866.24	1 486.08
7	39.4	49.0	1 552.36	2 401.00	1 930.60
8	45.2	52.8	2 043.04	2 787.84	2 386.56
9	55.4	59.4	3 069.16	3 528.36	3 290.76
10	60.9	63.5	3 708.81	4 032.25	3 867.15
合计	346.2	422.5	14 304.52	19 687.80	16 679.09

根据相关数据有：

$$r = \frac{n\sum xy - \sum x \sum y}{\sqrt{n\sum x^2 - (\sum x)^2} \times \sqrt{n\sum y^2 - (\sum y)^2}}$$

$$= \frac{10 \times 16\,679 - 346.2 \times 422.5}{\sqrt{10 \times 14\,304.52 - 346.2^2} \times \sqrt{10 \times 19\,687.8 - 422.5^2}} \approx 0.99$$

计算结果表明广告费用投入与月均销售额之间存在高度的正相关关系。

简单线性相关系数 r 的取值含义：

（1） r 的取值在 -1 和 +1 之间，即 $-1 \leqslant r \leqslant +1$。

（2） r 的正负号表示的是相关方向，不表示相关程度的大小，即 $r>0$ 表示正相关，$r<0$ 表示负相关。

（3）相关程度的大小要看相关系数绝对值的大小。$|r|$ 越接近于1，表示相关密切程度越强；$|r|$ 越接近于0，表示相关密切程度越弱。当 $r = \pm 1$ 时，就表示变量之间为完全相关；当 $r=0$ 时，则表示完全不相关。

（4）为了使判断有一定的标准，一般将相关程度设为以下几个强弱不同的等级。$|r|<0.3$ 为无线性相关；$0.3 \leqslant |r| <0.5$ 为低度线性相关；$0.5 \leqslant |r| <0.8$ 为中度线性相关；$0.8 \leqslant |r| <1$ 为高度线性相关。

（5）简单线性相关系数是一种线性相关程度的度量。因此，比较、判断现象的相关系数 $|r|$ 时，其系数大小仅表示它们之间线性相关程度的高低。

（二）简单线性相关系数 r 的统计检验

以上简单线性相关系数是基于样本计算的，是用来估计总体相关系数的，因此，需要对相关系数的显著性进行统计检验。一是对总体线性相关的存在性检验，即检验总体线性相关系数是否为零；二是总体线性相关差异性检验，检验某一总体线性相关程度是否等于（或者单侧检验大于或小于）某一指定值，以及检验两个相关系数是否来自同一相关总体。现讨论第一种检验。

记随机变量 (x, y) 服从正态分布，总体相关系数记为 ρ，则对由样本资料 (x_i, y_i) $(i=1, 2, 3, \cdots, n)$ 计算的皮尔逊相关系数 r，需要检验以下原假设与备择假设：

$H_0: \rho = 0$

$H_1: \rho \neq 0$

在 H_0 成立的情况下，有以下 t 统计量：

$$t = \frac{r\sqrt{n-2}}{\sqrt{1-r^2}} \sim t(n-2) \tag{6-6}$$

与此相应的 P 值为：

P 值 $= 2P\{t(n-2) > |t|\}$

给定显著性水平 α，查 t 分布表，得自由度为 $(n-2)$ 的临界值 $t_{\frac{\alpha}{2}}$。若 $|t| \geqslant t_{\frac{\alpha}{2}}$ 或 P 值 $< \alpha$，表明应否定"$H_0: \rho = 0$"而接受"$H_1: \rho \neq 0$"，表示总体的两个变量间线性相关性显著；反之，表示总体的两个变量间线性相关性不显著。

（三）等级相关系数

由于皮尔逊相关系数是根据变量数值大小来计算的，若样本数值出现异常值，这一系数就会受到很大影响。皮尔逊相关系数只适合于两个变量都是定量变量且呈正态分布的场合，当变量不满足正态分布要求、样本数据有异常值或所研究的变量是定序变量时，则需要计算等级相关系数。最常用的是斯皮尔曼等级相关系数，以 r_s 表示，其计算步骤为：

1. 将变量 x 和 y 的观测值从小到大（或从大到小）按顺序定出等级，形成两个序列。如遇有相等的数值时，则按原有的等级求其平均数，作为这些观测值的等级。

2. 计算 x 和 y 两个序列的每对观测值之差,记作 D,$D = x - y$。
3. 按下述公式计算 r_s:

$$r_s = 1 - \frac{6 \sum D^2}{n \times (n^2 - 1)} \tag{6-7}$$

其中,n 为样本容量;D 为每对观测值的等级差。

【例 6-6】某教研室 6 位教师按职称高低排列分别为副教授、讲师、讲师、讲师、助教、助教。其中有 3 个"讲师",应列为第 2、3、4 等级,其平均数为 3;还有 2 个"助教",应列为第 5、6 级,其平均数为 5.5,因此,这 6 个人的职称等级可定为 1、3、3、3、5.5、5.5。另外,在年度能力考核时,以上 6 个人等级分别是良好、良好、优秀、一般、一般、较差,具体如表 6-6 所示,求职称与能力的相关系数。

表 6-6　　　　　　　　斯皮尔曼相关系数计算过程表

教师序号	职称	等级 x	能力考核	等级 y	$D = x - y$	D^2
1	副教授	1	良好	2.5	-1.5	2.25
2	讲师	3	良好	2.5	0.5	0.25
3	讲师	3	优秀	1	2	4
4	讲师	3	一般	4.5	-1.5	2.25
5	助教	5.5	一般	4.5	1	1
6	助教	5.5	较差	6	-0.5	0.25
合计	—	21		21	0	10

根据表 6-6 中资料可得:

$$r_s = 1 - \frac{6 \sum D^2}{n \times (n^2 - 1)} = 1 - \frac{6 \times 10}{6 \times 35} = 0.7143$$

结果表明,职称与能力之间有中度的相关性。

斯皮尔曼相关系数实质上是简单线性相关系数的特例,它度量两个现象在等级顺序或位次上线性相关的密切程度,既适用于数值型数据,也适用于定序数据。它具有如下性质:

(1) 若等级相关系数 $r_s > 0$,表明两个变量在等级顺序上呈正线性相关;反之,若 $r_s < 0$,表明两个变量在等级顺序上呈负线性相关;若 $r_s = 0$,表明两个变量在等级顺序上不存在线性相关。

(2) 在一般情况下,r_s 取值范围为 $[-1, +1]$。完全正相关时,两数列等级一致,$r_s = 1$;完全负相关时,两数列等级相反,$r_s = -1$。$|r_s|$ 越接近于 1,表明线性相关密切程度越强,$|r_s|$ 越接近于 0,表示线性相关密切程度越弱。

第三节 回归分析的基本问题

一、回归分析的概念

"回归"一词是由英国生物学家弗朗西斯·高尔顿（Francis Galton）在研究人体身高的遗传问题时首先提出的。根据遗传学的观点，子辈的身高受父辈影响，以 x 记父辈身高，y 记子辈身高。虽然子辈身高一般受父辈影响，但同样身高的父亲，其子身高并不一致，因此，x 和 y 之间存在一种相关关系。一般而言，父辈身高较高者，其子辈身高也高，依此推论，祖祖辈辈遗传下来，身高必然向两极分化，而事实上并非如此，显然有一种力量将身高拉向中心，即子辈的身高有向中心回归的特点。"回归"一词即源于此。虽然这种向中心回归的现象只是特定领域里的结论，并不具有普遍性，但从它所描述的关于 x 为自变量，y 为不确定的因变量这种变量间的关系看，和我们现在的回归含义是相同的。不过，现代回归分析虽然沿用了"回归"一词，但内容已有很大变化，它是一种应用于许多领域的广泛的分析研究方法，在经济理论研究和实证研究中也发挥着重要的作用。

回归分析是对具有相关关系的两个或两个以上变量之间数量变化的一般关系进行测定，确定因变量和自变量之间数量变动关系的数学表达式，以便对因变量进行估计或预测的统计分析方法。所以，相关分析的主要任务是研究变量间相关关系的表现形式和密切程度，而回归分析是在相关分析的基础上，进一步研究现象之间的数量变化规律。

假设变量 x_1, x_2, x_3, $\cdots$, x_n 与随机变量 y 之间存在高度的相关关系，则有以下回归模型：

$$y = f(x_1, x_2, x_3, \cdots, x_n) + \varepsilon \quad (6-8)$$

其中，y 称为因变量或被解释变量；x_1, x_2, x_3, $\cdots$, x_n 称为解释变量或自变量；ε 为随机变量。常用的线性回归模型为：

$$y = a + b_1 x_1 + b_2 x_2 + b_3 x_3 + \cdots + b_n x_n + \varepsilon \quad (6-9)$$

二、回归分析的主要内容

1. 根据理论和对问题的分析判断，将变量分为自变量和因变量。对于具有因果关系的变量，通常将作为原因的变量确定为自变量，作为结果的变量确定为因变量；或者将影响因素作为自变量，被影响因素作为因变量。回归分析时，要根据理论进行定性分析，依据现象的内在联系确定变量间的因果关系，从而确定哪个（或哪些）为自变量，哪个为因变量。

2. 确定合适的数学方程式（即回归模型）描述变量间的关系。根据现象之间的内在联系以及具体数据分布点分析，找出最适合的回归分析模型，通过最优法求解模型的待定参数，得到回归方程。

3. 对回归模型进行统计检验。回归方程建立后，应进行统计检验。即对回归方程的一些统计量进行检验，如 t 值、F 值、估计标准误、判决系数等，对回归方程的代表性及拟合优度进行评价。

4. 利用回归模型，根据自变量估计、预测因变量的数值。检验通过之后的回归方程可用于统计估计或预测，即可根据给定的自变量数值估计因变量的数值或置信区间以及利用回归模型进行回归控制。

三、回归分析的特点

1. 在两个变量之间，必须根据研究目的具体确定哪个（哪些）是自变量，哪个是因变量。
2. 确定回归方程时，只要求因变量是随机的，而自变量是给定的数值。
3. 直线回归方程中，自变量的系数为回归系数。回归系数的符号为正时，表示正相关；回归系数的符号为负时，表示负相关。
4. 回归方程的作用在于，在给定自变量数值的情况下来估计因变量的可能值。一个回归方程只能作一种推算，推算的结果表明变量之间具体的变动关系。

四、回归模型分析的种类

1. 按照具有相关关系的变量个数划分，分为一元回归分析模型和多元回归分析模型。一元回归分析模型是指只有一个自变量和一个因变量的回归分析模型。多元回归分析模型是指由多个自变量和一个因变量组成的回归分析模型。与一元回归分析模型相比，多元回归分析模型增加了自变量的个数，是对一元回归分析模型的拓展。

2. 按照变量间相互关系的形态来划分，分为线性回归分析模型和非线性回归分析模型。当变量之间相互关系的形态表现为线性相关时，拟合的模型称为线性回归分析模型，其数学表达式为线性回归方程；当变量之间相互关系的形态表现为某种曲线趋势时，拟合的模型称为非线性回归分析模型，其数学表达式为某种曲线回归方程。

除了以上分类外，根据一元回归和多元回归与线性回归和非线性回归的交叉结合，还可以进一步细分一元线性回归和一元非线性回归以及多元线性回归和多元非线性回归等不同的回归分析模型。

第四节 回归分析的模型

一、一元线性回归分析

在社会经济现象中,许多相互关联的两个变量存在着线性关系。虽然在很多情况下影响因变量的因素不止一个,但在实际工作中,由于受客观条件的限制,或者出于某种研究的需要,要重点突出其中某一个最重要因素,即只研究某一个自变量对因变量的影响。一元线性回归分析是所有回归分析的基础,多元回归分析和非线性回归分析都是从一元回归分析的基本理论上延伸发展起来的。

一元线性回归分析就是对具有显著线性相关的两个变量间数量变化的一般关系进行测定,拟合一个直线回归方程,以便于估计或预测的统计方法。

(一) 一元线性回归模型

1. 一元线性回归模型。模型为:

$$y = a + bx + \varepsilon \tag{6-10}$$

其中,y 是 x 的线性函数(部分)加上误差项。线性部分反映了由于 x 的变化而引起的 y 的变化;误差项 ε 是随机变量,反映了除 x 和 y 之间的线性关系之外的随机因素对 y 的影响,是不能由 x 和 y 之间的线性关系所解释的变异性;a 和 b 称为模型的参数。

2. 一元线性回归模型基本假定。

(1) 误差项 ε 是一个期望值为 0 的随机变量,即 $E(\varepsilon) = 0$。对于一个给定的 x 值,y 的期望值为 $E(y) = a + bx$。

(2) 对于所有的 x 值,ε 的方差 σ^2 都相同。

(3) 误差项 ε 是一个服从正态分布的随机变量,且相互独立,即 $\varepsilon \sim N(0, \sigma^2)$。

3. 一元线性回归方程。即:

$$E(y) = a + bx \tag{6-11}$$

描述 y 的平均值或期望值如何依赖 x 的方程称为回归方程。方程的图示是一条直线,因此,也称为直线回归方程。a 是回归直线在 y 轴上的截距,是当 $x = 0$ 时 y 的期望值;b 是直线的斜率,称为回归系数,表示当 x 每变动一个单位时 y 的平均变动值。

4. 估计的回归方程。即:

$$y_c = a + bx \tag{6-12}$$

总体回归参数是未知的,必须利用样本数据去估计。用样本统计量 a 和 b 代替回归方程中的未知参数,就得到了估计的回归方程。

(二) 回归方程的参数估计——最小二乘法

参数 a、b 的最小二乘估计的基本原理是：要使配合的方程 $y_c = a + bx$ 最能概括反映观察值的变化规律。所配合的直线模型，可以使实际值与理论值离差的代数和等于零，即 $\sum(y - y_c) = 0$，使离差的平方和为最小，即 $\sum(y - y_c)^2 =$ 最小值。也就是说，这条直线使散点到该直线的距离比任何其他直线与散点的距离都要小，因而最有代表性，是最优的线性回归模型。

要使 $\sum(y - y_c)^2 =$ 最小值，即 $\sum(y - a - bx)^2 =$ 最小值。

令 $Q(a、b) = \sum(y - a - bx)^2$，要使函数 $Q(a、b)$ 有极小值，则必须满足函数对参数 a、b 的一阶偏导等于零，即：

$$\begin{cases} \dfrac{\partial Q}{\partial a} = 0 \\ \dfrac{\partial Q}{\partial b} = 0 \end{cases}$$

$$\begin{cases} \sum 2(y - a - bx)(-1) = 0 \\ \sum 2(y - a - bx)(-x) = 0 \end{cases}$$

经整理可得以下两个规范方程式：

$$\begin{cases} \sum y = na + b \sum x \\ \sum xy = a \sum x + b \sum x^2 \end{cases}$$

解之即得 a、b。

上述公式也可以按下列方程式表达：

$$\begin{cases} a = \dfrac{\sum y}{n} - b \dfrac{\sum x}{n} \\ b = \dfrac{n \sum xy - \sum x \sum y}{n \sum x^2 - (\sum x)^2} \end{cases} \quad (6-13)$$

其中，b 为回归系数，它表示自变量 x 每增加一个单位时，因变量 y 的平均增减量，$b > 0$ 为增量，$b < 0$ 则为减量。

【例 6-7】现对某公司营业额（y，万元）与市场营销人员数（x，人）进行调查，得到资料如表 6-7 所示。根据表 6-7 中资料，建立一元线性回归方程。

表 6-7　　　　　　　　　　一元线性回归参数计算表

年份	x	y	x^2	y^2	xy
2013	63	550	3 969	302 500	34 650
2014	66	590	4 356	348 100	38 940
2015	73	630	5 329	396 900	45 990
2016	79	690	6 241	476 100	54 510

2017	83	700	6 889	490 000	58 100
年份	x	y	x^2	y^2	xy
2018	90	790	8 100	624 100	71 100
2019	99	810	9 801	656 100	80 190
合计	553	4 760	44 685	3 293 800	383 480

根据资料，建立一元线性回归方程。将表6-7中的计算数据代入公式（6-13），求解未知参数 a、b。

解：$b = \dfrac{n\sum xy - \sum x \sum y}{n\sum x^2 - (\sum x)^2} = \dfrac{7 \times 383\,480 - 553 \times 4\,760}{7 \times 44\,685 - 553^2} \approx 7.455$

$a = \bar{y} - b\bar{x} = 680 - 7.455 \times 79 = 91.055$

故一元线性回归方程为：$y_c = 91.055 + 7.455x$。

该模型表明，市场营销人员数每增加1人，该公司营业额平均将增加7.455万元。

（三）回归方程判定系数

在线性回归中，实际观察值 y 的大小是围绕其平均值 $\bar{y}$ 上下波动的，y 的这种波动现象称为变差。这种变差产生的原因有两个方面：一是受自变量 x 的影响，x 取值不同会引起 y 值的不同；二是受其他因素的影响。对每个观察值来说，变差的大小可以通过变差 $y - \bar{y}$ 来表示，而全部 n 个观察值的总变差则可由这些总变差的平方和表示。

由于　　$y - \bar{y} = (y - y_c) + (y_c - \bar{y})$

两边同时平方：

$(y - \bar{y})^2 = (y - y_c)^2 + 2(y - y_c)(y_c - \bar{y}) + (y_c - \bar{y})^2$

两边同时求和：

$\sum (y - \bar{y})^2 = \sum (y - y_c)^2 + \sum 2(y - y_c)(y_c - \bar{y}) + \sum (y_c - \bar{y})^2$

其中，

$\sum (y - y_c)(y_c - \bar{y}) = 0$，所有：

$$\sum (y - \bar{y})^2 = \sum (y - y_c)^2 + \sum (y_c - \bar{y})^2 \tag{6-14}$$

我们把 $\sum (y - \bar{y})^2$ 称为总变差（通常记为 SST），其中，$\sum (y_c - \bar{y})^2$ 是由 x 变动引起的变差，称为回归变差（通常记为 SSR），$\sum (y - y_c)^2$ 是随机因素引起的变差，称为随机变差或剩余变差（通常记为 SSE）。即：总变差 = 剩余变差 + 回归变差，$SST = SSR + SSE$。若对公式（6-14）等号两边同时除以 $\sum (y - \bar{y})^2$，则有：

$$1 = \frac{\sum (y - y_c)^2}{\sum (y - \bar{y})^2} + \frac{\sum (y_c - \bar{y})^2}{\sum (y - \bar{y})^2}$$

显然，回归变差在总变差中所占的比重 $\frac{\sum (y_c - \bar{y})^2}{\sum (y - \bar{y})^2}$ 越大，则剩余变差在总变差中所占的比重 $\frac{\sum (y - y_c)^2}{\sum (y - \bar{y})^2}$ 越小，所有观测点距离回归直线就越近，说明回归方程由自变量 x 估计因变量 y 的误差就越小，x 与 y 之间的相关程度就越大。由此可见，回归变差占总变差的比值，可以作为衡量两个变量之间相关程度大小的统计指标，记作 r^2。即：

$$r^2 = \frac{\sum (y_c - \bar{y})^2}{\sum (y - \bar{y})^2} = 1 - \frac{\sum (y - y_c)^2}{\sum (y - \bar{y})^2} \tag{6-15}$$

r^2 称为判定系数，又称可决系数，它是相关系数 r 的平方。它表明自变量 x 的方差对因变量 y 的方差的解释程度，即它表明 y 的方差中有多大程度是由 x 的原因引起的，它反映回归直线的拟合程度，r^2 取值范围在 [0, 1] 之间。r^2 趋于 1，说明回归方程拟合得越好，r^2 趋于 0，说明回归方程拟合得越差。

(四) 回归方程的统计检验

1. 回归方程的显著性检验。检验自变量和因变量之间的线性关系是否显著，具体方法是将回归离差平方和（SSR）同剩余离差平方和（SSE）加以比较，应用 F 检验来分析两者之间的差别是否显著。如果是显著的，两个变量之间存在线性关系；如果不显著，两个变量之间不存在线性关系。具体步骤如下。

第一步，提出假设：

$H_0: \beta = 0$，$H_1: \beta \neq 0$

第二步，计算检验统计量 F：

$$F = \frac{SSR/1}{SSE/(n-2)} = \frac{\sum (y_c - \bar{y})/1}{\sum (y - y_c)/(n-2)} \tag{6-16}$$

第三步，确定显著性水平 α，并根据分子自由度 1 和分母自由度 $n-2$ 找出临界值 F_α 作出决策：若 $F \geq F_\alpha$，拒绝 H_0；若 $F < F_\alpha$，接受 H_0。

【例 6-8】承〖例 6-7〗，根据已知资料，得表 6-8 中相关资料，对其回归模型作 F 检验。

表 6-8　　　　　　　一元线性回归模型显著性检验计算表

年份	x	y	y_c	$y_c - \bar{y}$	$(y_c - \bar{y})^2$	$y - y_c$	$(y - y_c)^2$
2013	63	550	560.720	-119.280	14 227.720	-10.720	114.918
2014	66	590	583.085	-96.915	9 392.517	6.915	47.817

续表

年份	x	y	y_c	$y_c - \bar{y}$	$(y_c - \bar{y})^2$	$y - y_c$	$(y - y_c)^2$
2015	73	630	635.270	-44.730	2 000.773	-5.270	27.773
2016	79	690	680.000	0.000	0.000	10.000	100.000
2017	83	700	709.820	29.820	889.232	-9.820	96.432
2018	90	790	762.005	82.005	6 724.820	27.995	783.720
2019	99	810	829.100	149.100	22 230.810	-19.100	364.810
合计	553	4 760	4 760.000	—	55 465.872	—	1 535.470

解：①提出假设。

$H_0: \beta = 0$；$H_1: \beta \neq 0$

②确定检验统计量。

$$F = \frac{\sum (y_c - \bar{y})^2 / 1}{\sum (y - y_c)^2 / n - 2}$$

③设定显著性水平 α。设本例显著性水平 $\alpha = 0.05$。

④确定临界值 F_α。由显著性水平 $\alpha = 0.05$ 和自由度 $f_1 = 1$、$f_2 = 5$，查 F 分布表得临界值 $F_{0.05}(1, 5) = 6.61$。

⑤作出判断。

$$F = \frac{\sum (y_c - \bar{y})^2 / 1}{\sum (y - y_c)^2 / n - 2} = \frac{55\ 465.872}{307.09} \approx 180.6176$$

由于 $F = 180.6176 > F_{0.05}(1, 5) = 6.61$，因而拒绝原假设 H_0，接受备择假设 H_1，回归系数不为 0，表明该一元线性回归方程的 F 检验通过，回归方程的回归效果显著。

2. 回归系数的显著性检验。回归系数的检验就是检验自变量对因变量的影响程度是否显著的问题，即总体回归系数 β 是否等于零。其检验步骤如下：

第一步，提出假设。假设样本是从一个没有线性关系的总体中选出，即：

$H_0: \beta = 0$，$H_1: \beta \neq 0$

第二步，计算检验的统计量 T 值。

$$T = b / S_b \tag{6-17}$$

其中：S_b 是回归系数 b 的标准差，S_{yx} 是估计标准误差。我们通常用估计标准误差来说明 y_c 与 y 的差异程度。估计标准误差也可以用来说明回归方程代表性的大小，其计算原理与标准差基本相同。标准差说明平均数的代表性，估计标准误差说明回归线的代表性。估计标准误差用 S_{yx} 表示。

$$S_{yx} = \sqrt{\frac{\sum (y - y_c)^2}{n - 2}} \tag{6-18}$$

其中，S_{yx} 为估计标准误差；y 为因变量实际值；y_c 为因变量估计值；n 为观测值的项数。

按照上面的定义公式计算估计标准误差运算量较大，因为它需要计算 y 所有的估计值。实践中，在已知直线回归方程的情况下，通常可采用下列简便公式计算估计标准误差：

$$S_{yx} = \sqrt{\frac{\sum y^2 - a\sum y - b\sum xy}{n-2}} \quad (6-19)$$

$$S_b = \sqrt{\frac{S_y^2}{\sum(x-\bar{x})^2}} \quad (6-20)$$

第三步，确定显著性水平 α（通常 $\alpha = 0.05$），并根据自由度 $f = n - 2$ 查 t 分布表得相应的临界值 $t_{\frac{\alpha}{2}}$。

第四步，作出判断。若 $|t| > t_{\frac{\alpha}{2}}$，拒绝 H_0，回归系数 $b = 0$ 的可能性小于 5%，表明两个变量之间存在线性关系；反之，表明两个变量之间不存在线性关系。

（五）因变量的预测

建立回归模型的重要目的之一是进行预测。如果一元线性回归模型检验是显著的，就可以利用其进行预测。所谓预测，就是当自变量 x 取一个值 x_0 时估计因变量 y 的取值。

1. 点预测。在不考虑估计误差的条件下，进行一元线性回归预测显得比较简单。根据一元线性回归模型 $y_c = a + bx$ 进行预测，其预测值为 $y_{c0} = a + bx_0$。x_0 表示给定 x 具体数值，y_{c0} 是 $x = x_0$ 时 y 的预测值，通常也称点估计或点预测。

【例 6 – 9】承〖例 6 – 7〗，当某公司市场营销人员数为 110 人时，预测该公司营业额。

解：根据一元线性回归方程 $y_c = 91.055 + 7.455x$，当 $x_0 = 110$ 时，y_{c0} 的预测值为：

$$y_c = 91.055 + 7.455x = 91.055 + 7.455 \times 110 = 911.105 \text{（万元）}$$

2. 区间预测。一般来说，在大样本（$n > 30$）且 x_0 不远离 $\bar{x}$ 时，可以根据正态分布确定预测区间为：

$$P(y_{c0} - Z_{\frac{\alpha}{2}} s_{yx} \leq y_0 \leq y_{c0} + Z_{\frac{\alpha}{2}} s_{yx}) = 2\Phi(Z_{\frac{\alpha}{2}}) - 1$$

例如，当 $Z_{\frac{\alpha}{2}} = 2$ 时，y_0 的预测区间为：$y_{c0} - 2s_{yx} \leq y_0 \leq y_{c0} + 2s_{yx}$，并且其概率保证程度为 95.45%。

当 n 较少，通常 $n < 30$ 时，采用 t 分布进行预测。给定置信概率（即可靠度）$1 - \alpha$ 时，y_0 的预测区间为：

$$y_{c0} - t_{\frac{\alpha}{2}}(n-2) s_{yx} \sqrt{1 + \frac{1}{n} + \frac{(x_0 - \bar{x})^2}{\sum(x_i - \bar{x})^2}} \leq y_0 \leq y_{c0} + t_{\frac{\alpha}{2}}(n-2) s_{yx}$$

$$\sqrt{1 + \frac{1}{n} + \frac{(x_0 - \bar{x})^2}{\sum(x_i - \bar{x})^2}}$$

其中，$t_{\frac{\alpha}{2}}(n-2)$ 可通过查 t 分布表得到。具体可查附录中的 t 分布表。

【例 6-10】 承【例 6-7】，如预计 2020 年某公司营销人员数为 110 人，要求以 95% 的概率保证预测某公司营业额的区间值。

解：依据前面步骤，当 $x_0 = 110$ 时，该公司营业额的点估计值为 911.105 万元。

运用表 6-7 中的计算数据，代入估计标准误差的计算公式：

$$S_{yx} = \sqrt{\frac{\sum y^2 - a\sum y - b\sum xy}{n-2}}$$

$$= \sqrt{\frac{3\,293\,800 - 91.055 \times 4\,760 - 7.455 \times 383\,480}{7-2}} \approx 17.52$$

由于 $n = 7$，即 $n < 30$，应采用 t 预测法。先求：

$$\sqrt{1 + \frac{1}{n} + \frac{(x_0 - \bar{x})^2}{\sum (x_i - \bar{x})^2}} = \sqrt{1 + \frac{1}{7} + \frac{441}{998}} \approx 1.2589$$

根据 $1 - \alpha = 95\%$ 和 $n = 7$，查 t 分布表，得：

$$t_{\frac{\alpha}{2}}(n-2) = t_{0.025}(5) = 2.571$$

$$t_{\frac{\alpha}{2}}(n-2)S_{yx}\sqrt{1 + \frac{1}{n} + \frac{(x_0 - \bar{x})^2}{\sum (x_i - \bar{x})^2}} = 2.571 \times 17.52 \times 1.2589 \approx 56.706 \,(\text{万元})$$

所以有：$911.105 - 56.706 \leq y_0 \leq 911.105 + 56.706$

即：$854.399 \leq y_0 \leq 967.811$

因此，y_0 将以 95% 的置信水平落在 [854.399, 967.811] 的区间，即公司营业额在 854.399 万~967.811 万元之间。

二、多元线性回归分析

一元线性回归分析所反映的是一个自变量与一个因变量之间的关系。但是，在现实生活中，某一现象的变动常常受多种现象变动的影响，所以如果以一个自变量来解释因变量往往是不全面的，需要建立一个因变量与多个自变量的分析模型进行分析，才能获得较准确、全面的分析结果。例如，销售量的变动受销售价格和广告费的影响；农产品产量的变动受原料、气候、土质指数及播种技术的影响；生育水平受经济水平和教育水平的影响；等等。这种一个因变量同多个自变量的回归问题就是多元回归，当因变量与自变量之间为线性关系时，称为多元线性回归。与一元线性回归分析相比，多元线性回归分析所涉及的自变量更多，计算工作量更大、更复杂，但两者考虑问题的思路、方法基本相同。

在线性相关条件下，研究两个或两个以上自变量对一个因变量的数量变动关系，称为多元线性回归，表现这个数量关系的数学表达式，称为多元线性回归模型。多元线性回归分析是对一元线性回归分析的拓展,其步骤、方法和一元线性回归分析基本上类似,只是在计算上相对复杂些。为了便于理解,我们先介绍二元线性回归模型,即两个自变量 x_1 和 x_2 对一个因变量 y 的线性回归。

(一) 二元线性回归模型

分析两个自变量同一个因变量的线性相关关系的方法,称为二元线性回归分析。二元线性回归方程模型可表述为:

$$y = a + b_1 x_1 + b_2 x_2 \tag{6-21}$$

其中,a 表示与 y 轴相交的平面在 y 轴上的截距;b_1、b_2 称为偏回归系数,b_1 表示 x_2 固定时 x_1 每变化一个单位引起的 y 的平均变动,b_2 表示 x_1 固定时 x_2 每变化一个单位引起的 y 的平均变动。

为了求得参数 a、b_1、b_2,同一元线性回归同样的道理,我们可以用最小平方法来求解参数,使 $\sum(y - y_c)^2$ 为最小值,分别对 a、b_1、b_2 求偏导数并令其为零,可得下列规范方程组:

$$\begin{cases} \sum y = na + b_1 \sum x_1 + b_2 \sum x_2 \\ \sum x_1 y = a \sum x_1 + b_1 \sum x_1^2 + b_2 \sum x_1 x_2 \\ \sum x_2 y = a \sum x_2 + b_1 \sum x_1 x_2 + b_2 \sum x_2^2 \end{cases} \tag{6-22}$$

解该方程组得到的 a、b_1、b_2,就是所求的二元线性回归方程参数。

【例 6-11】现有 2011~2019 年某地消费品零售额、居民货币收入及居民人数资料如表 6-9 所示,应用二元线性回归分析它们之间的关系。

表 6-9 2011~2019 年某地消费品零售额与居民收入、人数回归计算表

年份	居民货币收入(亿元)(x_1)	x_1^2	居民人数(千人)(x_2)	x_2^2	消费品零售额(亿元)(y)	y^2	$x_1 x_2$	$x_1 y$	$x_2 y$	y_c
2011	11.6	134.56	321	103 041	10.4	108.16	3 723.6	120.64	3338.4	10.504
2012	12.9	166.41	322	103 684	11.5	132.25	4 153.8	148.35	3703.0	11.540
2013	13.7	187.69	323	104 329	12.4	153.76	4 425.1	169.88	4005.2	12.195
2014	14.6	213.16	324	104 976	13.1	171.61	4 730.4	191.26	4244.4	12.926
2015	14.4	207.36	326	106 276	13.1	171.61	4 694.4	188.64	4270.6	12.862
2016	16.5	272.25	329	108 241	14.5	210.25	5 428.5	239.25	4770.6	14.598
2017	22.0	484.00	340	115 600	18.3	334.89	7 480.0	702.60	6222.0	19.282
2018	25.3	640.09	344	118 336	21.9	479.61	8 703.2	554.07	7533.6	21.977
2019	26.5	702.25	349	121 801	23.8	566.44	9 248.5	630.70	8 306.2	23.116
合计	157.5	3 007.77	2 978	986 284	139.0	2 328.58	52 587.5	2 645.39	46 393.9	139.00

解：已知二元线性回归方程为：
$$y = a + b_1 x_1 + b_2 x_2$$
为求得 a、b_1、b_2 三个参数值，须用下列三个标准方程式联立求解：

$$\begin{cases} \sum y = na + b_1 \sum x_1 + b_2 \sum x_2 \\ \sum x_1 y = a \sum x_1 + b_1 \sum x_1^2 + b_2 \sum x_{x2} \\ \sum x_2 y = a \sum x_2 + b_1 \sum x_1 x_2 + b_2 \sum x_2^2 \end{cases}$$

将计算表中有关数据代入以上方程式：

$$\begin{cases} 139 = 9a + 157.5 b_1 + 2\,978 b_2 \\ 2\,645.39 = 157.5 a + 3\,007.77 b_1 + 52\,587.5 b_2 \\ 46\,393.9 = 2\,978 a + 5\,2587.5 b_1 + 986\,284 b_2 \end{cases}$$

解方程组得：$a = -12.6883$，$b_1 = 0.7624$，$b_2 = 0.0447$。所配合的回归方程为：

$$y_c = -12.6883 + 0.7624 x_1 + 0.0447 x_2$$

通过所得回归方程，给定 x_1 和 x_2 的数值，可以估计或预测相关的 y_c（见表 6-9 中 y_c 栏）。

（二）多元线性回归模型

多元线性回归分析实质上是简单线性回归分析的扩充，用来解释因变量和多个自变量之间的相互关系，其回归方程为：

$$y = a + b_1 x_1 + b_2 x_2 + \cdots + b_n x_n \tag{6-23}$$

为了求得参数 a、b_1、b_2、$\cdots$、b_n，与一元线性回归同样的道理，用最小二乘法估计各参数，使 $\sum (y - y_c)^2$ 为最小值，可得下列方程：

$$\begin{cases} \sum y = na + b_1 \sum x_1 + b_2 \sum x_2 + b_3 \sum x_3 + \cdots + b_n \sum x_n \\ \sum x_1 y = a \sum x_1 + b_1 \sum x_1^2 + b_2 \sum x_1 x_2 + b_3 \sum x_1 x_3 + \cdots + b_n \sum x_1 x_n \\ \cdots \\ \sum x_n y = a \sum x_n + b_1 \sum x_n x_1 + b_2 \sum x_n x_2 + b_3 \sum x_n x_3 + \cdots + b_n \sum x_n^2 \end{cases} \tag{6-24}$$

解上述方程式，可求得 a、b_1、b_2、$\cdots$、b_n。

当自变量数目较大时，求解上述方程组显得相当复杂，需运用电子计算机，因而通常将多元线性回归模型表述成矩阵形式。

（三）非线性回归模型

在前面的分析中，我们探讨自变量和因变量之间的相关关系可以用线性方程来近似地反映。但是，在现实生活中，非线性关系是大量存在的。在许多场合，非线性回归方程比线性回归方程能够更准确地反映客观现象之间的相关关系。如施肥量与亩产量的关系，在一定范围内，施肥量增加，亩产量也会增加，但是并非无限制，在超过一定的数量界限后，随着施肥量的增加，亩产量反而下降。两变量的变化不是线性状态，而更适合用抛物线曲线来描述两变量的变化规律。所以选择正确的模型进行回归分析显得十分重要。

非线性回归分析必须着重解决两个问题。第一，如何确定非线性回归的具体形式。与线性回归分析的场合不同，非线性回归函数有多种多样的具体形式，需要根据所研究问题的性质并结合实际的观测值作出恰当的选择。第二，如何估计未知参数。非线性回归参数估计最常见的方法仍然是最小二乘法。

1. 常见的非线性回归模型。

在统计研究和分析中较常见的非线性回归模型主要有以下六种。

（1）二次抛物线：$y = a + bx + cx^2$　　　　　　　　　　　　　　　　　（6-25）

（2）指数曲线：$y = ae^{bx}$　　　　　　　　　　　　　　　　　　　　（6-26）

（3）双曲线：$\dfrac{1}{y} = a + \dfrac{b}{x}$　　　　　　　　　　　　　　　　　　　　（6-27）

（4）幂函数曲线：$y = ax^b$　　　　　　　　　　　　　　　　　　　（6-28）

（5）对数曲线：$y = a + \log x$　　　　　　　　　　　　　　　　　　（6-29）

（6）S形曲线：$y = \dfrac{1}{a + be^{-x}}$　　　　　　　　　　　　　　　　　　（6-30）

确定非线性回归模型，可以根据观察值绘制散点图，也可以进行数量分析后确定。例如，判断某种现象是否适合应用二次抛物线模型，可以利用"差分法"。其步骤如下：首先将观察值按照 x 的大小顺序排列，其次按以下两式计算 x 和 y 的一阶差分 Δx_t、Δy_t 以及 y 的二阶差分 Δy_{2t}。

$\Delta x_t = x_t - x_{t-1}$

$\Delta y_t = y_t - y_{t-1}$

$\Delta y_{2t} = \Delta y_t - \Delta y_{t-1}$

当 Δx_t 接近于常数，而 Δy_{2t} 的绝对值接近于常数时，y 与 x 之间的关系可以用二次抛物线方程近似反映。

再如，y 随着 x 的增加而增加（或减少），最初增加（或减少）很快，以后逐渐放慢并趋于稳定，则 y 与 x 之间的关系可以选用双曲线来拟合。

2. 非线性回归模型的线性化及参数的确定。在多数情况下，非线性回归问题可以通过变量的变换将其化成线性回归问题，然后应用前面介绍的线性回归分析方法。

（1）指数曲线：

$y = ae^{bx}$

$\ln y = \ln a + bx$

令 $y' = \ln y$，$a' = \ln a$，则有：$y' = a' + bx$

（2）双曲线：

$\dfrac{1}{y} = a + \dfrac{b}{x}$

令 $y'=1/y$，$x'=1/x$，则有：$y'=a+bx'$

(3) 幂函数曲线：

$y=ax^b$

$\log y=\log a+b\log x$

令 $y'=\log y$，$a'=\log a$，$x'=\log x$，则有：$y'=a'+bx'$

(4) 对数曲线：

$y=a+\log x$

令 $y'=y$，$x'=\log x$，则有：$y'=a+bx'$

(5) S形曲线：

$$y=\frac{1}{a+be^{-x}}$$

令 $y'=1/y$，$x'=e^{-x}$，则有：$y'=a+bx'$

下面以二次抛物线回归模型为例说明非线性回归参数确定的方法。二次抛物线回归模型为：

$y=a+bx+cx^2$

【例6-12】某农场对七块地的施肥量与农产量进行调查，资料如表6-10所示。

表6-10　　　　　　　　七块土地的施肥量与农产量的资料

地块	施肥量（担/亩）	农产量（公担/亩）
1	1	4
2	2	6
3	3	7
4	4	8
5	5	8
6	6	6
7	7	3

从表6-10中可以看出，在一定的条件下，施肥量增加，农作物产量增加，但并非无限制。在超过一定的数量界限下，施肥量增加，农作物的产量反而下降。由此可见，施肥量与农产量并非单纯的正相关或负相关。在此，不妨对具体资料绘制一张相关关系的散点图，具体如图6-4所示。

从图6-4中可以清楚地看出施肥量与农产量之间存在着抛物线状的曲线相关。根据抛物线曲线模型 $y=a+bx+cx^2$，利用调查所得的资料，运用最小二乘法原理，确定 a、b、c，必须使 $\sum(y-y_c)^2$ 为最小。

解：要使 $\sum(y-y_c)^2$ 为最小值，即：$\sum(y-a-bx-cx^2)^2 = $ 最小值。令 $Q(a,b,c)=\sum(y-a-bx-cx^2)^2$，要使函数 $Q(a、b、c)$ 有极小值，则必须满足函数对参数 a、b、c 的一阶偏导等于0。即：

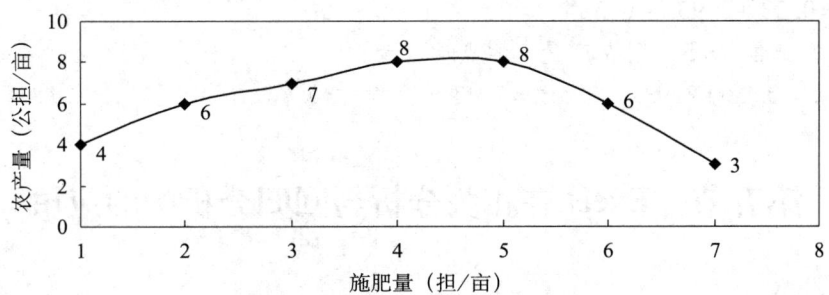

图6-4 施肥量与农产量相关关系散点图

$$\begin{cases} \dfrac{\partial \theta}{\partial a} = 0 \\ \dfrac{\partial \theta}{\partial b} = 0 \\ \dfrac{\partial \theta}{\partial c} = 0 \end{cases}$$

可得下列规范方程式：

$$\begin{cases} \sum y = na + b\sum x + c\sum x^2 \\ \sum xy = a\sum x + b\sum x^2 + c\sum x^3 \\ \sum x^2 y = a\sum x^2 + b\sum x^3 + c\sum x^4 \end{cases} \quad (6-31)$$

列计算表，如表6-11所示。

表6-11　　　　求解二次抛物线回归方程计算表

地块	x	y	xy	x^2	x^3	x^4	$x^2 y$
1	1	4	4	1	1	1	4
2	2	6	12	4	8	16	24
3	3	7	21	9	27	81	63
4	4	8	32	16	64	256	128
5	5	8	40	25	125	625	200
6	6	6	36	36	216	1 296	216
7	7	3	21	49	343	2 401	216
合计	28	42	166	140	784	4 676	782

将表6-11中的资料代入式（6-31）：

$$\begin{cases} 42 = 7a + 28b + 140c \\ 166 = 28a + 140b + 784c \\ 782 = 140a + 784b + 4676c \end{cases}$$

解此联立方程可得：

$a = 0.28$，$b = 3.93$，$c = -0.5$

故所求二次抛物线回归方程为：

$$y = 0.28 + 3.93x - 0.5x^2$$

如施肥量 $x=5$，则农产量 y 的点估计为：

$$y_{x=5} = 0.28 + 3.93x - 0.5x^2 = 7.43 \text{（公担／亩）}$$

第五节　Excel 在相关分析与回归分析中的应用

【案例导入】

CPI 和 PPI 的相关与回归分析

统计局定期公布各类价格指数。其中，消费者比较关心的主要是消费者价格指数（简称 CPI），又名居民消费价格指数。CPI 是一个反映居民家庭一般所购买的消费品和服务项目价格水平变动情况的宏观经济指标，是根据与居民生活有关的产品及劳务价格统计出来的物价变动指标，它随着时间而变化，包括 200 多种各式各样的商品和服务零售价格的平均变化值。CPI 作为观察通货膨胀或紧缩程度的重要指标，是政府用来衡量通货膨胀或紧缩的其中一个数据。通俗地讲，CPI 就是市场上的货物价格增长百分比，它对普通家庭的支出来说，表示购买具有代表性的一组商品在今天要比过去某一时间多花费多少。而生产者比较关心工业生产者价格指数（简称 PPI），PPI 是工业生产产品出厂价格和购进价格在某个时期内变动的相对数，反映全部工业生产者出厂和购进价格的变化趋势和变动幅度。其中，工业生产者出厂价格指数反映一定时期全部工业产品出厂价格总水平的变动趋势和程度的相对数，包括工业企业售给本企业以外所有单位的各种产品和直接售给居民用于生活消费的产品。该指数可以观察出厂价格对工业总产值及增加值的影响。

合理预测"居民消费价格指数"和"工业生产者出厂价格指数"未来的走势，无论对消费者还是生产者来说都具有重要的参考价值。表 6-12 是 1991~2019 年我国的居民消费价格指数（CPI）和工业生产者出厂价格指数（PPI）。

表 6-12　　　　我国 1991~2019 年"居民消费价格指数"和
"工业生产者出厂价格指数"数据

年份	居民消费价格指数（上年=100）	工业生产者出厂价格指数（上年=100）	年份	居民消费价格指数（上年=100）	工业生产者出厂价格指数（上年=100）
1991	103.4	106.2	2006	101.5	103
1992	106.4	106.8	2007	104.8	103.1
1993	114.7	124	2008	105.9	106.9
1994	124.1	119.5	2009	99.3	94.6
1995	117.1	114.9	2010	103.3	105.5
1996	108.3	102.9	2011	105.4	106

续表

年份	居民消费 价格指数 （上年=100）	工业生产者 出厂价格指数 （上年=100）	年份	居民消费 价格指数 （上年=100）	工业生产者 出厂价格指数 （上年=100）
1997	102.8	99.7	2012	102.6	98.3
1998	99.2	95.9	2013	102.6	98.1
1999	98.6	97.6	2014	102	98.1
2000	100.4	102.8	2015	101.4	94.8
2001	100.7	98.7	2016	102	98.6
2002	99.2	97.8	2017	101.6	106.3
2003	101.2	102.3	2018	102.1	103.5
2004	103.9	106.1	2019	102.9	99.7
2005	101.8	104.9			

资料来源：《中国统计年鉴》。

需要分析的问题：对"居民消费价格指数"和"工业生产者出厂价格指数"之间的关系进行分析，并建立回归模型。

【案例处理】

回归分析是一种经典的统计分析方法，主要用于对所关注变量（因变量）的预测，尤其适合截面数据。运用回归分析进行预测时，首先应对变量之间的关系进行分析，并根据这种关系建立一定的预测模型；其次根据样本数据对所建立的模型进行检验，确定模型是否恰当，如果恰当的话，再进行预测。

描述变量之间关系比较直观的方法是散点图，而测定变量之间线性关系强度的方法则是相关系数。

一、散点图的绘制

（1）打开"居民消费价格指数.xls"工作簿，选择"指数"工作表。数据如图6-5所示。

（2）选择B1：C30区域，选择【插入】—【图表】—【散点图】，选择第一个【仅带数据标记的散点图】，具体如图6-6所示。

（3）绘制得出如图6-7所示散点图。

（4）编辑数据系列。右键单击图表，在弹出的快捷菜单中选择【选择数据】选项，打开【选择数据源】对话框，如图6-8所示。

（5）设置系列名称。单击【图例项（系列）（S）】下的【编辑】按钮，弹出【编辑数据系列】对话框，如图6-9所示，在【系列名称】选项中输入名称"'居民消费价格指数'与'工业生产者出厂价格指数'的散点图"，单击【确定】按钮，返回【选择数据源】对话框，然后单击【确定】按钮。

	A	B	C	D	E
1	指标	居民消费价格指数(上年=100)	工业生产者出厂价格指数(上年=100)		
2	1991年	103.4	106.2		
3	1992年	106.4	106.8		
4	1993年	114.7	124		
5	1994年	124.1	119.5		
6	1995年	117.1	114.9		
7	1996年	108.3	102.9		
8	1997年	102.8	99.7		
9	1998年	99.2	95.9		
10	1999年	98.6	97.6		
11	2000年	100.4	102.8		
12	2001年	100.7	98.7		
13	2002年	99.2	97.8		
14	2003年	101.2	102.3		
15	2004年	103.9	106.1		
16	2005年	101.8	104.9		
17	2006年	101.5	103		
18	2007年	104.8	103.1		
19	2008年	105.9	106.9		
20	2009年	99.3	94.6		
21	2010年	103.3	105.5		
22	2011年	105.4	106		
23	2012年	102.6	98.3		

图 6-5 "居民消费价格指数.xls" 工作簿界面

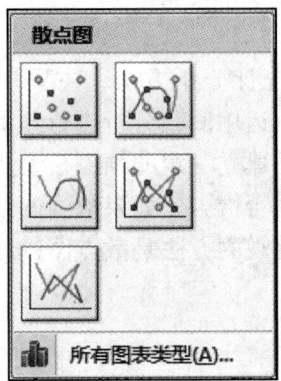

图 6-6 【散点图】对话框

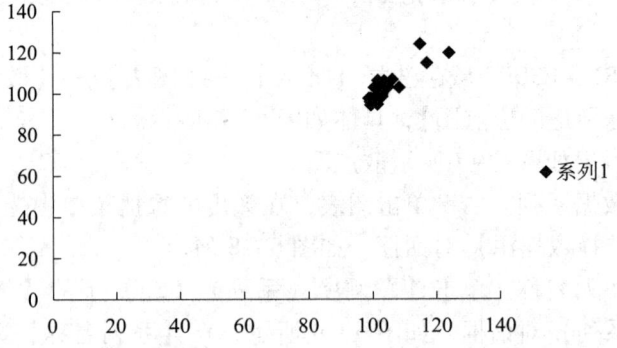

图 6-7 "居民消费价格指数"和"工业生产者出厂价格指数"的散点图

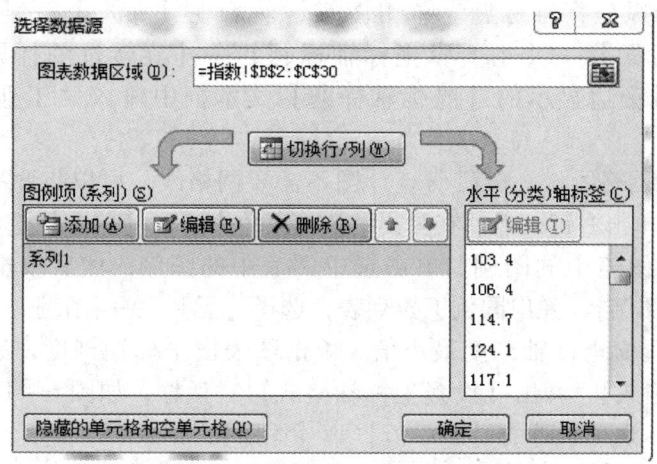

图 6-8 【选择数据源】对话框

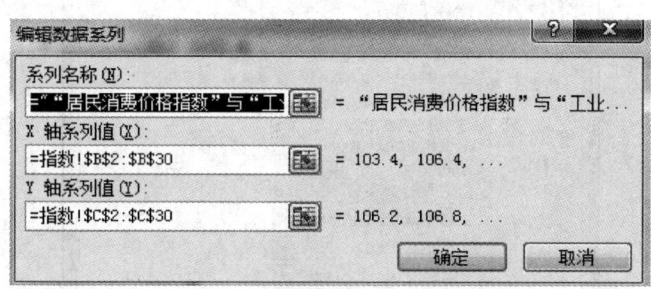

图 6-9 【编辑数据系列】对话框

(6) 添加横坐标轴标题。单击图表，然后在【布局】—【标签】中单击【坐标轴标题】—【主要横坐标轴标题】—【坐标轴下方标题】，如图 6-10 所示。在图表中的横坐标轴下方显示的【坐标轴标题】文本框中输入"居民消费价格指数"。

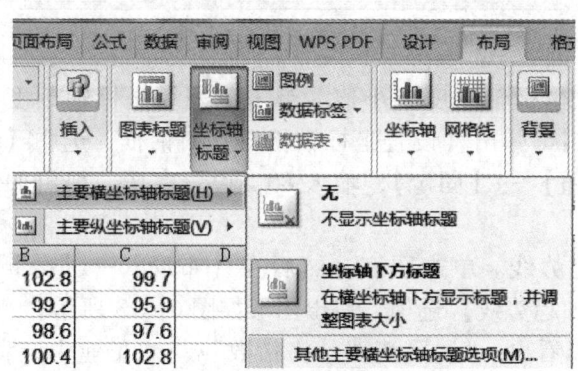

图 6-10 【坐标轴标题】对话框

(7) 添加纵坐标轴标题。单击图表，然后在【布局】—【标签】中单击【坐标轴标题】—【主要纵坐标轴标题】—【旋转过的标题】，在图表中的纵坐标轴旁边显示的【坐标轴标题】文本框中输入"工业生产者出厂价格指数"。

(8) 删除网格线。一般科研统计图不需要网格线，可以将此去除。在任意一条网格线上单击右键，然后在弹出的快捷菜单中选取【删除】选项即可。

(9) 删除图表中的图例。单击选中图表中的图例，然后单击【布局】—【标签】—【图例】，弹出图例下拉列表，选择【无】，关闭图例。

(10) 设置横坐标轴刻度最小值。单击图表横坐标轴刻度，然后右击选择【设置坐标轴格式】，弹出【设置坐标轴格式】对话框，如图 6-11 所示。选中【坐标轴选项】选项卡下的【最小值】—【固定】，输入 95。

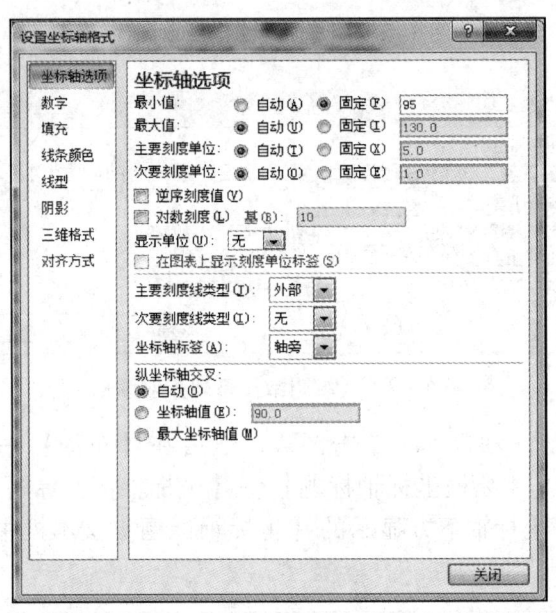

图 6-11　【设置坐标轴格式】对话框

(11) 设置纵坐标轴刻度最小值。单击图表纵坐标轴刻度，然后右击选择【设置坐标轴格式】，弹出【设置坐标轴格式】对话框，选中【坐标轴选项】选项卡下的【最小值】—【固定】，输入 80。设置完毕，得出如图 6-12 所示散点图。

(12) 添加趋势线。单击图表，然后在【布局】—【分析】—【趋势线】中选择【线性添加趋势线】选项，得出图形如图 6-13 所示。

从散点图可以看出，"居民消费价格指数"与"工业生产者出厂价格指数"之间具有一定的线性相关关系，随着"居民消费价格指数"的上涨，"工业生产者出厂价格指数"也随之上涨。

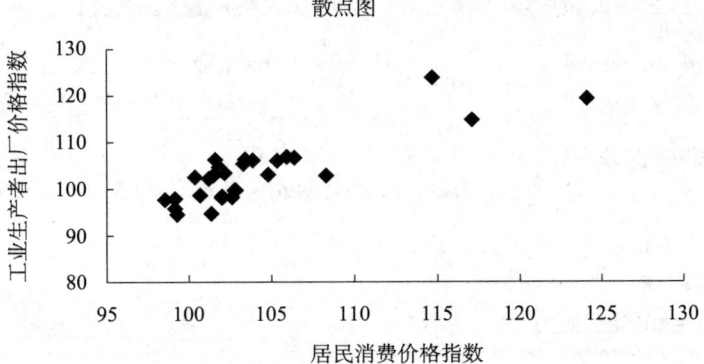

图 6-12 "居民消费价格指数"和"工业生产者出厂价格指数"的散点图

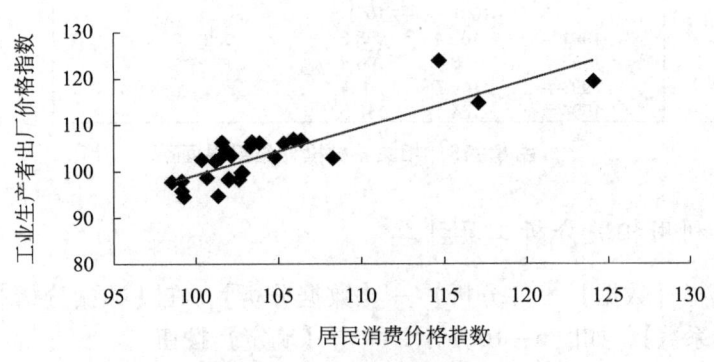

图 6-13 添加趋势线的散点图

二、相关系数的计算

用 Excel 计算相关系数分析变量之间的线性相关关系，可以利用相关系数函数获取，也可以使用相关分析工具计算。

（一）利用函数计算相关系数

（1）选择单元格 E2，确定相关系数的输出位置；单击【公式】—【插入函数】，弹出【插入函数】对话框窗口，在【或选择类别】下拉列表中选择【统计】选项，然后在【选择函数】列表框中选择【CORREL】，单击【确定】按钮，Excel 弹出【函数参数】对话窗口。如图 6-14 所示。

（2）在 Array1 和 Array2 里分别输入两列数据所在区域"B2：B30"和"C2：C30"，单击【确定】按钮，得出相关系数 0.852502。如图 6-15 所示。

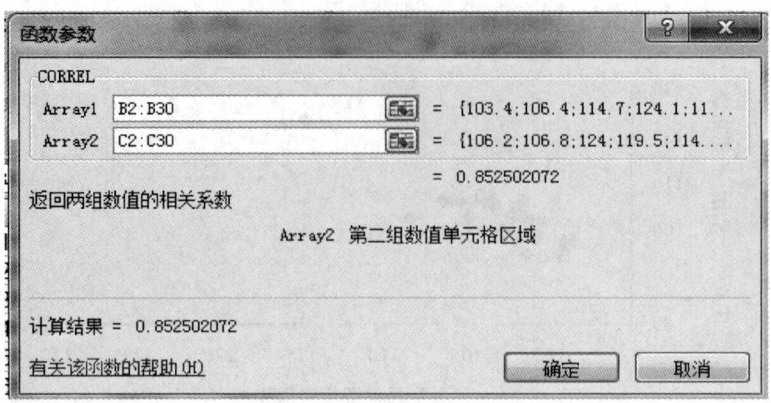

图 6-14 【函数参数】对话窗口

	A	B	C	D	E	F
1	指标	居民消费价格指数(上年=100)	工业生产者出厂价格指数(上年=100)			
2	1991年	103.4	106.2		0.852502	
3	1992年	106.4	106.8			
4	1993年	114.7	124			
5	1994年	124.1	119.5			

图 6-15 相关系数操作结果界面

(二) 利用相关分析工具计算

(1) 选择【数据】—【分析】—【数据分析】，在【数据分析】对话框中选择【相关系数】，如图 6-16 所示，单击【确定】按钮。

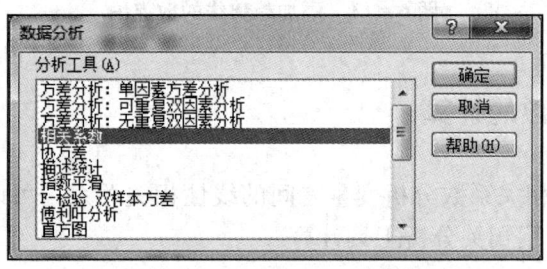

图 6-16 【数据分析】对话框

(2) 弹出【相关系数】对话框，如图 6-17 所示。在【输入区域】选择进行相关分析的数据"B1：C30"，【分组方式】中选择【逐列】，因数据区域的第一行为变量名，所以选择【标志位于第一行】；在【输出区域】中选择相关系数的存放位置单元格 E5，单击【确定】按钮。得到输出结果如图 6-18 所示。

由图 6-18 得出，"居民消费价格指数"与"工业生产者出厂价格指数"之间相关系数为 0.852502072，它们之间具有显著的线性关系。

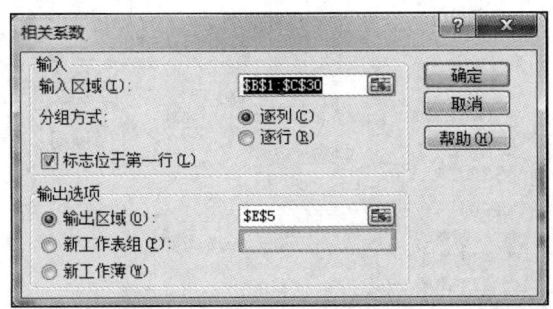

图 6-17　【相关系数】对话框

	居民消费价格指数(上年=100)	工业生产者出厂价格指数(上年=100)
居民消费价格指数(上年=100)	1	
工业生产者出厂价格指数(上年=100)	0.852502072	1

图 6-18　相关系数操作结果界面

三、回归模型的建立

由于"居民消费价格指数"与"工业生产者出厂价格指数"之间具有显著的线性关系，因此，可建立一元线性回归模型，用"工业生产者出厂价格指数"来预测"居民消费价格指数"，将"居民消费价格指数"作为因变量，"工业生产者出厂价格指数"作为自变量。具体操作过程如下。

(1) 选择【数据】—【分析】—【数据分析】，弹出【数据分析】对话框，在【数据分析】对话框中选择【回归】，如图 6-19 所示，单击【确定】按钮。

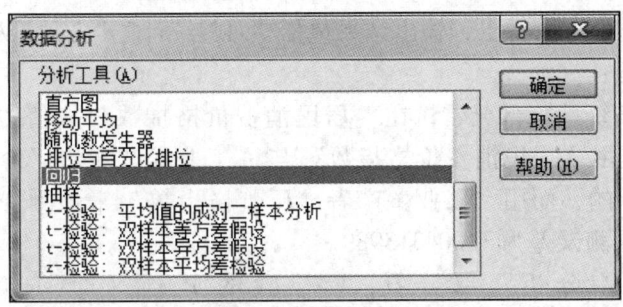

图 6-19　【数据分析】对话框

(2) 弹出【回归】对话框，如图 6-20 所示。在该对话框中，在【Y 值输入区域】中选择因变量数据的起止单元格"B1：B30"；在"X 值输入区域"中选择自变量数据的起止单元格"C1：C30"。因输入区域的第一行是变量名，故选中【标志】复选框；选择【置信度】复选框，在文本框中输入"95%"；在【输出区域】数值框中指定输出结果的单元格为"H1"。

(3) 单击【确定】按钮，得到回归估计结果，如图 6-21 所示。

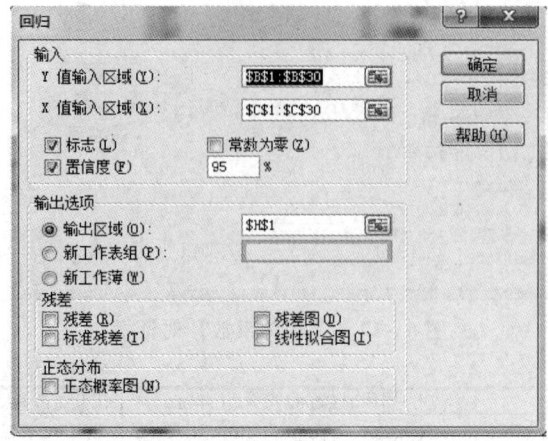

图 6-20 【回归】对话框

回归统计	
Multiple R	0.852502072
R Square	0.726759783
Adjusted R Square	0.716639775
标准误差	3.004313989
观测值	29

方差分析

	df	SS	MS	F	Significance F
回归分析	1	648.1875	648.1875	71.81415	0.0000000043593732993
残差	27	243.6994	9.025903		
总计	28	891.8869			

	Coefficients	标准误差	t Stat	P-value	Lower 95%	Upper 95%	下限 95.0%	上限 95.0%
Intercept	31.31072136	8.608708	3.637099	0.001146	13.64711133	48.97433	13.64711	48.97433
工业生产者出厂价格指数(上年=100)	0.704528159	0.083137	8.474323	4.36E-09	0.533945523	0.875111	0.533946	0.875111

图 6-21 回归分析操作结果界面

从图 6-21 中可以看出,输出结果包括"回归统计""方差分析""回归系数估计"三个部分:

①从"回归统计"部分看,在"居民消费价格指数"取值的总波动中,有 72.6759783% 是由"居民消费价格指数"与"工业生产者出厂价格指数"之间的线性关系引起的,而用"工业生产者出厂价格指数"来预测"居民消费价格指数"的平均预测误差为 3.004313989。

②从"方差分析"部分看,F 检验的 P 值(即 significance F)为 0.0000000043593732993,接近于 0,表明两者之间有显著的线性相关关系,回归方程有意义。

③从最后部分的"coefficients"项下可得到截距项 a(intercept)的估计值为 31.31072136,回归系数 b 为 0.704528159。若对回归参数按显著性水平 $a = 0.05$ 进行检验,仅回归系数的 P 值(P value)为 0.0000000043593732993 < 0.05,说明回归系数是显著的,而常数项检验的 P 值(P value)为 0.001146 < 0.05,说明常数也是显著的。

由此可得到所求的一元线性回归方程为:

$$\hat{y} = a + bx = 31.31072136 + 0.704528159x$$

从经济学意义看，x 的系数表示"工业生产者出厂价格指数"每增长 1 个单位，"居民消费价格指数"将平均增长 0.704528159 个单位，其解释在经济学意义上是合理的。

四、结论

综合前述的分析，我们可以得出如下结论。

1. 由"居民消费价格指数"与"工业生产者出厂价格指数"绘制得出的散点图呈现出来的形状，以及它们之间的相关系数为 0.852502072，表明它们之间具有显著的线性关系。

2. "居民消费价格指数"与"工业生产者出厂价格指数"回归分析得出调整后的判定系数为 0.726759783，表明 72.6759783% 的"居民消费价格指数"变化可以通过"工业生产者出厂价格指数"来解释。"居民消费价格指数"与"工业生产者出厂价格指数"的一元线性回归方程为：

$$\hat{y} = a + bx = 31.31072136 + 0.704528159x$$

课后练习题

一、填空题

1. 相关关系依相关方向不同分为_____和_____；依相关的表现形式不同分为_____和_____。

2. 在判定现象相关关系密切程度时，主要用_____进行一般性判断，用_____进行数量上的说明。

3. 两个变量之间的相关关系称为_____；在具有相关关系的两个变量中，当一个变量的数值由小变大，而另一个变量的数值却由大变小时，这两个变量之间的关系称为_____。

4. 进行_____分析时，首先要确定哪个是自变量，哪个是因变量，在这一点上与_____分析不同。

5. 估计标准误差是_____与_____之间的标准差。

6. 相关系数的取值范围是_____。

7. 完全相关即是_____关系，其相关系数为_____。

8. 相关系数是用于反映_____条件下，两变量相关关系的密切程度和方向的统计指标。

9. 直线相关系数等于零，说明两变量之间_____；直线相关系数等于 1，说明两变量之间_____；直线相关系数等于 -1，说明两变量之间_____。

10. 回归方程 $y = a + bx$ 中的参数 a 是_____，b 是_____。在统计中估计待定参数的常用方法是_____。

二、单项选择题

1. 相关分析研究的是（　　）。
   A. 变量间的相互依存关系　　　　　　B. 变量间的因果关系
   C. 变量间严格的一一对应关系　　　　D. 变量间的线性关系

2. 下列情况中称为正相关的是（　　）。
   A. 随一个变量增加，另一个变量减少 B. 随一个变量减少，另一个变量增加
   C. 随一个变量增加，另一个变量相应增加 D. 随一个变量增加，另一个变量不变
3. 相关系数的取值范围是（　　）。
   A. $-1 < r < 1$　　B. $0 < r < 1$　　C. $-1 \leq r \leq 1$　　D. $r > 1$
4. 相关系数等于零表明两个变量（　　）。
   A. 是严格的函数关系 B. 不存在相关关系
   C. 不存在线性相关关系 D. 存在曲线相关关系
5. 相关分析对资料的要求是（　　）。
   A. 两个变量均为随机的 B. 两个变量均不是随机的
   C. 自变量是随机的，因变量不是随机的 D. 自变量不是随机的，因变量是随机的
6. 估计标准误差是反映（　　）。
   A. 平均数代表性的指标 B. 现象之间相关关系的指标
   C. 回归直线代表性的指标 D. 平均误差程度的指标
7. 在计算相关系数之前，必须对两个现象进行（　　）。
   A. 定性分析　　B. 定量分析　　C. 回归分析　　D. 可比分析
8. 现象之间相互依存关系的程度越低，则相关系数（　　）。
   A. 越小于0　　B. 越接近于-1　　C. 越接近于1　　D. 越接近于0
9. 现象之间相互关系的类型有（　　）。
   A. 函数关系和因果关系 B. 相关关系和函数关系
   C. 相关关系和因果关系 D. 相关关系和回归关系
10. 产品产量与单件成本的相关系数是-0.88，单位成本与利润率的相关系数是-0.94，产量与利润率之间的相关系数是0.81，因而（　　）。
    A. 产量与利润率的相关程度最高 B. 单位成本与利润率的相关程度最高
    C. 产量与单位成本的相关程度最高 D. 反映不出哪对变量的相关程度高
11. 年劳动生产率z（千元）和工人工资y（元）之间的回归方程为$y = 10 + 70z$，意味着劳动生产率每提高1千元时，工人工资平均（　　）。
    A. 增加80元　　B. 增加70元　　C. 减少70元　　D. 减少80元
12. 下面的函数关系是（　　）。
    A. 销售人员测验成绩与销售额大小的关系 B. 圆的面积决定于它的半径
    C. 收入和消费的关系 D. 数学成绩与统计学成绩的关系
13. 回归系数和相关系数的符号是一致的，其符号均可用来判断现象（　　）。
    A. 线性相关还是非线性相关 B. 正相关还是负相关
    C. 完全相关还是不完全相关 D. 单相关还是复相关
14. 下列关系中，属于正相关关系的有（　　）。
    A. 合理限度内，施肥量和平均单产量之间的关系
    B. 产品产量与单位产品成本之间的关系
    C. 商品的流通费用与销售利润之间的关系
    D. 流通费用率与商品销售量之间的关系
15. 在回归直线$y_c = a + bx$中，$b < 0$，则x与y之间的相关系数（　　）。
    A. $r = 0$　　B. $r = 1$　　C. $0 < r < 1$　　D. $-1 < r < 0$

三、多项选择题

1. 相关分析（　　）。
A. 分析对象是相关关系
B. 分析方法是配合回归方程
C. 分析方法主要是绘制相关图和计算相关系数
D. 分析目的是确定自变量和因变量
E. 分析目的是判断现象之间相关的密切程度，并配合相应的回归方程以便进行推算和预测

2. 下列现象中存在相关关系的有（　　）。
A. 职工家庭收入不断增长，消费支出也相应增长
B. 产量大幅度增加，单位成本相应下降
C. 税率一定，纳税额随销售收入增加而增加
D. 商品价格一定，销售额随销量增加而增加
E. 农作物收获率随着耕作深度的加深而提高

3. 商品流通费用率与商品销售额之间的关系有（　　）。
A. 相关关系　　　B. 函数关系　　　C. 正相关　　　D. 负相关
E. 单相关

4. 相关系数（　　）。
A. 是测定两个变量间有无相关关系的指标
B. 是在线形相关条件下测定两个变量间相关关系密切程度的指标
C. 也能表明变量之间相关的方向
D. 其数值大小决定有无必要配合回归方程
E. 与回归系数密切相关

5. 直线回归方程（　　）。
A. 建立的前提条件是现象之间具有较密切的直线相关关系
B. 关键在于确定方程中的参数 a 和 b
C. 表明两个相关变量间的数量变动关系
D. 可用来根据自变量值推算因变量值，并可进行回归预测
E. 回归系数 $b = 0$ 时，相关系数 $r = 0$

6. 某种产品的单位成本（元）与工人劳动生产率（件/人）之间的回归直线方程为 $Y = 50 - 0.5X$，则（　　）。
A. 0.5 为回归系数
B. 50 为回归直线的起点值
C. 表明工人劳动生产率每增加 1 件/人，单位成本平均提高 0.5 元
D. 表明工人劳动生产率每增加 1 件/人，单位成本平均下降 0.5 元
E. 表明工人劳动生产率每减少 1 件/人，单位成本平均提高 50 元

7. 相关关系的特点有（　　）。
A. 现象之间确实存在数量上的依存关系
B. 现象之间不确定存在数量上的依存关系
C. 现象之间的数量依存关系值是不确定的
D. 现象之间的数量依存关系值是确定的
E. 现象之间不存在数量上的依存关系

8. 建立一元线性回归方程是为了（   ）。
   A. 说明变量之间的数量变动关系
   B. 通过给定自变量数值来估计因变量的可能值
   C. 确定两个变量间的相关程度
   D. 用两个变量相互推算
   E. 用给定的因变量数值推算自变量的可能值
9. 在直线回归方程中，两个变量 x 和 y（   ）。
   A. 一个是自变量，一个是因变量
   B. 一个是给定的变量，一个是随机变量
   C. 两个都是随机变量
   D. 两个都是给定的变量
   E. 两个是相关的变量
10. 在直线回归方程中（   ）。
    A. 在两个变量中须确定自变量和因变量
    B. 回归系数只能取正值
    C. 回归系数和相关系数的符号是一致的
    D. 要求两个变量都是随机的
    E. 要求因变量是随机的，而自变量是给定的
11. 现象间的相关关系按相关形式分为（   ）。
    A. 正相关   B. 负相关   C. 直线相关   D. 曲线相关
    E. 不相关
12. 配合一元线性回归方程须具备下列前提条件（   ）。
    A. 现象间确实存在数量上的相互依存关系
    B. 现象间的关系是直线关系，这种直线关系可用散点图来表示
    C. 具备一组自变量与因变量的对应资料，且能明确哪个是自变量，哪个是因变量
    D. 两个变量之间不是对等关系
    E. 自变量是随机的值，因变量是给定的值
13. 由直线回归方程 $y = a + bx$ 所推算出来的 y 值（   ）。
    A. 是一组估计值
    B. 是一组平均值
    C. 是一个等差级数
    D. 可能等于实际值
    E. 与实际值的离差平方和等于 0

四、判断题

1. 根据结果标志对因素标志的不同反映，可以把现象总体数量上的依存关系划分为函数关系和相关关系。（   ）
2. 相关系数是测定变量之间相关关系的唯一方法。（   ）
3. 回归系数 b 和相关系数 r 都可用以判断现象之间相关的密切程度。（   ）
4. 回归系数可用来判断现象之间的相关方向。（   ）
5. 计算相关系数的两个变量都是随机变量。（   ）
6. 回归分析中计算的估计标准误就是因变量的标准差。（   ）
7. 由变量 y 倚变量 x 回归和由变量 x 倚变量 y 回归所得到的回归方程之所以不同，主要是因为方程中参数表示的意义不同。（   ）
8. 利用一个回归方程，两个变量可以互相推算。（   ）
9. 估计标准误的数值越小，说明回归直线的实用价值越小。（   ）
10. 只有在两变量之间确实存在线性相关关系，而且相关的密切程度显著时，才能拟合回归方程 $y_c = a + bx$。（   ）

五、简答题

1. 简述相关关系和函数关系的区别与联系。
2. 简述相关分析和回归分析的区别与联系。
3. 判定现象是否存在相关关系的方法有哪些?
4. 相关系数 r 的意义是什么?怎样用相关系数 r 来判别现象的相关程度?
5. 如何确定相关关系中的自变量和因变量?
6. 举例说明什么是正相关、负相关和零相关?
7. 简述相关系数 r 与回归系数 b 的关系。
8. 直线回归方程 $y_c = a + bx$ 中,参数 a、b 是怎样求得的?它们代表什么意义?
9. 构造直线回归模型应具备哪些条件?
10. 什么是估计标准误差?其作用如何?

六、计算分析题

1. 有 7 个同类企业的生产性固定资产年平均价值和工业总产值资料如表 6-13 所示。

表 6-13　　　生产性固定资产年平均价值和工业总产值资料表

企业编号	生产性固定资产价值(万元)	工业总产值(万元)
1	320	520
2	200	640
3	400	820
4	420	900
5	500	930
6	320	610
7	910	1 120

要求:
(1) 建立以年工业总产值为因变量的直线回归方程。
(2) 估计当年生产性固定资产价值为 1 200 万元时,工业总产值为多少?

2. 某行业 8 个企业的广告费(万元)和销售量(万套)资料如表 6-14 所示。

表 6-14　　　广告费和销售量资料表

序号	广告费(万元)	销售量(万套)
1	40	32
2	45	34
3	45	48
4	65	55
5	80	50
6	92	60
7	105	78
8	110	64

要求:

(1) 由此计算销售量与广告费之间的相关系数。

(2) 建立以销售量为因变量的直线回归方程,说明斜率的经济意义。

(3) 当企业广告费为 80 万元时,销售量为多少?

3. 根据某地区历年人均年收入(万元)与商品销售额(千万元)资料计算的有关数据如下(x 代表人均收入,y 代表销售额):$n=9$,$\sum x =39$,$\sum y =2\,560$,$\sum x^2 =182$,$\sum xy =11\,918$。

要求:

(1) 建立以商品销售额为因变量的直线回归方程。

(2) 若 2020 年人均年收入为 6 万元,试推算 2020 年该地区的商品销售额。

第七章 时间序列分析

引例

随着我国经济的快速增长，我国的交通运输有着明显的改善和发展，其中，旅客运输又是运输行业的重中之重。所谓客运量是指一定时期内运用各种运输工具实际运送的旅客数量，客运量指标是制定和检查运输生产计划、研究运输发展规模和速度的重要指标。目前，铁路、公路、水路、民航是最主要的几种旅客运输方式。根据国家统计局数据资料，我国 2010~2019 年四种交通工具的客运量如表 7-1 所示。

表 7-1　　　　　2010~2019 年四种交通工具的客运量　　　　单位：万人

年份	铁路	公路	水运	民航
2010	167 609.02	3 052 738.00	22 392.00	26 769.14
2011	186 226.07	3 286 220.00	24 556.00	29 316.66
2012	189 336.85	3 557 010.00	25 752.00	31 936.05
2013	210 596.92	1 853 463.00	23 535.00	35 396.63
2014	230 460.00	1 736 270.00	26 292.93	39 194.88
2015	253 484.00	1 619 097.00	27 072.00	43 618.00
2016	281 405.23	1 542 758.67	27 234.40	48 796.05
2017	308 379.34	1 456 784.33	28 300.34	55 156.11
2018	337 494.67	1 367 170.39	27 981.49	61 173.77
2019	3 66 000.00	1 301 000.00	27 000.00	66 000.00

资料来源：《中国统计年鉴2020》。

通过对时间序列中四种交通工具客运量指标的分析，能够合理预测后期的客运量，可以极大地帮助企业有效使用交通工具，提高经济效益。例如，企业管理者要关心下一年的客运量会达到多少？比上年增长还是下降，各有多少？这些年的客运量变化是否存在什么规律？能否建立数学模型进行预测？等等。

在现实生活中，我们经常要描述和分析社会经济现象在不同时期的发展水平、发展速度和发展规律，因此，建立一系列的时间序列指标，不仅能够用来描述分析经济现象的发展水平和增长速度，而且能够对经济现象进行动态分析和因素分析，分析现象的发展规律、发展趋势以及建立数学模型预测未来。这些正是本章所要研究的主要内容。

第一节 时间序列概述

一、时间序列的意义

现实生活中,任何经济现象随着时间的推移,都会表现出在时间上的发展和运动过程,并且大多数经济数据都是以时间序列形式来呈现的。时间序列分析,就是从时间的发展变化角度,研究现象在不同时期的发展状况,探索其随时间推移的演变趋势和规律,揭示其数量变化和时间的关系,预测现象在未来时间可能达到的数量和规模。

所谓时间序列是将不同时间的统计指标数据按照时间的先后顺序排列起来而形成的统计序列,也叫动态数列。例如,2011~2018 年我国的国内生产总值、第三产业增加值比重、年末人口总数、人均国内生产总值、城镇就业人员平均工资和社会消费品零售总额这些国民经济主要指标,按照时间先后顺序进行排列,形成了一系列的时间序列,如表 7-2 所示。

表 7-2　我国 2011~2018 年国民经济主要指标

年份	国内生产总值（亿元）	第三产业增加值比重（%）	年末人口总数（万人）	人均国内生产总值（元）	城镇就业人员平均工资（元）	社会消费品零售总额（亿元）
2011	487 940.2	44.3	134 735	36 302	41 799	187 205.8
2012	538 580.0	45.5	135 404	39 874	46 769	214 432.7
2013	592 963.2	46.9	136 072	43 684	51 483	242 842.8
2014	643 563.1	48.3	136 782	47 173	56 360	271 896.1
2015	688 858.2	50.8	137 462	50 237	62 029	300 930.8
2016	746 395.1	52.4	138 271	54 139	67 569	332 316.3
2017	832 035.9	52.7	139 008	60 014	74 318	366 261.6
2018	919 281.1	53.3	139 538	66 006	82 413	380 986.9

资料来源:《中国统计年鉴 2019》。

从以上资料看到时间序列具有两个最基本的要素:一是统计指标所属的时间,实际中可以采用年度、季度、月份,通常用 t 表示;二是不同时期的指标数值,是各个时间上的发展水平,通常用 a 表示。时间序列反映的是现象发展变化的过程和趋势,可以先对时间序列作图形或者指标的分析,初步判断时间序列的变化模型,确定合适的模型进行预测。

二、时间序列的作用

1. 利用时间序列可以描述现象在具体时间条件下的发展状况和结果。
2. 利用时间序列资料可进行各种动态对比分析,研究现象发展变化方向和程度。

3. 利用时间序列可以分析现象的发展变化趋势及其规律,例如事物发展的长期趋势、季节变动规律等。

4. 利用时间序列对现象发展变化趋势与规律的分析,可以进行动态预测。

三、时间序列的种类

根据时间序列中统计指标数值的表现形成不同,可以把时间序列分为绝对数时间序列、相对数时间序列和平均数时间序列三种,其中,绝对数时间序列是最基本的时间序列,相对数时间序列和平均数时间序列是派生序列。

(一)绝对数时间序列

绝对数时间序列是将反映现象的总量指标或绝对数,按照时间先后顺序排列起来而形成的时间序列,它反映现象在一段时间内达到的规模、绝对水平和工作总量,如表7-2中的国内生产总值、社会消费品零售总额、年末人口总数三个时间序列。按照指标数值反映的时间状态不同,绝对数有时期数和时点数之分,因此,把绝对数时间序列又可以分为时期序列和时点序列。

1. 时期序列。时期序列指时间序列中指标数值是反映社会经济现象在一段时间内发展过程的总量,即时间序列中的指标数值是时期数。如表7-3所示的国内生产总值时间序列。

表7-3　　　　　　我国2012~2018年国内生产总值　　　　　　单位:亿元

年份	2012	2013	2014	2015	2016	2017	2018
国内生产总值	538 580	592 963.2	643 563.1	688 858.2	746 395.1	832 035.9	919 281.1

资料来源:《中国统计年鉴2019》。

时期序列有以下三个特点:

(1) 时期序列中各指标数值是可以相加的。因为每个指标的数值都是表示在一段时间内发展过程的总量,所以相加后的数值就表示现象在更长一段时间内发展过程的总量。

(2) 时期序列中每一个指标数值的大小与所属的时期长短有直接的联系。因为每一个指标所属时间的长度称为时期,而这时期可以是一日、一月、一季、一年或更长时期,时期越长数值就越大,时期越短数值就越小。

(3) 时期序列中的指标数值是通过连续不断的登记得到的。因为时期数列中的指标数值是反映一段时间内发展过程的总量,是在这段时间内对指标的发展变化不断进行登记加总而得到的。

2. 时点序列。时点序列指时间序列中的指标数值是反映现象在某一个时点(瞬间)所表现出来的发展水平,即时间序列中的统计指标数值是时点数。如表7-4所示的年末人口总数时间序列。

表 7-4　　　　　　　　我国 2012～2018 年年末人口数　　　　　　　　单位：万人

年份	2012	2013	2014	2015	2016	2017	2018
年末人口数	135 404	136 072	136 782	137 462	138 271	139 008	139 538

资料来源：《中国统计年鉴2019》。

时点序列也有三个特点：

（1）时点序列中各指标数值不可以相加。因为每个指标的数值反映的是某一时点上的数量特征，如果相加会出现指标数值重复的现象。

（2）时点序列中各指标数值的大小与其间隔长短没有直接联系。因为每一个指标所反映的数值只是某一时点上的数量特征，因此，指标数值的大小与时间间隔的长短是没有直接联系的。

（3）时点序列中的各指标数值是通过一次性调查登记取得的。因为时点数列中的指标数值通常是间隔一段时间登记一次（如月末、年末），只需要一次性登记就可以取得，不需要连续登记。

（二）相对数时间序列

相对数时间序列是将一系列同类的相对指标数值按照时间的先后顺序排列所形成的时间序列，用以反映事物之间对比关系的变化情况。如表 7-5 所示的第三产业增加值比重时间序列。

表 7-5　　　　　　我国 2012～2018 年第三产业增加值比重

年份	2012	2013	2014	2015	2016	2017	2018
第三产业增加值比重（%）	45.5	46.9	48.3	50.8	52.4	52.7	53.3

资料来源：《中国统计年鉴2019》。

（三）平均数时间序列

平均数时间序列是由一系列平均指标数值按时间先后顺序排列而形成的时间序列，用以反映事物一般水平的变化过程和发展趋势。如表 7-6 所示的城镇就业人员平均工资时间序列。

表 7-6　　　　　　我国 2012～2018 年城镇就业人员平均工资　　　　　　单位：元

年份	2012	2013	2014	2015	2016	2017	2018
城镇就业人员平均工资	46 769	51 483	56 360	62 029	67 569	74 318	82 413

资料来源：《中国统计年鉴2019》。

四、时间序列的编制原则

（一）指标数值所属时间要可比

时期数列中的指标数值与时期长短有直接联系，所以时期数列中各指标所属的时期长短应该一致，便于对比分析。而在时点数列中，指标数值与时间间隔长短虽然没有直接联系，但为研究方便和准确反映现象发展变化状况，应该尽量采用相等的时间间隔。

（二）指标数值所属的总体范围要一致

总体范围主要指现象所属的空间范围，如行政区域、所属行业、分组范围等，只有保证指标的所属总体范围一致，才能保证指标的前后时期能够直接对比。

（三）指标数值的内容要一致

只有同质的现象才能进行动态对比，即使指标名称相同，如果指标数值的内容不同也不能进行对比。

（四）指标数值的计算口径要一致

时间序列中指标数值的计算口径，是指计算方法、计算价格、计量单位的一致。如计算劳动生产率，就有全员劳动生产率和工人劳动生产率两种不同计算方法；如计算企业产值，就有按照现行价格还是按照不变价格两种计算价格。只有计算口径一致才可以进行对比分析。

第二节 时间序列的水平分析

一、发展水平

发展水平是指时间序列中每一个指标数值反映事物的发展变化在一定时期内或时点上所达到的水平。观察的时期可以是年份、季度、月份或其他任何时间形式。发展水平是计算其他所有动态分析指标的基础，用符号 a 表示。发展水平可以表现为绝对数，如表 7-2 中的国内生产总值、社会消费品零售总额、年末人口总数；可以表现为相对数，如表 7-2 中的人均国内生产总值、第三产业增加值比重；也可以表现为平均数，如表 7-2 中的城镇就业人员平均工资。

在同一个时间序列中，第一个指标数值称为最初水平，用符号 a_0 表示，最后一个指标数值称为最末水平，用符号 a_n 表示，其余所有中间时期的发展水平称为中间水平，用符号 $a_1, a_2, \cdots, a_{n-1}$ 表示。根据发展水平在时间序列中的作用不同，通常将所要研究的那个时期的水平称为报告期水平，将用来作比较基础的那个时期的水平称为基期水平。

值得注意的是，发展水平在文字描述时，常用"增加到""增加了""降低到""降低了"来表述，如我国 2017 年国内生产总值 832 035.9 亿元，2018 年增加到 919 281.1 亿元，增加了 87 245.2 亿元，要特别理解"增加到"和"增加了"的区别。

二、平均发展水平

平均发展水平是将时间序列中各个发展水平加以平均而得到的平均数,用以反映现象在一段时间内发展变化所达到的一般水平,习惯上把这类平均数称为序时平均数或动态平均数,而把同一时间条件下计算的平均数称为静态平均数(前面介绍的平均数)。

序时平均数与静态平均数的共同点表现为:两者都是将现象的个别数量差异抽象化了,从而概括地反映现象的一般水平。序时平均数与静态平均数的区别表现为:第一,序时平均数是根据时间序列计算的,而静态平均数是根据变量数列计算的;第二,序时平均数是从动态上说明同一现象在某一段时间内发展的一般水平,而静态平均数是在静态上说明同质总体在一定时间地点条件下的一般水平;第三,序时平均数是对同一现象不同时间上数值差异的抽象化,而静态平均数是对同一时间总体某一数量标志值差异的抽象化。

由于时间序列的不同表现形式,计算序时平均数有不同的方法。

(一)根据绝对数时间序列计算序时平均数

绝对数时间序列有时期序列和时点序列之分,因此,平均发展水平计算方法是不同的。

1. 由时期序列计算平均发展水平。由于时期序列中各指标可以直接相加,所以时期序列的平均发展水平可以直接用简单算术平均数的方法。

$$\bar{a} = \frac{a_1 + a_2 + \cdots + a_n}{n} = \frac{\sum a}{n} \tag{7-1}$$

其中,$\bar{a}$ 为平均发展水平,$a_1, a_2, \cdots, a_n$ 为各期的发展水平,n 为时期数列项数。

【例 7-1】根据表 7-2 中的社会消费品零售总额时间序列,计算我国 2011~2018 年的平均社会消费品零售总额。

解:首先判断社会消费品零售总额时间序列属于时期序列,然后根据时期数列的平均发展水平计算公式有:

$$\bar{a} = \frac{\sum a}{n} = \frac{2\ 296\ 873}{8} = 287\ 109.125(亿元)$$

即我国 2011~2018 年平均社会消费品零售总额为 287 109.125 亿元。

2. 由时点序列计算平均发展水平。时点序列有间隔相等和间隔不相等两种,其中,间隔相等的时点序列又有连续和不连续两种之分。

(1)由连续时点序列计算平均发展水平。所谓连续时点序列是将逐日登记的资料按照时间先后顺序排列而形成的时间序列,它是按照简单算术平均数方法求平均发展水平。

$$\bar{a} = \frac{\sum af}{\sum f} \tag{7-2}$$

其中，a 为各时点指标数值；f 为每次变动持续的间隔天数。

【例 7-2】某公司 2019 年 1 月份产品库存资料如表 7-7 所示，计算该公司 1 月份产品平均库存量。

表 7-7　　　　　　　某公司 2019 年 1 月份产品库存变动资料

时间	1~12 日	13~19 日	20~25 日	26~30 日	31 日
库存量（台）a	40	45	25	12	4
天数（天）f	12	7	6	5	1
af（台）	480	315	150	60	4

解：$\bar{a} = \dfrac{\sum af}{\sum f} = \dfrac{1\,009}{31} \approx 32.5$（台）

该公司 2019 年 1 月份产品平均库存为 32.5 台。

（2）由间隔相等间断时点序列计算平均发展水平。通常是假定指标数值两个时点之间是均匀变动的，先求两个时点指标数值的平均数，再根据这些平均数进行简单算术平均数计算以求得平均发展水平。

$$\bar{a} = \frac{\dfrac{a_1+a_2}{2} + \dfrac{a_2+a_3}{2} + \cdots + \dfrac{a_{n-1}+a_n}{2}}{n-1}$$

简化为：$\bar{a} = \dfrac{\dfrac{a_1}{2} + a_2 + \cdots + a_{n-1} + \dfrac{a_n}{2}}{n-1}$ \tag{7-3}

上述公式通常称为"首末折半法"或"首尾折半法"。

【例 7-3】根据表 7-2 中我国年末人口总数时间序列，已知我国 2010 年末人口总数为 134 091 万人，求我国 2011~2018 年的平均人口总数。

解：先判断我国年末人口总数时间序列属于间隔相等的时点序列，然后根据公式（7-3）可得：

$$\bar{a} = \frac{\dfrac{a_1}{2} + a_2 + \cdots + \dfrac{a_n}{2}}{n-1} = \left(\frac{134\,091}{2} + 134\,735 + \cdots + \frac{139\,538}{2}\right) \div 8 \approx 136\,818.562（万人）$$

即我国 2011~2018 年平均人口总数约为 136 818.562 万人。

（3）由间隔不等的间断时点序列求平均发展水平。通常是假定指标数值两个时点之间是均匀变动的，先求两个时点指标数值的平均数，再根据这些平均数以间隔时间长短为权数进行加权平均，求得平均发展水平。

$$\bar{a} = \frac{\dfrac{(a_1+a_2)}{2}f_1 + \dfrac{(a_2+a_3)}{2}f_2 + \cdots + \dfrac{(a_{n-1}+a_n)}{2}f_{n-1}}{f_1 + f_2 + \cdots + f_{n-1}} \tag{7-4}$$

其中，$\bar{a}$ 为平均发展水平；$a_1, a_2, \cdots, a_n$ 为各期的发展水平；$f_1, f_2, \cdots, f_n$ 为

时间序列的间隔。

【例7-4】某商场2019年在不同时点的商品库存资料如表7-8所示,求该商场2019年平均商品库存额。

表7-8   某商场2019年在不同时点的商品库存额

日期	1月1日	3月1日	7月1日	8月1日	10月1日	12月31日
商品库存(万元)	280	320	140	110	160	180

解:
$$\bar{a} = \frac{\frac{(a_1+a_2)}{2}f_1 + \frac{(a_2+a_3)}{2}f_2 + \cdots + \frac{(a_{n-1}+a_n)}{2}f_{n-1}}{f_1+f_2+\cdots+f_{n-1}}$$

$$= \frac{\frac{280+320}{2}\times 2 + \frac{320+140}{2}\times 4 + \frac{140+110}{2}\times 1 + \frac{110+160}{2}\times 2 + \frac{160+180}{2}\times 3}{12}$$

$$\approx 202.08(万元)$$

即该商场2019年的平均商品库存额为202.08万元。

(二)由相对数时间序列计算序时平均数

因为相对数时间序列和平均数时间序列中的每项数值都是由两个相互联系的绝对数指标(时期指标或时点指标)对比的结果,是派生的时间序列,因此,计算相对数时间序列或者平均数时间序列的序时平均数,可以先分别计算形成相对数或者平均数时间序列的分子序列平均数和分母序列平均数,然后再对比,即:

$$\bar{a} = \frac{\bar{b}}{\bar{c}} \tag{7-5}$$

其中,$\bar{b}$ 表示时间序列中分子序列的平均发展水平;$\bar{c}$ 表示时间序列中分母序列的平均发展水平。

【例7-5】表7-9中资料显示了我国2011~2018年主要经济指标数值,已知我国2010年末人口总数为134 091万人,求我国2011~2018年人均国内生产总值的平均数。

表7-9   我国2011~2018年主要经济指标资料

年份	国内生产总值(亿元)	年末人口总数(万人)	人均国内生产总值(元)
2011	487 940.2	134 735	36 302
2012	538 580	135 404	39 874
2013	592 963.2	136 072	43 684
2014	643 563.1	136 782	47 173
2015	688 858.2	137 462	50 237
2016	746 395.1	138 271	54 139
2017	832 035.9	139 008	60 014
2018	919 281.1	139 538	66 006

资料来源:《中国统计年鉴2019》。

解：首先判断人均国内生产总值序列是相对数时间序列，分子序列为国内生产总值是时期序列，分母序列为年末人口总数是时点序列；其次我们用简单算术平均数方法求平均国内生产总值（$\bar{b}$），用首末折半法求平均人口总数（$\bar{c}$）；最后对比得到人均国内生产总值的平均数。

$$\bar{b} = \frac{\sum b}{n} = \frac{5\,449\,616.8}{8} = 681\,202.1（亿元）$$

$$\bar{c} = \frac{\frac{c_1}{2} + c_2 + \cdots + \frac{c_n}{2}}{n-1} = \frac{\frac{134\,091}{2} + 134\,735 + \cdots + \frac{139\,538}{2}}{9-1}$$

$$\approx 136\,818.562（万人）$$

$$\bar{a} = \frac{\bar{b}}{\bar{c}} = \frac{681\,202.1}{136\,818.562} \approx 49\,788.72（元/人）$$

即我国 2011～2018 年人均国内生产总值平均数为 49 788.72 元。

【例 7-6】某企业 2019 年第一季度各月初管理人员数、职工总数、管理人员占职工总数比重资料如表 7-10 所示，求该企业 2019 年第一季度月平均管理人员占职工总数比重。

表 7-10　　某企业 2019 年第一季度管理人员和职工总数

项目	1月初	2月初	3月初	4月初
b 管理人员数（人）	150	180	165	195
c 职工总数（人）	679	720	718	748
a 管理人员占职工比重（%）	22.1	25.0	23.0	26.1

解：由于管理人员数和职工总数都是间隔相等的间断时点序列，因而都采用首末折半法。

$$\bar{a} = \frac{\bar{b}}{\bar{c}} = \frac{\frac{150}{2} + 180 + 165 + \frac{195}{2}}{\frac{679}{2} + 720 + 718 + \frac{748}{2}} \approx 24.05\%$$

即该企业第一季度月平均管理人员占全部职工总数的比重是 24.05%。

（三）由平均数时间序列计算序时平均数

1. 根据静态平均数时间序列计算平均发展水平。如表 7-2 中的城镇就业人员平均工资就是一个静态平均数的时间序列，设序时平均数为 $\bar{a} = \frac{\bar{b}}{\bar{c}}$，分别求分子序列（总工资）的平均数和分母序列（城镇就业人员数）的平均数，然后再对比，方法与相对数时间序列的计算方法一样。

2. 根据序时平均数时间序列计算平均发展水平。时间序列中各时期的平均发展水平本身是按序时平均数方法计算形成的，可用特殊的方法即简单算术平均数方法计算平均发展水平。

【例 7-7】根据表 7-11 中某企业某年 1~6 月份平均库存额时间序列，求企业 1~6 月份平均库存额。

表 7-11　　　　　　某企业某年 1~6 月份平均库存额

时间	1月	2月	3月	4月	5月	6月
平均库存额（万元）	205	206	210	213	220	209

解：

$$\bar{a} = \frac{\sum a}{n} = \frac{205 + 206 + 210 + 213 + 220 + 209}{6} = 210.5（万元）$$

三、增长量

增长量是指时间序列中不同时期的发展水平之差，表示现象增长的绝对数量。增长量可能是正数也可能是负数。如果是正数，表明现象发展呈现增长（正增长）状态，如果是负数，表明现象发展呈现下降（负增长）状态。

由于基期的选择不同，增长量有逐期增长量和累计增长量两种。逐期增长量是报告期水平与前一期水平之差，表明现象逐期增长的数量大小（$a_n - a_{n-1}$）。累计增长量是报告期水平与历史上某一固定基期的水平之差，表明现象经过较长一段时间发展的总增长数量（$a_n - a_0$）。

时间序列中各逐期增长量之和等于相应的累计增长量，即：

$$a_n - a_0 = \sum (a_n - a_{n-1}) \tag{7-6}$$

为消除季节变动影响，实际工作中常计算年距增长量，它是本期发展水平与上年同期发展水平之差，即：

年距增长量 = 本期发展水平 - 上年同期发展水平

【例 7-8】某工业企业 2019 年 4 月份工业增加值为 1 500 万元，2018 年 4 月增加值为 1 200 万元，则：年距增长量 = 1 500 - 1 200 = 300（万元），这表明该企业 2019 年 4 月工业增加值比 2018 年 4 月增加了 300 万元。

四、平均增长量

平均增长量是观察期内各个逐期增长量的平均数，用来说明现象在一段时期内平均每期增加或减少的绝对数量。其计算公式为：

$$平均增长量 = \frac{逐期增长量之和}{逐期增长量个数} = \frac{累计增长量}{发展水平个数 - 1} \tag{7-7}$$

【例 7-9】我国 2011~2018 年社会消费品零售总额资料如表 7-12 所示，计算我国 2011~2018 年社会消费品零售总额的逐期增长量、累计增长量以及平均增长量。

表 7-12 2011~2018 年我国社会消费品零售总额增长量计算表

年份	社会消费品零售总额（亿元）	逐期增长量（亿元）	累计增长量（亿元）
2011	187 205.8	—	—
2012	214 432.7	27 226.9	27 226.9
2013	242 842.8	28 410.1	55 637.0
2014	271 896.1	29 053.3	84 690.3
2015	300 930.8	29 034.7	113 725.0
2016	332 316.3	31 385.5	145 110.5
2017	366 261.6	33 945.3	179 055.8
2018	380 986.9	14 725.3	193 781.1

解：2011~2018 年我国社会消费品零售总额平均增长量 = $\dfrac{\text{逐期增长量之和}}{\text{增长量个数}}$

$= \dfrac{\text{累计增长量}}{n-1} = \dfrac{193\ 781.1}{8-1} \approx 27\ 683$（亿元）

第三节 时间序列的速度分析

时间序列的速度分析指标主要有发展速度、平均发展速度、增长速度、平均增长速度，其中，发展速度是最基本的分析指标。

一、发展速度

发展速度是反映现象发展变化快慢程度的相对指标，是根据两个不同时期的发展水平对比求得，其计算结果一般用倍数或百分数表示，计算公式为：

$$\text{发展速度} = \dfrac{\text{报告期水平}}{\text{基期水平}} \times 100\% \qquad (7-8)$$

由于"报告期"和"基期"是相对的，根据选择的基期的不同，一个时间序列可计算出两种发展速度，即环比发展速度和定基发展速度。

（一）环比发展速度

环比发展速度是报告期水平与前一期水平之比，即：

$$\text{环比发展速度} = \dfrac{\text{报告期水平}}{\text{基期水平}} \times 100\%$$

即环比发展速度为 $\dfrac{a_1}{a_0}, \dfrac{a_2}{a_1}, \cdots, \dfrac{a_n}{a_{n-1}}$。

根据一个时间序列计算的环比发展速度可以组成一个新的时间序列。

（二）定基发展速度

定基发展速度是报告期水平与某一固定时期水平之比，即：

$$定基发展速度 = \frac{报告期水平}{固定时期水平}$$

即定基发展速度为 $\frac{a_1}{a_0}, \frac{a_2}{a_0}, \cdots, \frac{a_n}{a_0}$。

根据一个时间序列计算定基发展速度时，一般是把数列的第一项数值作为固定时期水平，所以定基发展速度也组成一个新的时间序列。

（三）环比发展速度与定基发展速度的计算关系

1. 环比发展速度的连乘积等于相应的定基发展速度，即：

$$\frac{a_1}{a_0} \frac{a_2}{a_1} \cdots \frac{a_n}{a_{n-1}} = \frac{a_n}{a_0}$$

2. 两个相邻时期的定基发展速度相除之商，等于相应时期的环比发展速度，即：

$$\frac{a_n}{a_0} \div \frac{a_{n-1}}{a_0} = \frac{a_n}{a_{n-1}}$$

【例7-10】 已知某企业产品的产量在2016年、2017年、2018年三年的环比发展速度分别为110%、150%、180%，试计算2017年和2018年的定基发展速度。

解：2017年的定基发展速度 = 110% × 150% = 165%

2018年的定基发展速度 = 110% × 150% × 180% = 297%

【例7-11】 已知某企业产品的产量2015~2018年的发展速度为180%，2015~2019年的发展速度为200%，试计算2019年的环比发展速度。

解：2019年环比发展速度 = $\frac{2019年定基发展速度}{2018年定基发展速度} = \frac{200\%}{180\%} \times 100\% \approx 111\%$

在实际工作中，经常需要计算年距发展速度。它是报告期水平与上年同期水平之比，表明在消除季节变动影响的情况下，经济现象本期是上年同期相对发展的程度。其计算公式：

$$年距发展速度 = \frac{报告期发展水平}{上年同期发展水平} \qquad (7-9)$$

二、增长速度

增长速度是反映现象发展变化增长程度快慢的相对指标，由增长量与基期水平对比求得，其计算结果一般用倍数或百分数表示。其计算公式为：

$$增长速度 = \frac{增长量}{基期水平}$$

把增长量的计算公式代入，得：

$$增长速度 = \frac{报告期水平 - 基期水平}{基期水平} = 发展速度 - 1(或100\%) \qquad (7-10)$$

由于发展速度有环比发展速度和定基发展速度之分，相应地，增长速度也有环比增长速度和定基增长速度两种。即：

$$环比增长速度 = \frac{逐期增长量}{前一期水平} \times 100\%$$
$$= 环比发展速度 - 1（或100\%）$$

$$定基增长速度 = \frac{累计增长量}{固定基期水平} \times 100\%$$
$$= 定基发展速度 - 1（或100\%）$$

环比增长速度和定基增长速度之间不存在直接的换算关系，要进行两者之间的换算，必须还原成相应的发展速度，借助于两种发展速度之间的关系。在实际工作中也需要计算年距增长速度（同比增长速度）：

$$年距增长速度（同比增长速度）= 年距发展速度 - 1（或100\%） \qquad (7-11)$$

三、增长1%的绝对值

运用时间序列进行动态比较时，既要看速度，又要看水平，由于相对数具有抽象化的特点，用百分比表示的发展速度和增长速度把发展水平掩盖了，因此，要把速度指标和水平指标结合起来分析，增长1%的绝对值就是表明环比增长速度所包含的绝对数量。计算公式：

$$增长1\%的绝对值 = \frac{逐期增长量}{环比增长速度 \times 100} = \frac{前期水平}{100} \qquad (7-12)$$

【例7-12】在引例中，我国2010～2019年铁路客运量资料如表7-13所示，计算我国客运量的环比发展速度、环比增长速度、定基发展速度、定基增长速度和增长1%的绝对值。

表7-13　　　　　2010～2019年我国铁路客运量指标计算表

年份	铁路客运量（万人）	环比发展速度（%）	定基发展速度（%）	环比增长速度（%）	定基增长速度（%）	增长1%的绝对值（亿元）
2010	167 609.02	—	100.00	—	—	—
2011	186 226.07	111.11	111.11	11.11	11.11	1 676.09
2012	189 336.85	101.67	112.96	1.67	12.96	1 862.26
2013	210 596.92	111.23	125.65	11.23	25.65	1 893.37
2014	230 460	109.43	137.50	9.43	37.50	2 105.97
2015	253 484	109.99	151.24	9.99	51.24	2 304.60
2016	281 405.23	111.01	167.89	11.01	67.89	2 534.84
2017	308 379.34	109.59	183.99	9.59	83.99	2 814.05
2018	337 494.67	109.44	201.36	9.44	101.36	3 083.79
2019	366 000	108.45	218.37	8.45	118.37	3 374.95

四、平均发展速度

平均发展速度是各期环比发展速度的序时平均数，用以反映现象在较长一段时期内逐期平均发展变化的程度。由于我们考察事物发展变化的侧重点不同，计算平均发展速度的方法也不同（几何平均法和方程法），实际工作中，一般较多采用几何平均法计算平均发展速度。

1. 几何平均法又称水平法，其特点是从最初水平 a_0 出发，每期按平均发展速度发展，经过 n 期后，达到最末水平 a_n，侧重于考察最末一期的发展水平。几何平均法计算平均发展速度的公式是：

$$\bar{x} = \sqrt[n]{\frac{a_1}{a_0} \times \frac{a_2}{a_1} \times \cdots \times \frac{a_n}{a_{n-1}}} = \sqrt[n]{\prod x} = \sqrt[n]{\frac{a_n}{a_0}} \tag{7-13}$$

其中，x 代表各期环比发展速度；$\prod$ 代表连乘；n 代表时间序列项数。

2. 方程法，其特点是由最初水平 a_0 和平均发展速度 $\bar{x}$ 推算出各期发展水平的理论值，然后令这些理论值之和与实际发展水平之和相等，侧重考察整个时期的发展水平之和，即：

$$a_0 + a_0\bar{x} + a_0\bar{x}^2 + \cdots + a_0\bar{x}^n = \sum a_j$$

所以有：$\bar{x}^n + \bar{x}^{n-1} + \cdots + \bar{x} = \dfrac{\sum a_j}{a_0}$。 $\tag{7-14}$

上述方程中的正根就是所求的平均发展速度。

五、平均增长速度

平均增长速度是各期环比增长速度的序时平均数，用以反映现象在较长一段时间内逐期递增的相对程度，又称递增率或递减率，计算公式为：

平均增长速度 = 平均发展速度 − 1（或 100%） $\tag{7-15}$

特别指出，平均增长速度不能直接根据各期的环比发展速度计算，而是要通过平均发展速度减1来求得。

【例 7-13】根据表 7-13 中的资料，采用几何法计算 2010~2019 年我国铁路客运量的平均发展速度和平均增长速度。

解：平均发展速度 $\bar{x} = \sqrt[n]{\prod x_i} = \sqrt[n]{\dfrac{a_n}{a_0}} = \sqrt[9]{\dfrac{366\,000}{167\,609}} \approx 147.78\%$

平均增长速度 = 平均发展速度 − 1 = 147.78% − 100% = 47.78%

即 2010~2019 年我国铁路客运量的平均发展速度是 147.78%，平均增长速度是 47.78%。

六、计算和应用速度指标应注意的问题

1. 正确选择对比的基期。各种速度指标和增长水平指标都是在一定基期水平上计算的,因此,要根据研究目的和社会经济现象发展的特点,正确选择对比的基期,选择具有代表性的时期,同时,要尽量避开因为异常因素影响过高或过低的异常时期,以免得出错误结论。

2. 用分段平均速度补充说明总平均速度。总平均速度概括反映现象在较长一段时期内的平均变化程度,而现象在不同阶段的发展变化有可能具有特殊性,因此,在研究一段较长时期现象的平均速度时,除计算总平均速度外,还要计算分段的平均速度,结合各个特定历史时期的分段平均速度来深入分析和补充说明总平均速度。

第四节 长期趋势的测定

一、时间序列的构成因素

社会经济现象在长期发展变化过程中总是要受到多种因素的影响,有的因素对现象发展起促进作用,有的因素对现象发展起制约作用,这些影响有主有次,有强有弱,有长期性、周期性,也有短暂性,有决定性,也有偶然性。这些因素共同影响的结果,使现象的发展有时较快,有时较慢,高低起伏,形态各异。为了寻求时间序列发展变化的规律性,就要对影响时间序列的构成因素分别进行分析,分析其发展变化的特点。一般将时间序列的影响因素归纳起来可大致分为长期趋势、季节变动、循环变动、不规则变动。

1. 长期趋势(T),指现象在一个相当长的历史时期内所表现出来的沿着某一方向持续发展变化的趋势。它是时间序列中最基本的构成因素,按照变动的方向不同来分,长期趋势有上升趋势、下降趋势和平稳趋势;按照变化的形态来分,长期趋势可以分为线性趋势和非线性趋势。

2. 季节变动(S),指某种现象在一年之内随着时间(如季节、月份等)的变化而表现出来的周期性变动。现在对季节变动概念进行扩展,对一年内由于社会、经济、自然因素的影响,形成的小于一年时期的有规律的重复变动,都称为季节变动。如超市的营业额和顾客人数的变动常常以七天为一个周期,每个周末就是高峰期。

3. 循环变动(C),指现象在若干年内表现出的涨落相间、峰谷交替的一种周期性波动。一个变动周期经常要持续多年,然后接着下一个变动周期,循环变动和季节变动虽然都是一种周期性变动,但季节变动的一个变动周期是一年,而

循环变动的一个变动周期可以是几年、十几年不等。

4. 不规则变动（I），指现象由于受偶然性因素影响发生的无规则的短期波动。它是从时间序列分离了长期趋势、季节变动和循环变动之后剩余的因素，又称为剩余变动。在后面介绍的不规则变动一般指随机扰动。

对时间序列进行因素分解的目的，就是对时间序列中几种构成因素进行测定和分析，从中划分出各种因素的影响作用，揭示其变动的规律和特征，并在此基础上进行预测。按照时间序列构成因素相互作用的方式不同，可以将上述关系分为不同的合成模型。

（1）加法模型。假定四类变动因素是相互独立的，采用加法模型。其计算公式：

$$Y = T + S + C + I \tag{7-16}$$

（2）乘法模型。假定四类变动因素存在相互交叉作用，采用乘法模型。其计算公式：

$$Y = T \times S \times C \times I \tag{7-17}$$

在实际中，四类因素总是存在相互交叉作用，因此，最常用的是乘法模型。

二、长期趋势的测定与预测

长期趋势是指现象在一个相当长的历史时期内所表现出来的总趋势，是时间序列中最基本的构成因素，时间序列分析中最主要的就是长期趋势分析。例如，我国历年国内生产总值、历年年末人口总数变化、历年城镇居民家庭人均收入等指标呈现出来的变化趋势就是持续增长的趋势。只要用长远的观点去看待问题，任何事物都会存在长期趋势，只不过有些现象表现为上升的趋势，有些现象表现为下降的趋势，而有些现象的长期趋势表现为直线型，有些现象表现为曲线型。测定和分析长期趋势的目的主要有：认识现象随时间发展变化的趋势和规律；对现象的未来发展趋势作出预测；从时间序列中剔除长期趋势成分，以便分解出其他类型的影响因素。

时间序列的长期趋势可以分为线性趋势和非线性趋势。线性趋势的特点是时间序列的增减数量大致相同，趋势的斜率基本保持不变；非线性趋势的特点是时间序列各期的变动随时间而异，趋势线的斜率有明显的变动，又称为曲线趋势。

长期趋势的测定方法主要有时距扩大法、移动平均法、指数平滑法、趋势模型法。

（一）时距扩大法

这是最简单的一种测定长期趋势的方法。其方法是把动态序列中各时期数值按若干项加以合并，得出较长时距的资料，用以消除现象由于受偶然性因素影响而发生的短期波动，同时编制出一个扩大了时距的新的时间序列，从而明显地表现现象的长期趋势。

【例7-14】我国2008~2019年粮食产量资料如表7-14所示，通过时距扩大法分析长期趋势规律。

表7-14　　　　　　　　我国历年粮食产量资料

年份	粮食产量（万吨）	年份	粮食产量（万吨）
2008	53 434	2014	63 965
2009	53 941	2015	66 060
2010	55 911	2016	66 044
2011	58 849	2017	66 161
2012	61 223	2018	65 789
2013	63 048	2019	66 384

资料来源：《中国统计年鉴2020》。

通过时距扩大法，我们把每三年粮食产量进行合并得到一个新的时间序列（即把指标数值的时距由原来的一年扩大为三年），如表7-15所示。

表7-15　　　　　　　我国各个时期的粮食产量

时期	2008~2010年	2011~2013年	2014~2016年	2017~2019年
粮食产量（万吨）	163 286	183 120	196 069	198 334

从表7-15中可以较明显地看出我国粮食产量逐渐上升的长期趋势。时距扩大法还可以在时距扩大的基础上计算各时期的序时平均数，以观察现象的长期趋势，一般适合用于时期数列。

（二）移动平均法

移动平均法是选择一定的期数 k，对原有的时间序列逐项地、移动地计算序时平均数，由一系列新的序时平均数组成一个新的时间序列，从而对原有序列进行修匀，达到显示现象长期趋势的目的。若平均期数是 k，就称为 k 项移动平均，移动平均值可以放在中间位置的时间上（中心化移动平均），也可以放在最后一个位置的时间上，Excel就是这样处理的。

【例7-15】利用我国2008~2019年粮食产量的资料，采用移动平均法进行趋势分析和预测，如表7-16所示。

表7-16　　　　　　我国历年粮食产量移动平均数计算表

年份	粮食产量（万吨）	三年移动平均数（$k=3$）	五年移动平均数（$k=5$）
2008	53 434	—	
2009	53 941	—	
2010	55 911	54 429	—
2011	58 849	56 234	—
2012	61 223	58 661	56 672
2013	63 048	61 040	58 594
2014	63 965	62 745	60 599
2015	66 060	64 358	62 629
2016	66 044	65 356	64 068
2017	66 161	66 088	65 056

续表

年份	粮食产量（万吨）	三年移动平均数（k=3）	五年移动平均数（k=5）
2018	65 789	65 998	65 604
2019	66 384	66 111	66 088

应用移动平均法应注意以下四点。

1. 合理确定移动的时期长度。一般来说，平均的时距项数 k 越大，移动平均的修匀作用就越强。因此，k 不能过大也不能过小，k 越大缺失的信息就越多。如果现象存在周期性变动，为消除周期变动影响，要以周期长度为移动的时期长度。

2. 奇数项移动平均只需要进行一次移动。如果采用偶数项移动，则需要进行两次移动，一般都采用奇数项移动。

3. 移动平均值的序列项数比原序列减少。当中心化移动平均时，k 为奇数时，新序列首尾各减少 $(k-1)/2$ 项，k 为偶数时，首尾各减少 $k/2$ 项；当移动平均值是放在最后一个时间位置上时，新序列减少 $k-1$ 项。

4. 移动平均法的预测是直接用移动平均值作为下一期的预测值。k 期的移动平均值放在最后一个时间位置上，直接作为 $(k+1)$ 期的预测值。例如，在表 7-16 中，在 3 项移动平均序列中，第一个移动平均值 =（53 434 + 53 941 + 55 911）/ 3 = 54 429，放在 2010 年的位置上，而最后一个移动平均值 66 111 放在 2019 年的位置上，直接作为 2020 年的预测值。移动平均预测只具有推测未来一期趋势值的功能，而且一般适用于呈现平稳趋势的时间序列，如果现象发展的变化具有明显的上升或者下降的趋势，则移动平均预测的结果就会产生偏低或者偏高的滞后偏差。

（三）指数平滑法

指数平滑法是在加权移动平均法的基础上改进而来的一种广泛使用的统计分析方法。它是通过计算一系列指数平滑值来消除不规则变动，以反映时间序列的长期趋势，每一个指数平滑值都是根据时间序列的全部值计算的，它把 t 期的实际值 y_t 和 t 期的平滑值 S_t 进行加权平均作为 $t+1$ 期的预测值。观察值的时间离现时期越远，其权数就跟着呈现指数下滑，所以称为指数平滑法。预测模型为：

$$F_{t+1} = \alpha Y_t + (1-\alpha) S_t \tag{7-18}$$

其中，F_{t+1} 为 $t+1$ 期的预测值；Y_t 为 t 期的实际值；S_t 为 t 期的平滑值；α 为平滑系数（$0 < \alpha < 1$）。

【例 7-16】利用我国 2008~2019 年粮食产量的资料，采用移动平均法和指数平滑法进行趋势分析和预测，如表 7-17 所示。

表 7-17　　我国历年粮食产量移动平均、指数平滑计算表

年份	粮食产量（万吨）	三年移动平均数（k=3）	五年移动平均数（k=5）	指数平滑（a=0.7）
2008	53 434	—	—	—
2009	53 941	—	—	53 434

续表

年份	粮食产量（万吨）	三年移动平均数（$k=3$）	五年移动平均数（$k=5$）	指数平滑（$a=0.7$）
2010	55 911	54 429	—	53 586
2011	58 849	56 234	—	54 284
2012	61 223	58 661	56 672	55 653
2013	63 048	61 040	58 594	57 324
2014	63 965	62 745	60 599	59 041
2015	66 060	64 358	62 629	60 518
2016	66 044	65 356	64 068	62 181
2017	66 161	66 088	65 056	63 340
2018	65 789	65 998	65 604	64 186
2019	66 384	66 111	66 088	64 667

由于在开始计算时还没有第1期的平滑值，通常可以设 S_t 等于第1期的实际值。运用指数平滑法预测的关键是确定一个合适的平滑系数 a，不同的 a 对预测结果会产生不同的影响。一般而言，当时间序列有较大的随机波动时，宜选择较小的 a 值；如果注重使用近期的值进行预测，宜选择较大的 a 值，一般来说，a 值不大于 0.5。

（四）趋势模型法

要对现象变动的长期趋势进行动态分析和预测，就必须建立与长期趋势相适应的数学模型。时间序列的长期趋势可以分为线性趋势和非线性趋势，即直线趋势模型和曲线趋势模型，这里只介绍直线趋势模型。趋势模型法是根据时间序列中指标值的变化，配合一条理想的趋势线，这条趋势线距离各散点是最近的，拟合一个合适的趋势方程，来测定现象的长期趋势并利用这个趋势预测未来。

如何判断现象发展变化的趋势规律，是线性趋势还是非线性趋势，在实际操作中有三种方法可作参考。

（1）定性分析。根据经济理论、经济常识和现象的客观性质判断现象发展的趋势规律。

（2）图形分析。绘制观测值的散点图或时间序列的折线图，可以直观判断现象发展趋势。

（3）数据分析。如果时间序列中逐期增长量（一次差）大致相同，则可判断现象发展呈现线性趋势，如果时间序列中二次差大致相同，可判断现象发展呈现非线性趋势（二次抛物线）。

当现象观测值呈现线性趋势变化时，可以配合线性趋势方程描述。设要配合的趋势直线方程的一般形式为：

$$\hat{y} = a + bt$$

其中，$\hat{y}$ 表示趋势值；a、b 为待定系数；t 表示时间变量。a 表示趋势线在 y 轴上的截距；b 表示趋势线的斜率，即时间 t 变动1个单位时观测值的平均变动数量。

趋势方程中的两个待定系数可以按照最小二乘法求得。最小二乘法的基本思路是：使实际值 y 与趋势值 y_c 的离差平方之和最小，即 $\sum (y - y_c)^2$ 为最小值。根据最小二乘法的基本原理，求解参数 a、b 公式如下：

标准化方程组：

$$\begin{cases} \sum y = na + bt \\ \sum ty = a\sum t + b\sum t^2 \end{cases}$$

解这个方程组得：

$$\begin{cases} b = \dfrac{n\sum ty - \sum t \sum y}{n\sum t^2 - (\sum t)^2} \\ a = \dfrac{\sum y}{n} - b\dfrac{\sum t}{n} \end{cases} \tag{7-19}$$

通过趋势方程可以计算出各期的预测值，并通过预测值来分析序列的变化。

【例7-17】表7-18是某制造业企业2003~2018年产值的时间序列，根据数值资料，运用最小二乘法确定直线趋势方程，计算各期的预测值，并预测2019年预测值。

表7-18　　　　某制造业企业2003~2018年的产值

年份	产值（万元）	t	t^2	ty	预测值	残差
2003	1 200	1	1	1 200	1 804.18	-604.18
2004	1 750	2	4	3 500	2 181.40	-431.40
2005	2 938	3	9	8 814	2 558.63	379.37
2006	3 125	4	16	12 500	2 935.86	189.14
2007	3 250	5	25	16 250	3 313.08	-63.08
2008	3 813	6	36	22 878	3 690.31	122.69
2009	4 616	7	49	32 312	4 067.54	548.46
2010	4 125	8	64	33 000	4 444.76	-319.76
2011	5 386	9	81	48 474	4 821.99	564.01
2012	5 313	10	100	53 130	5 199.21	113.79
2013	6 250	11	121	68 750	5 576.44	673.56
2014	5 623	12	144	67 476	5 953.67	-330.67
2015	6 000	13	169	78 000	6 330.89	-330.89
2016	6 563	14	196	91 882	6 708.12	-145.12
2017	6 682	15	225	100 230	7 085.35	-403.35
2018	7 500	16	256	120 000	7 462.57	37.43

由表7-18可知，$\sum t = 136$，$\sum t^2 = 1496$，$\sum ty = 758396$，$\sum y = 74\,134$。根据最小二乘法有：

$$b = \frac{n\sum ty - \sum t \sum y}{n\sum t^2 - (\sum t)^2} = \frac{16 \times 758\,396 - 136 \times 74\,134}{16 \times 1\,496 - 136^2} \approx 377.23$$

$$a = \frac{\sum y}{n} - b \times \frac{\sum t}{n} = \frac{74\,134}{16} - 377.23 \times \frac{136}{16} \approx 1\,426.92$$

所以趋势方程为：
$\hat{y} = 1\,426.92 + 377.23t$

预测2019年的企业产值 $= 1\,426.92 + 377.23 \times 18 = 8\,217.06$（万元）

第五节 季节变动测定

一、季节变动的意义

季节变动是指某些社会季节现象由于受自然因素或社会因素的影响，在一年内随着季节的更替而引起的有规律变动。例如，某些商品像毛衣、棉衣、羽绒服等在冬天是旺季，在夏天是淡季；而某些商品像啤酒、衬衫等在夏天是旺季，在冬天是淡季。现在广义上的季节不仅是指一年中的四季，也指一年中有规律的、按一定周期周而复始出现的变化。季节变动分析的目的在于掌握事物季节变动的周期、数量界限及其规律性，以便预测未来，及时采取措施，克服季节变动对人们经济生活所导致的不良影响，更好地安排生产和销售，适应市场需求，满足人民的生活需要。

【例7-18】表7-19是一家饮料生产企业2014~2019年各季度的销售量数据资料，通过绘制时间序列折线图，分析销售量的趋势并进行季节分析和预测。

表7-19　　某饮料生产企业2014~2019年各季度销售量数据

年份	季度			
	1	2	3	4
2014	20.3	21.2	21.7	20.6
2015	21.0	21.8	22.2	21.2
2016	21.8	22.1	23.0	21.7
2017	22.3	22.7	23.8	22.3
2018	22.7	23.3	24.6	23.1
2019	23.9	24.3	25.4	24.1

如图7-1所示，饮料销售量的变化具有明显的季节成分，而且随着时间的推移具有线性上升的趋势，因此，可以进行季节变动分析预测。

二、季节变动的测定

季节变动的测定方法有很多，按是否考虑长期趋势的影响分为两种：一是不考虑长期趋势的影响，根据原时间序列直接去测定季节变动，常用的方法是同期平均法；二是根据剔除长期趋势后的数据测定季节变动。测定季节变动一般至少要有三个以上季节周期的数据，例如，月份数据不少于36个月的数据。如果变动规律不是很稳定，则需要更多的数据。

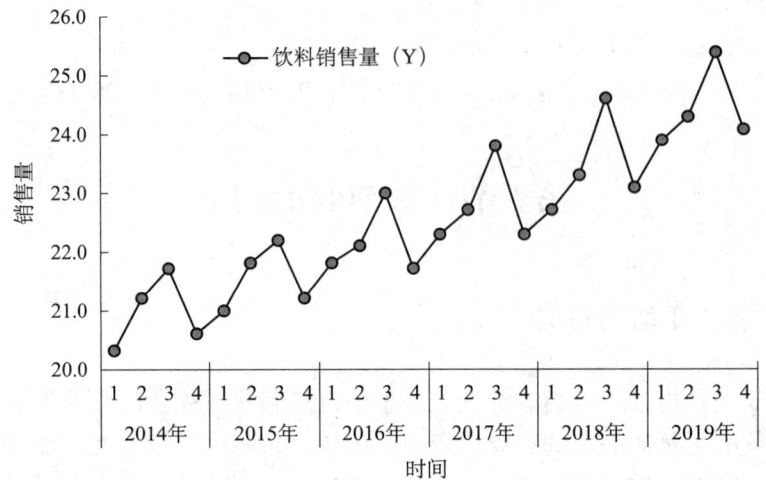

图 7-1 饮料销售量的走势图

（一）同期平均法

这种方法不考虑现象的长期趋势。所谓"不考虑现象的长期趋势"是指现象本身向上或向下发展的长期趋势不明显，或者即使存在长期趋势，为了把问题大大简化，对长期趋势也不予考虑，只考虑现象受季节变动的影响。所以，同期平均法是分析季节变动常用的、最简单的一种方法。同期平均法一般要经过以下三个步骤：

（1）计算各年同期（月或季）的平均数 $\bar{y}_i$（i 表示月份，$i=1,2,\cdots,12$；或表示季度，$i=1,2,3,4$）。

（2）计算全部数据的总平均数 $\bar{y}$，找出整个序列的水平趋势。

（3）计算季节比率。其计算公式是：

$$S_t = \frac{\bar{y}_i}{\bar{y}} \tag{7-20}$$

同期平均法计算的季节比率的实质是各季节水平相对于总平均水平的变化程度。季节比率大于100%，表示所研究现象处于旺季；反之，季节比率小于100%，表示所研究现象处于淡季。季节比率满足一个平衡关系，即在一个完整的季节周期中，季节比率的总和等于季节周期的时间项数，或者季节比率的均值等于1。若不满足这个平衡关系，可以对其进行调整，即将所求的各项季节比率都乘以一个调整系数，可以得到最终所求的季节比率。调整系数的公式为：

$$调整系数 = \frac{12（或者4）}{各月（季）季节比率之和} \tag{7-21}$$

【例7-19】根据表7-20中企业各季销售量数据资料，运用同期平均法进行季节变动分析与预测。

表 7-20　　　　　　　　　销售量季节比率计算表

年份	季度				合计
	1	2	3	4	
2014	20.3	21.2	21.7	20.6	83.8
2015	21.0	21.8	22.2	21.2	86.2
2016	21.8	22.1	23.0	21.7	88.6
2017	22.3	22.7	23.8	22.3	91.1
2018	22.7	23.3	24.6	23.1	93.7
2019	23.9	24.3	25.4	24.1	97.7
同季平均数	22.00	22.57	23.45	22.17	22.55
季节比率（%）	97.58	100.09	104.01	98.32	400.00

从表 7-20 末行计算的各季节比率可以看出，该企业第 2 季度和第 3 季度季节比率高于 100%，为旺季；第 1 季度和第 4 季度季节比率小于 100%，为淡季。当然，本例的淡旺季表现不是太明显。

（二）趋势剔除法

这种方法是考虑现象不仅受季节变动的影响，而且还受长期趋势和不规则变动的影响。因此，需要剔除长期趋势并消除不规则变动的影响，从而测定季节变动的规律。长期趋势测定可以用移动平均法，也可以用趋势拟合法，在计算季节比率时，一般采用中心化移动平均法，因为采用趋势拟合法会使趋势值不准确。趋势剔除法测定季节变动一般要经过以下三个步骤。

（1）计算移动平均值（M），即对原序列进行中心化移动平均值计算。

（2）剔除原序列中的趋势成分，用原序列各项数值 Y 除以对应的移动平均值（Y/M），得到消除长期趋势的新序列。

（3）对新序列按同期平均法重新排列计算，得到各期的季节比率。

【例 7-20】某饮料企业 2014—2019 年各季销售资料如表 7-21 所示，用趋势剔除法计算季节比率。

表 7-21　　　　　某饮料企业 2014~2019 年各季度销售量数据

年份	季度			
	1	2	3	4
2014	20.3	21.2	21.7	20.6
2015	21.0	21.8	22.2	21.2
2016	21.8	22.1	23.0	21.7
2017	22.3	22.7	23.8	22.3
2018	22.7	23.3	24.6	23.1
2019	23.9	24.3	25.4	24.1

第一步，计算移动平均值（M）和新数列（Y/M），如表 7-22 所示。

表 7-22　　　　　　　　　销售量季节变动计算表

年/季度	时间标号（t）	销售量（Y）	中心化移动平均值（M）	比值（Y/M）
2014/1	1	20.3	—	—

续表

年/季度	时间标号（t）	销售量（Y）	中心化移动平均值（M）	比值（Y/M）
2	2	21.2	—	—
3	3	21.7	21.038	1.0315
4	4	20.6	21.200	0.9717
2015/1	5	21.0	21.338	0.9842
2	6	21.8	21.475	1.0151
3	7	22.2	21.650	1.0254
4	8	21.2	21.788	0.9730
2016/1	9	21.8	21.925	0.9943
2	10	22.1	22.088	1.0006
3	11	23.0	22.213	1.0355
4	12	21.7	22.350	0.9709
2017/1	13	22.3	22.525	0.9900
2	14	22.7	22.700	1.0000
3	15	23.8	22.825	1.0427
4	16	22.3	22.950	0.9717
2018/1	17	22.7	23.125	0.9816
2	18	23.3	23.325	0.9989
3	19	24.6	23.575	1.0435
4	20	23.1	23.850	0.9686
2019/1	21	23.9	24.075	0.9927
2	22	24.3	24.300	1.0000
3	23	25.4	—	—
4	24	24.1	—	—

第二步，对新序列（Y/M）采用同期平均法重新排列计算季节比率，如表 7-23 所示。

表 7-23　　　　　　　　　　销售量季节变动计算表

年份	季度				合计
	1	2	3	4	
2014	—	—	1.0315	0.9717	—
2015	0.9842	1.0151	1.0254	0.9730	—
2016	0.9943	1.0006	1.0355	0.9709	—
2017	0.9900	1.0000	1.0427	0.9717	—
2018	0.9816	0.9989	1.0435	0.9686	—
2019	0.9927	1.0000	—	—	—
合计	4.9428	5.0146	5.1785	4.8559	19.9919
同季平均	0.9886	1.0029	1.0357	0.9712	0.9996
季节指数（%）	98.90	100.33	103.61	97.16	400.00

由此得到，该企业的第 2 季度和第 3 季度季节比率高于 100%，为旺季；第 1 季度和第 4 季度季节比率小于 100%，为淡季。

第六节 Excel 在时间序列分析中的应用

【案例导入】

福建省财政科技投入和 GDP 的时间序列分析

国内生产总值（GDP）是指按国家市场价格计算的一个国家（或地区）所有常住单位在一定时期内生产活动的最终成果，常被公认为是衡量国家经济状况的最佳指标。国内生产总值（GDP）是核算体系中一个重要的综合性统计指标，也是我国新国民经济核算体系中的核心指标，它反映了一国（或地区）的经济实力和市场规模，是宏观经济中最受关注的经济统计数字。在全球进入知识化、信息化和网络化的 21 世纪，在经济发展中，无论是发达国家还是发展中国家，财政科技投入都是全社会科技投入的重要组成部分，其中，地方财政科技投入更是对区域经济发展起着非常重要的作用。合理预测财政科技投入和 GDP，具有相当重要的意义。

表 7-24 是福建省统计局公布的 1978~2018 年福建省财政科技投入和 GDP 的相关数据。

表 7-24　1978~2018 年福建省财政科技投入、地区生产总值（GDP）等数据

年份	财政科技投入（亿元）	GDP（亿元）	全社会从业人数（万人）	年份	财政科技投入（亿元）	GDP（亿元）	全社会从业人数（万人）
1978	0.1695	66.37	924.41	1999	7.4562	3 414.19	1 630.85
1979	0.157	74.11	954.24	2000	8.1919	3 764.54	1 660.19
1980	0.2169	87.06	963.72	2001	8.5795	4 072.85	1 677.79
1981	0.2373	105.62	1 001.74	2002	8.7188	4 467.55	1 711.32
1982	0.2488	117.81	1 027.96	2003	10.0655	4 983.67	1 756.71
1983	0.3271	127.76	1 056.72	2004	11.1221	5 763.35	1 814.03
1984	0.4139	157.06	1 101.82	2005	12.9966	6 568.93	1 868.49
1985	0.5433	200.48	1 152.09	2006	14.8449	7 584.36	1 949.58
1986	0.8431	222.54	1 188.93	2007	21.2670	9 249.13	2 015.33
1987	0.9878	279.24	1 237.74	2008	25.6281	10 823.11	2 079.78
1988	1.1467	383.21	1 281.07	2009	27.89	12 236.53	2 168.86
1989	1.2863	458.40	1 301.81	2010	32.31	14 737.12	2 241.59
1990	1.3791	522.28	1 348.38	2011	40.48	17 560.18	2 459.99
1991	1.6978	619.87	1 436.5	2012	48.47	19 701.78	2 568.93
1992	1.9766	784.68	1 489.61	2013	60.62	21 868.49	2 555.86
1993	2.3716	1 114.20	1 531.42	2014	67.40	24 055.76	2 648.51
1994	2.5239	1 644.39	1 553.57	2015	76.60	25 979.82	2 768.41
1995	3.157	2 094.49	1 567.1	2016	80.28	28 519.15	2 797.03
1996	4.1756	2 484.25	1 594.36	2017	99.44	32 182.09	2 805.74
1997	5.1035	2 870.90	1 613.41	2018	115.25	35 804.04	2 791.37
1998	5.73	3 159.91	1 621.88				

资料来源：《福建统计年鉴 2019》。

需要分析的问题:

1. 用移动平均法对福建省财政科技投入和 GDP 进行分析和预测（用三项移动平均）；

2. 对全社会从业人数变量测定相应的水平指标和速度指标，包括增长量、平均增长量、发展速度和平均发展速度；

3. 选择适当的预测方法，对全社会从业人数进行预测。

【案例处理】

时间序列分析是一种应用广泛的数据分析方法，主要用于描述和探索现象随时间变化的特征，以便对未来作出预测。本次实验通过对时间序列水平指标和速度指标的测度，掌握时间序列的移动平均法、线性回归分析预测法及两者的应用。

一、利用移动平均分析工具

对时间序列逐期移动求得平均数，称为移动平均法。基本步骤是选择一定长度的移动间隔 k，对时间序列逐期移动，求得平均数作为下一期的预测值，将最近 k 期数据平均作为下一期的预测值。

$$F_{t+1} = Y_t = \frac{Y_{t-k+1} + Y_{t-k+2} + \cdots + Y_{t-1} + Y_t}{k}$$

（一）财政科技移动平均法

（1）打开"财政科技投入.xls"工作簿，选择"财政科技投入"工作表，Excel 数据如图 7-2 所示。

年份	财政科技投入（亿元）	GDP（亿元）	全社会从业人数（万人）
1978	0.1695	66.37	924.41
1979	0.157	74.11	954.24
1980	0.2169	87.06	963.72
1981	0.2373	105.62	1001.74
1982	0.2488	117.81	1027.96
1983	0.3271	127.76	1056.72
1984	0.4139	157.06	1101.82
1985	0.5433	200.48	1152.09
1986	0.8431	222.54	1188.93
1987	0.9878	279.24	1237.74
1988	1.1467	383.21	1281.07
1989	1.2863	458.4	1301.81
1990	1.3791	522.28	1348.38
1991	1.6978	619.87	1436.5
1992	1.9766	784.68	1489.61
1993	2.3716	1114.2	1531.42
1994	2.5239	1644.39	1553.57
1995	3.157	2094.9	1567.1
1996	4.1756	2484.25	1594.36
1997	5.1035	2870.9	1613.41
1998	5.73	3159.91	1621.88
1999	7.4562	3414.25	1630.85

图 7-2 "财政科技投入.xls" 工作簿界面

（2）选择【数据】—【分析】—【数据分析】，在弹出的【数据分析】对话框选中【移动平均】选项，单击【确定】按钮，弹出【移动平均】对话框，如图 7-3 所示。

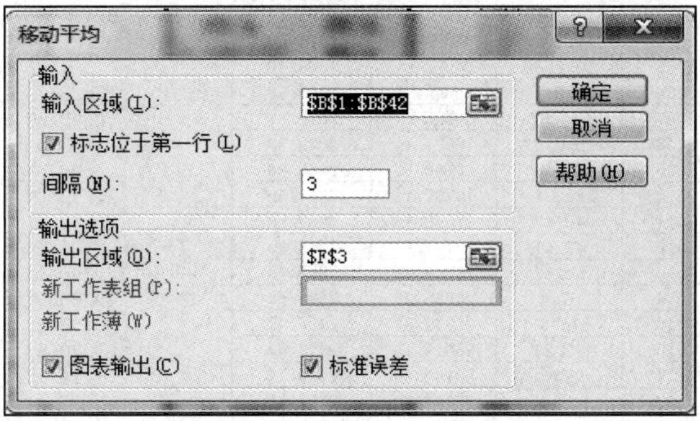

图 7-3 【移动平均】对话框

(3) 在【输入区域（I）】中输入"B1：B42"，选中【标志位于第一行（L）】复选框，在【间隔（N）】中输入移动平均的间隔长度，本例输入"3"，在【输出区域（D）】中选择结果的输出位置（通常选择与第 2 期数值对应的右侧单元格），本例选择"F3"。选中【图表输出（C）】复选框和【标准误差】复选框，单击【确定】按钮，所得结果如图 7-4 和图 7-5 所示。

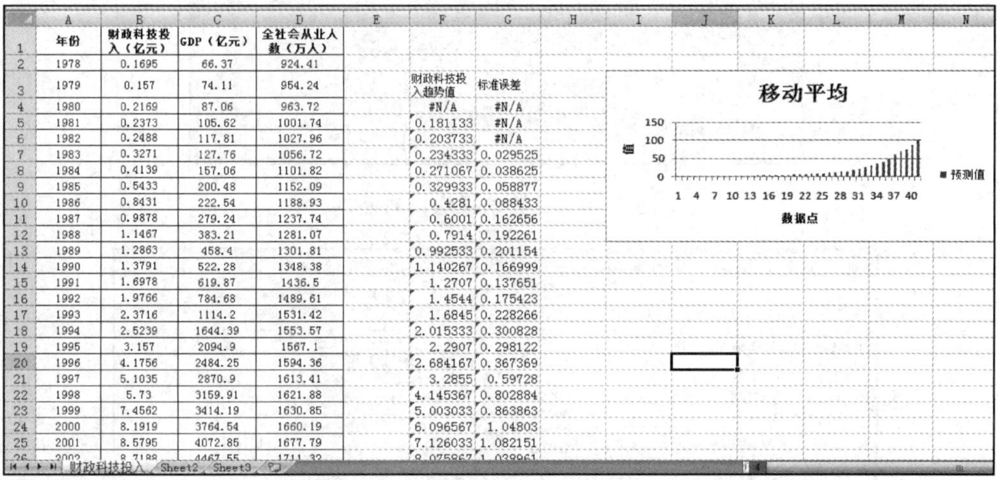

图 7-4 "财政科技投入"移动平均操作结果

(4) 对时间序列逐期移动，求得平均数作为下一期的预测值。因此，预测 2019 年的财政科技投入是 98.32333 亿元。

（二）GDP 移动平均法

(1) 重复上述第（1）（2）（3）步。于第（3）步中，在【输入区域（I）】中输入"C1：C42"，在【输出区域（D）】中选择"O3"，其余选项选择情况同上第（3）步，具体如图 7-6 所示。

(2) 单击【确定】按钮，操作结果如图 7-7 和图 7-8 所示。

	A	B	C	D	E	F	G
26	2002	8.7188	4467.55	1711.32		8.075867	1.038961
27	2003	10.0655	4983.67	1756.71		8.496733	0.692587
28	2004	11.1221	5763.35	1814.03		9.121267	0.631014
29	2005	12.9966	6568.93	1868.49		9.9688	0.870056
30	2006	14.8449	7584.36	1949.58		11.39473	1.263283
31	2007	21.267	9249.13	2015.33		12.98787	1.564678
32	2008	25.6281	10823.11	2079.78		16.3695	3.162281
33	2009	27.89	12236.53	2168.86		20.58	4.199897
34	2010	32.31	14737.12	2241.59		24.92837	4.40606
35	2011	40.48	17560.18	2459.99		28.60937	3.997886
36	2012	48.47	19701.78	2568.93		33.56	4.842601
37	2013	60.62	21868.49	2555.86		40.42	6.490598
38	2014	67.4	24055.76	2648.51		49.85667	8.728082
39	2015	76.6	25979.82	2768.41		58.83	9.203201
40	2016	80.28	28519.15	2797.03		68.20667	9.304878
41	2017	99.44	32182.09	2805.74		74.76	7.623721
42	2018	115.25	35804.04	2791.37		85.44	9.948508
43	2019					98.32333	13.07647

图 7-5 "财政科技投入"移动平均操作结果

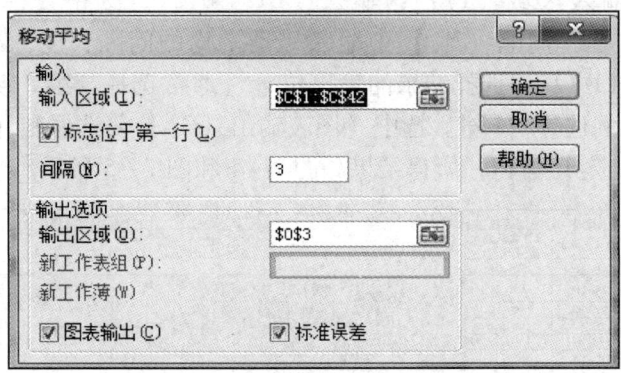

图 7-6 【移动平均】对话框

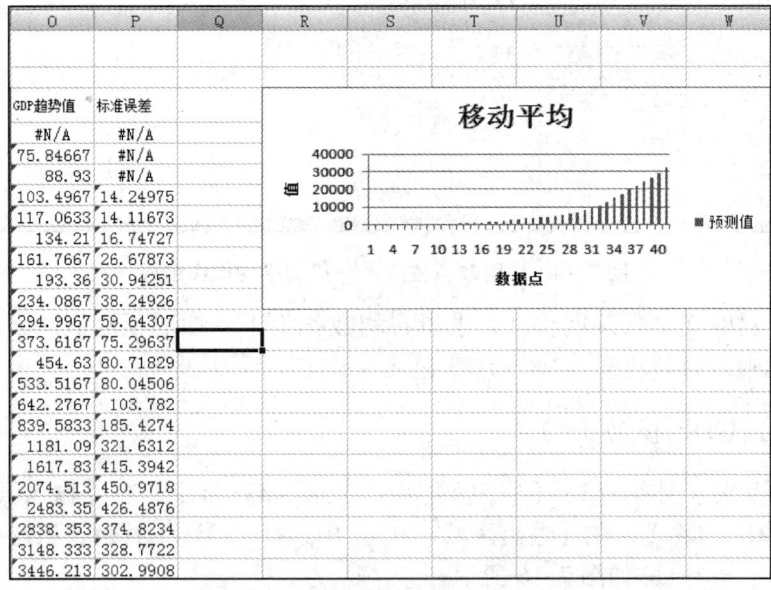

图 7-7 "GDP"移动平均操作结果

3750.527	303.2622
4101.647	336.209
4508.023	393.2842
5071.523	528.7561
5771.983	668.3282
6638.88	818.0629
7800.807	1099.499
9218.867	1362.005
10769.59	1508.106
12598.92	1760.436
14844.61	2167.805
17333.03	2419.174
19710.15	2425.128
21875.34	2237.829
23968.02	2118.173
26184.91	2179.466
28893.69	2601.897
32168.43	3134.749

图 7-8 "GDP" 移动平均操作结果

（3）由图 7-8 最后一行数据可得，2019 年的 GDP 预测结果是 32 168.43 亿元。

二、"全社会从业人数"水平指标和速度指标的测定

将"财政科技投入"工作表中"年份""财政科技投入""GDP""全社会从业人数"四个变量的原始数据全部复制到"Sheet2"工作表中，如图 7-9 所示。

	A	B	C	D
1	年份	财政科技投入（亿元）	GDP（亿元）	全社会从业人数（万人）
2	1978	0.1695	66.37	924.41
3	1979	0.157	74.11	954.24
4	1980	0.2169	87.06	963.72
5	1981	0.2373	105.62	1001.74
6	1982	0.2488	117.81	1027.96
7	1983	0.3271	127.76	1056.72
8	1984	0.4139	157.06	1101.82
9	1985	0.5433	200.48	1152.09
10	1986	0.8431	222.54	1188.93
11	1987	0.9878	279.24	1237.74
12	1988	1.1467	383.21	1281.07
13	1989	1.2863	458.4	1301.81
14	1990	1.3791	522.28	1348.38
15	1991	1.6978	619.87	1436.5
16	1992	1.9766	784.68	1489.61
17	1993	2.3716	1114.2	1531.42
18	1994	2.5239	1644.39	1553.57
19	1995	3.157	2094.9	1567.1
20	1996	4.1756	2484.25	1594.36
21	1997	5.1035	2870.9	1613.41
22	1998	5.73	3159.91	1621.88

图 7-9 工作表数据界面

(一) 水平指标

(1) 在单元格 F1 中输入"逐期增长量",G1 中输入"累计增长量",H1 中输入"定基发展速度",I1 中输入"环比发展速度",J4 中输入"平均增长量",J6 中输入"平均发展速度",J8 中输入"平均增长速度"。

(2) 计算逐期增长量。在 F3 中输入公式"=D3-D2",按回车键后得到的计算结果为"29.83"。选中单元格 F3,将鼠标放置在单元格边缘,当鼠标变成黑色十字时按住鼠标左键拖动到 F42,便得到"全社会从业人数"全部的逐期增长量,结果如图 7-10 所示。

(3) 计算累计增长量。在 G3 中输入公式"=D3-\$D\$2",按回车键后得到的计算结果为"29.83"。选中单元格 G3,将鼠标放置在单元格边缘,当鼠标变成黑色十字时按住鼠标左键拖动到 G42,便得到"全社会从业人数"全部的累计增长量,结果如图 7-10 所示。

	A	B	C	D	E	F	G	H	I	J	K
1	年份	财政科技投入(亿元)	GDP(亿元)	全社会从业人数(万人)		逐期增长量	累计增长量	定基发展速度	环比发展速度		
2	1978	0.1695	66.37	924.41							
3	1979	0.157	74.11	954.24		29.83	29.83	1.0322692	1.0322692		
4	1980	0.2169	87.06	963.72		9.48	39.31	1.0425244	1.0099346	平均增长量	46.674
5	1981	0.2373	105.62	1001.74		38.02	77.33	1.0836534	1.0394513		
6	1982	0.2488	117.81	1027.96		26.22	103.55	1.1120174	1.0261745	平均发展速度	1.028014
7	1983	0.3271	127.76	1056.72		28.76	132.31	1.1431291	1.0279777		
8	1984	0.4139	157.06	1101.82		45.1	177.41	1.191917	1.0426792	平均增长速度	0.028014
9	1985	0.5433	200.48	1152.09		50.27	227.68	1.2462976	1.0456245		
10	1986	0.8431	222.54	1188.93		36.84	264.52	1.2861501	1.0319767		
11	1987	0.9878	279.24	1237.74		48.81	313.33	1.3389513	1.0410537		
12	1988	1.1467	383.21	1281.07		43.33	356.66	1.3858245	1.0350074		
13	1989	1.2863	458.4	1301.81		20.74	377.4	1.4082604	1.0161896		
14	1990	1.3791	522.28	1348.38		46.57	423.97	1.4586385	1.0357733		
15	1991	1.6978	619.87	1436.5		88.12	512.09	1.5539642	1.0653525		
16	1992	1.9766	784.68	1489.61		53.11	565.2	1.611417	1.0369718		
17	1993	2.3716	1114.2	1531.42		41.81	607.01	1.6566459	1.0280677		
18	1994	2.5239	1644.39	1553.57		22.15	629.16	1.6806071	1.0144637		
19	1995	3.157	2094.9	1567.1		13.53	642.69	1.6952435	1.008709		
20	1996	4.1756	2484.25	1594.36		27.26	669.95	1.7247325	1.0173952		
21	1997	5.1035	2870.9	1613.41		19.05	689	1.7453403	1.0119484		
22	1998	5.73	3159.91	1621.88		8.47	697.47	1.7545029	1.0052498		
23		7.4562	3414.19	1630.85		8.97	706.44	1.7642064	1.0055306		

图 7-10

(4) 计算平均增长量(累计增长量/n-1)。在 K4 单元格中输入公式"=(D42-D2)/40",按回车键,即可得到平均增长量,数值为"46.674"。

(二) 速度指标

(1) 计算定基发展速度。在 H3 中输入公式"=D3/\$D\$2",按回车键后得到的计算结果为"1.0322692"。选中单元格 H3,将鼠标放置在单元格边缘,当鼠标变成黑色十字时按住鼠标左键拖动到 H42,便得到"全社会从业人数"全部的定基发展速度,结果如图 7-10 所示。

(2) 计算环比发展速度。在 I3 中输入公式:" = D3/D2",按回车键后得到的计算结果为"1.0322692"。选中单元格 I3,将鼠标放置在单元格边缘,当鼠标变成黑色十字时按住鼠标左键拖动到 I42,便得到"全社会从业人数"全部的环比发展速度,结果如图 7 – 10 所示。

(3) 计算平均发展速度。选中 K6 单元格,选择【公式】—【插入函数】,弹出【插入函数】对话框窗口。在【或选择类别】下拉列表中选择【统计】选项,然后在【选择函数】列表框中选择函数【GEOMEAN】(返回几何平均值),如图 7 – 11 所示。单击【确定】按钮,Excel 弹出【函数参数】对话框窗口,在数值区域【Number1】中选择"I3∶I42"即可,计算结果为"1.028014",如图 7 – 10 所示。

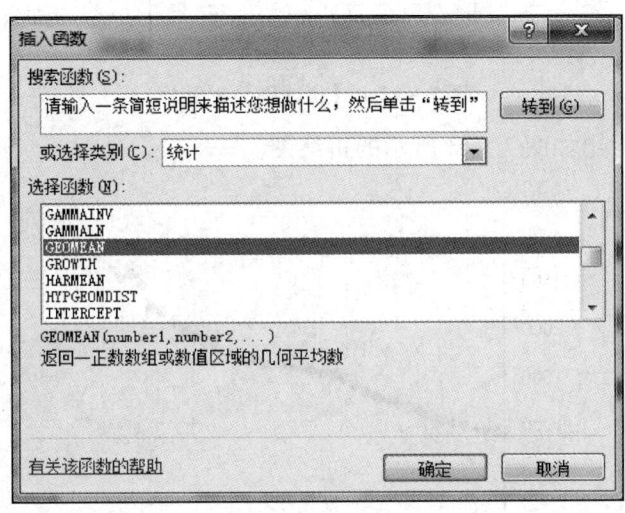

图 7 – 11

(4) 计算平均增长速度。在 K8 中输入公式" = K6 – 1",按回车键后得到的计算结果为"0.028014"。

三、"全社会从业人数"预测

选择预测方法时,最好对时间序列作图,然后根据图形初步判断数据随时间变化的模式以及变化趋势,以帮助我们选择适当的方法。

(一) 时间序列图

(1) 打开"财政科技投入.xls"工作簿,选中"财政科技投入"工作表,选择"D1∶D42"区域,选择【插入】—【图表】—【折线图】,选择【带数据标记的折线图】,具体见图 7 – 12。

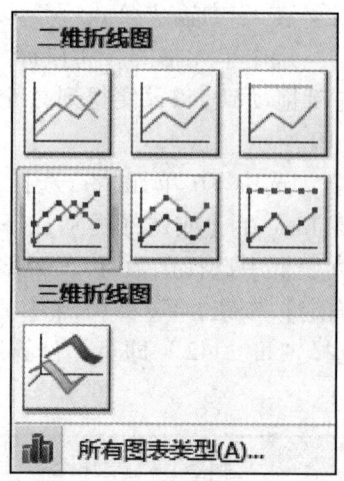

图 7-12 【折线图】对话框

(2) 绘制得出如图 7-13 所示的折线图。

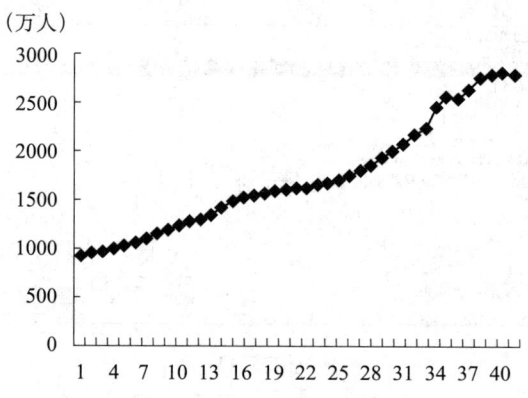

图 7-13 "全社会从业人数"折线图

(3) 右键单击图表,在弹出的快捷菜单中选择【选择数据】选项,打开【选择数据源】对话框,单击【水平(分类)轴标签(C)】下的【编辑】按钮,弹出【轴标签】对话框,在【轴标签区域】选项中选择"A2:A42"区域,单击【确定】按钮,返回【选择数据源】对话框,然后单击【确定】按钮。

(4) 删除图表中的图例。单击选中图表中的图例,然后单击【布局】—【标签】—【图例】,弹出【图例下拉列表】,选择【无】,关闭图例,得到的折线图如图 7-14 所示。

(二) 线性回归分析与预测

从图 7-14 中的走势来看,时间序列具有明显的线性上升趋势,可以对全社会从业人数序列拟合直线方程进行回归分析预测。

(1) 单击单元格"D43",选择【公式】—【插入函数】,弹出【插入函数】对话框窗口,在【或选择类别】下拉列表中选择【统计】选项,然后在【选择

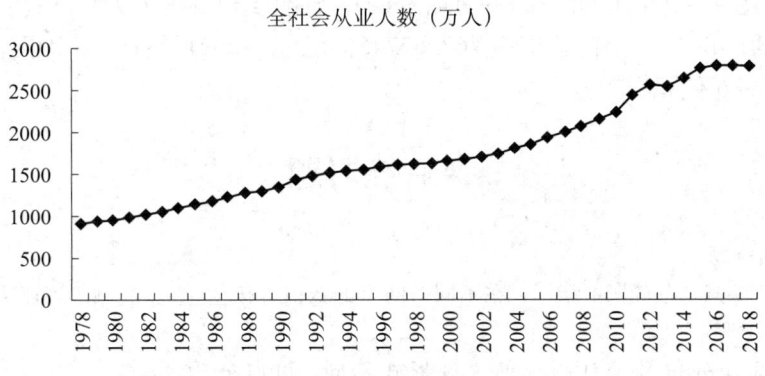

图 7-14　删除图例后的"全社会从业人数"折线图

函数】列表框中选择函数【TREND】(返回线性回归拟合线),单击【确定】按钮,Excel 弹出【函数参数】对话框窗口,如图 7-15 所示。

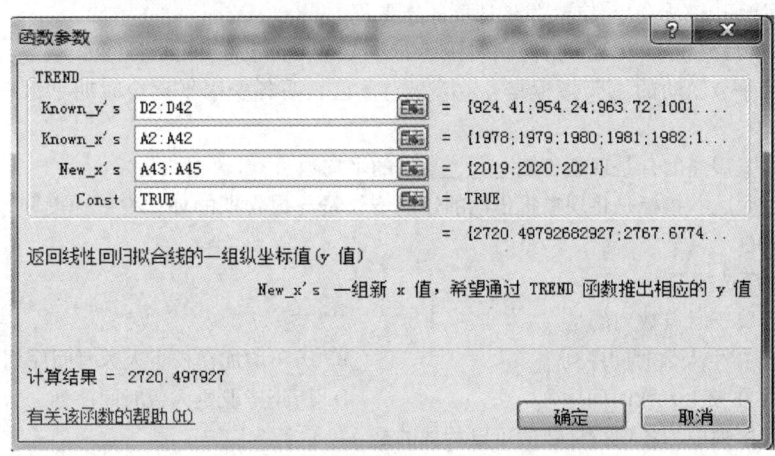

图 7-15　【函数参数】对话框窗口

(2) 在【Known_y's】文本框中输入已知的 Y 值,选择数据区域"D2:D42";在【Known_x's】文本框中输入已知的 X 值,选择数据区域"A2:A42";在【New_x's】文本框中输入要预测的 Y 值对应的新 X 值,选择数据区域"A43:A45"(注:需在 A43~A45 中分别输入 2019、2020、2021);在【Const】文本框中输入"ture",单击【确定】按钮。

(3) 此时只有 D43 一个预测值,其他年份(2020、2021)仍处于选定状态,选中"D43:D45"区域,按下 F2,再按住 Ctrl + Shift + Enter 键,此时选定状态区域就填充了预测值,计算结果如图 7-16 所示。

	A	B	C	D
43	2019			2720.497927
44	2020			2767.677456
45	2021			2814.856986

图 7-16　回归分析预测值

根据图 7-16 可知，2019 年的 GDP 预测结果是 2 720.497927 亿元，2020 年的 GDP 预测结果是 2 767.677456 亿元，2021 年的 GDP 预测结果是 2 814.856986 亿元。

课后练习题

一、填空题

1. 把反映某现象的同一指标，在不同时间上的数值，按_____顺序编排所形成的数列称为时间序列。
2. 时间序列按其统计指标的表现形式不同，可以分为_____、_____和_____三大类。
3. 使用年距增长量和年距增长速度分析问题，可排除_____的影响。
4. 发展速度由于采用的基期不同，可分为环比发展速度和定基发展速度，且_____发展速度等于相应的_____发展速度的连乘积。
5. 客观现象在一个相当长的时间内持续上升或持续下降的变化趋势称为_____。
6. 反映季节变动的主要指标是_____，它表明各季水平比全时期总水平高或低的程度。
7. 平均发展速度，是现象各期_____的平均数。
8. _____指标是将现象报告期的逐期增长量与报告期的环比发展速度联系起来观察和分析问题的。

二、单项选择题

1. 下列属于时点数列的是（　　）。
   A. 历年招生人数时间序列　　　　　　B. 历年增加在校生人数时间序列
   C. 历年在校生人数时间序列　　　　　D. 历年毕业生人数时间序列
2. 时间序列中，各项指标数值可以相加的是（　　）。
   A. 绝对数时间序列　　　　　　　　　B. 时期序列
   C. 时点数列　　　　　　　　　　　　D. 相对数或平均数时间序列
3. 时间序列中的发展水平（　　）。
   A. 只能是绝对数　　　　　　　　　　B. 只能是相对数
   C. 只能是平均数　　　　　　　　　　D. 可以是绝对数，也可以是相对数或平均数
4. 某地国内生产总值 2019 年比 2015 年增长 53.5%，2018 年比 2015 年增长 40.2%，则 2019 年比 2018 年增长（　　）。
   A. 9.5%　　　　　B. 13.3%　　　　　C. 33.08%　　　　　D. 无法确定
5. 已知各期环比增长速度为 2%、5%、8% 和 7%，则相应的定基增长速度的计算方法为（　　）。
   A. (102% × 105% × 108% × 107%) - 100%　　B. 102% × 105% × 108% × 107%
   C. 2% × 5% × 8% × 7%　　　　　　　　　　D. (2% × 5% × 8% × 7%) - 100%
6. 某网站四月份、五月份、六月份、七月份平均员工人数分别为 84 人、72 人、84 人、96 人，则第二季度该网站的月平均员工人数为（　　）人。
   A. 84　　　　　B. 80　　　　　C. 82　　　　　D. 83
7. 已知某地 2010~2014 年产值年均增长速度为 10%，2015~2019 年产值年均增长速度为

8%，则这 10 年间的平均增长速度为（　　）。

A. $\sqrt[10]{0.1 \times 0.08}$
B. $\sqrt[10]{1.1 \times 08} - 1$
C. $\sqrt[10]{(0.1)^5 \times (0.08)^5}$
D. $\sqrt[10]{(1.1)^5 \times (1.08)^5} - 1$

8. 用最小平方法拟合直线趋势方程 $\hat{y}_t = a + bt$，若 b 为负数，则该现象趋势为（　　）。

A. 上升趋势　　　B. 下降趋势　　　C. 水平趋势　　　D. 不定

9. 按季平均法测定季节比率时，各季的季节比率之和应等于（　　）。

A. 100%　　　　B. 400%　　　　C. 120%　　　　D. 1 200%

10. 在年度时间序列中，不可能存在（　　）。

A. 趋势因素　　　B. 季节因素　　　C. 循环因素　　　D. 不规则因素

11. 某地区基年生产总值为 60 亿元，截至报告年达到 240 亿元，则生产总值报告年在基年的基础上（　　）。

A. 翻了四番　　　B. 翻了三番　　　C. 增加了四倍　　　D. 增加了三倍

12. 某市近五年各年 T 恤衫销售量大体持平，年平均为 1 200 万件，7 月份的季节比率为 220%，9 月份月平均销售量比 7 月份低 45%，那么，正常情况下 9 月份的销售量应该是（　　）万件。

A. 100　　　　B. 220　　　　C. 121　　　　D. 99

三、多项选择题

1. 下面各项中属于时期数列的有（　　）。

A. 我国近几年来的耕地总面积
B. 我国历年新增人口数
C. 我国历年图书出版量
D. 我国历年黄金储备
E. 某地区国有企业历年资金利税率

2. 某企业某种产品原材料月末库存资料如表 7-25 所示。

表 7-25　　　　　原材料库存资料表　　　　　单位：吨

月份	1 月	2 月	3 月	4 月	5 月
原材料库存	8	10	13	11	9

则该动态数列（　　）。

A. 各项指标数值是连续统计的结果
B. 各项指标数值是不连续统计的结果
C. 各项指标数值反映的是现象在一段时期内发展的总量
D. 各项指标数值反映的是现象在某一时点上的总量
E. 各项指标数值可以相加得到 5 个月原材料库存总量

3. 指数平滑法的特点是（　　）。

A. 包含最近 k 个时期的数据信息
B. 包含全部数据信息
C. 对所有数据给予同样权数
D. 对近期数据给予较大权数
E. 对远期数据给予较大权数

4. 平均增减量是（　　）。

A. 各期累计增减量的平均
B. 各期逐期增减量的平均
C. 累计增减量÷逐期增减量个数
D. 各期累计增减量之和÷逐期增减量个数
E. 累计增减量÷（时间序列项数–1）

5. 研究长期趋势的目的在于（　　）。

A. 分析趋势产生的原因　　　　　　　　B. 为趋势预测提供必要条件
C. 研究趋势变动的经济效果　　　　　　D. 认识现象随时间演变的趋势和规律
E. 剔除趋势影响以分析数列中的其他因素

四、判断题

1. 在各种时间序列中，指标值的大小都受到指标所反映时期长短的制约。　　　　　（　　）
2. 若逐期增长量每年相等，则其各年的环比发展速度是年年下降的。　　　　　　　（　　）
3. 某企业要求在未来5年时间内劳动生产率提高35%。若第1年能保证提高8%，则余下的4年平均每年应提高6.75%〔=（35%-8%）÷4〕，方能完成预定目标。　（　　）
4. 定基发展速度等于相应各个环比发展速度的连乘积，所以定基增长速度也等于相应各个环比增长速度积。　　　　　　　　　　　　　　　　　　　　　　　　　　　（　　）
5. 发展速度是以相对数形式表示的速度分析指标，增长量是以绝对数形式表示的速度分析指标。　　　　　　　　　　　　　　　　　　　　　　　　　　　　　　　　（　　）
6. 发展水平就是动态数列中的每一项具体指标数值，它只能表现为绝对数。　　　　（　　）
7. 移动平均不仅能消除季节变动，还能消除循环变动。　　　　　　　　　　　　　（　　）
8. 已知某市工业总产值2015~2019年年增长速度分别为4%、5%、9%、11%和6%，则这五年的平均增长速度为6.97%。　　　　　　　　　　　　　　　　　　　　　（　　）

五、简答题

1. 时期数列与时点数列各有什么特点？
2. 什么是长期趋势？测定长期趋势的方法有哪些？
3. 什么是环比发展速度？什么是定基发展速度？两者有何关系？
4. 比较静态平均数和动态平均数的异同。

六、计算题

1. 某企业某年月初库存额的统计资料如表7-26所示。

表7-26　　　　　　　　月初库存额资料表　　　　　　　　单位：万元

月份	1	2	3	4	5	6	7	10	12
月初库存	280	300	325	310	300	290	280	320	350

已知12月末的库存额为300万元。

要求：分别计算该企业上半年、下半年和全年的平均库存额。

2. 某企业某年资料如表7-27所示。

表7-27　　　　　　　　　　基础资料表

月份	3	4	5	6
产值（万元）	165.0	198.0	177.0	216.9
月末工人数（人）	210	240	232	250

要求：根据资料计算如下指标值。
（1）第二季度平均产值。
（2）第二季度平均工人数。
（3）第二季度平均每月每个工人产值。
（4）4、5、6各月份（分别）平均每个工人产值。
（5）第二季度平均每个工人产值。

3. 向阳企业2019年各月产品销售计划的完成情况如表7-28所示。

表7-28　　　　　　　　　　　销售计划完成表

月份	1	2	3	4	5	6
计划销售额（万元）	45	40	46	50	55	60
销售计划完成程度（%）	104	98	95	102	106	101

要求：计算该企业上半年平均每月销售计划完成程度。

4. 某地区2015~2019年小麦产量资料如表7-29所示。

表7-29　　　　　　　　2015~2019年小麦产量表　　　　　　　　单位：万吨

年份	2015	2016	2017	2018	2019
小麦产量	320	332	340	356	380

要求：试计算小麦产量的如下指标值。

（1）各年逐期增长量、累计增长量、环比发展速度、定基发展速度、环比增长速度、定基增长速度、增长1%的绝对值。

（2）平均增长量、平均发展速度、平均增长速度。

5. 某企业在过去的18个月销售资料如表7-30所示。

表7-30　　　　　　　　　　　销售资料表

月份	销售额（万元）	月份	销售额（万元）
1	295	10	473
2	283	11	470
3	322	12	481
4	355	13	449
5	286	14	544
6	379	15	601
7	381	16	587
8	431	17	644
9	424	18	660

要求：

（1）用3期移动平均法预测第19个月的销售额。

（2）采用指数平滑法（a=0.5）预测第19个月的销售额。

（3）建立线性趋势方程，预测第19个月的销售额。

6. 设某地市场的啤酒销售资料如表7-31所示。

表7-31　　　　　　　　　　啤酒销售资料表　　　　　　　　　　单位：万瓶

年份	第一季度	第二季度	第三季度	第四季度
2014	81	125	93	51
2015	85	132	89	49
2016	82	138	92	53
2017	84	129	98	45
2018	86	130	91	48
2019	91	131	99	50

要求：采用按季平均法分析该地市场啤酒销售的季节变动情况。

第八章 统计指数分析

引例

2020年3月份，全国居民消费价格同比上涨4.3%。其中，城市上涨4.0%，农村上涨5.3%；食品价格上涨18.3%，非食品价格上涨0.7%；消费品价格上涨6.2%，服务价格上涨1.1%。一季度，全国居民消费价格比去年同期上涨4.9%。

3月份，全国居民消费价格环比下降1.2%。其中，城市下降1.2%，农村下降1.3%；食品价格下降3.8%，非食品价格下降0.4%；消费品价格下降1.7%，服务价格下降0.3%。

食品烟酒类价格同比上涨13.6%，影响居民消费价格指数（CPI）上涨约4.10个百分点。食品中，畜肉类价格上涨78.0%，影响CPI上涨约3.44个百分点，其中，猪肉价格上涨116.4%，影响CPI上涨约2.79个百分点；水产品价格上涨2.8%，影响CPI上涨约0.05个百分点；蛋类价格上涨1.9%，影响CPI上涨约0.01个百分点；鲜果和鲜菜价格分别下降6.1%和0.1%，合计影响CPI下降约0.12个百分点。

（资料来源：国家统计局，《2020年3月份居民消费价格同比上涨4.3%》，2020-04-10，http://www.stats.gov.cn/tjsj/zxfb/202004/t20200410_1737879.html）

上述内容涉及居民消费价格指数的变动及该指数构成中部分商品与服务价格的变动情况。在日常工作生活中，除了居民消费价格指数以外，我们还会经常遇到其他各种指数，如股票价格指数、农副产品收购价格指数、产品成本指数等。那么，什么是指数？如何编制指数？指数有何作用？本章将介绍统计指数的基本理论及编制原理等内容，以帮助我们更好地理解这些问题。

第一节 统计指数概述

一、统计指数的含义

18世纪中叶，大量的金银流入欧洲，使欧洲物价飞涨，引起了社会的广泛关注，经济学家开始尝试利用物价指数测定商品价格的变动。1738年，法国学者杜拖把路易十四时期与路易十二时期的物价分别进行汇总后对比,用以反映物价的综合变动情况,即简单综合物价指数。此后 200 多年,统计指数的理论和应用不断发展,被推广运用到经济领域的各个方面。

统计指数又称指数,是分析社会经济现象数量变化的一种重要统计指标。统计指数的理解有狭义和广义之分。广义统计指数是用来度量某个变量变动或差异程度的相对数,它是同种变量或指标数值比值的相对数。如本教材第三章介绍的计划完成程度相对数、比例相对数、比较相对数、结构相对数、动态相对数都属于广义相对数。狭义统计指数是用来反映复杂现象总体数量变动或差异程度的相对数,它是一种特殊的相对数。所谓复杂现象是指不同计量单位、不同性质的个体组成的在数量上不能直接进行相加或对比的特殊总体。例如,零售市场百万种商品就是一个复杂总体。要反映零售市场上商品的数量和价格变动,就要将不能直接相加或对比的现象变成能够相加和对比,得到的特殊相对数即狭义统计指数。本章要讨论的就是狭义统计指数。

从指数的定义可以看出,统计指数具有如下性质。

1. 相对性。统计指数是变量综合对比的相对数,一般用百分数表示。

2. 综合性。统计指数反映的是复杂现象总体的综合变动情况,而不仅仅是某一个个体的变动。例如,零售市场商品价格指数不是反映一种商品价格的变动,而是综合反映零售市场多种商品价格的总变动。

3. 平均性。统计指数抽象了事物之间指标变动的差异性,反映复杂现象总体各种性质不同的事物指标的平均变动程度,是一个代表性数值。例如,零售市场商品销售量指数反映零售市场多种商品销售量的平均变动情况。

二、统计指数的种类

根据不同的划分标准,统计指数可以分为以下不同的类型。

1. 根据反映对象范围的不同,分为个体指数和总指数。

个体指数反映的是一个事物或现象变动程度的相对数,是广义指数。例如,2000 年我国的原煤产量为 13.84 亿吨,2019 年为 38.5 亿吨,2019 年是 2000 年的 278.18%。再如,反映某种产品单位成本变动情况的相对数和某种商品销售量变动情况的相对数也都是个体指数。个体指数通常用 k 表示,如个体销售价格指数 $k_p = \dfrac{p_1}{p_0}$,个体销售量指数 $k_q = \dfrac{q_1}{q_0}$。

总指数是综合反映多个事物或现象变动程度的相对数,即复杂现象总体的综合变动的相对数,是狭义的指数。例如,2019 年的粮食总产量、水产品总产量为 2000 年的 143.63%、174.03%。总指数通常用 $\overline{K}$ 表示,如商品销售价格总指数用 $\overline{K}_p$ 表示,商品销售量总指数用 $\overline{K}_q$ 表示。

此外,还有一类指数称为类指数,是介于个体指数和总指数之间,反映总体中某一组（类）现象变动程度的相对数。类指数也是狭义统计指数，和总指数的编制方法相同，但计算范围不同。

2. 根据反映指数化指标性质的不同，分为数量指标指数和质量指标指数。

指数化指标是指运用指数的形式反映数量变动的变量或指标。数量指标指数的指数化指标是数量指标，反映的是现象总水平、总规模的变动，如产品销售量指数、产品产量指数等。质量指标指数的指数化指标是质量指标，反映的是现象的平均水平、质量水平的变动，如产品销售价格指数、工人平均工资指数等。

3. 根据指数计算时采用基期的不同，分为定基指数和环比指数。

定基指数是指在指数数列中的各期指数以固定某一时期的水平为对比基准。例如，以1998年为固定基期，2019年原煤产量总指数为289%，此后各年原煤产量总指数都以1998年为对比基期，即为定基指数。

环比指数是指在指数数列中的各期指数以上一期的水平为对比基准。例如，与2018年对比，2019年固定资产投资价格指数为102.6%，此后各年的固定资产投资价格总指数都以相应上一年为对比基准，即为环比指数。

4. 根据编制采用的指标和计算方法不同，可分为综合指数和平均指数。

综合指数是计算总指数的基本形式，是利用复杂现象总体两个时期可比的总量指标对比得到的相对数。

平均指数是对个体指数或类指数通过加权算术平均数或加权调和平均数计算得到的相对数。

三、统计指数的作用

1. 反映复杂现象总体变动的方向和程度。统计指数可以解决总体中个体由于使用价值和度量单位等方面的差异而不能直接相加或对比的问题，通过编制统计指数实现个体的可相加或对比，从而反映复杂现象总体变动的方向和程度。

例如，由50种农产品计算出来的生产价格指数是114.5%，它反映的是这50种农产品价格的综合上升，或平均上升了14.5%。114.5%反映了50种农产品价格变动的方向（上升）和程度（14.5%）。

2. 运用统计指数可以进行因素分析。复杂现象总体的变动是受各种因素综合影响的结果，而各因素对总体变动影响的程度和方向不同。利用统计指数进行因素分析可以将各个因素对总体变动影响的程度（包括绝对数和相对数）进行深入分析和度量。例如，产品销售额的变动是受产品的销售量和销售价格这两个因素共同作用的结果，统计指数可以分析和度量这两个因素变动对产品销售额总变动的影响程度。

3. 运用统计指数可以对复杂社会经济现象进行综合测评。运用统计指数可以对众多复杂社会经济现象的变动进行综合评价和测定。例如，利用综合指数来分析和评价我国全面建设小康社会目标的实现程度。

第二节 统计指数的编制

一、综合指数的编制原理

综合指数是两个不同时期的总量指标对比得到的总指数。在分析的总量指标中包含两个或两个以上的影响因素,但在计算综合指数时将其中一个或一个以上的影响因素固定下来,只观察其中一个影响因素的变动,用这样的方法编制出来的指数称为综合指数。

综合指数编制的基本方法是"先综合,后对比"。首先,根据指数化指标的性质引入同度量因素,将不能直接相加的指标转化为可以直接相加总的总量指标,从而解决复杂现象总体不能相加总的不同度量问题;其次,将同度量因素时期固定下来,以排除同度量因素变动的影响;最后,将两个不同时期的总量指标对比,以分析和度量所研究指标的变动程度。

二、数量指标综合指数的编制

数量指标综合指数是反映数量指标变动情况的指数。现以商品销售量总指数为例说明数量指标综合指数的编制原理与方法。

【例 8-1】 表 8-1 是某商场三种商品的销售资料。

表 8-1　　　　　　　　某商场三种商品销售资料

商品名称	计量单位	销售量 q		销售价格(元) p		销售额(元) pq			
		基期 q_0	报告期 q_1	基期 p_0	报告期 p_1	$p_0 q_0$	$p_1 q_1$	$p_0 q_1$	$p_1 q_0$
甲	千克	10	20	30	20	300	400	600	200
乙	袋	15	25	10	14	150	350	250	210
丙	件	20	15	15	20	300	300	225	400
总计	—	—	—	—	—	750	1050	1075	810

根据表 8-1 中的资料,分别计算三种商品的销售量个体指数。

解：甲：$k_q = \dfrac{20}{10} \times 100\% = 200\%$

乙：$k_q = \dfrac{25}{15} \times 100\% \approx 166.67\%$

丙：$k_q = \dfrac{15}{20} \times 100\% = 75\%$

从以上计算结果可以看出,三种商品销售量有着不同的变化程度,分析三种商品销售量的总变化程度,就要计算销售量总指数。由于三种商品的计量单位和使用价值不同,在计算销售量总指数时,不能将它们的销售量直接相加进行对比,因此,要引入同度量因素,先把不能直接相加的量转换成可以直接相加的量,然后再对比。具体做法为:首先,根据指数化指标的性质,确定同度量因素。在销售量总指数中,销售量 q 即为指数化因素,为数量指标。三种商品的销售量不能直接相加,但是它们的销售额($p \times q$)却是可以相加的,因此,销售量 q 的同度量因素为销售价格 p。其次,排除同度量因素 p 的变动对总指数的影响,只考虑指数化因素 q 的变动影响,将综合指数计算过程中的分子、分母的销售价格 p 都固定在相同的时期。由于同度量因素固定时期不同,计算数量指标综合指数的形式也有所不同,主要包括以下两种。

(一) 同度量因素 p 固定在基期

将同度量因素 p 固定在基期,销售量综合指数的计算公式为:

$$\overline{K_q} = \frac{\sum q_1 p_0}{\sum q_0 p_0} \tag{8-1}$$

其中,$\overline{K_q}$ 表示商品的销售量总指数;$\sum q_1 p_0$ 表示以基期价格计算的报告期假定总销售额;$\sum q_0 p_0$ 表示基期总销售额。

这个计算公式称为拉氏销售量总指数,是由德国统计学家拉斯贝尔斯(E. Laspeyres,1964)提出的一种指数计算方法。

【例 8-2】 根据公式(8-1)计算表 8-1 中三种商品的销售量总指数。

$$\overline{K_q} = \frac{\sum q_1 p_0}{\sum q_0 p_0} = \frac{1\ 075}{750} \approx 143.33\ \%$$

$$\sum q_1 p_0 - \sum q_0 p_0 = 1\ 075 - 750 = 325\ (元)$$

可以看出,三种商品报告期的销售量比基期增长了 43.33%,由于销售量的增加,销售额增加了 325 元。

(二) 同度量因素 p 固定在报告期

将同度量因素 p 固定在报告期,销售量综合指数的计算公式为:

$$\overline{K_q} = \frac{\sum q_1 p_1}{\sum q_0 p_1} \tag{8-2}$$

其中,$\sum q_1 p_1$ 表示报告期总销售额;$\sum q_0 p_1$ 表示以报告期价格计算的基期假定总销售额。

这个计算公式称为帕氏销售量总指数,是由德国统计学家帕舍(H. Paasche,1974)提出的一种指数计算方法。

【例8-3】根据公式（8-2）计算表8-1中三种商品的销售量总指数。

$$\overline{K_q} = \frac{\sum q_1 p_1}{\sum q_0 p_1} = \frac{1\,050}{810} \approx 129.63\%$$

$$\sum q_1 p_1 - \sum q_0 p_1 = 1\,050 - 810 = 240（元）$$

可以看出，三种商品报告期的销售量比基期增加了29.63%，由于销售量的增加，销售额增加了240元。

可以看出，同度量因素固定在不同时期，得到的计算结果是不同的，公式（8-1）和公式（8-2）哪个更恰当呢？公式（8-1）将同度量因素p固定在基期，单纯反映三种商品销售量变动对销售量总指数的影响，而不包括销售价格变动对销售量总指数的影响；而公式（8-2）将同度量因素p固定在报告期，销售量总指数的变动含有销售价格变动（p_0到p_1）的影响，不能单纯反映销售量变动的影响。另外，在现实经济生活中，销售额的增加更多的是希望通过销售量的增加而不是通过销售价格的提高来实现。

因此，在编制数量指标综合指数时，将同度量因素p固定在基期的拉氏指数更具有经济意义，即公式（8-1）更合理。

三、质量指标综合指数的编制

质量指标综合指数是反映质量指标变动情况的指数。同样以表8-1中某商场商品销售价格总指数为例说明质量指标综合指数的编制原理与方法。

【例8-4】根据表8-1中的资料，分别计算三种商品的销售价格个体指数。

解：甲：$k_p = \frac{20}{30} \times 100\% \approx 66.67\%$

乙：$k_p = \frac{14}{10} \times 100\% = 140\%$

丙：$k_p = \frac{20}{15} \times 100\% \approx 133.33\%$

从以上计算结果可以看出，三种商品销售价格有着不同的变化程度，分析三种商品销售价格的总变化程度，就要计算销售价格总指数。由于三种商品的计量单位和使用价值不同，在计算销售价格总指数时，不能将它们的销售价格直接相加进行对比，因此，要引入同度量因素，先把不能直接相加的量转换成可以直接相加的量，然后再对比。具体做法为：首先，根据指数化指标的性质，确定同度量因素。在销售价格总指数中，销售价格p即为指数化因素，为质量指标。三种商品销售价格不能直接相加，但是它们的销售额（$p \times q$）却是可以相加的，因此，销售价格p的同度量因素为销售量q。其次，排除同度量因素q的变动对总指数的影响，只考虑指数化因素p的变动影响，将综合指数计算过程中的分子、分母的销售q都固定在相同的时期。由于同度量因素固定时期不同，计算质量指标综合指数的形式也有所不同，主要包括以下两种。

（一）同度量因素 q 固定在基期

将同度量因素 q 固定在基期，销售价格综合指数的计算公式为：

$$\overline{K_p} = \frac{\sum p_1 q_0}{\sum p_0 q_0} \tag{8-3}$$

其中，$\overline{K_p}$ 表示商品的销售价格总指数。

这个计算公式称为拉氏销售价格总指数，也是德国统计学家拉斯贝尔斯提出的。

【例 8-5】根据公式（8-3）计算表 8-1 中三种商品的销售价格总指数。

$$\overline{K_p} = \frac{\sum p_1 q_0}{\sum p_0 q_0} = \frac{810}{750} = 108\%$$

$$\sum q_1 q_0 - \sum p_0 q_0 = 810 - 750 = 60 （元）$$

可以看出，三种商品报告期的销售价格总体比基期增长了 8%，由于销售价格的提高，销售额增加了 60 元。

（二）同度量因素 q 固定在报告期

将同度量因素 q 固定在报告期，销售价格综合指数的计算公式为：

$$\overline{K_p} = \frac{\sum p_1 q_1}{\sum p_0 q_1} \tag{8-4}$$

这个计算公式称为帕氏销售价格总指数，也是德国统计学家帕舍提出的。

【例 8-6】根据公式（8-4）计算表 8-1 中三种商品的销售价格总指数。

$$\overline{K_p} = \frac{\sum p_1 q_1}{\sum p_0 q_1} = \frac{1\,050}{1\,075} \approx 97.67\%$$

$$\sum p_1 q_1 - \sum p_0 q_1 = 1\,050 - 1\,075 = -25 （元）$$

可以看出，三种商品报告期的销售价格总体比基期降低了 2.33%，由于销售价格的降低，销售总额减少了 25 元。

同样地，同度量因素固定在不同时期，得到的计算结果是不同的，公式（8-3）和公式（8-4）哪个更恰当呢？公式（8-4）将同度量因素 q 固定在报告期，虽然销售价格总指数的变动含有销售量变动（q_0 到 q_1）的影响，但在现实经济生活中，商品的销售量也是经常变动的，同时，用报告期实际销售额 $\sum p_1 q_1$ 减去由于商品价格变动而变动的销售额 $\sum p_0 q_1$ 来反映销售总额的变动更具有现实意义。

因此，在编制质量指标综合指数时，将同度量因素 q 固定在报告期的帕氏指数更具有经济意义，即公式（8-4）更合理。

第三节 平均指数

平均指数是通过对组成复杂现象总体中各部分的个体指数进行加权平均得到的,反映复杂现象总体平均变动程度的总指数。平均指数的编制方法是"先对比,后平均",即先计算个体指数,再将得到的结果加以平均。平均指数可分为以下两种。

一、加权算术平均指数

加权算术平均指数是综合指数的变形,即将综合指数的计算公式变形为加权算术平均数的形式。

设个体数量指标指数 $k_q = \dfrac{q_1}{q_0}$,则:

$$\overline{K_q} = \frac{\sum q_1 p_0}{\sum q_0 p_0} = \frac{\sum \dfrac{q_1}{q_0} q_0 p_0}{\sum q_0 p_0} = \frac{\sum k_q q_0 p_0}{\sum q_0 p_0} \tag{8-5}$$

其中,基期的总量 $q_0 p_0$ 作为权数,对个体指数进行了加权平均,因形式与加权算术平均数 $\bar{x} = \dfrac{\sum xf}{\sum f}$ 相似,故称为加权算术平均指数。

【例 8-7】某商场甲、乙两种商品销售资料如表 8-2 所示,计算其销售量总指数。

表 8-2　　　　　　　某商场商品销售资料

商品名称	计量单位	销售量 基期 q_0	销售量 报告期 q_1	个体销售量指数 $k_q = q_1/q_0$	基期销售额(元) $p_0 q_0$
甲	件	50	70	1.4	500
乙	千克	600	720	1.2	6 000
总计	—	—	—	—	6 500

解:$\overline{K_q} = \dfrac{\sum k_q q_0 p_0}{\sum q_0 p_0} = \dfrac{1.4 \times 500 + 1.2 \times 6\ 000}{6\ 500} = \dfrac{7\ 900}{6\ 500} \approx 121.54\%$

$\sum k_q q_0 p_0 - \sum q_0 p_0 = 7\ 900 - 6\ 500 = 1\ 400\ (元)$

可以看出,甲、乙两种商品报告期的销售量比基期平均增长了 21.54%,由于销售量的增长,销售额增加了 1 400 元。

加权算术平均指数除了用绝对数进行加权外,也可以用比重加权,可以避免编制指数时权数资料收集的困难,且不同时期对比更方便。但是,指数产生的总额变化的绝对数无法通过分子分母之差来反映。用比重加权来计算加权算术平均指数的编制公式为：

$$\bar{K} = \frac{\sum kw}{\sum w} \tag{8-6}$$

其中，k 为个体指数或类指数；w 为固定相对权数。

二、加权调和平均指数

将综合指数的计算公式变形为加权调和平均数的形式。

设个体质量指标指数 $k_p = \frac{p_1}{p_0}$，$\frac{1}{k_p} = \frac{p_0}{p_1}$，则：

$$\overline{K_p} = \frac{\sum p_1 q_1}{\sum p_0 q_1} = \frac{\sum p_1 q_1}{\sum \frac{p_0}{p_1} p_1 q_1} = \frac{\sum p_1 q_1}{\sum \frac{1}{k_p} p_1 q_1} \tag{8-7}$$

其中，报告期的总量 $q_1 p_1$ 作为权数，对个体指数进行了加权调和平均，因形式与加权调和平均数 $\bar{x} = \frac{\sum m}{\sum \frac{m}{x}}$ 相似，故称为加权调和平均指数。

【例 8-8】某商场商品销售资料如表 8-3 所示，计算其销售价格总指数。

表 8-3　　　　　　　　某商场商品销售资料

商品名称	计量单位	价格（元）		个体价格指数	报告期销售额（万元）
		基期 p_0	报告期 p_1	$k_p = p_1/p_0$	$p_1 q_1$
甲	台	1 000	800	0.8	0.8
乙	件	2 000	2 200	1.1	4.4
总计	—	—	—	—	5.2

解：$\overline{K_p} = \frac{\sum p_1 q_1}{\sum \frac{p_0}{p_1} p_1 q_1} = \frac{\sum p_1 q_1}{\sum \frac{1}{k_p} p_1 q_1} = \frac{5.2}{\frac{0.8}{0.8} + \frac{4.4}{1.1}} = 104\%$

$\sum p_1 q_1 - \sum \frac{1}{k_p} p_1 q_1 = 5.2 - 5 = 0.2$（万元）

可以看出，甲、乙两种商品报告期的销售价格比基期平均提高了 4%，由于销售价格的提高，销售额增加了 2 000 元。

综上我们可以得到，数量指标指数一般变形为加权算术平均指数，质量指标指数则变形为加权调和平均指数。同时，权数为 $q_1 p_1$ 和 $q_0 p_0$ 时，综合指数变形为平均指数才有现实应用意义。

第四节 指数体系与因素分析

一、指数体系的意义

（一）指数体系的概念

社会经济现象总体可分解为现象的若干构成因素的乘积，即构成因素的变动引起了社会经济现象总体的变动。统计指数在实际应用中除了用于反映社会经济现象数量变动程度以外，还可以利用多个指数组成的指数体系来深入分析社会经济现象之间的联系，这就需要分析各构成因素如何对总体变动产生影响。

指数体系是指三个或三个以上在经济上存在联系、数量上存在对等关系的统计指数构成的整体。经济上存在的联系，例如：

商品销售额 = 商品销售量 × 商品销售价格
产品总产值 = 产品总产量 × 产品价格
商品利润额 = 商品销售量 × 商品销售价格 × 商品销售利润率

数量上的对等关系包括相对数和绝对数的对等关系：

$$\frac{\sum p_1 q_1}{\sum p_0 q_0} = \frac{\sum q_1 p_0}{\sum q_0 p_0} \times \frac{\sum p_1 q_1}{\sum p_0 q_1} \qquad (8-8)$$

$$\left(\sum p_1 q_1 - \sum p_0 q_0\right) = \left(\sum q_1 p_0 - \sum q_0 p_0\right) + \left(\sum p_1 q_1 - \sum p_0 q_1\right) \qquad (8-9)$$

（二）指数体系的作用

指数体系在社会经济现象分析中的作用主要表现在以下两个方面。

1. 利用指数体系进行因素分析。指数体系可以从绝对数和相对数两个方面分析现象的总变动受各构成因素变动影响的情况，即因素变动影响社会经济现象总量变动的方向、程度及绝对变动量。

2. 利用指数体系进行指数之间的推算。在指数体系中，社会经济现象总体指数等于各个构成因素指数的连乘积。因此，未知指数的数值可以通过已知的某几个指数的数值来进行推算。

【例8-9】已知某商场销售的商品销售额比基期减少了15%，销售量比基期减少了30%，计算商品销售价格的变化情况。

解：商品销售额指数 = 商品销售量指数 × 商品销售价格指数，已知商品的销售额指数为85%，商品销售量指数为70%，则商品销售价格指数 = 商品销售额指数/商品销售量指数 = 85%/70% = 121.43%，即与基期相比，商品的销售价格提高了21.43%。

二、因素分析

根据所分析的社会经济现象总体的数量特征,因素分析分为总量指标因素分析和平均指标因素分析;根据构成因素的多少,因素分析分为单因素分析和多因素分析。

(一) 总量指标变动的因素分析

1. 总量指标变动的两因素分析。对于两因素社会经济现象总体的因素分析步骤为:

第一步,计算所研究社会经济现象总体变动的相对数和绝对数;

第二步,分别计算两构成因素指数及其经济现象总体变动的绝对数;

第三步,列出三个指数之间的数量联系,并进行综合说明。

【例 8-10】根据表 8-1 中某商场三种商品的销售资料,分析商品销售量、销售价格变动对销售额的影响。

解:销售额总指数及其变动的绝对数:

$$\overline{K_{pq}} = \frac{\sum p_1 q_1}{\sum p_0 q_0} = \frac{1050}{750} = 140\%$$

$$\sum p_1 q_1 - \sum p_0 q_0 = 1\,050 - 750 = 300\,(元)$$

销售量总指数及其由于销售量变动引起的总销售额变动的绝对数:

$$\overline{K_q} = \frac{\sum q_1 p_0}{\sum q_0 p_0} = \frac{1\,075}{750} \approx 143.33\%$$

$$\sum q_1 p_0 - \sum q_0 p_0 = 1\,075 - 750 = 325\,(元)$$

销售价格总指数及其由于销售价格变动引起的总销售额变动的绝对数:

$$\overline{K_p} = \frac{\sum p_1 q_1}{\sum p_0 q_1} = \frac{1\,050}{1\,075} \approx 97.67\%$$

$$\sum p_1 q_1 - \sum p_0 q_1 = 1\,050 - 1\,075 = -25\,(元)$$

从计算结果可以看出,三种商品销售额报告期比基期增长了 40%,绝对值增加了 300 元。这是由于三种商品的销售量平均上涨了 43.33%,使销售额增加了 325 元;商品销售价格平均下降了 2.33%,使销售额减少了 25 元。两个指数体系:

140% ≈ 143.33% × 97.67%

300(元) = 325(元) - 25(元)

2. 总量指标变动的多因素分析。研究的社会经济现象有三个或三个以上的构成因素时,分别测定各构成因素的变动程度及影响作用就是总量指标变动的多因素分析。总量指标变动的多因素分析的原理和方法与总量指标变动的双因素分

析是一致的,但在分析的过程中要注意以下两点:

第一,各构成因素分析的排列顺序,应以各因素之间的相互联系为基础确定,使因素之间两两相乘有经济意义,便于同度量因素时期的确定。

第二,测定某一构成因素的变动对总体总量变动的影响时,为了排除其他构成因素变动影响,需要将这些因素固定下来。即需将其他构成因素的时期固定下来作为同度量因素。在一个指数体系中,数量指标和质量指标的区分是相对的,应放在整体中考虑。一般在计算数量指标指数时,将其同度量因素质量指标固定在基期;在计算质量指标指数时,将其同度量因素数量指标固定在报告期。

【例 8-11】某商场销售甲、乙、丙三种产品的销售量、销售价格及利润率如表 8-4 所示,试对该商场销售利润总额变动进行因素分析。

表 8-4 某商场销售量、销售价格和利润率资料表

产品名称	计量单位	销售量 q		销售价格(万元)p		利润率(%)m	
		基期 q_0	报告期 q_1	基期 p_0	报告期 p_1	m_0	m_1
甲	千克	300	270	1.2	1.4	12	13
乙	台	600	690	0.6	0.5	15	15
丙	件	400	520	1.8	1.5	8	9
合计	—	—	—	—	—	—	—

解:商品销售利润总额变动可根据"商品利润额 = 商品销售量 × 商品销售价格 × 商品销售利润率"建立指数体系进行因素分析,计算公式如下:

$$\frac{\sum q_1 p_1 m_1}{\sum q_0 p_0 m_0} = \frac{\sum q_1 p_0 m_0}{\sum q_0 p_0 m_0} \times \frac{\sum q_1 p_1 m_0}{\sum q_1 p_0 m_0} \times \frac{\sum q_1 p_1 m_1}{\sum q_1 p_1 m_0} \qquad (8-10)$$

$$\sum q_1 p_1 m_1 - \sum q_0 p_0 m_0 = \left(\sum q_1 p_0 m_0 - \sum q_0 p_0 m_0\right) + \left(\sum q_1 p_1 m_0 - \sum q_1 p_0 m_0\right)$$
$$+ \left(\sum q_1 p_1 m_1 - \sum q_1 p_1 m_0\right) \qquad (8-11)$$

指数体系公式中所需要的数据可以根据表 8-4 中的资料计算得到,如表 8-5 所示。

表 8-5 三种产品销售利润额

产品名称	$q_0 p_0 m_0$	$q_1 p_1 m_1$	$q_1 p_0 m_0$	$q_1 p_1 m_0$
甲	4 320	4 914	3 888	4 536
乙	5 400	5 175	6 210	5 175
丙	5 760	7 020	7 488	6 240
合计	15 480	17 109	17 586	15 951

根据表 8-5 中的数据可得如下指标值。

利润额总指数及其变动的绝对数:

$$\overline{K}_{pqm} = \frac{\sum q_1 p_1 m_1}{\sum q_0 p_0 m_0} = \frac{17\ 109}{15\ 480} \approx 110.52\%$$

$$\sum q_1 p_1 m_1 - \sum q_0 p_0 m_0 = 17\ 109 - 15\ 480 = 1\ 629(万元)$$

销售量总指数及其由于销售量变动引起的总利润额变动的绝对数：

$$\overline{K_q} = \frac{\sum q_1 p_0 m_0}{\sum q_0 p_0 m_0} = \frac{17\,586}{15\,480} \approx 113.60\%$$

$$\sum q_1 p_0 m_0 - \sum q_0 p_0 m_0 = 17\,586 - 15\,480 = 2\,106\,(万元)$$

销售价格总指数及其由于销售价格变动引起的总利润额变动的绝对数：

$$\overline{K_p} = \frac{\sum q_1 p_1 m_0}{\sum q_1 p_0 m_0} = \frac{15\,951}{17\,586} \approx 90.70\%$$

$$\sum q_1 p_1 m_0 - \sum q_1 p_0 m_0 = 15\,951 - 17\,586 = -1\,635\,(万元)$$

销售利润率总指数及其由于销售利润率变动引起的总利润额变动的绝对数：

$$\overline{K_m} = \frac{\sum q_1 p_1 m_1}{\sum q_1 p_1 m_0} = \frac{17\,109}{15\,951} \approx 107.26\%$$

$$\sum q_1 p_1 m_1 - \sum q_1 p_1 m_0 = 17\,109 - 15\,951 = 1\,158\,(万元)$$

商品销售利润总额、销售量、销售价格、利润率之间的关系：
$$110.52\% \approx 113.60\% \times 90.70\% \times 107.26\%$$
$$1\,629(万元) = 2\,106(万元) - 1\,635(万元) + 1\,158(万元)$$

从计算结果可以看出，该商场三种商品的销售利润总额报告期比基期增长了10.52%，绝对值增加了 1 629 万元。这是由于三种商品销售量平均上涨了13.60%，使销售利润总额平均增加了 2 106 万元；销售价格平均下降了9.30%，使销售利润总额平均减少了 1 635 万元；销售利润率平均上升7.26%，使销售利润总额平均增加了 1 158 万元。

（二）平均指标变动的因素分析

这里的平均指标仅指加权算术平均数 $\bar{x} = \dfrac{\sum xf}{\sum f}$。从计算公式中可以看出，在分组的情况下，总平均数的大小受各组平均数 $\bar{x}$ 和各组的频数 f（总体结构变动）的影响。总平均数的变动及各因素的影响可以根据前述社会经济现象总体变动的因素分析的原理进行指数体系分析。

反映平均数指标总的变动程度的指数称为平均指标指数（也称可变构成指数），反映各组平均水平变动的指数称为固定构成指数（也称组平均数指数），反映总体结构变动的指数称为结构影响指数。平均指标指数体系即为这三个指数构成的整体：

平均指标指数 = 固定构成指数 × 结构影响指数

$$\frac{\dfrac{\sum x_1 f_1}{\sum f_1}}{\dfrac{\sum x_0 f_0}{\sum f_0}} = \frac{\dfrac{\sum x_1 f_1}{\sum f_1}}{\dfrac{\sum x_0 f_1}{\sum f_1}} \times \frac{\dfrac{\sum x_0 f_1}{\sum f_1}}{\dfrac{\sum x_0 f_0}{\sum f_0}} \tag{8-12}$$

$$\frac{\sum x_1 f_1}{\sum f_1} - \frac{\sum x_0 f_0}{\sum f_0} = \left(\frac{\sum x_1 f_1}{\sum f_1} - \frac{\sum x_0 f_1}{\sum f_1} \right) + \left(\frac{\sum x_0 f_1}{\sum f_1} - \frac{\sum x_0 f_0}{\sum f_0} \right)$$

(8 – 13)

【例 8 – 12】 某地甲、乙两个商场某产品的销售情况如表 8 – 6 所示，试对该产品总平均价格变动情况进行因素分析。

表 8 – 6　　　　　　　　　某产品销售情况

商场	平均价格（元/件）x		销售量（件）f		销售额（万元）xf		
	基期 x_0	报告期 x_1	基期 f_0	报告期 f_1	$x_0 f_0$	$x_1 f_1$	$x_0 f_1$
甲	800	840	200	1 400	16	117.6	112
乙	1 000	1 050	800	400	80	42	40
总计	—	—	1 000	1 800	96	159.6	152

解：该产品的可变构成指数以及变动的绝对量：

$$\frac{\dfrac{\sum x_1 f_1}{\sum f_1}}{\dfrac{\sum x_0 f_0}{\sum f_0}} = \frac{\dfrac{159.6}{1\,800}}{\dfrac{96}{1\,000}} \approx 92.36\%$$

$$\frac{\sum x_1 f_1}{\sum f_1} - \frac{\sum x_0 f_0}{\sum f_0} = \frac{159.6}{1\,800} - \frac{96}{1\,000} \approx -73.33（元/件）$$

固定构成指数及其变动的绝对量：

$$\frac{\dfrac{\sum x_1 f_1}{\sum f_1}}{\dfrac{\sum x_0 f_1}{\sum f_1}} = \frac{\dfrac{159.6}{1\,800}}{\dfrac{152}{1\,800}} = 105\%$$

$$\frac{\sum x_1 f_1}{\sum f_1} - \frac{\sum x_0 f_1}{\sum f_1} = \frac{159.6}{1\,800} - \frac{152}{1\,800} = 42.22（元/件）$$

结构影响指数及其变动的绝对量：

$$\frac{\dfrac{\sum x_0 f_1}{\sum f_1}}{\dfrac{\sum x_0 f_0}{\sum f_0}} = \frac{\dfrac{152}{1\,800}}{\dfrac{96}{1000}} \approx 87.96\%$$

$$\frac{\sum x_0 f_1}{\sum f_1} - \frac{\sum x_0 f_0}{\sum f_0} = \frac{152}{1\,800} - \frac{96}{1\,000} \approx -115.55（元/件）$$

可以看出，各指数和变动的绝对量之间的对应关系如下：
92.36% ≈ 105% × 87.96%

−73.33（元/件）=42.22（元/件）−115.55（元/件）

从计算结果可以看出，平均价格报告期比基期降低了7.64%，总平均价格报告期比基期降低了73.33元。其中，总平均价格随着商品的平均价格变动上升了5%，平均价格上升了42.22元；总平均价格变动随销售量变动降低了12.04%，平均价格降低了115.56元。

第五节 几种重要指数的编制方法

一、居民消费价格指数

居民消费价格指数（consumer price index，CPI）是反映居民生活消费品、服务价格水平变动趋势和幅度的相对数。CPI是进行经济形势分析、物价水平检测以及国民经济核算的重要指标，通常用于通货膨胀、居民的实际可支配收入以及实际消费水平的测度，是进行物价和工资政策制定与调整的重要依据。

居民消费价格指数编制的步骤如下。

第一，将居民消费品分为食品烟酒、衣着、居住、生活用品及服务、交通和通信、教育文化和娱乐、医疗保健、其他用品和服务8大类，进一步将大类分为中类和基本分类。例如，食品烟酒大类分为粮食和其他食品等种类，粮食这一中类又分为大米和面粉等基本分类。

第二，选择基本分类中一些购销量较大的商品作为代表规格品，使用的是全社会综合平均价，并利用不同时期的综合平均价分别计算代表规格品的个体价格指数，作为类指数的计算依据。

第三，权重的确定。采用加权算术平均数形式，从基本分类开始，依次计算各基本分类、中类和大类的消费价格指数及消费价格总指数。

$$I_p = \frac{\sum k_p w}{\sum w} \tag{8-14}$$

其中，I_p为总指数；k_p为个体指数或类指数；w为各类支出占相应总支出的比重。

【例8-13】某地居民消费价格指数的部分资料如表8-7所示，试说明居民消费价格指数的编制方法。

表8-7　　　　　　某地居民消费价格指数编制

商品类别及名称	计量单位	权数w（%）	平均价格（元） p_0	平均价格（元） p_1	指数（%） k	kw
居民消费价格总指数		100			101.4	10 139.0
一、食品烟酒		29.72			101.8	3 025.5
1. 粮食		35			105.4	3 689.0
细粮		65			105.6	6 864.0
大米	kg	60	3.5	3.71	106.0	6 360.0

续表

商品类别及名称	计量单位	权数 w (%)	平均价格（元） p_0	平均价格（元） p_1	指数（%） k	kw
面粉	kg	40	2.4	2.52	105.0	4 200.0
粗粮		35			105.0	3 503.5
2. 副食品		45			101.5	4 567.5
3. 其他		20			96.3	1 926.0
二、衣着		8.45			99.1	837.4
三、居住		20			99.9	1 998.0
四、生活用品及服务		4.73			99.8	472.1
五、交通和通信		10.48			103.4	1 083.6
六、教育文化和娱乐		14.07			104.1	1 464.7
七、医疗保健		10.34			99.6	1 029.9
八、其他用品和服务		2.21			103.3	228.3

解：

①计算各代表规格品的个体价格指数，如大米价格指数为：

$$k_p = \frac{p_1}{p_0} = \frac{3.71}{3.5} = 106\%$$

②根据各代表规格品的个体价格指数及给出的相应权数，采用加权算术平均法计算小类指数。如细粮类价格指数为：

$$I_p = \frac{\sum k_p w}{\sum w} = \frac{106\% \times 60 + 105\% \times 40}{100} = 105.6\%$$

③根据各小类指数及相应的权数，采用加权算术平均法计算中类指数。如粮食类价格指数为：

$$I_p = \frac{\sum k_p w}{\sum w} = \frac{105.6\% \times 65 + 105\% \times 35}{100} = 105.4\%$$

④根据各大类指数及相应的权数，采用加权算术平均法计算大类指数。如食品烟酒类指数为：

$$I_p = \frac{\sum k_p w}{\sum w} = \frac{105.4\% \times 35 + 101.5\% \times 45 + 96.3\% \times 20}{100} = 101.8\%$$

⑤根据各大类指数及相应的权数，采用加权算术平均法计算总指数：

$$I_p = \frac{\sum k_p w}{\sum w}$$

$$= \frac{101.8\% \times 29.72 + 99.1\% \times 8.45 + 99.9\% \times 20 + 99.8\% \times 4.73 + \cdots + 103.3\% \times 2.21}{100}$$

$$= 101.4\%$$

居民消费价格指数除了可反映居民生活消费品、服务价格水平变动趋势和幅度外，还有以下方面的作用。

第一，反映通货膨胀的状况。通货膨胀反映的是在一段时间内商品价格持续

上涨的程度,其严重程度一般用通货膨胀率来表示。通货膨胀率的计算公式为:

$$通货膨胀率 = \frac{报告期居民消费价格指数 - 基期居民消费价格指数}{基期居民消费价格指数} \times 100\% \tag{8-15}$$

第二,反映货币购买力水平。货币购买力反映单位货币购买的生活消费品和服务的数量。货币购买力指数为居民消费价格指数的倒数,因此,居民消费价格指数和货币购买力指数之间成反比关系。即:

$$货币购买力指数 = \frac{1}{居民消费价格指数} \times 100\% \tag{8-16}$$

第三,反映职工实际工资水平。居民消费价格指数和实际工资之间成反比关系,居民消费价格指数提高意味着实际工资的减少,反之则提高。因此,可利用居民消费价格指数将名义工资转为实际工资。实际工资的计算公式为:

$$实际工资 = \frac{名义工资}{居民消费价格指数} \times 100\% \tag{8-17}$$

二、工业生产指数

工业生产指数是综合反映一个国家或地区各种工业产品产量变动程度的相对数,是衡量增长水平的重要指标。

工业生产指数有多种编制方法,以往我国是通过计算各种工业产品的不变价格产值即固定加权综合指数法来编制的。即:

$$\overline{K_q} = \frac{\sum q_1 p_n}{\sum q_0 p_n} \tag{8-18}$$

其中,p_n 表示不变价格。采用这种方法编制的工业生产指数,便于长期的动态对比以及不同地区间的对比,但是需要每隔一段时间对不同工业产品分别制定其不变价格标准 p_n。在市场经济条件下,商品的价格主要是根据市场情况来确定,这就使不变价格的制定、不变价格产品的计算面临着很多困难。因此,有必要对我国工业生产指数的编制方法进行改革。

在国外,工业生产指数较多采用平均指数的形式来进行编制。即:

$$\overline{K_q} = \frac{\sum k_q q_0 p_0}{\sum q_0 p_0} = \frac{\sum \frac{q_1}{q_0} q_0 p_0}{\sum q_0 p_0} \tag{8-19}$$

其中,k_q 表示各工业产品的个体产量指数;$q_0 p_0$ 表示相应产品的基期增加值。在统计实践中,为了简化指数编制,通常以各工业产品增加值所占的比重作为权数,并将比重权数相对固定起来,采用固定加权算术平均数指数法连续地编制各时期的工业生产指数。即:

$$\overline{K_q} = \sum k_q w \tag{8-20}$$

其中，w 表示固定权数，通常为经济发展较为稳定的某一时期的各工业产品增加值的比重。

三、股票价格指数

股票价格指数是综合反映股票市场上股票价格变动程度的相对数，一般以"点"为单位，每上升或下降一个单位为"1点"，例如，某日收盘股票价格指数为 2 850 点，上一交易日收盘价格指数为 2 750 点，则表明股票价格指数该日上升了 100 点。

股票价格指数有多种编制方法，虽然编制原理相同，但是，在分析具体问题时不同指数的处理方法不同。下面以我国上证指数为例，简要介绍股票价格指数的编制。

上证股票价格指数是由上海证券交易所编制并发布的指数体系，包括了上证综合指数、上证 50、上证 180 和上证 380 等。其中，上证综合指数于 1991 年 7 月 15 日正式发布，以 1990 年 12 月 19 日为基日，基日指数为 100 点，是编制最早也是最具意义的指数。该指数以现有所有的上市股票（包括 A 股和 B 股）为样本，以报告期股票发行量为权数进行编制，公式如下：

$$I_p = \frac{\sum p_{1i}q_i}{\sum p_{0i}q_i} \tag{8-21}$$

其中，p_{1i} 表示第 i 种样本股票报告期的价格；p_{0i} 表示第 i 种股票基期的价格；q_i 表示基期或报告期的股票发行量，但通常以报告期的股票发行量为权数进行股票价格指数计算。

【例 8-14】现有甲、乙、丙三种股票的资料如表 8-8 所示，试计算股票价格指数。

表 8-8　　　　　　　　甲、乙、丙三种股票资料

股票名称	基期价格（元）	某日收盘价（元）	报告期发行量（万股）
甲	18	18.9	4 000
乙	6	6.18	9 000
丙	12	11.76	5 000

解：根据表 8-8 中的资料计算股票价格指数如下：

$$I_p = \frac{\sum p_{1i}q_i}{\sum p_{0i}q_i} = \frac{18.9 \times 4\,000 + 6.18 \times 9\,000 + 11.76 \times 5000}{18 \times 4\,000 + 6 \times 9\,000 + 12 \times 5\,000} \approx 102.16\%$$

即股票价格指数上涨了 2.16 点。

上证综合指数包括了挂牌上市的所有股票，能全面、准确地反映股票价格在某个时点变动的情况，同时考虑了不同行业及企业的规模，具有广泛的代表性。但是它不能及时反映主要的上市公司股票价格变动对股票市场大势的影响，且只要有新股上市就计入指数，从而使得指数内部结构变动相对频繁，使指数结构的

稳定性及指数前后可比性受到很大的影响。

同时，上证综合指数以股票发行量为权数，优点是较为全面。但是我国股票发行中法人股占相当比重，且不能上市流通，因此，指数反映的不是现实市场股票价格的综合变动，仅是流通市场的潜在能量。

综上所述，任何指数都有其局限性，不可能通过一个指数说明所有问题，需要利用其他数据加以补充说明。认识到这点，有助于我们科学地看待各种指数。

第六节　Excel 在指数分析中的应用

【案例导入】

"电视销售"指数体系与因素分析

目前，家电消费领域开始进入更新换代的高峰期，消费者开始更多地关注环保、节能、低碳理念，使其购买高端家电的需求增加。OLED 电视、QLED 电视、4K 电视、8K 电视、HDR 电视、变频空调、高效保鲜大容量冰箱、直驱运转滚筒洗衣机等高端家电产品正在走入普通消费者家庭，引导人们低碳生活，带给广大消费者全新的产品和全新的生活理念。

随着家庭娱乐的多元化，电视机早已从家庭娱乐中心的位置上退了下来。虽然地位是今时不同往日，但是，作为日常家电来说，多数家庭还是会选择购买电视机。不差钱的土豪用户自然可以选择最贵的，多数用户还是希望价格和性能之间有一个比较好的平衡。表 8-9 是某家用电器公司某品牌各类电视两个月的销售数据。

表 8-9　　　　　　　　　　某品牌各类电视销售数据

类型	计量单位	销量		售价（元）	
		1 月份	2 月份	1 月份	2 月份
OLED 电视	台	43	45	7 499	7 588
QLED 电视	台	5	4	4 876	4 898
4K 电视	台	51	56	6 488	6 468
8K 电视	台	7	9	25 378	25 366
HDR 电视	台	11	15	3 098	3 088

需要分析问题：
1. 以基期售价为同度量因素，计算销量的综合指数；
2. 以基期销售额为同度量因素，计算销量的平均指数；
3. 利用指数体系分析销售额的变动情况及原因。

【案例处理】

1. 以基期售价为同度量因素，综合指数的计算。以基期售价为同度量因素，销量的综合指数的计算公式为：

$$\overline{K_q} = \frac{\sum p_0 q_1}{\sum p_0 q_0} \times 100\%$$

（1）打开"销售.xls"工作簿，选择"销售"工作表，Excel 数据如图 8-1 所示。在单元格 G1 中输入"p_0q_0"，H1 中输入"p_0q_1"，I1 中输入"K_q"，J1 中输入"$K_q*p_0q_0$"。

1	A	B	销量		售价（元）					
	类型	计量单位	1月份 q_0	2月份 q_1	1月份 p_0	2月份 p_1	p_0q_0	p_0q_1	K_q	$K_q*p_0q_0$
3	OLED电视	台	43	45	7499	7588				
4	QLED电视	台	5	4	4876	4898				
5	4K电视	台	51	56	6488	6468				
6	8K电视	台	7	9	25378	25366				
7	HDR电视	台	11	15	3098	3088				

图 8-1 "销售"工作簿界面

（2）计算各类电视的 p_0q_0 和 p_0q_1。在 G3 中输入"=C3*E3"，按回车键后得到计算结果为"322 457"。选中单元格 G3，将鼠标放置在单元格边缘，当鼠标变成黑色十字时按住鼠标左键拖动到 G7。在 H3 中输入"=D3*E3"，按回车键后得到计算结果为"337 455"。选中单元格 H3，将鼠标放置在单元格边缘，当鼠标变成黑色十字时按住鼠标左键拖动到 H7。

（3）计算 $\sum p_0q_0$ 和 $\sum p_0q_1$。在单元格 F8 中输入"合计"，选择 G8 单元格，在单元格中输入"=SUM（G3：G7）"，选中单元格 G8，将鼠标放置在单元格边缘，当鼠标变成黑色十字时按住鼠标左键拖动到 H8。

（4）计算销量的综合指数。在单元格 A10 中输入指数名称"销量综合指数"，在 B10 中输入"=H8/G8"，即可得到销量的综合指数。

以上四步的结果如图 8-2 所示。

1	A	B	销量		售价（元）					
2	类型	计量单位	1月份 q_0	2月份 q_1	1月份 p_0	2月份 p_1	p_0q_0	p_0q_1	K_q	$K_q*p_0q_0$
3	OLED电视	台	43	45	7499	7588	322457	337455	1.0465116	337455
4	QLED电视	台	5	4	4876	4898	24380	19504	0.8	19504
5	4K电视	台	51	56	6488	6468	330888	363328	1.0980392	363328
6	8K电视	台	7	9	25378	25366	177646	228402	1.2857143	228402
7	HDR电视	台	11	15	3098	3088	34078	46470	1.3636364	46470
8						合计	889449	995159		995159
9										
10	销量综合指数	1.1188489								
11	销量平均指数	1.1188489								

图 8-2 "综合指数""平均指数"计算结果界面

2. 以基期销售额为同度量因素，平均指数的计算。以基期销售额为同度量因素，销量的平均指数的计算公式为：

$$\overline{K_q} = \frac{\sum k_q q_0 p_0}{\sum q_0 p_0}$$

（1）基期总销售额 $\sum p_0 q_0$ 上述 G8 中已计算获取。

（2）计算销量的个体指数 K_q。在 I3 中输入"= D3/C3"，按回车键后得到计算结果为"1.0465116"。选中单元格 I3，将鼠标放置在单元格边缘，当鼠标变成黑色十字时按住鼠标左键拖动到 I7。

（3）计算 $\sum K_q \times p_0 q_0$ 的值。在 J3 中输入"= G3×I3"，按回车键后得到计算结果为"337 455"。选中单元格 J3，将鼠标放置在单元格边缘，当鼠标变成黑色十字时按住鼠标左键拖动到 J7，再选择 J8 单元格，在单元格中输入"= SUM（J3：J7）"。

（4）计算销量的平均指数。在单元格 A11 中输入指数名称"销量平均指数"，在 B11 中输入"= J8/G8"，即可得到销量的平均指数。

以上四步的结果如图 8-2 所示。

3. 因素分析。

销售额指数 = 销量指数 × 售价指数，计算公式如下：

$$\frac{\sum q_1 p_1}{\sum p_0 p_0}(\overline{k_{pq}}) = \frac{\sum q_1 p_0}{\sum q_0 p_0}(\overline{K_q}) \times \frac{\sum q_1 p_1}{\sum q_1 p_0}(\overline{K_p})$$

（1）$\sum p_0 q_0$ 和 $\sum p_0 q_1$ 的值以上操作已计算获取。

（2）计算 $\sum p_1 q_1$。在单元格 K1 中输入"$p_1 q_1$"，在单元格 K3 中输入"= D3*F3"，按回车键后得到计算结果为"341 460"。选中单元格 K3，将鼠标放置在单元格边缘，当鼠标变成黑色十字时按住鼠标左键拖动到 K7，再选择 K8 单元格，在单元格中输入"= SUM（K3：K7）"。

（3）计算销售额指数、销量指数和售价指数。在单元格 A12、A13、A14 中分别输入指数名称"销售额指数""销量指数"和"售价指数"，在 B12 中输入"= K8/G8"，在 B13 中输入"= H8/G8"，在 B14 中输入"= K8/H8"。

（4）计算销售额的变动额、销量的影响额和售价的影响额。在单元格 D12、D13、D14 中分别输入"销售额的变动额""销量的影响额"和"售价的影响额"，在 E12 中输入"= K8 - G8"，在 E13 中输入"= H8 - G8"，在 E14 中输入"= K8 - H8"。

以上四步的操作结果如图 8-3 所示。

图 8-3 中三个指数和绝对额的结果说明，报告期几种电视的总销售额比基期提高 12.19013%，增加的金额为 108 425 元。其中，由于销量提高了 11.88489%，总销售额增加了 105 710 元；由于售价提高了 0.27282%，总销售额增加了 2 715 元。

	A	B	C	D	E	F	G	H	I	J	K
1	类型	计量单位	销量		售价（元）		p_0q_0	p_0q_1	K_q	$K_q*p_0q_0$	p_1q_1
2			1月份 q_0	2月份 q_1	1月份 p_0	2月份 p_1					
3	OLED电视	台	43	45	7499	7588	322457	337455	1.0465116	337455	341460
4	QLED电视	台	5	4	4876	4898	24380	19504	0.8	19504	19592
5	4K电视	台	51	56	6488	6468	330888	363328	1.0980392	363328	362208
6	8K电视	台	7	9	25378	25366	177646	228402	1.2857143	228402	228294
7	HDR电视	台	11	15	3098	3088	34078	46470	1.3636364	46470	46320
8						合计	889449	995159		995159	997874
9											
10	销量综合指数	1.1188489									
11	销量平均指数	1.1188489									
12	销售额指数	1.1219013		销售额的变动额	108425						
13	销量指数	1.1188489		销量的影响额	105710						
14	售价指数	1.0027282		售价的影响额	2715						

图 8-3 "因素分析"结果界面

课后练习题

一、填空题

1. 狭义指数是指反映复杂现象总体_____变动的_____。
2. 指数按其所表明的指标性质的不同，分为_____指数和_____指数。
3. _____指数是在简单现象总体的条件下存在的，_____指数是在复杂现象总体的条件下进行编制的。
4. 按照一般原则，编制数量指标指数时，同度量因素固定在_____，编制质量指标指数时，同度量因素固定在_____。
5. 拉氏指数对于任何指数化指标的同度量因素都固定在_____，帕氏指数对于任何指数化指标的同度量因素都固定在_____。
6. 综合指数的编制方法是先_____后_____。
7. 平均指数的计算形式为_____指数和_____指数。
8. 因素分析包括_____数和_____数分析。
9. 平均指标指数（可变构成指数）可以分解为_____和_____的乘积。
10. 指数体系中，指数之间的数量对等关系表现在两个方面：一是结果指数等于因素指数的_____，二是结果指数的分子分母之差等于各因素指数的_____。

二、单项选择题

1. 综合指数包括（　　）。
A. 个体指数和总指数　　　　　　　B. 质量指标指数和数量指标指数
C. 静态指数和动态指数　　　　　　D. 环比指数和定基指数
2. 广义上的指数指的是（　　）。
A. 物量变动的相对数　　　　　　　B. 动态的各种相对数
C. 简单现象总体数量变动的相对数　D. 价格变动的相对数

3. 通常所说的指数是指（　　）。
   A. 个体指数
   B. 动态相对数
   C. 发展速度
   D. 复杂现象总体综合变动的相对数
4. 指数的分类中，按指数化指标反映的对象范围可分为（　　）。
   A. 个体指数和总指数
   B. 定基指数和环比指数
   C. 质量指标指数和数量指标指数
   D. 综合指数和平均指数
5. 销售量指数中的指数化指标是（　　）。
   A. 销售价格　　　B. 销售量　　　C. 销售额　　　D. 产品成本
6. 销售价格综合指数 $\dfrac{\sum p_1 q_1}{\sum p_0 q_1}$ 表示（　　）。
   A. 基期销售的商品，其价格综合变动程度
   B. 报告期销售的商品，其价格综合变动的程度
   C. 综合反映多种商品销售量变动程度
   D. 综合反映多少商品销售额变动程度
7. 在销售量综合指数 $\dfrac{\sum q_1 p_0}{\sum q_0 p_0}$ 中，$\sum q_1 p_0 - \sum q_0 p_0$ 表示（　　）。
   A. 销售价格变动引起销售额变动的绝对值
   B. 价格不变的情况下，销售量变动引起销售额变动的绝对值
   C. 价格不变的情况下，销售量变动的绝对值
   D. 销售量和价格变动引起销售额变动的绝对值
8. 某车间生产某种产品，今年的总生产费用比去年上升了50%，产量增加25%，则该产品的单位成本平均提高了（　　）。
   A. 10%　　　B. 25%　　　C. 15%　　　D. 20%
9. 某地居民在物价上涨后用相同的人民币少购买商品15%，则物价指数为（　　）。
   A. 17.6%　　　B. 115%　　　C. 115‰　　　D. 117.6%
10. 某农贸市场报告期与基期的销售额相同，报告期比基期的销售价格提高了10%，则报告期比基期的销售量（　　）。
    A. 增长了5%
    B. 增长了10%
    C. 减少了10%
    D. 减少了5%

三、多项选择题

1. 统计指数的作用有（　　）。
   A. 综合反映事物的变动方向
   B. 综合反映事物的变动程度
   C. 测定各因素变动对现象总变动的影响
   D. 比较不同地区、单位的现象水平
   E. 研究事物在长时间内的变动趋势
2. 某车间生产的所有产品，今年的出厂价格是上一年的120%，这个相对数是（　　）。
   A. 平均数　　　B. 总指数　　　C. 综合指数
   D. 质量指标指数　　　E. 数量指标指数
3. 同度量因素在综合法指数编制中的作用有（　　）。
   A. 平衡作用　　　B. 同度量作用　　　C. 权数作用
   D. 平均作用　　　E. 调和作用

4. 采用综合指数编制商品销售价格总指数时（　　）。
A. 同度量因素一般为基期商品销售量 q_0
B. 同度量因素一般为报告期商品销售量 q_1
C. 商品销售量具有权数作用
D. 商品销售价格具有权数作用
E. 该指数可以反映销售价格变化对总销售额的影响程度

5. 指数体系中（　　）。
A. 一个总值指数等于两个（或两个以上）因素指数的代数和
B. 一个总值指数等于两个（或两个以上）因素指数的乘积
C. 存在相对数之间的数量对等关系
D. 存在绝对变动额之间的数量对等关系
E. 各指数都是综合指数

四、判断题

1. 报告期和基期以不变价格计算的工业总产值对比的结果，可以反映工业产品数量的综合变动，而不能反映工业产品实际价值水平的总变动。（　　）
2. 综合指数的编制方法是"先综合后对比"。（　　）
3. 综合指数法是总指数的唯一计算方法。（　　）
4. 报告期与基期相比，各组平均数都上升，总体平均数有可能下降。（　　）
5. 数量指标作为同度量因素时，时间一般固定在基期。（　　）
6. 评价指标体系中，如果既有正指标也有逆指标，就不能采用加权指数法进行评价。（　　）
7. 指数体系是进行因素分析的依据。（　　）
8. 在平均指标变动的因素分析中，两因素指数可分别称为固定构成指数和结构影响指数。（　　）
9. 平均数指数是个体指数的平均数，所以平均数指数是个体指数。（　　）
10. 结构影响指数中分子减去分母的差反映结构变动对平均数影响的绝对额。（　　）

五、简答题

1. 什么是统计指数？它有哪些性质？
2. 什么是同度量因素？同度量因素在编制综合指数中有何作用？
3. 简述拉氏指数和帕氏指数的特点。
4. 什么是指数体系？指数体系有什么作用？
5. 简述平均数指数体系。

六、计算题

1. 某企业生产资料如表 8 - 10 所示。

表 8 - 10　　　　　　　　企业生产资料表

产品名称	产量（台）		价格（元）	
	基期	报告期	基期	报告期
甲	2 000	2 200	12	12.5
乙	5 000	6 000	6.2	6

要求：
（1）计算个体产量指数与个体价格指数。
（2）计算产量总指数以及价格总指数。

2. 某商场销售的三种商品，其销售量和销售价格资料如表 8 - 11 所示：

表 8-11　　　　　　　　　　销售量和销售价格资料表

商品名称	计量单位	销售数量		单价（元）	
		基期	报告期	基期	报告期
甲	千克	100	115	100	100
乙	台	200	220	50	55
丙	件	300	315	20	25

要求：

（1）计算该商场销售的三种商品的销售额总指数。

（2）从绝对数和相对数两个方面对销售额变动进行因素分析。

3. 某工厂有三个生产车间，各车间的职工人数和劳动生产率资料如表 8-12 所示。试分析该工厂劳动生产率的变动及其原因。

表 8-12　　　　　　　　　职工人数和劳动生产率资料表

车间	职工人数（人）		劳动生产率（万元）	
	基期	报告期	基期	报告期
一车间	200	240	4.4	4.5
二车间	160	180	6.2	6.4
三车间	150	120	9	9.2

第九章 统计综合评价

引例

随着我国国民经济的快速增长，区域间的经济差距也在日趋扩大，区域协调发展已经成为新时期的重大国家战略。近年来，福建省的经济增长速度虽处于全国中上游水平，但地区间发展不平衡不协调的现状依然存在。经济发展是多方面的，我们要从经济规模、经济结构、经济效率、经济增长和社会发展等多角度，选择多个有代表性的指标，比较分析各地区间不同经济指标的差距，只有清楚掌握各地区经济和社会发展的不同特点和利弊，才能作出全面综合评价，促进协调发展。福建省2018年各地区主要经济指标如图9-1所示。

表9-1　　　　　　　　　　福建省2018年各地区主要经济指标

地区	地区生产总值（GDP）（亿元）	人均GDP（元/人）	第三产业占GDP的比重（%）	城镇居民人均生活消费支出（元）	农村居民人均生活消费支出（元）	城镇居民人均可支配收入增长率（%）	农村居民人均可支配收入增长率（%）	规模以上工业万元增加值能耗升降（%）
福州市	7 856.81	102 037	52.91	29 849	16 250	8.5	8.7	3.18
厦门市	4 791.41	118 015	58.16	34 929	18 842	8.8	9.5	-1.47
莆田市	2 242.41	77 325	42.20	24 271	14 982	7.8	9.1	35.24
三明市	2 353.72	91 406	35.77	23 947	12 314	8.1	9.1	-7.11
泉州市	8 467.98	97 614	39.93	28 193	15 511	8	9	-9.05
漳州市	3 947.63	77 102	41.08	24 202	12 752	7.9	9.1	8.94
南平市	1 792.51	66 760	40.48	20 785	11 706	8	9	-8.01
龙岩市	2 393.30	90 655	41.86	23 546	12 450	8.3	9.3	-0.51
宁德市	1 942.80	66 878	34.94	22 490	12 394	7.9	9.7	5.96

资料来源：《福建统计年鉴2019》。

根据不同考核指标体系，综合评价和比较各地区的经济和社会发展现状，科学地、有针对性地调控各地区经济和社会发展，提高整体经济发展水平，需要运用综合评价的理论方法，对不同指标性质进行预处理，构建综合评价模型，计算综合评价值，据以对不同地区或者不同现象总体进行比较、分类和排序，作出全面综合评价。

第一节 综合评价概述

一、综合评价的含义

统计综合评价是根据研究目的建立一个评价指标体系，综合各个指标所提供的信息，计算综合评价值，进而对评价对象进行整体性评判的一种统计分析方法。综合评价是一种常见的统计评价方法，被广泛地应用于经济、管理、工程等众多领域，它可以对多个被评价对象给出优劣排序。它不只是某一种方法，而是一个方法系统，是指对多指标进行综合的一系列有效方法的总称。

综合评价有单项评价和综合评价两种方法，单项评价是指用一项指标评定被评价对象某一侧面的情况，用一个指标作为"代表"来进行评定，例如，曾经运用国内生产总值来评价国家的经济实力，用它的增长速度来评价经济运行情况，用全要素生产率来评价经济效益等。这种方法简明易懂，但有一定的缺陷，容易产生认识上的片面性。因而产生了用多个指标进行综合评价的方法，综合评价是对被评价对象的全面评价，如对国家综合实力的评价、对国家或地区经济和社会发展的全面评价、对企业管理水平的全面评价、对企业经济效益的综合评价等。

综合评价有一定的局限性。例如，评价指标体系的选择和确定，评价标准的选择，如何解决由于计量单位不同而不能度量的问题，各指标中按照重要程度不同确定权数问题和合成方法问题。这些问题解决没有统一的标准，都可能存在主观性，选择不同方法赋予不同权数都可能产生不同结果。

二、综合评价构成要素

综合评价的构成要素包括六个方面：评价者、被评价对象、评价指标体系、指标权重系数、评价模型、评价结果。其中，确定指标体系、确定各指标权重、建立数学模型是综合评价的关键环节。

（一）评价者

评价者可以是某个人或某个团体，评价过程中评价指标选择、权重系数确定都具有主观性，且与评价者相关，因此，在评价过程中，评价者的作用十分重要。

（二）被评价对象

被评价对象是在同一个评价目的下的客观事物组成的集合。被评价对象集合包含的元素个数必须多于一个，因为如果被评价对象的集合只包含了一个元素，就没有评价、排序的必要。同时，被评价对象满足统计总体的特征，需同时具有同质性和差异性的特点，即被评价对象至少是同类事物，具有相同的比较基础，但至少在某一方面不同，这样才有评价的可能。

（三）评价指标体系

评价指标是根据研究的对象和目的，能够确定地反映研究对象某一方面情况的特征依据，每个评价指标都是从不同侧面刻画对象所具有的某种特征。指标体系是指由一系列相互联系指标所构成的整体，它们能根据研究的对象和目的，综合反映被评价对象各个方面的情况。

（四）指标权重系数

相对于某种评价目的来说，评价指标之间的相对重要性是不同的。根据评价指标之间的这种相对重要性的大小，赋予不同的权重系数来表现。权重系数的合理与否关系到评价结果的可信程度。

（五）评价模型

综合评价，是指通过一定的数学模型（或算法）将多个评价指标值"合成"为一个整体性的综合评价值。"合成"的数学方法较多，关键在于如何根据评价目的（或准则）及被评价系统的特点来选择较为合适的"合成"方法。

（六）评价结果

求出各被评价对象的综合评价值，然后根据综合评价值对被评价对象进行排序和分类。

三、综合评价的作用

（一）可以对评价对象多个方面的特征作出整体性认识

单独一个指标的数值，只能说明评价对象某一方面的实际数量状况，而不能反映评价对象明确且全面的信息，使评价者容易产生认识上的片面性，只有通过多个指标进行综合评价，才能对评价对象作出整体性评价。

（二）可以对所评价的全部对象进行分类或排序

通过多个指标综合评价，可以将所有评价对象进行分类，有利于科学管理。例如，根据经济发展状况不同进行地区分类，有利于国家制定相应的政策，促进地区间的协调发展。同时，在此基础上可以优劣排序，明确各单位或地区在全部评价对象中的顺序位置，鼓励先进，鞭策落后，为宏观管理提供信息。

(三) 可以对评价对象的综合发展变化进行动态分析

提供综合评价,可以将同一单位或者同一地区的综合评价值进行动态分析,掌握综合发展变化情况,深入了解分析其进退的主要原因,进而改进工作。

四、综合评价的步骤

(一) 明确综合评价目的

开展综合评价,要先明确为什么进行综合评价,是对总体的全面评价如对各地区发展状况的评价,还是对某一专题评价如对各个地区宏观经济效益的评价,明确了评价目的,才能正确选择评价指标,正确选择评价方法。

(二) 构建评价指标体系

选择评价指标、建立评价指标体系是整个综合评价工作的关键。如果选择一个指标作全面评价,则要检查这个指标的代表性和可行性;如果选择多个指标作综合评价,则要根据研究目的优选评价指标,并考虑指标间的关联性,组成评价指标体系。

(三) 确定评价指标的同向化和同度量化方法

评价指标体系是从不同侧面说明总体的数量特征,具有不同的性质。有的属于正向指标,有的属于逆向指标;有的是绝对指标,有的是相对指标或平均指标。为解决不同性质指标作用相互抵消和不同度量的问题,要求:一要使所有的指标从同一方向说明总体;二要使所有的指标可以汇总。因此,要确定合适的指标同向化方法和指标同度量方法。

(四) 确定各评价指标的权重系数

所谓确定评价指标的权重系数,就是根据各个指标在综合评价中的重要程度,或者指标数值的质量,赋予其一定的权重系数。指标越重要或者指标值准确性越高,其权数就越大,它体现了指标的不同主次和不同质量。所有权数之和为1或者100%。

(五) 计算综合评价值

选择一定的指标"合成"方法,把所有指标数值综合成一个评价值。指标的"合成"方法主要有加权算术平均法、几何平均法、混合法等。

第二节 评价指标体系

一、评价指标体系构建原则

评价指标的选择主要建立在对评价对象定性研究的基础上,选择评价指标要遵循一定的原则,即科学性、目的性、全面性、独立性和可行性。

(一) 科学性

科学性是指根据评价事物的性质、特点和运动过程来选择重要指标,对评价事物本身含义的理解尤为重要。例如,对经济效益的理解不同可能会选择不同的评价指标,对劳动生产率的口径理解不同也会选择不同的评价指标。

(二) 目的性

对于同样的被评价对象,要根据综合评价的目的来选择指标,例如,研究分析的目的不同、管理的要求不同、评价的侧重点不同,需要选择的指标就不同。

(三) 全面性

全面性是指选择的指标能够代表被评价对象或者其某个领域的全面的、整体的情况。所选择指标的数量多少主要取决于被评价对象的性质和研究目的,指标数量不一定是越多越好,而应该是选择最具代表性的指标。

(四) 独立性

独立性主要指在同一层次中的指标不应具有包含关系和相关关系,彼此之间要尽可能满足相对独立。如果同一层次中的指标之间的相关关系过高,具有包含或者大部分交叉关系,实际上就会加大这类指标在综合评价中的权重。

(五) 可行性

可行性是指选择的指标可以量化,或者通过一定的方法量化以后可以评价和合成,可行性同时也指这些指标在实际中可以取得数据。要使综合评价指标体系能够付诸实践得以顺利实施,就要考虑到指标的可操作性,否则应该另选其他指标。

二、评价指标的选择方法

评价指标的选择确定具有很大的主观性,主要的选择方法有定性选择和定量选择两种，在实践中更多采用的是定性选择即经验确定法。

（一）定性选择

定性选择是指根据实践经验和专家的判断来选择评价指标，并初步建立评价指标体系的一种方法。

（二）定量选择

定量选择是指运用统计分析方法如聚类分析、因子分析、相关系数、变异系数等，科学筛选评价指标。定量选择中要特别注意对指标的辨识度和冗余度作出分析。辨识度是指一个评价指标在区分各评价对象在某一方面特征时的能力与效果，称为"区分度"，一般采用变异系数来测度。冗余度是指综合评价指标体系内的各项评价指标之间计算内容上的重复（重叠）程度，一般采用相关系数来测度，如果多个指标之间的相关程度过高，以至于一个指标可以由其他若干个指标完全线性表示，则这个指标就是多余的，应该考虑删去。

三、评价指标的预处理

一般来说，综合评价指标体系中都会存在指标数值极大型和指标数值极小型，即通常所说的正指标和逆指标。如产量、利润等就是数值越大越好，属于正指标；而成本、能耗等就是数值越小越好，属于逆指标。同时，指标体系中也可能因存在不同计量单位而无法汇总，因此，为了计算综合评价值必须对评价指标事先进行预处理。

（一）评价指标同向化

评价指标同向化就是将不同类型、不同数量级别的指标转换为同一类型的指标，如所有指标全部转换为正指标，或者所有指标转换为逆指标。

（二）评价指标无量纲化

评价指标无量纲化就是将不同的信息含量、不同的计量单位、不同的数量级别的指标，全部转换为同一种尺度，用于消除计量单位和数量级别的差异对综合评价值的影响。

四、评价指标的权数确定

在综合评价中，权数的大小就是反映评价指标的重要性，权数大的评价指标重要程度大，权数小的评价指标重要程度小。权数的确定一直是统计研究中的一个难题，不同的人对各指标在指标体系中的重要性认识不同，自然会产生不同的赋权方案，从而影响综合评价分析的结果。在实践中确定各指标权数的方法有很多，概括起来有三大类：主观赋权法、客观赋权法和组合集成赋权法。这里介绍属于主观赋权法的两种简便方法。

（一）德尔菲法

德尔菲法又称为专家法，其特点在于集中专家的知识和经验，确定各指标的权数，并在不断修改中得到比较满意的结果。其基本步骤如下。

1. 选择专家，一般情况下选择本专业领域既有实际工作经验又有较深理论修养的专家 10~30 人，并需征得专家本人的同意。
2. 将待定权数的 P 个指标和有关资料以及统一的确定权数的规则发给选定的各专家，请他们独立地给出各指标的权数值。
3. 回收结果并计算各指标权数的均值与标准差。
4. 将计算结果及其补充资料返还各位专家，要求所有专家在新的基础上重新确定权数。
5. 重复上述第 3 步和第 4 步，直至各指标权数与其均值的离差不超过预先给定的标准为止，也就是各专家的意见基本趋于一致，以此时各指标权数的均值作为该指标的权数。

（二）层次分析法

层次分析法是根据各项测评指标的相对重要性来确定权数，通过评价指标两两比较，使复杂无序的定性问题能够进行量化处理。表 9-2 为层次分析法对重要程度的划分情况。

表 9-2　　　　层次分析法对重要程度的划分情况

相对重要程度	得分	说明
同等重要	1	两者对目标贡献相同
略微重要	3	重要
基本重要	5	确认重要
确实重要	7	程度明显
绝对重要	9	程度非常明显
相邻两程度之中间	2，4，6，8	需要折中时使用

表 9-2 反映了两个测评指标相对重要程度的得分，设测评指标 i 相对测评指标 j 的比较得分为 a_{ij}，则指标 j 相对指标 i 的比较得分为 $\frac{1}{a_{ij}}$。如一个测评指标 A 相对另一个测评指标 B 为确实重要，则测评指标 A 相对测评指标 B 的比较得分为 7，测评指标 B 相对测评指标 A 的比较得分为 $\frac{1}{7}$。

为了便于计算，在没有显著性差异的情况下，我们可以用层次分析法中近似求解的方法求得权数。步骤如下：

第一步，利用1~9标度法确定测评指标两两之间的相对重要性。表9-3是一个测评指标的比较矩阵，设有测评指标A、B、C、D，将这四个指标两两比较，按照重要程度划分，假设它们的比较结果如表9-3中数值所示。

表9-3　　　　　　　　　　测评指标的比较矩阵

指标	A	B	C	D
A	1	3	4	2
B	1/3	1	2	1/2
C	1/4	1/2	1	1/3
D	1/2	2	3	1

第二步，利用层次分析法的运算表，对上述矩阵进行计算，运算过程如表9-4所示。

表9-4　　　　　　　　　　层次分析法的运算表

测评指标	相乘	开方	权数
A	$1 \times 3 \times 4 \times 2$	$\sqrt[4]{1 \times 3 \times 4 \times 2} = 2.2133$	$\dfrac{2.2133}{4.7410} = 0.4668$
B	$\dfrac{1}{3} \times 1 \times 2 \times \dfrac{1}{2}$	$\sqrt[4]{\dfrac{1}{3} \times 1 \times 2 \times \dfrac{1}{2}} = 0.7598$	$\dfrac{0.7598}{4.7410} = 0.1603$
C	$\dfrac{1}{4} \times \dfrac{1}{2} \times 1 \times \dfrac{1}{3}$	$\sqrt[4]{\dfrac{1}{4} \times \dfrac{1}{2} \times 1 \times \dfrac{1}{3}} = 0.4518$	$\dfrac{0.4518}{4.7410} = 0.0953$
D	$\dfrac{1}{2} \times 2 \times 3 \times 1$	$\sqrt[4]{\dfrac{1}{2} \times 2 \times 3 \times 1} = 1.3161$	$\dfrac{1.3161}{4.7410} = 0.2776$
合计		4.7410	1

这样，四个测评指标的权数就得出：A指标的权数为0.4668，B指标的权数为0.1603，C指标的权数为0.0953，D指标的权数为0.2776，且这四个指标的权数之和等于1。

第三节　常用的综合评价方法

一、简易计分法

简易计分法是根据评价事物选择若干个指标后，规定打分标准和打分方法，然后根据各项指标的实际数值，按照规定的方法打分，将所有指标的分值相加得出总分，作出全面评价，依据总分排出名次顺序或分出等级。简易计分法的具体做法有名次计分法和去尾计分法。

（一）名次计分法

先将被评价对象列序排名，规定各名次的得分，然后汇总得分，如体育竞赛中，各单位得分就是采用这种方法。

（二）去尾计分法

如果是由一批评判员主观打分，那么为减少人为因素的影响，我们可以将极端分值（最高分和最低分）去掉，再汇总所得总分，或者也可以计算去尾平均值。

简易计分法的优点是简单易行，评价也比较全面，而且品质标志也可以设法计量并参与综合评价，其主要缺陷是在无量纲化的处理上不够细致。

二、排队计分法

排队计分法的原理是：先将所有评价单位的各单项评价指标值按照优劣排队，再根据评价单位指标的名次计算各单项得分，将各单项得分加权平均求出总得分，总得分的多少综合说明评价单位整体状况的优劣及其在全部被评价单位中的相对地位。假设有 n 个评价单位，有 m 个评价指标，排队计分法的步骤如下：

第一步，将所有评价单位分别按各评价指标的优劣进行排队，得到 m 个名次序列。

第二步，分别计算各评价单位在每一个评价指标上的得分即单项得分。如在某个评价指标的排序中，某一评价单位在全部评价单位中居于第 k 名（$1 \leqslant k \leqslant n$），则该评价单位在此项评价指标上的单项得分为：

$$\bar{y}_i = 100 - \frac{k-1}{n-1} \times 100 = \frac{n-k}{n-1} \times 100 \tag{9-1}$$

第一名得分为 100，最后一名得分为 0，中间单位得分介于 100 和 0 之间。

第三步，将各单项得分加权算术平均，求得综合评价总得分：

$$\bar{y} = \sum \bar{y}_i \times \frac{w_i}{\sum w_i} \tag{9-2}$$

其中，$\dfrac{w_i}{\sum w_i}$ 为各指标的权重（比重）。

【例 9-1】 在 30 个参加评价的企业中，某企业的产品销售率、流动资金周转次数、成本利润率三个指标分别排在第 4、第 13、第 12 位，它们的权重分别是 40%、30%、30%。则该企业的三项指标单项得分为：

$$产品销售率得分 = 100 - \frac{4-1}{30-1} \times 100 = 89.66$$

$$流动资金周转次数得分 = 100 - \frac{13-1}{30-1} \times 100 = 58.62$$

成本利润率得分 $= 100 - \dfrac{12-1}{30-1} \times 100 = 62.07$

该企业总得分 $= 89.66 \times 0.4 + 58.62 \times 0.3 + 62.07 \times 0.3 = 72.07$

排队计分法的优点是无须比较指标，只需要按照被评价单位单项指标在总体中的相对位置确定；不需要事先对评价指标进行同向化处理；各单项指标的评价值有统一的变动范围，不会出现极端值；既可用于数值型评价指标，也可用于定序性的评价指标。其主要的缺点是，由于综合评价值是依据各单项指标在全部评价单位中的位置即名次来决定的，因此，评价结果只反映了名次的差异，而不能真实反映指标数值上的差异。

三、综合指数法

综合指数法就是利用统计指数方法对事物进行综合评价的方法，运用这个方法，既可以对单项指标计算指数，又可以运用计算总指数的方法对企业经营系统或其中的某个子系统进行综合评价。单项评价指标具体的计算公式为：

$$y_i = \dfrac{x_i}{X_i} \qquad (9-3)$$

其中，x_i 为第 i 个指标的实际值；X_i 为第 i 个指标的对比标准值。然后，用各项评价指标的权数进行加权平均，采用公式（9-2）求得综合评价总指数：

$$\bar{y} = \sum y_i \times \dfrac{w_i}{\sum w_i}$$

【例9-2】根据表9-5中的资料，计算甲、乙、丙三个企业综合的经济效益指数。

表9-5　　　　　　　　三个企业的经济效益计算表

指标名称	计量单位	标准数值	权数	报告期指标值		
				甲企业	乙企业	丙企业
		(1)	(2)	(3)	(4)	(5)
总成本增加值率	元/百元	45	30	46	48	45
总成本利税率	元/百元	20	25	25	26	21
劳动生产率	万元/人	2	25	2.2	2.4	1.8
商品流通费用率	%	15	5	16	18	14
产品销售率	%	85	15	86	90	78
综合经济效益 y	—	—	100	109.29	114.55	97.87

综合指数法中，要考虑对评价指标的同向化，5个评价指标中，仅商品流通费用率为逆指标，其余均为正指标，因此，在单项指数计算时，要对其采用倒数法将其同向化为正指标。甲企业的综合经济效益指数为：

$$\bar{y}_{甲} = \frac{46}{45} \times 30 + \frac{25}{20} \times 25 + \frac{2.2}{2} \times 25 + \frac{1}{\frac{16}{15}} \times 5 + \frac{86}{85} \times 15 = 109.29$$

其余两个企业的综合经济效益指数的计算过程及结果如表 9-5 所示。由表 9-5 可知，甲、乙、丙三个企业的综合经济效益指数分别为 109.29、114.55、97.87，表明乙企业经济效益指数最高，经济效益最好，甲企业次之，丙企业最差。

综合指数法优点是清晰易懂，评价指数可体现评价单位之间的差距。其主要缺点是比较标准值较难客观取得；单项指数没有统一取值范围，可能出现极大值，造成计算综合指数时夸大该单项指标对总评价值的影响作用，掩盖了其他指标对总评价值的影响。

四、功效系数法

功效系数法根据多目标规划原理，对每一项评价指标确定一个满意值和不允许值，以满意值为上限，以不允许值为下限，计算各指标实现满意值的程度，并以此确定各指标的分数，再经过加权平均进行综合，从而评价被研究对象的综合状况。功效系数法是对直线型无量纲化公式进行变形处理，然后进行综合评价的评价方法。其计算公式为：

$$y_i = \frac{x_i - x_i^s}{x_i^h - x_i^s} \times 40 + 60 \tag{9-4}$$

其中，y_i 为第 i 个指标的单项评价分；x_i 为第 i 个指标的实际值；x_i^h 为第 i 个指标的满意值；x_i^s 为第 i 个指标的不允许值。

根据不同的研究目的，x_i^s 和 x_i^h 有不同的确定方法。例如，可以用不应出现的最低值为不允许值，最高值为满意值；采用时间标准时，历史上的最低值为不允许值，最高值为满意值；采用空间标准时，某范围内的落后水平为不允许值，先进水平为满意值；等等。然后确定 x_i^s 和 x_i^h 后，根据各评价指标的权数，将单项评价值加权平均即可得到综合评价值，综合评价值的计算公式可以采用公式（9-2）。

【例 9-3】 甲、乙两地区经济效益指标以及满意值、不允许值和权数如表 9-6 所示，根据功效系数法公式计算综合评价分值，计算过程和结果如表 9-6 所示。

表 9-6　　　　　　　　两个地区的经济效益计算表

指标名称	不允许值	满意值	甲地区		乙地区		权数	得分×权数	
			实际值	得分	实际值	得分		甲地区	乙地区
	(1)	(2)	(3)	(4)	(5)	(6)	(7)	(8)	(9)
总成本增加值率	45	65	51	72	55	80	25	18	20
总成本利税率	24	42	29	71.1	32	77.8	25	17.8	19.5
劳动生产率	1.5	3.1	2.1	75	2.2	77.5	15	11.3	11.6
商品流通费用率	45	12	16	95.2	14	97.6	15	14.3	14.6
产品销售率	20	75	62	90.6	67	94.2	20	18.1	18.8
综合经济效益	—	—	—	—	—	—	100	79.4	84.6

甲地区的总成本增加值率得分为：

$$y_1 = \frac{51-45}{65-45} \times 40 + 60 = 72$$

甲、乙两地区的各个指标的功效系数如表 9-6 中第（4）和第（6）栏所示，各指标的得分如表 9-6 中第（8）和第（9）栏所示。计算结果显示，甲地区报告期综合得分为 79.4，乙地区报告期综合得分为 84.6，说明乙地区综合功效系数分比甲地区高，乙地区的综合经济效益比甲地区好。

功效系数法优点是评价值能够反映出各评价指标的实际水平，可充分体现各评价单位之间的差距，而且单项评价指标值一般在 60~100 之间，很大程度上限制了单项评价值的取值范围，可以使过高的单项评价值对综合评价值的影响有明显减弱。其主要缺点是运用功效系数法必须事先确定两个对比标准值，增加了操作上的难度。

课后练习题

一、填空题

1. 综合评价构成要素有评价者、_____、_____、指标权重系数、评价模型、_____。
2. 评价指标的预处理方法主要有_____和_____。
3. _____的评价结果只反映了名次的差异，而不能真实反映指标数值的差异。

二、单项选择题

1. 功效系数法中，当实际值等于不允许值时，计算单项评价指标的得分情况是（　　）。
   A. 单项评价指标得分等于 0　　　　B. 单项评价指标得分等于 60
   C. 单项评价指标得分小于 60　　　　D. 单项评价指标得分大于 60
2. 若甲指标为正指标，乙指标为逆指标，它们的个体指数均为 105%，则（　　）。
   A. 综合值为 105%　　　　　　　　B. 综合值下降
   C. 综合值为 100%　　　　　　　　D. 无法确定综合值
3. 两个地区的经济效益综合得分对比，属于（　　）。
   A. 动态相对数　　B. 总平均数指数　　C. 比较相对数　　D. 结构影响指数
4. 综合评价的综合指数法（　　）。
   A. 所有评价指标都必须是正指标　　B. 所有评价指标都必须是逆指标
   C. 综合评价值越大越好　　　　　　D. 正、逆指标均可，但各指标必须同向化

三、多项选择题

1. 评价指标的选择要遵循的主要原则有（　　）。
   A. 科学性　　B. 目的性　　C. 全面性　　D. 可行性
   E. 独立性
2. 下列关于评价指标同向化方法表述中正确的有（　　）。
   A. 倒数法适合正向指标与逆向指标相乘为 1 的情况
   B. 倒数法适合正向指标与逆向指标相加为 1 的情况
   C. 对应指标转换法适合正向指标与逆向指标相乘为 1 的情况

D. 对应指标转换法适合正向指标与逆向指标相加为 1 的情况
E. 最大定额法适合任何情况

3. 综合评价比较空间数据标准主要有（　　）。

A. 最差水平标准　　B. 平均水平标准　　C. 先进水平标准　　D. 相似空间标准
E. 互为标准

四、判断题

1. 评价指标体系中，如果既有正指标也有逆指标，就不能采用加权指数法进行评价。
（　　）

2. 运用功效系数法必须事先确定两个对比标准值，因此，在操作上增加了一定的难度。
（　　）

3. 层次分析法是根据各项测评指标的相对重要性来确定权数，通过评价指标两两比较，使复杂无序的定性问题能够进行量化处理。（　　）

五、简答题

1. 综合评价的一般步骤有哪些？
2. 常用的综合评价方法有哪些？

六、计算题

1. 某市甲、乙两个地区经济效益指标如表 9-7 所示：

表 9-7　　　　　　　　甲、乙两地经济效益指标

指标名称	计量单位	权数	不允许值	满意值	实际指标值	
					甲地区	乙地区
社会总成本净产值率	元/百元	25	45	48	48	55
社会总成本利税率	元/百元	25	24	28	28	30
社会劳动生产率	元/人	15	15 000	24 000	20 000	24 000
投资效果系数	元/百元	20	0.5	0.52	0.52	0.56
技术进步经济效益	元/百元	15	55	62	62	68

要求：根据表 9-7 中数据计算功效系数，对甲、乙两地区经济效益进行综合评价。

附录　常用统计表

附表1　　正态分布概率表

Z	F(Z)	Z	F(Z)	Z	F(Z)	Z	F(Z)
0.00	0.0000	0.36	0.2812	0.72	0.5285	1.08	0.7199
0.01	0.0080	0.37	0.2886	0.73	0.5346	1.09	0.7243
0.02	0.0160	0.38	0.2961	0.74	0.5407	1.10	0.7287
0.03	0.0239	0.39	0.3035	0.75	0.5467	1.11	0.7330
0.04	0.0319	0.40	0.3108	0.76	0.5527	1.12	0.7373
0.05	0.0399	0.41	0.3182	0.77	0.5587	1.13	0.7415
0.06	0.0478	0.42	0.3255	0.78	0.5646	1.14	0.7457
0.07	0.0558	0.43	0.3328	0.79	0.5705	1.15	0.7499
0.08	0.0638	0.44	0.3401	0.80	0.5763	1.16	0.7540
0.09	0.0717	0.45	0.3473	0.81	0.5821	1.17	0.7580
0.10	0.0797	0.46	0.3545	0.82	0.5878	1.18	0.7620
0.11	0.0876	0.47	0.3616	0.83	0.5935	1.19	0.7660
0.12	0.0955	0.48	0.3688	0.84	0.5991	1.20	0.7699
0.13	0.1034	0.49	0.3759	0.85	0.6047	1.21	0.7737
0.14	0.1113	0.50	0.3829	0.86	0.6102	1.22	0.7775
0.15	0.1192	0.51	0.3899	0.87	0.6157	1.23	0.7813
0.16	0.1271	0.52	0.3969	0.88	0.6211	1.24	0.7850
0.17	0.1350	0.53	0.4039	0.89	0.6265	1.25	0.7887
0.18	0.1428	0.54	0.4108	0.90	0.6319	1.26	0.7923
0.19	0.1507	0.55	0.4177	0.91	0.6372	1.27	0.7959
0.20	0.1585	0.56	0.4245	0.92	0.6424	1.28	0.7995
0.21	0.1663	0.57	0.4313	0.93	0.6476	1.29	0.8030
0.22	0.1741	0.58	0.4381	0.94	0.6528	1.30	0.8064
0.23	0.1819	0.59	0.4448	0.95	0.6579	1.31	0.8098
0.24	0.1897	0.60	0.4515	0.96	0.6629	1.32	0.8132
0.25	0.1974	0.61	0.4581	0.97	0.6680	1.33	0.8165
0.26	0.2051	0.62	0.4647	0.98	0.6729	1.34	0.8198
0.27	0.2128	0.63	0.4713	0.99	0.6778	1.35	0.8230
0.28	0.2205	0.64	0.4778	1.00	0.6827	1.36	0.8262
0.29	0.2282	0.65	0.4843	1.01	0.6875	1.37	0.8293
0.30	0.2358	0.66	0.4907	1.02	0.6923	1.38	0.8324
0.31	0.2434	0.67	0.4971	1.03	0.6970	1.39	0.8355
0.32	0.2510	0.68	0.5035	1.04	0.7017	1.40	0.8385
0.33	0.2586	0.69	0.5098	1.05	0.7063	1.41	0.8415
0.34	0.2661	0.70	0.5161	1.06	0.7109	1.42	0.8444
0.35	0.2737	0.71	0.5223	1.07	0.7154	1.43	0.8473

附表1（续）

Z	F(Z)	Z	F(Z)	Z	F(Z)
1.44	0.8501	1.83	0.9328	2.44	0.9853
1.45	0.8529	1.84	0.9342	2.46	0.9861
1.46	0.8557	1.85	0.9357	2.48	0.9869
1.47	0.8584	1.86	0.9371	2.50	0.9876
1.48	0.8611	1.87	0.9385	2.52	0.9883
1.49	0.8638	1.88	0.9399	2.54	0.9889
1.50	0.8664	1.89	0.9412	2.56	0.9895
1.51	0.8690	1.90	0.9426	2.58	0.9901
1.52	0.8715	1.91	0.9439	2.60	0.9907
1.53	0.8740	1.92	0.9451	2.62	0.9912
1.54	0.8764	1.93	0.9464	2.64	0.9917
1.55	0.8789	1.94	0.9476	2.66	0.9922
1.56	0.8812	1.95	0.9488	2.68	0.9926
1.57	0.8836	1.96	0.9500	2.70	0.9931
1.58	0.8859	1.97	0.9512	2.72	0.9935
1.59	0.8882	1.98	0.9523	2.74	0.9939
1.60	0.8904	1.99	0.9534	2.76	0.9942
1.61	0.8926	2.00	0.9545	2.78	0.9946
1.62	0.8948	2.02	0.9566	2.80	0.9949
1.63	0.8969	2.04	0.9587	2.82	0.9952
1.64	0.8990	2.06	0.9606	2.84	0.9955
1.65	0.9011	2.08	0.9625	2.86	0.9958
1.66	0.9031	2.10	0.9643	2.88	0.9960
1.67	0.9051	2.12	0.9660	2.90	0.9962
1.68	0.9070	2.14	0.9676	2.92	0.9965
1.69	0.9099	2.16	0.9692	2.94	0.9967
1.70	0.9109	2.18	0.9707	2.96	0.9969
1.71	0.9127	2.20	0.9722	2.98	0.9971
1.72	0.9146	2.22	0.9736	3.00	0.9973
1.73	0.9164	2.24	0.9749	3.20	0.9986
1.74	0.9181	2.26	0.9762	3.40	0.9993
1.75	0.9199	2.28	0.9774	3.60	0.99968
1.76	0.9216	2.30	0.9786	3.80	0.99986
1.77	0.9233	2.32	0.9797	4.00	0.99994
1.78	0.9249	2.34	0.9807	4.50	0.999993
1.79	0.9265	2.36	0.9817	5.00	0.999999
1.80	0.9281	2.38	0.9827		
1.81	0.9297	2.40	0.9836		
1.82	0.9312	2.42	0.9845		

附表2　　　　　　　　随机数字表

编号	1~10					11~20					21~30					31~40					41~50				
1	22	17	68	65	81	68	95	23	92	35	87	02	22	57	51	61	09	43	95	06	58	24	82	03	47
2	19	36	27	59	46	13	79	93	37	55	39	77	32	77	09	85	52	05	30	62	47	83	51	62	74
3	16	77	23	02	77	09	61	84	25	21	28	06	24	25	93	16	71	13	59	78	23	05	47	47	25
4	78	43	76	71	61	20	44	90	32	64	97	67	63	99	61	46	38	03	93	22	69	81	21	99	21
5	03	28	28	26	08	73	37	32	04	05	69	30	16	09	05	88	69	58	28	99	35	07	44	75	47
6	93	22	53	64	39	07	10	63	76	35	84	03	04	79	88	08	13	13	85	51	55	34	57	72	69
7	78	76	58	54	74	92	38	70	96	92	52	06	79	79	45	82	63	18	27	44	69	66	92	19	09
8	23	68	35	26	00	99	53	93	61	28	52	70	05	48	34	56	65	05	61	86	90	92	10	70	80
9	15	39	25	70	99	93	86	52	77	65	15	33	59	05	28	22	87	26	07	47	86	96	98	29	06
10	58	71	96	30	24	18	46	23	34	27	85	13	99	24	44	49	18	09	79	49	74	16	32	23	02
11	57	35	27	33	72	24	53	63	94	09	41	10	76	47	91	44	04	95	49	66	39	60	04	59	81
12	48	50	86	54	48	22	06	34	72	52	82	21	15	65	20	33	29	94	71	11	15	91	29	12	03
13	61	96	48	95	03	07	16	39	33	66	98	56	10	56	79	77	21	30	27	12	90	49	22	23	62
14	36	93	89	41	26	29	70	83	63	51	99	74	20	52	36	87	09	41	15	09	98	60	16	03	03
15	18	87	00	42	31	57	90	12	02	07	23	47	37	17	31	54	08	01	88	63	39	41	88	92	10
16	88	56	53	27	59	33	35	72	67	47	77	34	55	45	70	08	18	27	38	90	16	95	86	70	75
17	09	72	95	84	29	49	41	31	06	70	42	38	06	45	18	64	84	73	31	65	52	53	37	97	15
18	12	96	88	17	31	65	19	69	02	83	60	75	86	90	68	24	64	19	35	51	56	61	87	39	12
19	85	94	57	24	16	92	09	84	38	76	22	00	27	69	85	29	81	94	78	70	21	94	47	90	12
20	38	64	43	59	98	98	77	87	68	07	91	51	67	62	44	40	98	05	93	78	23	32	65	41	18
21	53	44	09	42	72	00	41	86	79	79	68	47	22	00	20	35	55	31	51	51	00	83	63	22	55
22	40	76	66	26	84	57	99	99	90	37	36	63	32	08	58	37	40	13	68	97	87	64	81	07	83
23	02	17	79	18	05	12	59	52	57	02	22	07	90	47	03	28	14	11	30	79	20	69	22	40	98
24	95	17	82	06	53	31	51	10	96	46	92	06	88	07	77	56	11	50	81	69	40	23	72	51	39
25	35	76	22	42	92	96	11	83	44	80	34	68	35	48	77	33	42	40	90	60	73	96	53	97	86
26	26	29	31	56	41	85	47	04	66	08	34	72	57	59	13	82	43	80	46	15	38	26	61	70	04
27	77	80	20	75	82	72	82	32	99	90	63	95	73	76	63	89	73	44	99	05	48	67	26	43	18
28	46	40	66	44	52	91	36	74	43	53	30	82	13	54	00	78	45	63	98	35	55	03	36	67	68
29	37	56	08	18	09	77	53	84	46	47	31	91	18	95	58	24	16	74	11	53	44	10	13	85	57
30	61	65	61	68	66	37	27	47	39	19	84	83	70	07	48	53	21	40	06	71	95	06	79	88	54
31	93	43	69	64	07	34	18	04	52	35	56	27	09	24	86	61	85	53	83	45	19	90	70	99	00
32	21	96	60	12	99	11	20	99	45	18	48	13	93	55	34	18	37	79	49	90	65	97	38	20	46
33	95	20	47	97	97	27	37	83	28	71	00	06	41	41	74	45	89	09	39	84	51	67	11	52	49
34	97	86	21	78	73	10	65	81	92	59	58	76	17	14	97	04	76	62	16	17	17	95	70	45	80
35	69	92	06	34	13	59	71	74	17	32	27	55	10	24	19	23	71	82	13	74	63	52	52	01	41
36	04	31	17	21	56	33	73	99	19	87	26	72	39	27	67	53	77	57	68	93	60	61	97	22	61
37	61	06	98	03	91	87	14	77	43	96	43	00	65	98	50	45	60	33	01	07	98	99	46	50	47
38	85	93	85	86	88	72	87	08	62	40	16	06	10	89	20	23	21	34	74	97	76	38	03	29	63
39	21	74	32	47	45	73	96	07	94	52	09	65	90	77	47	25	76	16	19	33	53	05	70	53	30
40	15	69	53	82	80	79	96	23	53	10	65	39	07	16	29	45	33	02	43	70	02	87	40	41	45
41	02	89	08	04	49	20	21	14	68	86	87	63	93	95	17	11	29	01	95	80	35	14	97	35	33
42	87	18	15	89	79	85	43	01	72	73	08	61	74	51	69	89	74	39	82	15	94	51	33	41	67
43	98	83	71	94	22	59	97	50	99	52	08	52	85	08	40	87	80	61	65	31	91	51	80	32	44
44	10	08	58	21	66	72	68	49	29	31	89	85	84	46	06	89	73	19	85	23	65	09	29	75	63
45	47	90	56	10	08	88	02	84	27	83	42	29	72	23	19	66	56	46	65	79	20	71	53	20	25
46	22	85	61	68	90	49	64	92	85	44	16	40	12	89	88	50	14	49	81	06	01	82	77	45	12
47	67	80	43	79	33	12	83	11	41	16	25	58	19	68	70	77	02	54	00	52	53	43	37	15	26
48	27	62	50	96	72	79	44	61	40	15	14	53	40	65	39	27	31	58	50	28	11	39	03	34	25
49	33	78	80	87	15	38	30	06	38	21	14	47	47	07	26	54	96	87	53	32	40	36	40	96	76
50	13	13	92	66	99	47	24	49	57	74	32	25	43	62	17	10	97	11	69	84	99	63	22	32	98

附表 3

F—分布临界值表
—— $\alpha(0.005-0.10)$

$\alpha = 0.10$

f_2\f_1	1	2	3	4	5	6	7	8	9	10	12	15	20	24	30	40	60	120	∞
1	39.86	49.50	53.59	55.83	57.24	58.20	58.91	59.44	59.86	60.19	60.71	61.22	61.74	62.00	62.26	62.53	62.79	63.06	63.33
2	8.53	9.00	9.16	9.24	9.29	9.33	9.35	9.37	9.38	9.39	9.41	9.42	9.44	9.45	9.46	9.47	9.47	9.48	9.49
3	5.54	5.46	5.39	5.34	5.31	5.28	5.27	5.25	5.24	5.23	5.22	5.20	5.18	5.18	5.17	5.16	5.15	5.14	5.13
4	4.54	4.32	4.19	4.11	4.05	4.01	3.98	3.95	3.94	3.92	3.90	3.87	3.84	3.83	3.82	3.80	3.79	3.78	3.76
5	4.06	3.78	3.62	3.52	3.45	3.40	3.37	3.34	3.32	3.30	3.27	3.24	3.21	3.19	3.17	3.16	3.14	3.12	3.10
6	3.78	3.46	3.29	3.18	3.11	3.05	3.01	2.98	2.96	2.94	2.90	2.87	2.84	2.82	2.80	2.78	2.76	2.74	2.72
7	3.59	3.26	3.07	2.96	2.88	2.83	2.78	2.75	2.72	2.70	2.67	2.63	2.59	2.58	2.56	2.54	2.51	2.49	2.47
8	3.46	3.11	2.92	2.81	2.73	2.67	2.62	2.59	2.56	2.54	2.50	2.46	2.42	2.40	2.38	2.36	2.34	2.32	2.29
9	3.36	3.01	2.81	2.69	2.61	2.55	2.51	2.47	2.44	2.42	2.38	2.34	2.30	2.28	2.25	2.23	2.21	2.18	2.16
10	3.29	2.92	2.73	2.61	2.52	2.46	2.41	2.38	2.35	2.32	2.28	2.24	2.20	2.18	2.16	2.13	2.11	2.08	2.06
11	3.23	2.86	2.66	2.54	2.45	2.39	2.34	2.30	2.27	2.25	2.21	2.17	2.12	2.10	2.08	2.05	2.03	2.00	1.97
12	3.18	2.81	2.61	2.48	2.39	2.33	2.28	2.24	2.21	2.19	2.15	2.10	2.06	2.04	2.01	1.99	1.96	1.93	1.90
13	3.14	2.76	2.56	2.43	2.35	2.28	2.23	2.20	2.16	2.14	2.10	2.05	2.01	1.98	1.96	1.93	1.90	1.88	1.85
14	3.10	2.73	2.52	2.39	2.31	2.24	2.19	2.15	2.12	2.10	2.05	2.01	1.96	1.94	1.91	1.89	1.86	1.83	1.80
15	3.07	2.70	2.49	2.36	2.27	2.21	2.16	2.12	2.09	2.06	2.02	1.97	1.92	1.90	1.87	1.85	1.82	1.79	1.76
16	3.05	2.67	2.46	2.33	2.24	2.18	2.13	2.09	2.06	2.03	1.99	1.94	1.89	1.87	1.84	1.81	1.78	1.75	1.72
17	3.03	2.64	2.44	2.31	2.22	2.15	2.10	2.06	2.03	2.00	1.96	1.91	1.86	1.84	1.81	1.78	1.75	1.72	1.69
18	3.01	2.62	2.42	2.29	2.20	2.13	2.08	2.04	2.00	1.98	1.93	1.89	1.84	1.81	1.78	1.75	1.72	1.69	1.66
19	2.99	2.61	2.40	2.27	2.18	2.11	2.06	2.02	1.98	1.96	1.91	1.86	1.81	1.79	1.76	1.73	1.70	1.67	1.63
20	2.97	2.59	2.38	2.25	2.16	2.09	2.04	2.00	1.96	1.94	1.89	1.84	1.79	1.77	1.74	1.71	1.68	1.64	1.61
21	2.96	2.57	2.36	2.23	2.14	2.08	2.02	1.98	1.95	1.92	1.87	1.83	1.78	1.75	1.72	1.69	1.66	1.62	1.59
22	2.95	2.56	2.35	2.22	2.13	2.06	2.01	1.97	1.93	1.90	1.86	1.81	1.76	1.73	1.70	1.67	1.64	1.60	1.57
23	2.94	2.55	2.34	2.21	2.11	1.05	1.99	1.95	1.92	1.89	1.84	1.80	1.74	1.72	1.69	1.66	1.62	1.59	1.55
24	2.93	2.54	2.33	2.19	2.10	2.04	1.98	1.94	1.91	1.88	1.83	1.78	1.73	1.70	1.67	1.64	1.61	1.57	1.53

附表3（续） α = 0.10

f_1 \ f_2	1	2	3	4	5	6	7	8	9	10	12	15	20	24	30	40	60	120	∞
25	2.92	2.53	2.32	2.18	2.09	2.02	1.97	1.93	1.89	1.87	1.82	1.77	1.72	1.69	1.66	1.63	1.59	1.56	1.52
26	2.91	2.52	2.31	2.17	2.08	2.01	1.96	1.92	1.88	1.86	1.81	1.76	1.71	1.68	1.65	1.61	1.58	1.54	1.50
27	2.90	2.51	2.30	2.17	2.07	2.00	1.95	1.91	1.87	1.85	1.80	1.75	1.70	1.67	1.64	1.60	1.57	1.53	1.49
28	2.89	2.50	2.29	2.16	2.06	2.00	1.94	1.90	1.87	1.84	1.79	1.74	1.69	1.66	1.63	1.59	1.56	1.52	1.48
29	2.89	2.50	2.28	2.15	2.06	1.99	1.93	1.89	1.86	1.83	1.78	1.73	1.68	1.65	1.62	1.58	1.55	1.51	1.47
30	2.88	2.49	2.28	2.14	2.05	1.98	1.93	1.88	1.85	1.82	1.77	1.72	1.67	1.64	1.61	1.57	1.54	1.50	1.46
40	2.84	2.44	2.23	2.09	2.00	1.93	1.87	1.83	1.79	1.76	1.71	1.66	1.61	1.57	1.54	1.51	1.47	1.42	1.38
60	2.79	2.39	2.18	2.04	1.95	1.87	1.82	1.77	1.74	1.71	1.66	1.60	1.54	1.51	1.48	1.44	1.40	1.35	1.29
120	2.75	2.35	2.13	1.99	1.90	1.82	1.77	1.72	1.68	1.65	1.60	1.55	1.48	1.45	1.41	1.37	1.32	1.26	1.19
∞	2.71	2.30	2.08	1.94	1.85	1.77	1.72	1.67	1.63	1.60	1.55	1.49	1.42	1.38	1.34	1.30	1.24	1.17	1.00

附表3（续） α = 0.05

f_1 \ f_2	1	2	3	4	5	6	7	8	9	10	12	15	20	24	30	40	60	120	∞
1	161.4	199.5	215.7	224.6	230.2	234.0	236.8	238.9	240.5	241.9	243.9	245.9	248.0	249.1	250.1	251.1	252.2	253.3	254.3
2	18.51	19.00	19.16	19.25	19.30	19.33	19.35	19.37	19.38	19.40	19.41	19.43	19.45	19.45	19.46	19.47	19.48	19.49	19.50
3	10.13	9.55	9.28	9.12	9.01	8.94	8.89	8.85	8.81	8.79	8.74	8.70	8.66	8.64	8.62	8.59	8.57	8.55	8.53
4	7.71	6.94	6.59	6.39	6.26	6.16	6.09	6.04	6.00	5.96	5.91	5.86	5.80	5.77	5.75	5.72	5.69	5.66	5.63
5	6.61	5.79	5.41	5.19	5.05	4.95	4.88	4.82	4.77	4.74	4.68	4.62	4.56	4.53	4.50	4.46	4.43	4.40	4.36
6	5.99	5.14	4.76	4.53	4.39	4.28	4.21	4.15	4.10	4.06	4.00	3.94	3.87	3.84	3.81	3.77	3.74	3.70	3.67
7	5.59	4.74	4.35	4.12	3.97	3.87	3.79	3.73	3.68	3.64	3.57	3.51	3.44	3.41	3.38	3.34	3.30	3.27	3.23
8	5.32	4.46	4.07	3.84	3.69	3.58	3.50	3.44	3.39	3.35	3.28	3.22	3.15	3.12	3.08	3.04	3.01	2.97	2.93
9	5.12	4.26	3.86	3.63	3.48	3.37	3.29	3.23	3.18	3.14	3.07	3.01	2.94	2.90	2.86	2.83	2.79	2.75	2.71

附表 3（续） α = 0.05

f_2 \ f_1	1	2	3	4	5	6	7	8	9	10	12	15	20	24	30	40	60	120	∞
10	4.96	4.10	3.71	3.48	3.33	3.22	3.14	3.07	3.02	2.98	2.91	2.85	2.77	2.74	2.70	2.66	2.62	2.58	2.54
11	4.84	3.98	3.59	3.36	3.20	3.09	3.01	2.95	2.90	2.85	2.79	2.72	2.65	2.61	2.57	2.53	2.49	2.45	2.40
12	4.75	3.89	3.49	3.26	3.11	3.00	2.91	2.85	2.80	2.75	2.69	2.62	2.54	2.51	2.47	2.43	2.38	2.34	2.30
13	4.67	3.81	3.41	3.18	3.03	2.92	2.83	2.77	2.71	2.67	2.60	2.53	2.46	2.42	2.38	2.34	2.30	2.25	2.21
14	4.60	3.74	3.34	3.11	2.96	2.85	2.76	2.70	2.65	2.60	2.53	2.46	2.39	2.35	2.31	2.27	2.22	2.18	2.13
15	4.54	3.68	3.29	3.06	2.90	2.79	2.71	2.64	2.59	2.54	2.48	2.40	2.33	2.29	2.25	2.20	2.16	2.11	2.07
16	4.49	3.63	3.24	3.01	2.85	2.74	2.66	2.59	2.54	2.49	2.42	2.35	2.28	2.24	2.19	2.15	2.11	2.06	2.01
17	4.45	3.59	3.20	2.96	2.81	2.70	2.61	2.55	2.49	2.45	2.38	2.31	2.23	2.19	2.15	2.10	2.06	2.01	1.96
18	4.41	3.55	3.16	2.93	2.77	2.66	2.58	2.51	2.46	2.41	2.34	2.27	2.19	2.15	2.11	2.06	2.02	1.97	1.92
19	4.38	3.52	3.13	2.90	2.74	2.63	2.54	2.48	2.42	2.38	2.31	2.23	2.16	2.11	2.07	2.03	1.98	1.93	1.88
20	4.35	3.49	3.10	2.87	2.71	2.60	2.51	2.45	2.39	2.35	2.28	2.20	2.12	2.08	2.04	1.99	1.95	1.90	1.84
21	4.32	3.47	3.07	2.84	2.68	2.57	2.49	2.42	2.37	2.32	2.25	2.18	2.10	2.05	2.01	1.96	1.92	1.87	1.81
22	4.30	3.44	3.05	2.82	2.66	2.55	2.46	2.40	2.34	2.30	2.23	2.15	2.07	2.03	1.98	1.94	1.89	1.84	1.78
23	4.28	3.42	3.03	2.80	2.64	2.53	2.44	2.37	2.32	2.27	2.20	2.13	2.05	2.01	1.96	1.91	1.86	1.81	1.76
24	4.26	3.40	3.01	2.78	2.62	2.51	2.42	2.36	2.30	2.25	2.18	2.11	2.03	1.98	1.94	1.89	1.84	1.79	1.73
25	4.24	3.39	2.99	2.76	2.60	2.49	2.40	2.34	2.28	2.24	2.16	2.09	2.01	1.96	1.92	1.87	1.82	1.77	1.71
26	4.23	3.37	2.98	2.74	2.59	2.47	2.39	2.32	2.27	2.22	2.15	2.07	1.99	1.95	1.90	1.85	1.80	1.75	1.69
27	4.21	3.35	2.96	2.73	2.57	2.46	2.37	2.31	2.25	2.20	2.13	2.06	1.97	1.93	1.88	1.84	1.79	1.73	1.67
28	4.20	3.34	2.95	2.71	2.56	2.45	2.36	2.29	2.24	2.19	2.12	2.04	1.96	1.91	1.87	1.82	1.77	1.71	1.65
29	4.18	3.33	2.93	2.70	2.55	2.43	2.35	2.28	2.22	2.18	2.10	2.03	1.94	1.90	1.85	1.81	1.75	1.70	1.64
30	4.17	3.32	2.92	2.69	2.53	2.42	2.33	2.27	2.21	2.16	2.09	2.01	1.93	1.89	1.84	1.79	1.74	1.68	1.62
40	4.08	3.23	2.84	2.61	2.45	2.34	2.25	2.18	2.12	2.08	2.00	1.92	1.84	1.79	1.74	1.69	1.64	1.58	1.51
60	4.00	3.15	2.76	2.53	2.37	2.25	2.17	2.10	2.04	1.99	1.92	1.84	1.75	1.70	1.65	1.59	1.53	1.47	1.39
120	3.92	3.07	2.68	2.45	2.29	2.17	2.09	2.02	1.96	1.91	1.83	1.75	1.66	1.61	1.55	1.50	1.43	1.35	1.25
∞	3.84	3.00	2.60	2.37	2.21	2.10	2.01	1.94	1.88	1.83	1.75	1.67	1.57	1.52	1.46	1.39	1.32	1.22	1.00

附表 3（续）
α = 0.025

f_2 \ f_1	1	2	3	4	5	6	7	8	9	10	12	15	20	24	30	40	60	120	∞
1	647.8	799.5	864.2	899.6	921.8	937.1	948.2	956.7	963.3	968.6	976.7	984.9	993.1	997.2	1 001	1 006	1 010	1 014	1 018
2	38.51	39.00	39.17	39.25	39.30	39.33	39.36	39.37	39.39	39.40	39.41	39.43	39.45	39.46	39.46	39.47	39.48	39.40	39.50
3	17.44	16.04	15.44	15.10	14.88	14.73	14.62	14.54	14.47	14.42	14.34	14.25	14.17	14.12	14.08	14.04	13.99	13.95	13.90
4	12.22	10.65	9.98	9.60	9.36	9.20	9.07	8.98	8.90	8.84	8.75	8.66	8.56	8.51	8.46	8.41	8.36	8.31	8.26
5	10.01	8.43	7.76	7.39	7.15	6.98	6.85	6.76	6.68	6.62	6.52	6.43	6.33	6.28	6.23	6.18	6.12	6.07	6.02
6	8.81	7.26	6.60	6.23	5.99	5.82	5.70	5.60	5.52	5.46	5.37	5.27	5.17	5.12	5.07	5.01	4.96	4.90	4.85
7	8.07	6.54	5.89	5.52	5.29	5.12	4.99	4.90	4.82	4.76	4.67	4.57	4.47	4.42	4.36	4.31	4.25	4.20	4.14
8	7.57	6.06	5.42	5.05	4.82	4.65	4.53	4.43	4.36	4.30	4.20	4.10	4.00	3.95	3.89	3.84	3.78	3.73	3.67
9	7.21	5.71	5.08	4.72	4.48	4.23	4.20	4.10	4.03	3.96	3.87	3.77	3.67	3.61	3.56	3.51	3.45	3.39	3.33
10	6.94	5.46	4.83	4.47	4.24	4.07	3.95	3.85	3.78	3.72	3.62	3.52	3.42	3.37	3.31	3.26	3.20	3.14	3.08
11	6.72	5.26	4.63	4.28	4.04	3.88	3.76	3.66	3.59	3.53	3.43	3.33	3.23	3.17	3.12	3.06	3.00	2.94	2.88
12	6.55	5.10	4.47	4.12	3.89	3.73	3.61	3.51	3.44	3.37	3.28	3.18	3.07	3.02	2.96	2.91	2.85	2.79	2.72
13	6.41	4.97	4.35	4.00	3.77	3.60	3.48	3.39	3.31	3.25	3.15	3.05	2.95	2.89	2.84	2.78	2.72	2.66	2.60
14	6.30	4.86	4.24	3.89	3.66	3.50	3.38	3.29	3.21	3.15	3.05	2.95	2.84	2.79	2.73	2.67	2.61	2.55	2.49
15	6.20	4.77	4.15	3.80	3.58	3.41	3.29	3.20	3.12	3.06	2.96	2.86	2.76	2.70	2.64	2.59	2.52	2.46	2.40
16	6.12	4.69	4.08	3.73	3.50	3.34	3.22	3.12	3.05	2.99	2.89	2.79	2.68	2.63	2.57	2.51	2.45	2.38	2.32
17	6.04	4.62	4.01	3.66	3.44	3.28	3.26	3.06	2.98	2.92	2.82	2.72	2.62	2.56	2.50	2.44	2.38	2.32	2.25
18	5.98	4.56	3.95	3.61	3.38	3.22	3.10	3.01	2.93	2.87	2.77	2.67	2.56	2.50	2.44	2.38	2.32	2.26	2.19
19	5.92	4.51	3.90	3.56	3.33	3.17	3.05	2.96	2.88	2.82	2.72	2.62	2.51	2.45	2.39	2.33	2.27	2.20	2.13
20	5.87	4.46	3.86	3.51	3.29	3.13	3.01	2.91	2.84	2.77	2.68	2.57	2.46	2.41	2.35	2.29	2.22	2.16	2.09
21	5.83	4.42	3.82	3.48	3.25	3.09	2.97	2.87	2.80	2.73	2.64	2.53	2.42	2.37	2.31	2.25	2.18	2.11	2.04
22	5.79	4.38	3.78	3.44	3.22	3.05	2.73	2.84	2.76	2.70	2.60	2.50	2.39	2.33	2.27	2.21	2.14	2.08	2.00
23	5.75	4.35	3.75	3.41	3.18	3.02	2.90	2.81	2.73	2.67	2.57	2.47	2.36	2.30	2.24	2.18	2.11	2.04	1.97
24	5.72	4.32	3.72	3.38	3.15	2.99	2.87	2.78	2.70	2.64	2.54	2.44	2.33	2.27	2.21	2.15	2.08	2.01	1.94

附表 3（续）
α = 0.025

f_2 \ f_1	1	2	3	4	5	6	7	8	9	10	12	15	20	24	30	40	60	120	∞
25	5.69	4.29	3.69	3.35	3.13	2.97	2.85	2.75	2.68	2.61	2.51	2.41	2.30	2.24	2.18	2.12	2.05	1.98	1.91
26	5.66	4.27	3.67	3.33	3.10	2.94	2.82	2.73	2.65	2.59	2.49	2.39	2.28	2.22	2.16	2.09	2.03	1.95	1.88
27	5.63	4.24	3.65	3.31	3.08	2.92	2.80	2.71	2.63	2.57	2.47	2.36	2.25	2.19	2.13	2.07	2.00	1.93	1.85
28	5.61	4.22	3.63	3.29	3.06	2.90	2.78	2.69	2.61	2.55	2.45	2.34	2.23	2.17	2.11	2.05	1.98	1.91	1.83
29	5.59	4.20	3.61	3.27	3.04	2.88	2.76	2.67	2.59	2.53	2.43	2.32	2.21	2.15	2.09	2.03	1.96	1.89	1.81
30	5.57	4.18	3.59	3.25	3.03	2.87	2.75	2.65	2.57	2.51	2.41	2.31	2.20	2.14	2.07	2.01	1.94	1.87	1.79
40	5.42	4.05	3.46	3.13	2.90	2.74	2.62	2.53	2.45	2.39	2.29	2.18	2.07	2.01	1.94	1.88	1.80	1.72	1.64
60	5.29	3.93	3.34	3.01	2.79	2.63	2.51	2.41	2.33	2.27	3.17	2.06	1.94	1.88	1.82	1.74	1.67	1.58	1.48
120	5.15	3.80	3.23	2.89	2.67	2.52	2.39	2.30	2.22	2.16	2.05	1.94	1.82	1.76	1.69	1.61	1.53	1.43	1.31
∞	5.02	3.69	3.12	2.79	2.57	2.41	2.29	2.19	2.11	2.05	1.94	1.83	1.71	1.64	1.57	1.48	1.39	1.27	1.00

附表 3（续）
α = 0.01

f_2 \ f_1	1	2	3	4	5	6	7	8	9	10	12	15	20	24	30	40	60	120	∞
1	4 052	4 999.5	5 403	5 625	5 764	5 859	5 928	5 982	6 022	6 056	6 106	6 157	6 209	6 235	6 261	6 287	6 313	6 339	6 366
2	98.50	99.00	99.17	99.25	99.30	99.33	99.36	99.37	99.39	99.40	99.42	99.43	99.45	99.46	99.47	99.47	99.48	99.49	99.50
3	34.12	30.82	29.46	28.71	28.24	27.91	27.67	27.49	27.35	27.23	27.05	26.87	26.69	26.60	26.50	26.41	26.32	26.22	26.13
4	21.20	18.00	16.69	15.98	15.52	15.21	14.98	14.80	14.66	14.55	14.37	14.20	14.02	13.93	13.84	13.75	13.65	13.56	13.46
5	16.26	13.27	12.06	11.39	10.97	10.67	10.46	10.29	10.16	10.05	9.89	9.72	9.55	9.47	9.38	9.29	9.20	9.11	9.02
6	13.75	10.93	9.78	9.15	8.75	8.47	8.26	8.10	7.98	7.87	7.72	7.56	7.40	7.31	7.23	7.14	7.06	6.97	6.88
7	12.25	9.55	8.45	7.85	7.46	7.19	6.99	6.84	6.72	6.62	6.47	6.31	6.16	6.07	5.99	5.91	5.82	5.74	5.65
8	11.26	8.65	7.59	7.01	6.63	6.37	6.18	6.03	5.91	5.81	5.67	5.52	5.36	5.28	5.20	5.12	5.03	4.95	4.86
9	10.56	8.02	6.99	6.42	6.06	5.80	5.61	5.47	5.35	5.26	5.11	4.96	4.81	4.73	4.65	4.57	4.48	4.40	4.31

附表3（续）
α = 0.01

f_2\f_1	1	2	3	4	5	6	7	8	9	10	12	15	20	24	30	40	60	120	∞
10	10.04	7.56	6.55	5.99	5.64	5.39	5.20	5.06	4.94	4.85	4.71	4.56	4.41	4.33	4.25	4.17	4.08	4.00	3.91
11	9.65	7.21	6.22	5.67	5.32	5.07	4.89	4.74	4.63	4.54	4.40	4.25	4.10	4.02	3.94	3.86	3.78	3.69	3.60
12	9.33	6.93	5.95	5.41	5.06	4.82	4.64	4.50	4.39	4.30	4.16	4.01	3.86	3.78	3.70	3.62	3.54	3.45	3.36
13	9.07	6.70	5.74	5.21	4.86	4.62	4.44	4.30	4.19	4.10	3.96	3.82	3.66	3.59	3.51	3.43	3.34	3.25	3.17
14	8.86	6.51	5.56	5.04	4.69	4.46	4.28	4.14	4.03	3.94	3.80	3.66	3.51	3.43	3.35	3.27	3.18	3.09	3.00
15	8.68	6.36	5.42	4.89	4.56	4.32	4.14	4.00	3.89	3.80	3.67	3.52	3.37	3.29	3.21	3.13	3.05	2.96	2.87
16	8.53	6.23	5.29	4.77	4.44	4.20	4.03	3.89	3.78	3.69	3.55	3.41	3.26	3.18	3.10	3.02	2.93	2.84	2.75
17	8.40	6.11	5.18	4.67	4.34	4.10	3.93	3.79	3.68	3.59	3.46	3.31	3.16	3.08	3.00	2.92	2.83	2.75	2.65
18	8.29	6.01	5.09	4.58	4.25	4.01	3.84	3.71	3.60	3.51	3.37	3.23	3.08	3.00	2.92	2.84	2.75	2.66	2.57
19	8.18	5.93	5.01	4.50	4.17	3.94	3.77	3.63	3.52	3.43	3.30	3.15	3.00	2.92	2.84	2.76	2.67	2.58	2.49
20	8.10	5.85	4.94	4.43	4.10	3.87	3.70	3.56	3.46	3.37	3.23	3.09	2.94	2.86	2.78	2.69	2.61	2.52	2.42
21	8.02	5.78	4.87	4.37	4.04	3.81	3.64	3.51	3.40	3.31	3.17	3.03	2.88	2.80	2.72	2.64	2.55	2.46	2.36
22	7.95	5.72	4.82	4.31	3.99	3.76	3.59	3.45	3.35	3.26	3.12	2.98	2.83	2.75	2.67	2.58	2.50	2.40	2.31
23	7.88	5.66	4.76	4.26	3.94	3.71	3.54	3.41	3.30	3.21	3.07	2.93	2.78	2.70	2.62	2.54	2.45	2.35	2.26
24	7.82	5.61	4.72	4.22	3.90	3.67	3.50	3.36	3.26	3.17	3.03	2.89	2.74	2.66	2.58	2.49	2.40	2.31	2.21
25	7.77	5.57	4.68	4.18	3.85	3.63	3.46	3.32	3.22	3.13	2.99	2.85	2.70	2.62	2.54	2.45	2.36	2.27	2.17
26	7.72	5.53	4.64	4.14	3.82	3.59	3.42	3.29	3.18	3.09	2.96	2.81	2.66	2.58	2.50	2.42	2.33	2.23	2.13
27	7.68	5.49	4.60	4.11	3.78	3.56	3.39	3.26	3.15	3.06	2.93	2.78	2.63	2.55	2.47	2.38	2.29	2.20	2.10
28	7.64	5.45	4.57	4.07	3.75	3.53	3.36	3.23	3.12	3.03	2.90	2.75	2.60	2.52	2.44	2.35	2.26	2.17	2.06
29	7.60	5.42	4.54	4.04	3.73	3.50	3.33	3.20	3.09	3.00	2.87	2.73	2.57	2.49	2.41	2.33	2.23	2.14	2.03
30	7.56	5.39	4.51	4.02	3.70	3.47	3.30	3.17	3.07	2.98	2.84	2.70	2.55	2.47	2.39	2.30	2.21	2.11	2.01
40	7.31	5.18	4.31	3.83	3.51	3.29	3.12	2.99	2.89	2.80	2.66	2.52	2.37	2.29	2.20	2.11	2.02	1.92	1.80
60	7.08	4.98	4.13	3.65	3.34	3.12	2.95	2.82	2.72	2.63	2.50	2.35	2.20	2.12	2.03	1.94	1.84	1.73	1.60
120	6.85	4.79	3.95	3.48	3.17	2.96	2.79	2.66	2.56	2.47	2.34	2.19	2.03	1.95	1.86	1.76	1.66	1.53	1.38
∞	6.63	4.61	3.78	3.32	3.02	2.80	2.64	2.51	2.41	2.32	2.18	2.04	1.88	1.79	1.70	1.59	1.47	1.32	1.00

附表 3（续）
$\alpha = 0.005$

f_2 \ f_1	1	2	3	4	5	6	7	8	9	10	12	15	20	24	30	40	60	120	∞
1	16 211	20 000	21 615	22 500	23 056	23 437	23 715	23 925	24 091	24 224	24 426	24 630	24 836	24 940	25 044	25 148	35 253	25 359	25 465
2	198.5	199.0	199.2	199.2	199.3	199.3	199.4	199.4	199.4	199.4	199.4	199.4	199.4	199.5	199.5	199.5	199.5	199.5	199.5
3	55.55	49.80	47.47	46.19	45.39	44.84	44.43	44.13	43.88	43.69	43.39	43.08	42.78	42.62	42.47	42.31	42.15	41.99	41.83
4	31.33	26.28	24.26	23.15	22.46	21.97	21.62	21.35	21.14	20.97	20.70	20.44	20.17	20.03	19.89	19.75	19.61	19.47	19.32
5	22.78	18.31	16.53	15.56	14.94	14.51	14.20	13.96	13.77	13.62	13.38	13.15	12.90	12.78	12.66	12.53	12.40	12.27	12.14
6	18.63	14.54	12.92	12.03	11.46	11.07	10.79	10.57	10.39	10.25	10.03	9.81	9.59	9.47	9.36	9.24	9.12	9.00	8.88
7	16.24	12.40	10.88	10.05	9.52	9.16	8.89	8.68	8.51	8.38	8.18	7.97	7.75	7.65	7.53	7.42	7.31	7.19	7.08
8	14.69	11.04	9.60	8.81	8.30	7.95	7.69	7.50	7.34	7.21	7.01	6.81	6.61	6.50	6.40	6.29	6.18	6.06	5.95
9	13.61	10.11	8.72	7.96	7.47	7.13	6.88	6.69	6.54	6.42	6.23	6.03	5.83	5.73	5.62	5.52	5.41	5.30	5.19
10	12.83	9.43	8.08	7.34	6.87	6.54	6.30	6.12	5.97	5.85	5.66	5.47	5.27	5.17	5.07	4.97	4.86	4.75	4.64
11	12.23	8.91	7.60	6.88	6.42	6.10	5.86	5.68	5.54	5.42	5.24	5.05	4.86	4.76	4.65	4.55	4.44	4.34	4.23
12	11.75	8.51	7.23	6.52	6.07	5.76	5.52	5.35	5.20	5.09	4.91	4.72	4.53	4.43	4.33	4.23	4.12	4.01	3.90
13	11.37	8.19	6.93	6.23	5.79	5.48	5.25	5.08	4.94	4.82	4.64	4.46	4.27	4.17	4.07	3.97	3.87	3.76	3.65
14	11.06	7.92	6.68	6.00	5.56	5.26	5.03	4.86	4.72	4.60	4.43	4.25	4.06	3.96	3.86	3.76	3.66	3.55	3.44
15	10.80	7.70	6.48	5.80	5.37	5.07	4.85	4.67	4.54	4.42	4.25	4.07	3.88	3.79	3.69	3.58	3.48	3.37	3.26
16	10.58	7.51	6.30	5.64	5.21	4.91	4.69	4.52	4.38	4.27	4.10	3.92	3.73	3.64	3.54	3.44	3.33	3.22	3.11
17	10.38	7.35	6.16	5.50	5.07	4.78	4.56	4.39	4.25	4.14	3.97	3.79	3.61	3.51	3.41	3.31	3.21	3.10	2.98
18	10.22	7.21	6.03	5.37	4.96	4.66	4.44	4.28	4.14	4.03	3.86	3.68	3.50	3.40	3.30	3.20	3.10	2.99	2.87
19	10.07	7.09	5.92	5.27	4.85	4.56	4.34	4.18	4.04	3.93	3.76	3.59	3.40	3.31	3.21	3.11	3.00	2.89	2.78
20	9.94	6.99	5.82	5.17	4.76	4.47	4.26	4.09	3.96	3.85	3.68	3.50	3.32	3.22	3.12	3.02	2.92	2.81	2.69
21	9.83	6.89	5.73	5.09	4.68	4.39	4.18	4.01	3.88	3.77	3.60	3.43	3.24	3.15	3.05	2.95	2.84	2.73	2.61
22	9.73	6.81	5.65	5.02	4.61	4.32	4.11	3.94	3.81	3.70	3.54	3.36	3.18	3.08	2.98	2.88	2.77	2.66	2.55
23	9.63	6.73	5.58	4.95	4.54	4.26	4.05	3.88	3.75	3.64	3.47	3.30	3.12	3.02	2.92	2.82	2.71	2.60	2.48
24	9.55	6.66	5.52	4.89	4.49	4.20	3.99	3.83	3.69	3.59	3.42	3.25	3.06	2.97	2.87	2.77	2.66	2.55	2.43

附表 3（续）
$\alpha = 0.005$

f_2 \ f_1	1	2	3	4	5	6	7	8	9	10	12	15	20	24	30	40	60	120	∞
25	9.48	6.60	5.46	4.84	4.43	4.15	3.94	3.78	3.64	3.54	3.37	3.20	3.01	2.92	2.82	2.72	2.61	2.50	2.38
26	9.41	6.54	5.41	4.79	4.38	4.10	3.89	3.73	3.60	3.49	3.33	3.15	2.97	2.87	2.77	2.67	2.56	2.45	2.33
27	9.34	6.49	5.36	4.74	4.34	4.06	3.85	3.69	3.56	3.45	3.28	3.11	2.93	2.83	2.73	2.63	2.52	2.41	2.29
28	9.28	6.44	5.32	4.70	4.30	4.02	3.81	3.65	3.52	3.41	3.25	3.07	2.89	2.79	2.69	2.59	2.48	2.37	2.25
29	9.23	6.40	5.28	4.66	4.26	3.98	3.77	3.61	3.48	3.38	3.21	3.04	2.86	2.76	2.66	2.56	2.45	2.33	2.21
30	9.18	6.35	5.24	4.62	4.23	3.95	3.74	3.58	3.45	3.34	3.18	3.01	2.82	2.73	2.63	2.52	2.42	2.30	2.18
40	8.83	6.07	4.98	4.37	3.99	3.71	3.51	3.35	3.22	3.12	2.95	2.78	2.60	2.50	2.40	2.30	2.18	2.06	1.93
60	8.49	5.79	4.73	4.14	3.76	3.49	3.29	3.13	3.01	2.90	2.74	2.57	2.39	2.29	2.19	2.08	1.96	1.83	1.69
120	8.18	5.54	4.50	3.92	3.55	3.28	3.09	2.93	2.81	2.71	2.54	2.37	2.19	2.09	1.98	1.87	1.75	1.61	1.43
∞	7.88	5.30	4.28	3.72	3.35	3.09	2.90	2.74	2.62	2.52	2.36	2.19	2.00	1.90	1.79	1.67	1.53	1.36	1.00

附表 4　　　　　　　　　　T 分布表

f \ a	0.1	0.05	0.025	0.01	0.005	0.001	0.0005	单侧
	0.2	0.1	0.05	0.02	0.01	0.002	0.001	双侧
1	3.078	6.314	12.706	31.821	63.657	318.309	636.619	
2	1.886	2.920	4.303	6.965	9.925	22.327	31.599	
3	1.638	2.353	3.182	4.541	5.841	10.215	12.924	
4	1.533	2.132	2.776	3.747	4.604	7.173	8.610	
5	1.476	2.015	2.571	3.365	4.032	5.893	6.869	
6	1.440	1.943	2.447	3.143	3.707	5.208	5.959	
7	1.415	1.895	2.365	2.998	3.499	4.785	5.408	
8	1.397	1.860	2.306	2.896	3.355	4.501	5.041	
9	1.383	1.833	2.262	2.821	3.250	4.297	4.781	
10	1.372	1.812	2.228	2.764	3.169	4.144	4.587	
11	1.363	1.796	2.201	2.718	3.106	4.025	4.437	
12	1.356	1.782	2.179	2.681	3.055	3.930	4.318	
13	1.350	1.771	2.160	2.650	3.012	3.852	4.221	
14	1.345	1.761	2.145	2.624	2.977	3.787	4.140	
15	1.341	1.753	2.131	2.602	2.947	3.733	4.073	
16	1.337	1.746	2.120	2.583	2.921	3.686	4.015	
17	1.333	1.740	2.110	2.567	2.898	3.646	3.965	
18	1.330	1.734	2.101	2.552	2.878	3.610	3.922	
19	1.328	1.729	2.093	2.539	2.861	3.579	3.883	
20	1.325	1.725	2.086	2.528	2.845	3.552	3.850	
21	1.323	1.721	2.080	2.518	2.831	3.527	3.819	
22	1.321	1.717	2.074	2.508	2.819	3.505	3.792	
23	1.319	1.714	2.069	2.500	2.807	3.485	3.768	
24	1.318	1.711	2.064	2.492	2.797	3.467	3.745	
25	1.316	1.708	2.060	2.485	2.787	3.450	3.725	
26	1.315	1.706	2.056	2.479	2.779	3.435	3.707	
27	1.314	1.703	2.052	2.473	2.771	3.421	3.690	
28	1.313	1.701	2.048	2.467	2.763	3.408	3.674	
29	1.311	1.699	2.045	2.462	2.756	3.396	3.659	
30	1.310	1.697	2.042	2.457	2.750	3.385	3.646	
31	1.309	1.696	2.040	2.453	2.744	3.375	3.633	
32	1.309	1.694	2.037	2.449	2.738	3.365	3.622	

附表4（续）

f \ a	0.1	0.05	0.025	0.01	0.005	0.001	0.0005	单侧
	0.2	0.1	0.05	0.02	0.01	0.002	0.001	双侧
33	1.308	1.692	2.035	2.445	2.733	3.356	3.611	
34	1.307	1.691	2.032	2.441	2.728	3.348	3.601	
35	1.306	1.690	2.030	2.438	2.724	3.340	3.591	
36	1.306	1.688	2.028	2.434	2.719	3.333	3.582	
37	1.305	1.687	2.026	2.431	2.715	3.326	3.574	
38	1.304	1.686	2.024	2.429	2.712	3.319	3.566	
39	1.304	1.685	2.023	2.426	2.708	3.313	3.558	
40	1.303	1.684	2.021	2.423	2.704	3.307	3.551	
41	1.303	1.683	2.020	2.421	2.701	3.301	3.544	
42	1.302	1.682	2.018	2.418	2.698	3.296	3.538	
43	1.302	1.681	2.017	2.416	2.695	3.291	3.532	
44	1.301	1.680	2.015	2.414	2.692	3.286	3.526	
45	1.301	1.679	2.014	2.412	2.690	3.281	3.520	
46	1.300	1.679	2.013	2.410	2.687	3.277	3.515	
47	1.300	1.678	2.012	2.408	2.685	3.273	3.510	
48	1.299	1.677	2.011	2.407	2.682	3.269	3.505	
49	1.299	1.677	2.010	2.405	2.680	3.265	3.500	
50	1.299	1.676	2.009	2.403	2.678	3.261	3.496	
51	1.298	1.675	2.008	2.402	2.676	3.258	3.492	
52	1.298	1.675	2.007	2.400	2.674	3.255	3.488	
53	1.298	1.674	2.006	2.399	2.672	3.251	3.484	
54	1.297	1.674	2.005	2.397	2.670	3.248	3.480	
55	1.297	1.673	2.004	2.396	2.668	3.245	3.476	
56	1.297	1.673	2.003	2.395	2.667	3.242	3.473	
57	1.297	1.672	2.002	2.394	2.665	3.239	3.470	
58	1.296	1.672	2.002	2.392	2.663	3.237	3.466	
59	1.296	1.671	2.001	2.391	2.662	3.234	3.463	
60	1.296	1.671	2.000	2.390	2.660	3.232	3.460	
61	1.296	1.670	2.000	2.389	2.659	3.229	3.457	
62	1.295	1.670	1.999	2.388	2.657	3.227	3.454	
63	1.295	1.669	1.998	2.387	2.656	3.225	3.452	
64	1.295	1.669	1.998	2.386	2.655	3.223	3.449	

附表4（续）

f \ a	0.1	0.05	0.025	0.01	0.005	0.001	0.0005	单侧
	0.2	0.1	0.05	0.02	0.01	0.002	0.001	双侧
65	1.295	1.669	1.997	2.385	2.654	3.220	3.447	
66	1.295	1.668	1.997	2.384	2.652	3.218	3.444	
67	1.294	1.668	1.996	2.383	2.651	3.216	3.442	
68	1.294	1.668	1.995	2.382	2.650	3.214	3.439	
69	1.294	1.667	1.995	2.382	2.649	3.213	3.437	
70	1.294	1.667	1.994	2.381	2.648	3.211	3.435	
71	1.294	1.667	1.994	2.380	2.647	3.209	3.433	
72	1.293	1.666	1.993	2.379	2.646	3.207	3.431	
73	1.293	1.666	1.993	2.379	2.645	3.206	3.429	
74	1.293	1.666	1.993	2.378	2.644	3.204	3.427	
75	1.293	1.665	1.992	2.377	2.643	3.202	3.425	
76	1.293	1.665	1.992	2.376	2.642	3.201	3.423	
77	1.293	1.665	1.991	2.376	2.641	3.199	3.421	
78	1.292	1.665	1.991	2.375	2.640	3.198	3.420	
79	1.292	1.664	1.990	2.374	2.640	3.197	3.418	
80	1.292	1.664	1.990	2.374	2.639	3.195	3.416	
81	1.292	1.664	1.990	2.373	2.638	3.194	3.415	
82	1.292	1.664	1.989	2.373	2.637	3.193	3.413	
83	1.292	1.663	1.989	2.372	2.636	3.191	3.412	
84	1.292	1.663	1.989	2.372	2.636	3.190	3.410	
85	1.292	1.663	1.988	2.371	2.635	3.189	3.409	
86	1.291	1.663	1.988	2.370	2.634	3.188	3.407	
87	1.291	1.663	1.988	2.370	2.634	3.187	3.406	
88	1.291	1.662	1.987	2.369	2.633	3.185	3.405	
89	1.291	1.662	1.987	2.369	2.632	3.184	3.403	
90	1.291	1.662	1.987	2.368	2.632	3.183	3.402	
91	1.291	1.662	1.986	2.368	2.631	3.182	3.401	
92	1.291	1.662	1.986	2.368	2.630	3.181	3.399	
93	1.291	1.661	1.986	2.367	2.630	3.180	3.398	
94	1.291	1.661	1.986	2.367	2.629	3.179	3.397	
95	1.291	1.661	1.985	2.366	2.629	3.178	3.396	
96	1.290	1.661	1.985	2.366	2.628	3.177	3.395	

附表 4（续）

a \ f	0.1	0.05	0.025	0.01	0.005	0.001	0.0005	单侧
	0.2	0.1	0.05	0.02	0.01	0.002	0.001	双侧
97	1.290	1.661	1.985	2.365	2.627	3.176	3.394	
98	1.290	1.661	1.984	2.365	2.627	3.175	3.393	
99	1.290	1.660	1.984	2.365	2.626	3.175	3.392	
100	1.290	1.660	1.984	2.364	2.626	3.174	3.390	
120	1.289	1.658	1.980	2.358	2.617	3.160	3.373	
∞	1.282	1.645	1.960	2.326	2.576	3.090	3.291	

附表 5　　累计法平均增长速度查对表

递增速度　　　　　　　　　　　　　　　　　　　　　　　　　　间隔期：1~5 年

平均每年增长%	各年发展水平总和为基期的%				
	第1年	第2年	第3年	第4年	第5年
0.1	100.10	200.30	300.60	401.00	501.50
0.2	100.20	200.60	301.20	402.00	503.00
0.3	100.30	200.90	301.80	403.00	504.50
0.4	100.40	201.20	302.40	404.00	506.01
0.5	100.50	201.50	303.01	405.03	507.56
0.6	100.60	201.80	303.61	406.03	509.06
0.7	100.70	202.10	304.21	407.03	510.57
0.8	100.80	202.41	304.83	408.07	512.14
0.9	100.90	202.71	305.44	409.09	513.67
1.0	101.00	203.01	306.04	410.10	515.20
1.1	101.10	203.31	306.64	411.11	516.73
1.2	101.20	203.61	307.25	412.13	518.27
1.3	101.30	203.92	307.87	413.17	519.84
1.4	101.40	204.22	308.48	414.20	521.40
1.5	101.50	204.52	309.09	415.23	522.96
1.6	101.60	204.83	309.71	416.27	524.53
1.7	101.70	205.13	310.32	417.30	526.10
1.8	101.80	205.43	310.93	418.33	527.66
1.9	101.90	205.74	311.55	419.37	529.24
2.0	102.00	206.04	312.16	420.40	530.80
2.1	102.10	206.34	312.77	421.44	532.39
2.2	102.20	206.65	313.40	422.50	534.00
2.3	102.30	206.95	314.01	423.53	535.57
2.4	102.40	207.26	314.64	424.60	537.20
2.5	102.50	207.56	315.25	425.63	538.77
2.6	102.60	207.87	315.88	426.70	540.40
2.7	102.70	208.17	316.49	427.73	541.97
2.8	102.80	208.48	317.12	428.80	543.61
2.9	102.90	208.78	317.73	429.84	545.20
3.0	103.00	209.09	318.36	430.91	546.84

附表 5（续）
递增速度　　　　　　　　　　　　　　　　　　　　　　　　　间隔期：1～5 年

平均每年增长%	各年发展水平总和为基期的%				
	第 1 年	第 2 年	第 3 年	第 4 年	第 5 年
3.1	103.10	209.40	319.00	432.00	548.50
3.2	103.20	209.70	319.61	433.04	550.10
3.3	103.30	210.01	320.24	434.11	551.74
3.4	103.40	210.32	320.88	435.20	553.41
3.5	103.50	210.62	321.49	436.24	555.01
3.6	103.60	210.93	322.12	437.31	556.65
3.7	103.70	211.24	322.76	438.41	558.34
3.8	103.80	211.54	323.37	439.45	559.94
3.9	103.90	211.85	324.01	440.54	561.61
4.0	104.00	212.16	324.65	441.64	563.31
4.1	104.10	212.47	325.28	442.72	564.98
4.2	104.20	212.78	325.92	443.81	566.65
4.3	104.30	213.08	326.54	444.88	568.31
4.4	104.40	213.39	327.18	445.98	570.01
4.5	104.50	213.70	327.81	447.05	571.66
4.6	104.60	214.01	328.45	448.15	573.36
4.7	104.70	214.32	329.09	449.25	575.06
4.8	104.80	214.63	329.73	450.35	576.76
4.9	104.90	214.94	330.37	451.46	578.48
5.0	105.00	215.25	331.01	452.56	580.19
5.1	105.10	215.56	331.65	453.66	581.89
5.2	105.20	215.87	332.29	454.76	583.60
5.3	105.30	216.18	332.94	455.89	585.36
5.4	105.40	216.49	333.58	456.99	587.06
5.5	105.50	216.80	334.22	458.10	588.79
5.6	105.60	217.11	334.86	459.29	590.50
5.7	105.70	217.42	335.51	460.33	592.26
5.8	105.80	217.74	336.17	461.47	594.04
5.9	105.90	218.05	336.82	462.60	595.80
6.0	106.00	218.36	337.46	463.71	597.54

附表 5（续）
递增速度 间隔期：1~5 年

平均每年增长%	各年发展水平总和为基期的%				
	第1年	第2年	第3年	第4年	第5年
6.1	106.10	218.67	338.11	464.84	599.30
6.2	106.20	218.98	338.75	465.95	601.04
6.3	106.30	219.30	339.42	467.11	602.84
6.4	106.40	219.61	340.07	468.24	604.61
6.5	106.50	219.92	340.71	469.35	606.35
6.6	106.60	220.24	341.38	470.52	608.18
6.7	106.70	220.55	342.03	471.65	609.95
6.8	106.80	220.86	342.68	472.78	611.73
6.9	106.90	221.18	343.35	473.95	613.56
7.0	107.00	221.49	343.99	475.07	615.33
7.1	107.10	221.80	344.64	476.20	617.10
7.2	107.20	222.12	345.31	477.37	618.94
7.3	107.30	222.43	345.96	478.51	620.74
7.4	107.40	222.75	346.64	479.70	622.61
7.5	107.50	223.06	347.29	480.84	624.41
7.6	107.60	223.38	347.96	482.01	626.25
7.7	107.70	223.69	348.61	483.15	628.05
7.8	107.80	224.01	349.28	484.32	629.89
7.9	107.90	224.32	349.94	485.48	631.73
8.0	108.00	224.64	350.61	486.66	633.59
8.1	108.10	224.96	351.29	487.85	635.47
8.2	108.20	225.27	351.94	489.00	637.30
8.3	108.30	225.59	352.62	490.19	639.18
8.4	108.40	225.91	353.29	491.37	641.05
8.5	108.50	226.22	353.95	492.54	642.91
8.6	108.60	226.54	354.62	493.71	644.76
8.7	108.70	226.86	355.30	494.91	646.67
8.8	108.80	227.17	355.96	496.08	648.53
8.9	108.90	227.49	356.63	497.26	650.41
9.0	109.00	227.81	357.31	498.47	652.33

附表5（续）

递增速度 间隔期：1~5年

平均每年增长%	各年发展水平总和为基期的%				
	第1年	第2年	第3年	第4年	第5年
9.1	109.10	228.13	357.99	499.67	654.24
9.2	109.20	228.45	358.67	500.87	656.15
9.3	109.30	228.76	359.33	502.04	658.02
9.4	109.40	229.08	360.01	503.25	659.95
9.5	109.50	229.40	360.69	504.45	611.87
9.6	109.60	229.72	361.37	505.66	663.80
9.7	109.70	230.04	362.05	506.86	665.72
9.8	109.80	230.36	362.73	508.07	667.65
9.9	109.90	230.68	363.42	509.30	669.62
10.0	110.00	231.00	364.10	510.51	671.56
10.1	110.10	231.32	364.78	511.72	673.50
10.2	110.20	231.64	365.47	512.95	675.47
10.3	110.30	231.96	366.15	514.16	677.42
10.4	110.40	232.28	366.84	515.39	679.39
10.5	110.50	232.60	367.52	516.61	681.35
10.6	110.60	232.92	368.21	517.84	683.33
10.7	110.70	233.24	368.89	519.05	685.28
10.8	110.80	233.57	369.60	520.32	687.32
10.9	110.90	233.89	370.29	521.56	689.32
11.0	111.00	234.21	370.97	522.77	691.27
11.1	111.10	234.53	371.66	524.01	693.27
11.2	111.20	234.85	372.35	525.25	695.27
11.3	111.30	235.18	373.06	526.52	697.32
11.4	111.40	235.50	373.75	527.76	699.33
11.5	111.50	235.82	374.44	529.00	701.33
11.6	111.60	236.15	375.15	530.27	703.38
11.7	111.70	236.47	375.84	531.52	705.41
11.8	111.80	236.79	376.53	532.76	707.43
11.9	111.90	237.12	377.24	534.03	709.48
12.0	112.00	237.44	377.93	535.28	711.51

附表5（续）
递增速度　　　　　　　　　　　　　　　　　　　　　　　　　　　　　间隔期：1~5年

平均每年增长%	各年发展水平总和为基期的%				
	第1年	第2年	第3年	第4年	第5年
12.1	112.10	237.76	378.62	536.52	713.53
12.2	112.20	238.09	379.34	537.82	715.63
12.3	112.30	238.41	380.03	539.07	717.67
12.4	112.40	238.74	380.75	540.37	719.78
12.5	112.50	239.06	381.44	541.62	721.82
12.6	112.60	239.39	382.16	542.92	723.94
12.7	112.70	239.71	382.85	544.17	725.98
12.8	112.80	240.04	383.57	545.47	728.09
12.9	112.90	240.36	384.26	546.72	730.14
13.0	113.00	240.69	384.98	548.03	732.28
13.1	113.10	241.02	385.70	549.33	734.40
13.2	113.20	241.34	386.39	550.59	736.46
13.3	113.30	241.67	387.11	551.89	738.59
13.4	113.40	242.00	387.83	553.20	740.73
13.5	113.50	242.32	388.53	554.48	742.83
13.6	113.60	242.65	389.25	555.79	744.98
13.7	113.70	242.98	389.97	557.10	747.13
13.8	113.80	243.30	390.67	558.38	749.23
13.9	113.90	243.63	391.39	559.69	751.38
14.0	114.00	243.96	392.11	561.00	753.53
14.1	114.10	244.29	392.84	562.34	755.74
14.2	114.20	244.62	393.56	563.65	757.89
14.3	114.30	244.94	394.26	564.93	760.01
14.4	114.40	245.27	394.99	566.27	762.21
14.5	114.50	245.60	395.71	567.59	764.39
14.6	114.60	245.93	396.43	568.90	766.55
14.7	114.70	246.26	397.16	570.24	768.76
14.8	114.80	246.59	397.88	571.56	770.94
14.9	114.90	246.92	398.61	572.90	773.16
15.0	115.00	247.25	399.34	574.24	775.38

附表 5（续）
递增速度　　　　　　　　　　　　　　　　　　　　　　　　　　　　间隔期：1~5 年

平均每年增长%	各年发展水平总和为基期的%				
	第 1 年	第 2 年	第 3 年	第 4 年	第 5 年
15.1	115.10	247.58	400.06	575.56	777.56
15.2	115.20	247.91	400.79	576.91	779.80
15.3	115.30	248.24	401.52	578.25	782.02
15.4	115.40	248.57	402.25	579.60	784.26
15.5	115.50	248.90	402.98	580.94	786.48
15.6	115.60	249.23	403.71	582.29	788.73
15.7	115.70	249.56	404.44	583.64	790.97
15.8	115.80	249.90	405.19	585.02	793.26
15.9	115.90	250.23	405.92	586.36	795.49
16.0	116.00	250.56	406.65	587.71	797.74

参考文献

[1] 陈增明. 统计基础 [M]. 厦门：厦门大学出版社，2013.

[2] 戴维·萨尔斯伯格. 女士品茶 [M]. 南昌：江西人民出版社，2017.

[3] 贾俊平. 统计学（第7版）[M]. 北京：中国人民大学出版社，2019.

[4] 蒲括，邵朋. 精通 Excel 数据统计与分析 [M]. 北京：人民邮电出版社，2019.

[5] 吴喜之. 统计学：从数据到结论（第3版）[M]. 北京：中国统计出版社，2011.

[6] 向蓉美，王青华，马丹. 统计学（第2版）[M]. 北京：机械工业出版社，2018.

[7] 曾五一. 统计学简明教程（第2版）[M]. 北京：中国人民大学出版社，2019.

敬 告 读 者

  为了帮助广大师生和其他学习者更好地使用、理解、巩固教材的内容，本教材配课件和习题答案，读者可关注微信公众号"经科新知"，浏览课件和习题答案。

  如有任何疑问，请与我们联系。

QQ：16678727

邮箱：esp_bj@163.com

教师服务 QQ 群：208044039

读者交流 QQ 群：894857151

经济科学出版社
2021 年 3 月

经科新知　　　教师服务 QQ 群　　　读者交流 QQ 群　　　经科在线学堂